DIE VOLKSKULTUR FINNLANDS

VON

UUNO TAAVI SIRELIUS

HERAUSGEGEBEN VON

WOLFGANG STEINITZ

ERSTER BAND

JAGD UND FISCHEREI IN FINNLAND

BERLIN UND LEIPZIG 1934
WALTER DE GRUYTER & CO.
VORMALS G. J. GÖSCHEN'SCHE VERLAGSHANDLUNG — J. GUTTENTAG, VERLAGSBUCHHANDLUNG — GEORG REIMER — KARL J. TRÜBNER — VEIT & COMP.

JAGD UND FISCHEREI IN FINNLAND

VON

UUNO TAAVI SIRELIUS

HERAUSGEGEBEN VON

WOLFGANG STEINITZ

ÜBERSETZT VON

GUSTAV SCHMIDT

MIT 311 ABBILDUNGEN AUF 67 TAFELN

BERLIN UND LEIPZIG 1934
WALTER DE GRUYTER & CO.
VORMALS G. J. GÖSCHEN'SCHE VERLAGSHANDLUNG — J. GUTTENTAG, VERLAGS-BUCHHANDLUNG — GEORG REIMER — KARL J. TRÜBNER — VEIT & COMP.

Archiv-Nr. 46 13 33

Druck von J. J. Augustin in Glückstadt und Hamburg
Einbandentwurf L. Holtz

VORWORT DES HERAUSGEBERS

Das finnische Original des vorliegenden Werkes erschien 1919 und 1921 in zwei Bänden unter dem Titel *Suomen kansanomaista kulttuuria.* Eine deutsche Ausgabe wurde schon 1924 geplant: die Übersetzung des 1. Bandes übernahm Professor G. Schmidt, die Übersetzung des 2. Bandes der Unterzeichnete. U. T. Sirelius hatte für die deutsche Ausgabe den finnischen Text gekürzt, indem er insbesondere Detailschilderungen und Varianten von finnischen Ethnographica wegließ oder zusammenfaßte. Neben den Kürzungen fügte er an einigen Stellen auch die Ergebnisse neuerer Untersuchungen ein (s. z. B. Körpergröße der Finnen, S. 4 u.; Seehundsfang). Außerdem versah er den Text mit in der finnischen Ausgabe fehlenden Anmerkungen und einem Quellenverzeichnis. Die Drucklegung der deutschen Ausgabe verzögerte sich jedoch, und im Herbst 1929 starb U. T. Sirelius unerwartet, mitten aus seiner Arbeit heraus. Unterzeichneter erhielt damals die Aufforderung, die Herausgabe der deutschen Ausgabe sowie eine nochmalige Kürzung des Textes, die vom Verlag gefordert wurde, zu übernehmen. Durch verschiedenartige Schwierigkeiten verzögerte sich abermals die Drucklegung, so daß der 1. Band der deutschen Ausgabe erst jetzt erscheinen kann; den schwierigen Verhältnissen entsprechend umfaßt er nur die erste Hälfte (214 S. von 436 S.) des 1. finnischen Bandes, nämlich die aneignenden Erwerbszweige Jagd und Fischerei.

Über die Methoden, die ich bei der Bearbeitung befolgt habe, ist Folgendes zu sagen. Da die finnische Ausgabe auch als Lehrbuch für den Universitätsunterricht in Völkerkunde dient, enthält sie, besonders in den Kapiteleinleitungen, oft Ausführungen allgemein-ethnologischer Art, die dem Fachmann nichts Neues bieten. Derartige Stellen habe ich — soweit sie nicht etwa eine für Sirelius charakteristische Auffassung der Frage enthalten — entweder völlig gestrichen oder kurz zusammengefaßt. Ebenso habe ich einige gelegentlich eingefügte (in diesem Zusammenhang unwichtige) exotische Vergleiche weggelassen. Dagegen ist von mir nichts, was Angaben über finnische Ethnographica enthält, gestrichen worden. Fehlen solche Stellen in der deutschen Ausgabe der finnischen gegenüber, so sind sie von Sirelius selbst weggelassen worden. In stilistischer Hinsicht habe ich manches umgestellt, zusammengefaßt und knapper gesagt. Zusätze habe ich in diesem Teil nicht vorgenommen. In dem Quellenverzeichnis mußte eine beträchtliche Zahl von Titeln und sonstigen bibliographischen Angaben berichtigt oder vervollständigt werden. Hierbei durfte ich in einigen Fällen die freundliche Hilfe von Dr. I. Manninen, Helsinki, und Dr. E. Klein, Stockholm-Mörby, in Anspruch nehmen.

Die Abbildungen, die in der finnischen Ausgabe — unpraktischerweise — in Abbildungen und Tafeln getrennt gezählt werden, sind hier auf besonderen

Tafeln zusammengefaßt und fortlaufend durchnummeriert; ein Konkordanzverzeichnis der Abbildungen in den beiden Ausgaben folgt unten. Wie aus dem Verzeichnis hervorgeht, enthält die deutsche Ausgabe 38 Abb. weniger; hiervon entfallen jedoch nur 12 (Abb. 12, 31, 77, 79, 107, 127, 172, Taf. IX 5, 7, X 9, XIV 3, 4) auf Abbildungen finnischer Ethnographica, während die übrigen z. T. schwedische (meist aus J. u. F. 20), z. T. europäische oder exotische Ethnographica, z. T. Tierbilder enthalten.

Berlin, September 1933.

W. Steinitz

KONKORDANZVERZEICHNIS DER ABBILDUNGEN IN DER FINNISCHEN (LINKS) UND DEUTSCHEN (RECHTS) AUSGABE

Abbildung	Abbildung	Abbildung
1 = 1	46 = 42	91 = 116
2 = 2	47 = —	92 = 117
3 = —	48 = —	93 = 118
4 = —	49 = 43	94 = 127
5 = —	50 = 44	95 = 128
6 = 3	51 = 45	96 = —
7 = 4	52 = 46	97 = 129
8 = 7	53 = 47	98 = 130
9 = 9	54 = 48	99 = 140
10 = 8	55 = 49	100 = 141
11 = 10	56 = —	101 = 142
12 = —	57 = 50	102 = 143
13 = —	58 = 51	103 = 147
14 = 12	59 = 52	104a = 148
15 = 13	60 = 53	b = 149
16 = 14	61 = 54	c = 150
17 = 15	62 = 55	d = 151
18 = 16	63 — 62	e = 152
19 = 17	64 = 63	f = 153
20 = 18	65 = 67	105 = 154
21 = 19	66 = 68	106 = 155
22 = 20	67 = 69	107 = —
23 = 21	68 = 70	108 = —
24 = 22	69 = 71	109 = —
25 = 23	70 = —	110 = 156
26 = 24	71 = 72	111 = —
27 = 25	72 = 82	112 = 157
28 = 26	73 = 92	113 = 158
29 = —	74 = 93	114 = 159
30 = 27	75 = 94	115 = 160
31 = —	76 = 95	116 = 161
32 = 28	77 = —	117 = 162
33 = 29	78 = 96	118 = 174
34 = 30	79 = —	119 = 187
35 = 31	80 = 97	120 = 188
36 = 32	81 = 98	121 = 189
37 = 34	82 = 99	122 = 190
38 = 33	83 = 108	123 = —
39 = 35	84 = 109	124 = 191
40 = 36	85 = 110	125 = 204
41 = 37	86 = 111	126 = 205
42 = 38	87 = 112	127 = —
43 = 39	88 = 113	128 = 206
44 = 40	89 = 114	129 = 228
45 = —	90 = 115	130 = 229

Abbildung	
131	230
132	231
133	232
134	233
135	234
136	235
137	236
138	237
139	238
140	239
141	240
142	248
143	249
144	250
145	251
146	252
147	260
148	261
149	262
150	263
151	—
152	264
153	265
154	166
155	267
156	268
157	269
158	270
159	271
160	272
161	273
162	274
163	275
164	303
165	304
166	305
167	306
168	307
169	308
170	310
171	309
172	—
173	311

Tafel		
I	1	5
	2	6
II		11
III	1	—
	2	41
IV	1	56
	2	57
	3	58
	4	59
	5	60
	6	61
	7	64
	8	65
	9	66
V	1	73
	2	74
	3	75
	4	76
	5	77
	6	78
	7	79
	8	80
	9	81
VI	1	83
	2	84
	3	85
	4	86
	5	87
	6	88
	7	89
	8	90
	9	91
VII	1	100
	2	101
	3	102
	4	103
	5	104
	6	105
	7	106
	8	107
VIII	1	119
	2	120
	3	121
	4	122
	5	123
	6	124
	7	125
	8	126
IX	1	131
	2	132
	3	133
	4	134
	5	—
	6	135
	7	—
	8	136
	9	137
	10	138
	11	139
	12	144
	13	145
	14	146
X	1	—
	2	163
	3	164
	4	165
	5	166
	6	167
	7	168
	8	169
	9	—
	10	170
	11	171
	12	172
	13	173
XI	1	175
	2	176
	3	177
	4	178
	5	179
	6	180
	7	181
	8	182
	9	—
	10	183
	11	184
	12	185
	13	186
XII	1	192
	2	193
	3	194
	4	195
	5	196
	6	197
	7	198
	8	199
	9	200
	10	201
	11	202
	12	203
XIII	1	207
	2	208
	3	209
	4	210
	5	211
	6	212
	7	213
	8	214

Tafel			Tafel			Tafel	
	9 = 215		9 = 247		14 = —
	10 = 216	XV	1 = 253		15 = —
	11 = 217		2 = 254		16 = —
	12 = 218		3 = 255		17 = 285
	13 = 219		4 = 256		18 = 286
	14 = 220		5 = 257		19 = 287
	15 = 221		6 = 258		20 = 288
	16 = 222		7 = 259		21 = 289
	17 = 223	XVI	1 = 276		22 = 290
	18 = 224		2 = 277		23 = 291
	19 = 225		3 = 278		24 = 292
	20 = 226		4 = 279		25 = 293
	21 = 227		5 = 280		26 = 294
XIV	1 = 241		6 = 281		27 = 295
	2 = 242		7 = 282		28 = 296
	3 = —		8 = 283		29 = 297
	4 = —		9 = 284		30 = 298
	5 = 243		10 = —		31 = 299
	6 = 244		11 = —		32 = 300
	7 = 245		12 = —		33 = 301
	8 = 246		13 = —		34 = 302

INHALT

Vorwort des Herausgebers V

Konkordanzverzeichnis der Abbildungen VII

Inhaltsverzeichnis XI

EINLEITUNG 1

DIE ANEIGNENDEN ERWERBSZWEIGE 11

Jagd 11
- Einleitung 11
- Rechtsanschauungen aus der Zeit des Jägertums 14
- Die Ausrüstung des Jägers 20
- Die Jagdzüge 21
- Das Bärenfest 23
- Die Waffen 26
- Die Fangarten 37
  - Die aktiven Fangarten 37
  - Die passiven Fangarten 53
    - Die aus Waffen entwickelten Fanggeräte 53
    - Fallgruben, Fangkisten und Fangtrichter 56
    - Die Schlingen 61
    - Die Fallen 72
    - Die Pfotenbretter 80
    - Die Fangeisen 81
    - Der Fang mit Stacheln und Stachelbrettern 82
    - Die Legangeln 83
    - Das Biberwehr 83
    - Die Wolfsgärtchen 84
    - Der Fang mit Gift und Branntwein 85

Seehundsfang 86

Fischerei 95
- Schlagfischerei 95
- Stechfischerei 96
  - Der Fang mit der Fischgabel 96
  - Schießfischerei 97
  - Der Fang mit Angeln (Haken) 98
- Schlingenfischerei 101
- Umschließungsfischerei 101
- Sperrfischerei 116
- Stellnetzfischerei 127

Muschelfischerei 129

ABKÜRZUNGEN 139

QUELLENVERZEICHNIS 139

TAFELN

EINLEITUNG

Ihr höchstes Ziel, die Aufhellung der Entstehung und Entwicklung der menschlichen Kultur, erreicht die Ethnologie am sichersten — soweit es überhaupt je erreichbar ist — durch spezielle oder territoriale ethnographische Forschung. Als geeignetste Spezialgegenstände oder Spezialterritorien bieten sich von dem gleichen Urvolk abstammende Völker oder von solchen Völkern bewohnte Landgebiete dar. Die Untersuchung der kulturellen Entwicklung solcher Völker wird erleichtert durch das gemeinsame Erbe, das sie aus dem gemeinsamen Besitz überkommen haben und dessen wichtigster Teil die Sprache ist. Auf alle Fälle bilden derartige Völker einen Spezialgegenstand in der gemeinsamen Kulturgeschichte aller Völker. Erst aus diesen Spezialgegenständen, Spezialkapiteln wird die allgemeine Kulturgeschichte schließlich zusammenzufügen sein, und erst aus den in die ältesten Zeiten eindringenden Teilen dieser Spezialkapitel wird man das Bild aufbauen können, das sich überhaupt über die Entstehung aller Kultur und ihre ältesten Phasen gewinnen läßt. Ein solcher natürlicher, in seinem Kreise ein Ganzes bildender Teil ist die finnischugrische Ethnologie. Der finnischugrischen ethnologischen Forschung bieten sich dadurch große Möglichkeiten dar, daß die ihr als Objekt dienenden Völker verschiedenartige Kulturstufen vertreten und mithin die Verhältnisse der auf niedrigeren Stadien stehenden Völker geeignet sind, das frühere Leben der weiter fortgeschrittenen zu beleuchten. Das vorliegende Werk behandelt im wesentlichen nur éin Volk dieser Gruppe und auch auf diesem seinem beschränkten Gebiet hauptsächlich Erscheinungen der materiellen Kultur.

Übersicht der finnischugrischen Völker

Die finnischugrischen Völker teilen sich in sprachlicher Hinsicht, wie schon der Name besagt, in zwei Hauptzweige: in den finnischen und den ugrischen. Der finnische Zweig zerfällt in vier Untergruppen: Ostseefinnen, Lappen, Wolgafinnen und Permier. Zum ugrischen Zweig gehören drei Völker: Ungarn, Ostjaken und Wogulen, welche beiden letzteren nach ihren Wohnsitzen mit einem gemeinsamen Namen als Ob-Ugrier bezeichnet werden.

Die folgende Tabelle enthält knappe Angaben über Gliederung, Wohngebiet und Zahl der einzelnen finnischugrischen Völker. Die Angaben über die in der Sowjetunion lebenden Völker beruhen auf der Volkszählung von 1926; die erste Spalte zeigt die Volkszahl auf Grund der „Nationalität", die zweite auf Grund der „Muttersprache" an[1].

---

[1] Anthr. 17. 23. 24.

Ostseefinnen

Finnen. In der Republik Finnland		2 754 228
In der Sowjetunion	135 400	153 400
Karelier (einschließlich der sog. *Olonetzer)*	248 100	239 600
Davon in Sowjetkarelien (Gouv. Archangelsk und Olonetz)	100 800	
Im Gouv. Twer	140 600	
der Rest in den Nachbargouv.s		
Als besondere Gruppe der Karelier werden die *Ingrier (inkerikot, Ižoren)* in Ingermanland gezählt	16 100	
Wepsen. Am südwestlichen Ufer des Onegasees und am Oberlauf des Ojattijoki (Ojatj) in den Gouv.s Olonetz und Nowgorod	32 800	32 100
Woten. In Nordwestingermanland		705
Esten. In der Republik Eesti		969 976
In der Sowjetunion	154 600	139 500
Liven. An der Nordküste von Kurland etwa		1 500

Lappen

Auf der Kolahalbinsel (1926)		1 700
In Finnland		1 700
In Schweden		6 900
In Norwegen		19 600
		29 900

Wolgavölker

Mordwinen. Beiderseits der Wolga, von deren Schleife nach Süden; die größten Siedlungen befinden sich in den Gouv.s Pensa, Simbirsk und Samara, kleinere in den Gouv.s Nischnij-Nowgorod, Tambow und Saratow	1 339 900	1 266 600
Tscheremissen. Von der Wolgaschleife nach Westen beiderseits des Stromes, am rechten Ufer die Berg-, am linken die Wiesen- sowie im Gouv. Ufa die Osttscheremissen	428 200	425 700

Permische Völker

Wotjaken. Der Hauptteil in dem Gebiet zwischen Kama und Wjatka im Gouv. Wjatka, ein kleinerer Teil im Gouv. Ufa (einschließlich der *Bessermanen)*	514 200	508 700
Syrjänen (und *Permjaken).* Der Hauptteil im Tale der Wytschegda im Gouv. Wologda und im Tale der Kama im Gouv. Perm, kleinere Siedlungen im Gouv. Wjatka sowie im Tale der Petschora und der Ižma im Gouv. Archangelsk	375 700	364 200

Ugrische Völker

Ungarn oder *Magyaren* ca.		10 892 300
Wogulen. Östlich vom Ural an der in den Ob mündenden Soswa, an den in den Irtysch und dessen Nebenfluß Tobol mündenden Konda und Tawda	5 700	5 200
Ostjaken. Am unteren Irtysch, am mittleren und unteren Ob sowie an mehreren in diese Stromteile mündenden Nebenflüssen und am oberen Wasjugan im Gouv. Tomsk	22 200	18 600

In ihrer Kultur haben die finnischugrischen Völker sehr verschiedenartige Leistungen aufzuweisen. Auf der niedrigsten Stufe der Gesittung stehen die Ostjaken und Wogulen, deren wichtigste Erwerbsquellen Fischfang und Jagd sind, außer im nördlichsten Gebiet und in gewissen Teilen des Urals, wo sie Renntierzucht treiben. Diese letztere erscheint als Haupterwerbszweig auch bei den sog. Fjeldlappen, die zum größten Teil im nördlichen Norwegen nomadisieren, und bei den Waldlappen, deren Wohnsitze in Schweden liegen. Die Kola- und die finnischen Lappen sind vorzugsweise Fischer, die neben diesem ihrem Erwerbszweig auch etwas Viehzucht treiben. Auf dieselbe Weise ernähren sich auch die sog. Seelappen in Norwegen. Viele Wald- und Fischerlappen sind bereits zur Seßhaftigkeit übergegangen. Vor allem von Renntierzucht und daneben von Handel und Fischfang leben auch die Syrjänen an der Petschora und Ižma. Der Fischfang ist ein wichtiger Erwerbszweig bei den Liven, die im nördlichsten Küstenstrich von Kurland wohnen.

Zu den Völkern, welche neben Ackerbau einträgliche Jagd treiben, zählen die Bewohner von Russisch-Karelien und der größte Teil der Syrjänen. Der Haupterwerbszweig aller anderen Völker finnischen Stammes ist der Ackerbau, woneben die Viehzucht eine große Rolle spielt. Die Mordwinen, Tscheremissen und Wotjaken treiben auch Bienenzucht. Die Hausindustrie ist bei vielen Mordwinen hoch entwickelt.

Abgesehen von den am weitesten im Norden hausenden sog. Obdorskischen Ostjaken, einigen Wotjakendörfern und etwa 100 000 Tscheremissen sind alle übrigen Ugrofinnen getauft, und zwar sind sie außer den Finnen, vielen Ingermanländern, Liven und der Hauptmasse der Esten, die Lutheraner sind, griechisch-katholisch.

Über die Vergangenheit der Völker finnischen Stammes liefert die finnischugrische Sprachwissenschaft die wichtigste Kunde[1]. Die Sprachen dieser Völker, die auf eine gemeinsame Ursprache zurückgehen, enthalten nämlich auch solchen aus Urzeiten ererbten Wortstoff, welcher zu zeigen geeignet ist, was für Begriffe diese Völker zu verschiedenen Zeiten besaßen, mit anderen Worten, auf welcher Stufe ihre Kultur jeweils stand.

Das Volk, das die finnischugrische Ursprache sprach, wird das finnischugrische Urvolk genannt, und die Zeit, wo sie gesprochen wurde, die finnischugrische Zeit, die, wie man annimmt, um 2500 v. Chr. endete. Da die Ver-

[1] Ethn. 21, S. 120. Hist. 10.

wandtschaft der finnischugrischen Sprachen mit den samojedischen Sprachen festgestellt ist, hat man eine Ursprache vorauszusetzen, von der alle erwähnten Sprachen abstammen. Diese Sprache wird als die uralische Ursprache bezeichnet.

Der unter anderem von dem berühmten finnischen Sprachforscher M. A. Castrén ausgesprochene Gedanke, daß die finnischugrischen Sprachen mit den mongolischen und turkotatarischen verwandt seien, hat nicht wissenschaftlich bewiesen werden können. Mehr Anhänger hat die Auffassung gewonnen, die im Hinblick auf gewisse uralte gemeinsame Wortwurzeln eine Verwandtschaft zwischen den finnischugrischen und indogermanischen Sprachen annimmt[1].

Ohne bindenden Beweis ist auch die Vorstellung, daß die finnischugrischen Völker somatisch mit den mongolischen Völkern verwandt wären. Der Unterschied, der beim Vergleich dieser Völker sofort in die Augen fällt, besteht darin, daß den Ugrofinnen die Augenfalte fehlt. Der Schädelindex beträgt bei letzteren 78,3—85,3, bei den mongolischen Völkern aber 84,55—87,0.

Eine systematische anthropologische Untersuchung sämtlicher finnischugrischen Völker ist noch nicht durchgeführt, weshalb die gegenseitige körperliche Verwandtschaft dieser Völker noch unerforscht ist. Indes kann man auf Grund der allerdings unvollständigen und oft nach verschiedenen Methoden angestellten Messungen, die in verschiedenen Gegenden von Dilettanten ausgeführt worden sind, immerhin sagen, daß die finnischugrischen Völker jedenfalls keine annähernd einheitliche Rasse mehr bilden. Gewisse wichtigste Merkmale ergeben sich aus der folgenden Tabelle, in die wir auch die Samojeden aufgenommen haben[2].

Volk	Länge	Schädelindex
Samojeden	156,8	83,27
Lappen[3]	155,9	85,33
Wogulen	156,7	78,3
Ostjaken	156,5	80,68
Magyaren	162,0	
Syrjänen	163,2	83,5
Wotjaken	162,0	81,86
Wiesentscheremissen	164,7	80,90
Bergtscheremissen	165,9	80,33
Mordwinen	164,7	83,31
Esten	170,0	79,0
Finnen:	170,9	—
Savolaxer	169,5	81,30
Nordkarelier	169,6	82,15
Südkarelier	169,8	82,15
Nordösterbottnier	170,3	82,6

[1] Spr. 10.
[2] Anthr. 1—22. Mon. 22. Reis. 4, S. 496ff.
[3] Manche Lappen sind länger, z. B. die finnischen Fischerlappen 160,0 cm.

Volk	Länge	Schädelindex
Nyländer	171,4	80,5
Tawasten	171,6	80,9
Südösterbottnier	171,9	80,0
Eigentliche Finnen und Satakuntaer	172,4	79,4

Mustern wir die Tabelle durch, so sehen wir erstens, daß sich die finnischugrischen Völker inbezug auf ihre Körpergröße in zwei Hauptgruppen teilen: in kurze und verhältnismäßig lange. Zu jenen, die größtenteils in der Nähe des Polarkreises wohnen, gehören die Lappen, Ostjaken und Wogulen, zu diesen alle anderen. Die als erste in die Tabelle aufgenommenen Samojeden stehen in mehreren Eigenschaften den Völkern der ersten Gruppe nahe: die mittlere Körpergröße ist fast dieselbe, und die vorherrschende Augen- und Haarfarbe ist dunkel wie bei den anderen Völkern der Gruppe.

Die Permier und die Wolgavölker, die in ihrer mittleren Körpergröße und ihrem Schädelindex keine wesentlichen Unterschiede bieten, sind sämtlich verhältnismäßig stattlich und kurzköpfig. Die Farbe des Haupthaars (bei den meisten dunkel oder hellbraun) und der Augen (bei den meisten blau oder braun) variiert dagegen bedeutend, und zwar stehen die Tscheremissen hierin wie auch im Schädelindex den Ostjaken und Wogulen am nächsten.

Gehen wir zu den Finnen Finnlands über, so finden wir unter ihnen die mittlere Körperlänge fünf Zentimeter größer als bei dem längsten in Ostrußland wohnenden finnischen Volke. In Wirklichkeit ist der Sprung nicht so bedeutend, weil die Savolaxer und Karelier mit ihrer im Vergleich zu den anderen Finnen etwas geringeren Länge und ihrem öfter begegnenden dunklen Haupthaar eine Übergangsstufe bilden, wodurch sie den Tscheremissen etwas näher stehen. Im Hinblick darauf, daß die Karelier den östlichsten ostseefinnischen Zweig darstellen, der am wenigsten mit den hochgewachsenen, blonden Germanen in Berührung gekommen ist, ist dies eine beachtenswerte Tatsache. Die Mischung mit den Germanen (später den Schweden) spiegelt sich bei den Finnen Finnlands am deutlichsten in einer Zunahme der Körperlänge und einer Vermehrung der Langköpfe wieder, je weiter wir uns von den östlichen und nordöstlichen Teilen des Landes nach Westen und Südwesten begeben. Daß die Körperlänge im nördlichen Österbotten verhältnismäßig kurz ist, erklärt sich aus Vermischung mit den Lappen.

Das finnischugrische Urvolk verschaffte sich seinen Unterhalt durch Jagd und Fischfang, weshalb man annehmen muß, daß es verhältnismäßig beweglich gewesen ist und relativ ausgedehnter Landstrecken bedurft hat. Haustiere waren schon damals Hund und Schaf, und das gezähmte Renntier diente wahrscheinlich ebenfalls schon als Jagdgehilfe und vielleicht sogar als Lasttier. Durch die indogermanischen Nachbarn scheint man wenigstens mit einer Getreideart, der Hirse, bekannt geworden zu sein, die man jedoch selbst kaum angebaut haben dürfte. Im Hinblick auf tier- und pflanzengeographische Tatsachen, die der gemeinsame Wortschatz widerspiegelt, sowie auf die nachbarlichen Beziehungen zu den Indogermanen darf es als wahrscheinlich gelten, daß das finnischugrische Urvolk in der Gegend der mittleren Wolga saß.

In dem Urvolk erfolgte um 2500 v. Chr. eine Spaltung, wobei der eine Teil den ugrischen und der andere den finnischpermischen Zweig bildete. Jener ließ sich, wie man angenommen hat, östlich von der Wolgaschleife, dieser in der westlich davon liegenden Gegend nieder. Beide Zweige standen, nach gewissen Lehnwörtern zu schließen, mit indoiranischen Völkern in Berührung.

Das ugrische Urvolk entwickelte sich zu einem Reitervolk, was dadurch bewiesen wird, daß sich in allen Sprachen dieses Zweiges gemeinsame Namen für Pferd und Sattel finden. Außerdem scheint es die Viehzucht und vielleicht auch den primitivsten Ackerbau erlernt zu haben. Die Ungarn blieben jahrtausendelang ein Reitervolk und eroberten als solches 896 ihr jetziges Heimatland. Da das Ungarische Lehnwörter besitzt, die es von den Schöpfern des im 8. Jahrhundert gegründeten Bolgarenreiches, den Vorfahren der jetzigen Tschuwaschen, erhalten hat, dürfte ihr Vorrücken von Ostrußland nach Süden nicht vor dem 9. Jahrhundert begonnen haben.

Früher scheinen die Vorfahren der Ostjaken und Wogulen von der Wolgaschleife her nach Nordostrußland, nach Jugra, aufgebrochen zu sein, von wo ihre schließliche Übersiedlung nach den Landen jenseits des Urals erst im 14. Jahrhundert stattgefunden haben dürfte. Vermutlich haben diese Völker bei ihren Wanderungen nach Norden, in Gegenden, wo sie sich ihren Unterhalt durch Jagd und Fischfang verschaffen mußten, ihre Lebensweise geändert und sich zugleich kulturell einigermaßen rückgebildet.

Auch die finnischpermischen Stämme erreichten nachweislich die Stufe des Ackerbaues und der Viehzucht. Die Arbeitskraft gewann auf diesem Stadium erhöhte Bedeutung, und ein Beweis dafür, daß die Kriegsgefangenen nicht mehr getötet wurden, sondern bei den Anbauarbeiten Verwendung fanden, ist das in diese Periode zurückgehende Wort für den Sklaven (finn. *orja)*. Auch auf technischem Gebiet erlangten die finnischpermischen Stämme eine ziemliche Entwicklung, was u. a. durch die ihnen vertraute Kunst des Spinnens bezugt wird.

Die Teilung des finnischpermischen Volkes dürfte um 1000 v. Chr. vor sich gegangen sein. Während die Permier von der Wolgaschleife nach Nordosten zogen, blieben die Finnen-Wolgavölker wahrscheinlich in ihren bisherigen Sitzen zurück oder verschob sich ein Teil von ihnen noch weiter nach Westen. Die Permier erhielten zuerst Anregungen von ihren iranischen Nachbarn, durch welche sie u. a. den Namen des Roggens und des Pfluges sowie der Wolle kennen lernten, dann von den Wolgabulgaren, die südlich von ihnen gewohnt haben dürften. Im 8. Jahrhundert n. Chr. endigte vermutlich die urpermische Zeit mit der Loslösung der Vorfahren der Syrjänen, die sich nordwärts nach ihren heutigen Wohnsitzen zu ziehen begannen[1].

Das finnischwolgasche Urvolk, das sich schon in finnischpermischer Zeit zur Stufe der Viehzucht und des Ackerbaues erhoben hatte, machte auf diesen wie auf anderen Gebieten der Kultur bemerkenswerte Fortschritte. Besonders

---

[1] Spr. 40.

seien solche große Errungenschaften wie das Mahlen, das Buttern, das Weben und die Herstellung von Booten erwähnt. Von einem gewissen Fortschritt auf dem Gebiet des Rechtslebens zeugt das Wort für Eid (finn. *vala)* und auf religiösem Gebiet das Wort für verehren (finn. *palvoa).* Nachbarn waren anfangs indoiranische Völker, aber vor dem Ende der Einheitsperiode, das in den letzten Jahrhunderten vor unserer Zeitrechnung eintrat, fanden schon Berührungen mit den Vorfahren der sog. baltischen Völker, der Litauer und Letten, statt.

Gerade zu der erwähnten Zeit isolierte sich von dem gemeinsamen Stamm der westliche Teil der finnischwolgaschen Bevölkerung, die Vorfahren der Ostseefinnen, die immer weiter nach Westen wanderten. Dieser Teil bildete das urfinnische Volk und leitete die urfinnische Zeit ein.

Im Anfang dieser Periode dauerten die baltischen Berührungen fort und brachten in die ostseefinnischen Sprachen eine Menge Lehnwörter, deren kulturgeschichtliche Bedeutung jedoch nicht besonders groß ist. Wichtiger dagegen waren die Berührungen, die sich in den ersten Jahrhunderten unserer Zeitrechnung zwischen den Urfinnen und den Germanen anbahnten, und durch die jene mit Ackerbau, Bierbrauen, Teigmachen, Hausbau und anderen technischen Verfahren bekannt wurden[1]. Von erheblicher kulturgeschichtlicher Bedeutung scheinen auch die slawischen Anregungen gewesen zu sein, die die Ostseefinnen vom 7. Jahrhundert n. Chr. an auf dem Gebiet des Fischfangs, der Speisebereitung, der Weberei, der Hauseinrichtung, der Kleidung und des religiösen Lebens empfangen haben[2].

Aus dem obigen anthropologischen Überblick war hervorgegangen, daß die Lappen eng mit den Samojeden verwandt sind, aber sich deutlich in mehreren somatischen Eigenschaften von den meisten finnischugrischen Völkern unterscheiden. Ihre finnischugrische Sprache eigneten sie sich wahrscheinlich schon in finnischugrischer Zeit an, als sie vielleicht bereits nachbarlich neben diesem Urvolk saßen[3]. Auch später blieben sie gewiß in der Nähe der Wohnplätze der Ugrofinnen und wanderten nördlich von diesen umher. In Fennoskandia oder nicht weit davon hielten sie sich, nach den Erwähnungen bei Tacitus und Ptolemäus zu schließen, wahrscheinlich schon zu Beginn unserer Zeitrechnung auf[4]. Daß sie schon um dieselbe Zeit in den nördlichsten Teilen von Norwegen anzutreffen waren, weist Wiklund nach. Vermutlich bewohnten die Lappen ehemals den größten Teil von Finnland[5]. In den Einöden von Nordtawastland wanderten sie noch 1390, und einzelne lappische Familien werden 1556 in Rantasalmi und 1663 in Iisalmi erwähnt[6].

Oben haben wir konstatiert, daß das finnischugrische Urvolk nach den Ergebnissen der Sprachwissenschaft wahrscheinlich an der mittleren Wolga

[1] Spr. 25; 26.
[2] Spr. 4.
[3] Siehe u. a. Spr. 42, S. 10.
[4] Arch. 2, S. 31.
[5] Spr. 1; 2.
[6] Hist. 5.

saß. Daß dies nach den Ergebnissen der Vorgeschichte möglich sein kann, zeigt die in Abb. 1 wiedergegebene Karte über die Verbreitung der steinzeitlichen Siedlungen in den zentralen und nördlichen Teilen des europäischen Rußlands[1]. Zugleich hoben wir schon hervor, daß das finnischugrische Urvolk als Jagd- und Fischervolk ausgedehnte Landgebiete brauchte und ohne Zweifel auch über solche verfügte. Im Hinblick hierauf darf man annehmen, daß ein großer Teil des von der Karte veranschaulichten steinzeitlichen Siedlungsgebietes gerade ihm zukam.

Als die finnischugrischen Völker um 2000 v. Chr. die Ackerbaustufe erreichen, ist in der Vorgeschichte von Osteuropa noch ein anderer kulturhistorischer Prozeß von größter Tragweite festzustellen: der Übergang vom Stadium der Steinzeit zu dem der Bronzezeit. Diese Erscheinungen waren durchaus nicht ohne Zusammenhang. Im Gegenteil war es gerade das Aufkommen des Bronzebeiles, das eine intensivere Brandwirtschaft ermöglichte. Ein dritter wichtiger Vorgang war die Einschränkung des Siedlungsgebietes. Wiewohl der primitive Ackerbauer, der den Boden schwendete, immer noch in gewissem Maße von Ort zu Ort zog, war er doch viel mehr als der Jäger an eine bestimmte Wohnstätte gebunden und brauchte für seinen Anbau nicht annähernd mehr so viel Land wie für die Jagd. Vergleichen wir die Karte der Bronzezeit, Abb. 2, mit der eben erwähnten Karte der Steinzeit, so finden wir diese Erscheinung auch durch die Funde bestätigt. Die Siedlungen wurden nunmehr in die besten Anbaugegenden verlegt. Wahrscheinlich beschränkten sie sich jedoch nicht auf das eigentliche Gebiet der Bronzekultur, denn in der Umgebung, an der Kama und Wjatka sowie in den heutigen Gouvernements Moskau, Twer, Kaluga und in gewissen anderen mittelrussischen Gouvernements sind auf hohen Ufervorsprüngen von Flüssen befestigte Wohnburgen, sog. Gorodischtsche, angetroffen worden, deren älteste in den Ausgang der Bronzezeit zurückzugehen scheinen. In dem Inventar der Gorodischtsche sind zwei merkwürdige Erscheinungen zu konstatieren: einerseits das fast vollständige Fehlen der Bronze und andererseits die Verwendung des Knochens auch zu Schneidewerkzeugen. Die Gorodischtschekultur stand unter dem Einfluß der eigentlichen Bronzekultur; das zeigt sich namentlich in der Keramik und dem Knocheninventar, worin auch Formen der spätesten Bronzezeit, der sog. Ananjinozeit, wiederzufinden sind, und in der in dieselbe Richtung deutenden Tierornamentik.

Wer die Schöpfer und Entwickler der ostrussischen Bronzekultur waren, ist nicht leicht zu entscheiden. Möglicherweise haben als ihre Begründer die Indoiranier zu gelten, die zur Zeit des finnischugrischen Urvolkes in dessen Nähe wohnten. Da die finnischpermischen Stämme ebenso wie auch die Ugrier nach der Auflösung des Urvolkes eine Art Ackerbaustufe erklommen, darf man jedoch annehmen, daß auch diese Völker später derselben Kultur teilhaftig wurden. Man hat vermutet, das eigentliche Bronzegebiet habe den Völkern des ugrischen Zweiges gehört, die primitivere Gorodischtschekultur aber, deren Vertreter, nach den Funden zu schließen, ebenfalls wenigstens schon die Viehzucht kannten, den finnischpermischen Stämmen.

[1] Arch. 6; 7.

Daß auch die Urfinnen noch in den Jahrhunderten vor unserer Zeitrechnung bei ihrem Vorrücken nach der Ostsee auf einer relativ niedrigen Kulturhöhe standen oder — um uns präziser auszudrücken — noch nicht mit der Behandlung des Metalles vertraut waren, wird dadurch nahegelegt, daß sie um diese Zeit, wo sie sich auf die Stufe der älteren Eisenzeit erhoben, das germanische Kulturinventar als solches übernahmen, und zwar in dem Grade, daß von der finnischen Besiedlung dieser Zeit in dem Inventar der Ostseeländer keine speziell den Finnen zuweisbaren Gegenstandsformen übrig geblieben sind. Daß die Vorfahren der Finnen im 2. Jahrhundert nach Chr. ihre Wanderung aus den Ostseeländern über den Finnischen Meerbusen nach den südwestlichen Teilen Finnlands und von da weiter nach Norden antraten, wird durch die Tatsache bewiesen, daß in dem Inventar der älteren Eisenzeit in Finnland neben skandinavischen Gegenstandsformen baltische angetroffen worden sind, deren Auftreten auf einer Kolonisation beruhen muß; denn wenn man für diese baltischen Einschläge den Handel verantwortlich machen könnte, müßten sie auch über das Meer nach Schweden gelangt sein, was aber nicht der Fall ist.

Die Einwanderung der Vorfahren der Finnen nach Finnland hat allmählich, im Laufe mehrerer Jahrhunderte stattgefunden[1]. Südwestfinnland und die Täler der Flüsse Kokemäenjoki und Kyröjoki waren Zentren der finnischen älteren Eisenzeit (100—700 n. Chr.), deren ältere und größere Siedlungsmasse, nach den Funden zu urteilen, skandinavisch war. In der jüngeren Eisenzeit (von 700 bis zum Anfang der geschichtlichen Zeit) verschmolz das skandinavische Bevölkerungselement mit dem finnischen, das jetzt eine eigene, auch in dem Inventar der Zeit sich widerspiegelnde nationale Kultur schuf. Vom Tale des Kokemäenjoki breitete sich die Besiedlung nach Tawastland aus, wo sie am Ende der Periode schon bis in die Umgebung des Päijännesees reichte.

Die ersten karelischen Altertümer, die namentlich am Unterlauf des Flusses Vuoksi und an der Westküste des Ladogasees gefunden worden sind, gehen in das 8. Jahrhundert zurück[2]. Am Anfang des zweiten Jahrtausends war die karelische Besiedlung auch bis in die Landschaft Groß-Savo und in die Gegend von Sortavala verbreitet[3].

Karelien ist, wie man annimmt, von Osten her besiedelt worden. Schon am Ausgang des 7. Jahrhunderts scheinen die Landstriche im Winkel des Finnischen Meerbusens von Kareliern bewohnt gewesen zu sein, da Ivar Vidfamen nach der Tradition damals einen Zug nach *Kyriala botn* unternommen haben soll. Der Bericht, den der Nordnorweger Ottar an den englischen König Alfred den Großen über seinen Zug nach Bjarmland gegeben hat, weist darauf hin, daß damals dort, irgendwo in der Küstengegend des Weißen Meeres, bereits Karelier wohnten[4]. Diese Annahme gewinnt eine Stütze durch Torer Hunds Nachricht über ein an der Dwinamündung gefundenes Bild des *Jomali*, denn ohne Zweifel war Jomali der Name eines finnischen Gottes[5]. Ebendasselbe bezeugt auch der syrjänische Name der Stadt Archangelsk, *Kardor* („Karelische Küste"); ebenso (Карельский берегъ) bezeichneten die

[1] Arch. 3. [2] Arch. 21, S. 70 fg. [3] Arch. 4.
[4] Hist. 8. [5] Hist. 11.

Russen noch im 17. Jahrhundert die Südküste des Weißen Meeres[1]. Die im Winkel des Bottnischen Busens wohnenden *Kainulaiset* (Qvänen), von denen schon Ottar spricht, scheinen ebenfalls ursprünglich ein karelischer Stamm gewesen zu sein[2]. Schon früh hatte also das karelische Gebiet eine recht große Ausdehnung, indem es sich vom Winkel des Finnischen Meerbusens bis zum Weißen Meere und von da bis an die nördlichen Gestade des Bottnischen Busens erstreckte.

Die Ingrier *(inkeroiset* oder *inkerikot)*, die heute in den westlichen Teilen von Ingermanland wohnen, aber zusammen mit den Woten als die älteste Bevölkerung dieses Landes seinerzeit die ganze Gegend zwischen dem Ilmensee und dem Finnischen Meerbusen beherrschten, werden zum erstenmal in einer päpstlichen Bulle zwischen 1164 und 1181 erwähnt[3]. Sie sprechen eine karelische Mundart.

Die heutige Bevölkerung Finnisch-Kareliens ist in erheblichem Grade gemischt und stellt eine zum allergrößten Teil von Westen her eingerückte Masse dar. Alten karelischen Stammes sind im wesentlichen nur die Griechischorthodoxen in Grenzkarelien und an den Ufern des Ladogasees sowie die Äyrämöiset der Gerichtsbezirke Äyräpää und Jääski und der Kirchspiele Pyhäjärvi, Rautu und Sakkola. Die Bevölkerungsverschiebung in Karelien wurde vor allem durch die verheerenden Kriege, die Religionsverfolgungen, die Hungersnöte und die Pest im 16. und 17. Jahrhundert verursacht. Die größten Abwanderungen fanden in der Provinz Käkisalmi nach der Eroberung durch die Schweden 1617 statt. Laut Berechnung sind zwischen 1627 und 1635 1,524 Bauernfamilien von dort nach Rußland gezogen. Durch den Religionskrieg 1656—1658 wurde die alte griechischorthodoxe Bevölkerung in manchen Landstrichen vollständig ausgerottet[4]. An ihre Stelle kamen neue Ansiedler, die, weil vor allem aus Savo stammend, in Südkarelien (in den Kirchspielen Muolaa, Valkjärvi, Kivennapa, Uusikirkko, Koivisto und Viipuri) den Namen Savakot erhielten. Entsprechende Ereignisse brachten nach Ingermanland, in das Land der Woten und Ingrier, sowohl Äyrämöiset als Savakot, von denen sich jene von der Grenze bis beiderseits der Newamündung niederließen, während diese hauptsächlich die südlichen Teile von Ingermanland besetzten[5]. Beide Stämme hatten noch vor einigen Jahrzehnten eine eigene besondere Tracht, an deren traditionellen Formen sie um so mehr fest hielten, je stärker sie weiterhin von dem Wunsch beseelt waren, ihre Grenzen gegenüber den Nachbarn rein zu behaupten.

Die aus Finnland und Ingermanland weggezogenen griechischorthodoxen Karelier siedelten sich in den Gouv.s Twer und Nowgorod an, wo sie, besonders in dem Gouv. Twer, größere Sprachinseln bilden[6].

---

[1] Ethn. 22, S. 324. Spr. 41.
[2] Nach einem Vortrag von Prof. Heikki Ojansuu.
[3] Ethn. 23, S. 64.
[4] Ethn. 29, S. 244.
[5] Ethn. 23. Spr. 11.
[6] Mon. 21.

DIE ANEIGNENDEN ERWERBSZWEIGE

Einleitung

Der vorliegende Band behandelt die aneignenden Erwerbszweige, insbesondere Jagd und Fischerei. Die aneignende Wirtschaft zwingt den Menschen zu einem wandernden Leben, das sich jedoch in den an Gaben der Natur reichen Gegenden entweder auf zeitweise wiederholte Streifzüge, die von einem bestimmten Mittelpunkt aus stattfinden, oder auf zwei oder mehrere Wohn- und Fangplätze beschränkt, die, je nachdem, in welcher Jahreszeit sie aufgesucht werden, entweder Winter-, Frühjahrs-, Sommer- oder Herbstplätze sind. Eine derartige Wohnart bezeichnet man als halb seßhaft.

Die alte Annahme, daß die Völker sich vom Standpunkt des Jägertums zum Hirtentum und von diesem schließlich zu Ackerbauern erhoben hätten, haben die Beobachtungen der tatsächlichen Verhältnisse nicht zu bestätigen vermocht. Dagegen hat man erkannt, daß jedes Volk eine eigene und ihm eigentümliche Mischwirtschaft hat und gehabt hat[1].

Jagd

Einleitung

Es versteht sich von selbst, daß die Jagd in unserem dünn bevölkerten, von unermeßlichen Wäldern bedeckten Lande in alten Zeiten eine der wichtigsten Erwerbsquellen war. Die Nachrichten über die Steuerverhältnisse des Mittelalters und der beginnenden Neuzeit zeigen denn auch, daß die Jagd damals noch eine ganz hervorragende Stellung in unserer Wirtschaft einnahm. Zur Zeit des Steuerbuches des Wotischen Fünftels war der „Bogen", d. h. der jagdfähige Mann, in den nördlichen Teilen der Provinz Käkisalmi die einzige Steuereinheit. Anderswo in Karelien wurden die Steuern als sogenannte Bogen- und „Kiltti"steuer (finn. *kilttivero)* entrichtet, wobei die erstere von allen jagdfähigen Männern, die letztere von dem Jagdgebiet der Familie oder des Gehöftes erhoben wurde[2]. Der Bogen lag im Mittelalter der kirchlichen Besteuerung in Savo, ja auch in Österbotten zugrunde. 1345 wurde sogar verordnet, daß jedermann in Österbotten den Zehnten von den Eichhörnchen, Vögeln und Waldtieren aller Art zahlen sollte. Der Pfarrer sollte nach derselben Bestimmung einen Fuß von jedem Bären und einen Vorderbug von jedem Elch und Renntier erhalten[3].

Noch zu Anfang der Neuzeit war ganz Mittelfinnland eine einzige „Einöde", in die die fest ansässige Bevölkerung von Süd- und Westfinnland ihre tüchtigsten Männer schickte, um Wild zu holen und Wald zu schwenden[4]. Diese

[1] Ethn. 20, S. 206ff.
[2] Ethn. 29, S. 77.
[3] Hist. 14, S. 55, 70; 15.
[4] Hist. 16.

mancherorts Jahrhunderte hindurch wiederkehrenden Streifzüge lassen darauf schließen, daß die Ausbeute an Wild in den Stammlanden schon zu wünschen übrig ließ. Man darf mit vollem Recht annehmen, daß die Jägerkultur, die tief in dem Charakter der damaligen Bevölkerung eingewurzelt war, nur unter dem Druck unübersteiglicher Tatsachen vor der anbauenden Wirtschaft zurückwich. Eine entscheidende Rolle spielte in diesem Kampf zweier scharf voneinander abweichender Kulturformen die Abnahme des Wildbestands, die Armut im Gefolge hatte. Eine treffende Schilderung des Übergangsstadiums, das zuletzt dazu zwang, mit Entschlossenheit zum Pfluge zu greifen, gibt Borenius in seiner Schilderung des Kirchspiels Somero aus dem Jahre 1774, wenn er es als Grund des allgemeinen Elends bezeichnet, daß die Bewohner „mancherlei Erwerb, wie Fischfang, Jagd und Waldschwenden treiben wollten, was die Folge hatte, daß der richtige Acker- und Wiesenbau stark beiseite geschoben wurde“[1].

Je mehr die Bevölkerung anwuchs und sich immer dichter gen Mitternacht ausbreitete, um so mehr wich das Wild vor ihr nach dem Norden zurück, wo es noch im 18. Jahrhundert Kirchspiele gab, deren Hauptnahrung in Wildbret bestand. „Jagd und Vogelfang“, wird 1754 aus Paltamo berichtet, „sind die ersten Nährgewerbe des hiesigen Volkes“[2], und Elias Lagus erzählt 1773 aus Kuusamo, Jagd, Vogelfang und Fischen seien die wichtigsten Erwerbszweige des Kirchspiels, obwohl sie gegen früher schon zurückgegangen seien[3].

Von den Jagdtieren begannen natürlich zuerst die größten Fleisch- und die wertvollsten Pelztiere abzunehmen. Von letzteren wurde der Biber Gegenstand eifriger Nachstellung, auch wegen seines Bibergeils. Sein Fang blühte noch im 14. Jahrhundert in Südkarelien, wo er durch besondere Vereinbarungen zwischen den Familien rationiert gewesen zu sein scheint, da darüber ausdrückliche Bestimmungen in den Friedensvertrag von Nöteborg aufgenommen waren[4]. Wahrscheinlich war die Biberjagd noch zu Anfang der Neuzeit auch weiter westlich in unserem Land eine mit Sorgfalt gehütete Erwerbsquelle, denn Olaus Magnus weiß zu erzählen, daß die Finnen beim Säen sehr darauf achtgaben, daß sie die Biber und ihre Bauten nicht störten[5]. In den schriftlichen Quellen des 18. Jahrhunderts begegnen wir keiner Erwähnung des Bibers mehr außer in Nordfinnland, wo sich dieses Tier in der Gegend des Kemijärvisees und am Kuolajärvi noch in den 1820er Jahren dann und wann zeigte[6].

Das größte wilde Fleischtier Finnlands ist der Elch, der hier schon in der Steinzeit lebte. Die Unbeständigkeit, die in seiner Zahl und seinem Vorkommen während der letzten Jahrzehnte in den verschiedenen Teilen des Landes zu beobachten gewesen ist, dürfte nicht allein dem Elch unserer Tage eigentümlich sein, da er nach einer Angabe von 1753 i. J. 1723 plötzlich in Ruovesi auftauchte und sich dort alsdann von Jahr zu Jahr vermehrte. Im nördlichen Satakunta war die Jagd auf Elche noch in der zweiten Hälfte des 18. Jahrhunderts allgemein verbreitet, in Tawastland aber soll das Tier 1782

[1] Ber. 58. [2] Ber. 50, S. 57. [3] Ber. 64.
[4] Ethn. 29, S. 78, 81. [5] Hist. 14, S. 70.
[6] Mon. 7, I, S. 242; 8, I, S. 556; III, S. 488.

größtenteils ausgerottet gewesen sein, ja aus Sysmä wird 1792 erzählt, daß es dort seit Jahren nicht mehr gesehen worden war. In den Grenzgegenden der Kirchspiele Punkalaidun und Tyrvää zeigte es sich noch 1796. Um die Mitte desselben Jahrhunderts kam es allgemein in Südösterbotten außer in Kronoby vor, wo es bereits verschwunden war. In Paltamo war es zur selben Zeit selten und in Rautalampi offenbar schon ausgestorben[1]. Um 1850 schließlich war der Elch fast ganz ausgestorben, bis er, durch Gesetz von 1868 für geschützt erklärt, angefangen hat, sich wieder zu vermehren.

Das wilde Renntier war im 18. Jahrhundert im Südwesten seltener als der Elch, aber um so häufiger im Osten und Nordosten. Im Kirchspiel Ruovesi wurden Renntiere 1785 nur in den Gegenden des Höhenzuges Maanselkä und auch dort nur einige angetroffen; in Nordtawastland meinte man, sie hätten sich zu derselben Zeit hierher aus Lappland verirrt. In Sysmä wollte man sie 1792 seit Jahren nicht gesehen haben. Auch in Südösterbotten, wie z. B. in Laihia, waren sie um die Mitte desselben Jahrhunderts selten oder, wie in Kronoby, schon ganz verschwunden. Dagegen gab es wilde Renntiere in den 1730er Jahren noch zahlreich in Mittelfinnland, wo sie z. B. den Bauern des Kirchspiels Rautalampi großen Schaden verursachten, indem sie deren Heuschober auf den fernen Waldwiesen fraßen. In einem Brief von 1762 aus Leppävirrat heißt es, es streiften alljährlich Tausende von wilden Renntieren von Lappland bis an die Gewässer von Savo; unter ihnen befänden sich auch zahme, und an dem Kommen und Gehen dieser Tiere sei nach den Mitteilungen der Bewohner eine uralte Gewohnheit schuld, „die durch die Lappen verursacht war, welche in alten Zeiten nach dieser Gegend und von hier nach Lappland zurück wanderten." Nach Parikkala und Pälkjärvi kam noch im Anfang der 1890er Jahre dann und wann ein Renntier aus der östlichen Grenzgegend, wo noch heute eins und das andere zu finden ist. In Nordfinnland, wie in Pudasjärvi und auch in Kuusamo, begannen die Renntiere schon gegen Ende des 18. Jahrhunderts selten zu werden[2].

Viel später schränkte sich in Finnland das Verbreitungsgebiet der Raubtiere ein. Der letzte Bär wurde in Koivisto, Provinz Viipuri, um 1830, in Askola um 1860, in Tammela um 1870 und in Noormarkku um 1888 getötet. Die Wölfe waren in Lemi in den 70er, in Harjavalta und Luvia in den 80er Jahren des vorigen Jahrhunderts ausgerottet[3].

Auf die Verbreitung des übrigen Wildes gehen wir hier nicht näher ein, obwohl auch darüber einige interessante Angaben gemacht werden könnten. Dagegen sei erwähnt, daß manchen Pelztieren, besonders dem Fuchs und dem Luchs, Namen nach der Beschaffenheit ihrer Farbe gegeben wurden. So gab es von Füchsen gewöhnliche graue, braune, Kreuz- und schwarze Füchse, welch letztere außerordentlich selten waren. Von Luchsen unterschied man Wolf-, Fuchs-, Katzen- und den schönen gefleckten Pardelluchs. Gewisse

[1] Ber. 26, S. 26; 29, S. 46; 30; 31, S. 23; 48; 50; 51, S. 36; 52, S. 27; 53, S. 39; 68; 81; 102. J. u. F. 32. Mon. 7, I, S. 219.

[2] Ber. 17; 29, S. 46; 31, S. 23; 37; 48, S. 139; 51, S. 36; 52, S. 27; 64; 81. Hist. 17. J. u. F. 32; 63. Mon. 7, I, S. 138, 219; 8, III, S. 444. Reis. 22, S. 56.

[3] Ethn. 96, Karte 17. J. u. F. 63.

Tiere erhielten auch Schmeichelnamen: der Hase hieß *Jussi* (Hänschen), das Eichhörnchen *Kalle* (Karlchen), der Fuchs *Mikko* (Michel), der Wolf *Heikki* oder *Häntä-Heikki* (Heinrich oder geschwänzter Heinrich) und der Bär *Vanha Antti* (Alter Andres). Der Bär hatte auch andere Namen, wie *Otso*, *Kontio*, *Mesikämmen* (Honigtatze) usw.[1] Dieser Namenreichtum scheint sich aus derselben Furcht zu erklären, die die Jäger Sibiriens wie Afrikas veranlaßte, die richtigen Namen der stärksten Raubtiere zu vermeiden und sie durch andere verständliche Wörter zu ersetzen[2]. Hierauf weist z. B. Fellmann hin, wenn er sagt, daß die Bewohner von Kuusamo in ihren Liedern von dem Bären nie die Namen *karhu* oder *kontio* gebrauchten, sondern dafür andere einsetzten, wie *ohto*, *harvakarva* (Dünnbehaarter), *tasakärsä* (Geradschnauziger), *lyhytjalka* (Kurzbeiniger), *lullo*, *lallo*, *verkahousu* (Tuchhose) u. a.[3]. Marttini teilt mit, in Archangelsk-Karelien habe man die Namen *kontio* und *karhu* als unehrerbietig vermieden und geglaubt, der Bär räche sich für ihre Anwendung dadurch, daß er das Vieh zerreiße. Allgemeiner war der Name *metsänmies* (Mann des Waldes) im Schwang. Wenn man an das Lager ging, mußte man den Bären auffordern, die „Gäste" zu empfangen; dabei durfte man nicht vom „Schießen" reden, sondern mußte sagen „*anna männä*" (los!)[4].

Inbezug auf seine Nahrung war der Mensch schon in der Periode des Jägertumes ebenso wählerisch wie später. Bekam man etwas Gutes, so verzehrte man es, wenn nicht, so begnügte man sich auch mit dem Schlechteren. So mußte im Notfall statt Vogel, Elch und Renntier auch das Fleisch eines Pelztieres genügen. In Mittel- und Nordfinnland gibt es noch heute Menschen, die Eichhörnchenfleisch gegessen haben. In Piippola soll man in Ermangelung von Besserem auch mit Marderfleisch vorlieb genommen haben. Auch wird überliefert, daß man Dachsfleisch aufbewahrte. Von den Lappen ist bekannt, daß sie mit Vergnügen Fleisch und Fett des Bibers verzehrten[5]. Bärenfleisch wurde allgemein in Finnland gegessen, in Russisch-Karelien aber wurde es wenigstens an manchen Orten gemieden. In denselben Gegenden und auch in Nordostfinnland meinte man aus abergläubischen Gründen, daß das Fleisch des Hasen nicht zum Essen geeignet sei[6]. Besonders geschätzt war es allerdings auch sonst nicht in Finnland, das ergibt sich aus dem Sprichwort: „Der Hungrige ißt auch vom Hasen."

Rechtsanschauungen aus der Zeit des Jägertums[7]

Auch die primitivsten, aneignende Wirtschaft treibenden Völker sind nicht ganz unseßhaft: schon die Anpassung an bestimmte Verhältnisse, die Erfahrungen aus bekannten, früher durchforschten Gegenden fesseln auch die

[1] J. u. F. 63.
[2] Ethn. 30; 53. J. u. F. 55. Mon. 8, III, S. 449. Reis. 26, II, S. 277; III, S. 486, 493.
[3] Mon. 8, III, S. 449.
[4] Ethn. 30. J. u. F. 60.
[5] Essw. 3.
[6] J. u. F. 20, S. 164; 87, S.46; 98, Nr. 3, S. 24; 102, S. 301; 122, S. 33 fg.
[7] Hauptquellen: Ethn. 29. J. u. F. 111.

am meisten zum unsteten Leben geneigten Sippen und Stämme an den Boden. In diesem Sinne wirken außerdem die einander zuwiderlaufenden Interessen der einzelnen Völker, Stämme und Sippen, die Konkurrenz um die besten Fischerei- und Jagdbezirke sowie um die Weidegründe. So bilden sich also ohne Zweifel schon verhältnismäßig früh zwischen den Wohngebieten verschiedener Völkergruppen eine Art Grenzen heraus, die je nach der Lebenslage und den Kräfteverhältnissen der betreffenden Völker sehr verschieden große und hinsichtlich der Naturschätze stark variierende Gebiete einschließen.

Von den heutigen arktischen Völkern dürften die Jägertungusen am wenigsten seßhaft sein. Ihre Züge können jahrelang dauern, ehe sie auf ihre früheren Spuren zurückkommen. Aber diese Rückkehr in bekannte, früher aufgesuchte Gegenden zeigt doch schon, daß auch in ihren Zügen bereits ein Rhythmus herrscht.

Von den finnischugrischen Völkern sind die Ostjaken des Wach am unstetesten, aber auch sie haben schon ein eigenes Stammesgebiet, in dessen Bereich sie umherwandern. Die Plätze, an denen die verschiedenen Familien ihre Fanggeräte auslegen, sind Privatbesitz dieser Familien, solange sie an ihnen ihren Fang ausüben. Das Gewohnheitsrecht fordert, daß Unbefugte nicht das Wild durch ihr Schießen stören.

In den übrigen ostjakischen Gegenden und allenthalben bei den Wogulen sind die Jagdgebiete unter den Stämmen und Sippen geteilt, während der Privatbesitz oder — richtiger — die Nutznießung auf demselben Stande verbleibt wie am Wach. Oft hat die Familie in ihrem Sonderbezirk eine Hütte, nach der sie vom Flußufer aus, wo die Hauptbehausung und der Fischereiplatz liegen, für die Jagdperiode im Herbst oder Nachwinter übersiedelt. Von dieser Lagerstätte geht ein viele Werst, ja Meilen langer Pfad aus, der in zahlreichen Windungen zu dem Lagerplatz zurückkehrt und an dem die Fanggeräte der Familie aufgestellt sind.

Ähnliche Jagdgebiete mit Jagdpfaden gibt es ferner bei den Syrjänen, Wotjaken, Tscheremissen, Lappen und bei den Kareliern von Olonetz und Archangelsk, d. h. bei allen den finnischen Völkern, die noch in irgendeinem Teil ihres Landes intensive Jagd ausüben. Wir können schon hiernach annehmen, daß die betreffenden Gebiete und Pfade seit uralten Zeiten für die Jägerperiode der verschiedenen Völker charakteristische Kulturformen gewesen sind.

In Archangelsk-Karelien waren die Wälder nach I. Marttini[1] nicht eigentlich geteilt, aber die Gegend um das Dorf wurde doch als Eigentum der Dorfschaft betrachtet, und die Bewohner anderer Dörfer durften dort nicht jagen. Die Pfade, *puutikat* (Sing. *puutikka)*, unterlagen solange privatem Nutzungsrecht, bis von den *kotaset* (mit Schlingen versehenen, unter Bäumen errichteten Überdachungen) keine Spur mehr vorhanden war. Es galt nicht als anständig, in der Nähe eines solchen Pfades auch nur Vögel zu schießen. Mitunter ging ein Pfad durch Tausch oder Verkauf in andere Hände über. Abtretungen von Revieren kamen dagegen nicht vor, weil diese gemein-

---

[1] J. u. F. 60.

sames Eigentum der Dorfschaft waren. Wenn sich eine Familie auflöste oder Brüder sich trennten, wurde der Pfad als eine Art fahrende Habe angesehen, die dem am meisten für Jagd interessierten Bruder überlassen wurde, welcher seinerseits auf einen entsprechenden Teil des übrigen Besitzes verzichtete. Zu einem Schlingenpfad gehörten in der Regel etwa 300 bis 500 *kotaset*. Die Abstände zwischen diesen wurden entweder durch Umbrechen junger Baumspitzen, *rasti*, oder durch Kerben an den betreffenden Bäumen, *puali*, bezeichnet.

Daß die Bodenbesitzverhältnisse während der Jägerperiode auch in Finnland ähnliche wie in den Gebieten der obenerwähnten verwandten Völker waren, geht aus mehreren Hinweisen hervor. Eine bemerkenswerte Angabe aus Isokyrö bietet Aejmelaeus 1773: „Fang von Tieren und Vögeln dürfte in den ältesten Zeiten viel ausgeübt worden sein, da man noch Grenzzeichen von solchen Gebieten sieht und kennt, in denen jeder diesen Fang ausführen durfte. Und sie dürften auch schriftlich bestätigt worden sein, da solche Grenzen noch heute *kirjamaan rajat* („Grenzen des Buchlandes") heißen.[1]" In mittelalterlichen Urkunden werden im Besitz von Gehöften, ja von ganzen Dörfern befindliche Einöden erwähnt, die unter den Besitzern verteilt werden sollten, je nachdem wie ihr Anteil am „Hauptland" war. Der gemeinsame Besitz bezog sich wahrscheinlich auf eine größere Gegend von Einödcharakter, wovon die einzelnen Teilhaber je ein Stück erhielten. „Das Verfügungsrecht", sagt Voionmaa, „war gemeinsam, aber der Besitz privat." Die Jagdreviere der südlichen Tawasten in Nordtawastland wurden zu Anfang der Neuzeit meistens „Eichhornwälder" (finn. *oravimetsät)* genannt. Sie waren schon am Ausgang des Mittelalters fester Privatbesitz, der vererbt, geteilt, verkauft und getauscht wurde. In Satakunta führten sie im Anfang des 15. Jahrhunderts den Namen „Manneswald" *(miehenmetsä)*, womit nach Voionmaas Vermutung ein für einen Jäger genügendes Stück Wald gemeint ist[2].

Auch für die Benutzung von Jagdpfaden in Finnland liegen hinreichende Belege vor. Darauf deutet schon das Sprichwort: „Hat man hundert Deckelfallen, fünfzig Hebelfallen, tausend Birkhuhnschlingen, so sieht man selten umsonst nach." Aus dem Kirchspiel Kuhmoniemi wird berichtet, daß ein Jäger bis hundert Fallen und ebenso viele Schlingen haben konnte. Im Kirchspiel Kurikka legten manche Schlingenfänger 70 bis 80, ja mitunter mehrere hundert Schlingen im Walde aus, und im Kirchspiel Joroinen hatte ein Jäger 300 bis 400. Im Kirchspiel Jalasjärvi wissen die alten Leute zu erzählen, daß die Schlingen — solche legte ein Mann bis 200 aus — an einem Pfade ausgespannt wurden, der in einem Ring um große Moore herum in einer Ausdehnung von vielen Werst lief. Die Abstände der Fanggeräte betrugen 20 bis 100 Klafter. Um leichter herausfinden zu können, wo sie im Verhältnis zueinander ausgelegt waren, wurden Reiser umgeknickt oder Schrunden (finn. *naarmu*) in die Bäume gerissen. Der Pfad hieß in der Gegend von Kajaani *keinotie* und die an ihm angebrachten Schlingen, Deckelfallen und Stockfallen *keino*. In Sotkamo wurde der Pfad *virkotie* genannt.

[1] Ber. 2.
[2] Ethn. 29, S. 79ff.

Ebenso wie bei den verwandten Völkern lag auch bei den Finnen oft die Jagdhütte des betreffenden Besitzers in dem Jagdrevier, was durch alte Urkunden feststeht. Z. B. wurde ein Paavali Väänänen und sein Bruder auf dem Ting zu Leppävirrat 1645 angeklagt, von dem Roggenschober eines gewissen Taskinen mit ihrem Schlitten 32 Garben nach ihrer Waldhütte geschafft zu haben[1].

Aus dem gemeinschaftlichen Besitz der Stammes- und Sippenländereien folgte, daß auch deren Wild als Gemeingut betrachtet wurde, dies um so mehr, als dieser gemeinsame Besitz in alten Zeiten oft einer und derselben großen Sippengruppe gehörte, der es eigentümlich war, besonders die Lebensmittel als gemeinsam zu betrachten. Die heidnischen Ostjaken von Obdorsk teilten zu Castréns Zeiten, wo sich die Gliederung ihres Gemeinwesens noch deutlich auf die Sippengruppierung gründete, die Beute des Tages brüderlich untereinander. „Und es ist merkwürdig", sagt dieser Forscher, „daß sie sich gegenseitig nie um Almosen angehen, sondern es als ihr unbedingtes Recht ansehen, ohne Umstände von dem Eigentum ihres Nächsten zu nehmen[2]."

Aus den Gerichtsprotokollen des 17. und 18. Jahrhunderts geht klar hervor, daß die Lappen das größte und kostbarste Wild, wie Renntier, Biber, Bär und Wolf, für gemeinsames Eigentum des Dorfes hielten[3]. Auf dem Ting zu Kittilä 1769 wurde ausdrücklich erkannt, daß die Jagd auf wilde Renntiere in der Zeit zwischen dem ersten Weihnachtstag und dem folgenden Mittfasten gemeinsam ausgeführt werden sollte. Eine uralte Sitte war, daß sich die Dorfbewohner eidlich verpflichteten, einen Biber, den sie zufälligerweise auf einem einzelnen Jagdzug erbeutet hatten, an die Dorfgemeinde abzuliefern. Die Fangzeit des Bibers war zur Weihnachtszeit angesetzt, und es war verboten, Biber unter einem Jahre zu fangen. Von der gemeinsamen Beute erhielten nur die einen Anteil, die an der gemeinsamen Jagd teilgenommen hatten, aber den Kranken wurde „die Hälfte eines Mannesteiles" überlassen.

Daß die Renntierjagd namentlich im Nachwinter gemeinschaftlich stattfinden sollte, erscheint natürlich, wenn man bedenkt, daß diese Tiere zu dieser Jahreszeit wegen des vielen Schnees gezwungen waren, sich innerhalb eines bestimmten, verhältnismäßig kleinen Gebietes aufzuhalten, wo sie mit vereinten Kräften leicht umzingelt werden konnten. Ebenso war es natürlich, daß die Biber als gemeinsames Eigentum betrachtet wurden, weil sie wegen des Nistens an bestimmten Orten gewissermaßen an das Sippengebiet gebunden und außerdem leicht zu finden waren. Aus dem Obigen ist uns schon bekannt, daß der Biberfang auch in Südkarelien zur Zeit des Friedens von Nöteborg durch Verträge unter den Familien geregelt war. Aus den von Samojeden und Syrjänen bewohnten Gegenden Nordrußlands liegen Nachrichten über das gemeinsame Eigentum an Fuchsbauen und jungen Füchsen vor[4].

Schon aus Gründen der Sicherheit wurden die Jagdzüge am liebsten truppweise unternommen; in gewissen Fällen, wie z. B. bei der Umzingelung von Renntier- und Elchherden und bei der Tötung von Bären, waren sie in dieser

[1] Siehe auch Hist. 18.
[2] Reis. 3, I, S. 299.
[3] Mon. 7, III, S. 117.
[4] J. u. F. 13; 47; 116; 127.

Weise auch aus technischen Rücksichten notwendig. Solange die Sippenbande stark genug waren, wurden die Trupps am liebsten innerhalb des Kreises der Sippe gebildet und die Beute dann gleich unter den Beteiligten (der Sippe) verteilt. Es gibt eine Menge Beispiele von großen gemeinsamen Jagdunternehmungen, welche sicher dazu angetan gewesen sind, die Sippen zusammenzuhalten. Höchst interessant sind die Kesseltreiben bei einigen Burjatenstämmen, die sog. *Zegete-aba* und *Aba-chaidak*, die von den Anführern eines ganzen Stammes geleitet wurden, bis in Einzelheiten an bestimmte Regeln gebunden waren und tief auf den Organismus des ganzen Stammes einwirkten, indem sie u. a. den kriegerischen Geist und den Sinn für Disziplin ausbildeten[1].

Bei manchen arktischen Völkern — u. a. Lappen und Samojeden — war noch unlängst die gemeinschaftliche Tätigkeit zahlreicher Beteiligter bei den großen Treibjagden auf Renntiere erforderlich (s. u. S. 44ff.). Ähnlicher Methoden bedienten sich seinerzeit gewiß auch die anderen finnischugrischen Völker. Es ist natürlich, daß die Beute, die in dieser Weise durch gemeinsame Anstrengung gewonnen war, gleichmäßig unter die Jäger verteilt wurde. So ist es in manchen Fällen noch heute z. B. bei den ob-ugrischen Jägern. Nach dem Bericht des Propstes J. Cajanus auf der Bischofsvisitation in Paltamo 1663 wurden die im Nachwinter zur Zeit des nicht mehr tragenden Schnees erlegten Bären, Wölfe, Elche und Renntiere zu gleichen Teilen unter die Jagdgenossen verteilt ohne Rücksicht darauf, wer die Tiere getötet oder nur herbeigeschleppt und nach Hause gebracht hatte[2].

Da das Wild des gemeinsamen Sippenrevieres als gemeinsames Eigentum angesehen wurde, hielt man auch solche Mitglieder der Genossenschaft, die nicht die Jagd mitgemacht hatten, für anteilsberechtigt an der Beute. Eine bemerkenswerte Nachricht aus Olonetz teilt Kulikowskij 1891 mit, wenn er sagt: „Noch in neuester Zeit wird am Sjamosero alle Beute — sowohl Vögel als Wild — gleichmäßig unter den zufälligen Teilnehmern verteilt; eine Ausnahme machen die Bärenjäger: diese bilden eine besondere Genossenschaft und teilen die Beute nur mit denen, die an der Erlegung des Bären teilgenommen haben.“ Ebenso eigenartige, auf alte kommunistische Zustände deutende Angaben macht Kulikowskij auch über die Beziehungen der Jagdgenossenschaften zueinander: am Sjamosero, sagt er, „müssen Genossen, die sich im Walde begegnen, „um eine Kopeke“ miteinander jagen, d. h. sie teilen die ganze Beute entsprechend der Zahl der Teilnehmer einer solchen zufällig zusammengesetzten Genossenschaft, die sich aus zwei bis drei, mitunter sogar aus vier verschiedenen Genossenschaften gebildet hat; die Trupps gehen gewöhnlich nach verschiedenen Seiten auseinander und nehmen dann, nachdem sie sich an einem verabredeten Platz getroffen haben, die Teilung vor[3].“

Wir fanden oben auf den gemeinsamen Sippenländereien der jagdtreibenden finnischugrischen Völker durch freie Besitzergreifung gebildete, von besonderen Familien als Fangplätze benutzte Ländereien. Da Unbefugte nicht berechtigt waren, auf diesen und in deren Nähe zu jagen, bildeten sich allmäh-

[1] Ethn. 32. J. u. F. 18, II. [2] Ber. 12. [3] J. u. F. 51.

lich besondere, in den Bereich des Privateigentums gehörende Gebiete. Damit wurde der Grund zum Streben nach einer Erweiterung des Privateigentums gelegt.

Als so die Bodenbesitzform einzelner Familien und — mit deren Anwachsen — der Sippenfamilien entstanden war, begann man auch hinsichtlich der Beute nach einer Durchführung der Prinzipien des Privateigentums zu streben. Es kamen verschiedene Bräuche auf, durch die man sich gegen Anteilsansprüche von Außenstehenden zu sichern versuchte. In jedem einzelnen Fall läßt sich indes nicht leicht entscheiden, ob sie eine Wahrung gegen Ansprüche auf rein kommunistischer Basis oder gegen solche Jäger enthielten, die eventuell dasselbe erbeutete Tier verfolgt hatten und jeden Augenblick an der Erlegungsstelle erscheinen und ihren Anteil fordern konnten. Wir führen einige Beispiele an. „Wenn ein Unbeteiligter“, schreibt T. Itkonen aus Lappland, „zufällig an den Fangplatz kam, bevor das Wild abgezogen (Koltta) oder seine Läufe zerbrochen waren (Inari), erhielt er die Hälfte der Beute. Handelte es sich um einen Vogel, so wurde er geteilt, falls der Jäger ihn nicht schon in seinem Schlitten untergebracht hatte, sondern der Vogel z. B. noch im Wasser lag[1].“ „Wenn ein Renntier erlegt wurde“, berichtet Marttini aus Archangelsk-Karelien, „mußte schnell Feuer angemacht und die Gurgel des Renntiers durchgeschnitten werden. Danach hatten Unbeteiligte, wenn sich solche etwa einstellten, keinen Teil mehr daran.“ Auch wenn ein Bär erlegt worden war, wurde schleunigst Feuer angezündet, aber statt der Gurgel wurde ihm die Maulhaut durchgeschnitten[2]. Im Kirchspiel Sotkamo wurde ebenso, wenn ein verfolgter Bär zur Strecke gebracht worden war, ein Feuer angemacht und die Haut abgezogen. „Früher nahmen die alten Männer, nachdem sie Feuer angezündet hatten, zuerst einen Streifen rings um das Maul (finn. *huulipanta)* des Bären weg, holten dann Branntwein aus ihrem Ranzen und feierten die Erlegung des Tieres.“ Ein anderer Autor berichtet aus demselben Kirchspiel: „Wenn ein Bär erlegt war, wurde ihm sofort die Schnauze abgeschnitten, und die, welche alsdann anwesend waren, bekamen von der Beute ihren Teil[3].“

Aus dem Privateigentum an den Jagdrevieren folgte, daß das Gewohnheitsrecht die Frage zu entscheiden hatte, wie sich der Jäger zu dem Wild verhalten mußte, das in fremdes Privatrevier floh, und unter welchen Bedingungen Jagd auf fremdem Grund und Boden stattfinden durfte. Die erstere Frage hat das Gewohnheitsrecht der finnischugrischen Völker gewöhnlich dahin entschieden, daß der Jäger ein von ihm verfolgtes Tier ohne Schadenanspruch auf fremdem Gebiet töten durfte. Wenn er hier sonst ohne vorhergehende Abrede etwas schoß, mußte er dem Besitzer Schadenersatz leisten. In Finnisch-Lappland war dies die Hälfte der Beute, in Kola-Lappland ein Zehntel von den Eichhörnchen, von kostbarem Wild wie Renntieren, Elchen, Bibern und Schwänen ein Drittel.

---

[1] Mon. 31, S. 242.
[2] J. u. F. 60.
[3] J. u. F. 63.

Die Ausrüstung des Jägers

Für einen Streifzug von längerer Dauer rüstete sich der Jäger mit reichlichem Proviant und mit einem Kessel, in dem die Speise zubereitet wurde, aus. Außer der Flinte und Schießbedarf führte er regelmäßig ein Beil mit (Abb. 4). War der Boden mit Schnee bedeckt, so wurde ein flacher Schlitten, eine Schleife (finn. *ahkio)*, mitgenommen, worin die meisten Sachen Platz fanden. Sonst wurden Proviant und Kessel auf dem Rücken getragen, wozu früher sehr allgemein bei den finnischugrischen Völkern ein Traggerät namens *nip* benutzt worden zu sein scheint.

Auch die Kleidung erforderte eine besondere Vorbereitung. Im Winter, zur Zeit des Schnees, kam der Jäger sicherer an das Wild heran, wenn seine Kleidung dieselbe Farbe hatte wie die umgebende Natur. Er zog daher Hemd und Hosen aus Sackleinwand an. Auf dem Kopfe trug man eine weiße Mütze aus Lammfell oder eine Marderpelzmütze (finn. *näätäreuhka)* mit der Kopfhaut auf der Stirnseite und dem Schwanz hinten im Nacken. Daneben dürfte die über die Ohren ziehbare Spitzmütze, die in Russisch-Karelien *kukkeli* oder *tšakkalakki* genannt wird, noch allgemeiner in Gebrauch gewesen sein (Abb. 7)[1]. In den westlichen Teilen des Landes hatten die Jäger als Fußbekleidung auf der Jagd mit Feuerwaffen rindslederne Wadenstiefel, aber beim Fang mit Eisen und Schlingen aus Tuch verfertigte Überschuhe, weil da angeblich geruchloses Schuhzeug vonnöten war[2].

Nach uralter Auffassung mußte der Jäger unbedingte Reinlichkeit beobachten. Zu Beginn der Fangzeit mußte er vor dem Aufbruch in den Wald die Badestube besuchen. Danach durfte er keine Gemeinschaft mehr mit einem Weib haben. Den Frauen war es nicht erlaubt, auch nur die Waffen anzurühren. Die Lappen hatten früher im hinteren Teil des Zeltes eine besondere Tür, durch die nur die Jäger ein- und ausgehen durften und durch die die Waffen und das Wild, besonders der Bär, hereingebracht wurden[3].

Der Gedanke, der hier zum Ausdruck kommt, scheint ehemals im Gebiet des ganzen finnischugrischen Stammes herrschend gewesen zu sein. Die Ostjaken und Wogulen hoben den erlegten Bären auf das Dach der Jurte und senkten ihn von dort durch das Rauchloch in das Innere hinab. In Archangelsk-Karelien wurde die Tür aus der unteren Angel genommen und soweit geneigt, daß die auf die Bärenjagd ziehenden Männer zwischen Angelpfosten und Tür hinausschlüpfen konnten. Noch heute weiß man in Pihtipudas zu erzählen, daß es in einem berühmten Gehöft von Bärenjägern früher den Frauen streng verboten war, in die Stube zu kommen, in der der Bär abgezogen wurde. Wenn es trotzdem geschah, glaubte man, das Bärenjagdglück werde schwinden[4].

Während sich der Jäger in der Badestube zurecht machte, durfte keine Frau irgendwie dabei beteiligt sein, ja sie durfte nicht einmal zusehen, wenn Holz zum Einheizen der Badestube gefällt wurde. Beim Baden wie auch

---

[1] Ber. 23. Mon. 32. [2] J. u. F. 63.

[3] Ethn. 31. J. u. F. 63. Siehe auch das Kapitel über die Gebäude.

[4] Katalog der Ethn. Abt. des Nationalmuseums, Nr. 4340 : 306.

hinterher führte der Jäger, um bei seinen Unternehmungen vom Glück begleitet zu sein, mancherlei magische Gebräuche aus. Er vertrieb die Neider dadurch, daß er in die Badestube eine Kugel schoß, in die er drei Kreuze geschnitten hatte. Während er Wasser auf den Badeofen goß, nannte er die Namen der Tiere, die er gern erbeuten wollte. Er ging nackt in sein Wohnhaus und versuchte beim Ankleiden die Kleider zuerst verkehrt anzuziehen gemäß dem Spruch: „Hat man die Kleider falsch herum an, so ist das Glück richtig herum." In den Wald ging er heimlich und ohne etwas zu sagen; dabei beobachtete er verschiedenerlei Vorsicht — u. a. schlüpfte er durch eine Lücke im Zaun — und verbrachte dort wenigstens die erste Nacht. Die Beute des ersten Tages ließ er in einem Fichtengestrüpp für den Wald als Opfergabe zurück und schoß erst am folgenden Tage für sich selbst.[1]

Ein tüchtiger Jäger stand in hoher Achtung, und besondere Verehrung genoß der, welcher einen Bären erlegt oder einen Elch auf Skiern gejagt hatte.

Unsere Schilderung der Jagdausrüstung wäre nicht vollständig, wenn wir nicht schließlich den Hund erwähnten, den uralten Begleiter des Menschen, der namentlich dem Jäger große Dienste leistete, indem er ihn auf die Spuren des Wildes führte, auf dieses zulief und es dadurch stellte, ja auch dem Jäger die Last zog. Die Hunde der finnischugrischen Völker gehören zu den sog. nordischen Spitzhunden, die als Jagdgehilfen bellen.

Die Jagdzüge

Solange die Jagd eine wichtige Erwerbsquelle war, wurden im Herbst und Spätwinter regelmäßig Jagdzüge in den Wald unternommen. „Die jungen Männer", heißt es z. B. in einer Ende des 17. Jahrhunderts verfaßten Beschreibung des Kirchspiels Pudasjärvi, „pflegen im Herbst und Winter sich viele Wochen in den Wäldern und Einöden aufzuhalten und mit Flinten und Armbrüsten Wild zu schießen, wie Vielfraße, Kreuzfüchse, für die ein guter Preis gezahlt wird, andere Füchse, Marder, Hermeline und große Mengen Eichhörnchen, mitunter auch Bären . . .[2]" Für die Züge wurden Trupps, am liebsten unter den Angehörigen gebildet. Die eigentliche Fangzeit begann im Vorwinter, sobald das Fell des Eichhörnchens sich reinigte oder grau wurde. Für den Mittwinter kehrte man nach Hause zurück und machte sich für den Nachwinter zu einem neuen Zuge auf, wo dann der Eichhornfang oft der Jagd auf Renntiere und Elche weichen mußte. Solange nur wenig Schnee lag, dienten die Hunde den Jägern als Gehilfen. Bei dickem Schnee aber verließ sich der Waldgänger auf seine Skier und seine eigenen Sinne. Dabei führte er einen flachen Schlitten mit sich, in dem er Proviant und Wild beförderte.

Derartige Jagdzüge sind in den wildreichsten Gegenden von Russisch-Karelien in der erwähnten Weise noch heute üblich, nicht zu reden von den vielen syrjänischen und ob-ugrischen Gebieten, wo das Leben immer noch hauptsächlich auf sie basiert ist. Als Beförderungsmittel, das in Finnland und Russisch-Karelien die Schleife war, dient bei den Syrjänen und weiter im Osten der Hundeschlitten.

[1] J. u. F. 63.   [2] Ber. 17.

Die Jäger, die eine Waldhütte hatten, benutzten diese als Mittelpunkt ihrer Streifen; die anderen, die keine solche besaßen, mußten sich mit einem Halteplatz (finn. *asento;* Abb. 9) begnügen, an dem die Speise über einem Spaltfeuer (finn. *nuotio* oder *honka)* zubereitet wurde. Spaltfeuer, die den Namen *honka* daher führen, daß die Klötze aus einer Kiefer mit trockener Wurzel geschnitten werden, werden im nördlichen Österbotten noch heute oft angewendet. Die Klötze, die soviel Beilstiele lang geschnitten werden, als sich an dem Feuer Männer niederlassen, werden übereinander gelegt, und zwischen sie kommen die trennenden *pulkat* oder *tulkkuet* (Abb. 8). Wenn sie feucht sind, werden sie auf den einander zugekehrten Seiten etwas behauen. Damit sich der oberste Klotz nicht verschiebt, wird ein Pflock *(näsö* oder *perkkanaula)* hineingeschlagen, den ein Holzstück namens *vipu* oder *perkkapuu* stützt. Neben den unteren Klotz kommt auf Stützen ein dünner Knüttel, *tulispuolinen*, auf dem ebenso wie auf dem unteren Klotz der Zündstoff Platz findet. Das Feuer brennt zwischen den Klötzen mit gleichmäßiger Flamme und gibt wenigstens für eine Nacht genügend Wärme. Wird Regen oder Schneegestöber lästig oder weht ein durchdringender Wind, so wird als Schutz ein schrägstehender Schirm errichtet, der gewöhnlich aus einer über Stangen gebreiteten Sackleinwand (finn. *hursti)* besteht. Auf dem als Schlafplatz dienenden Raum zwischen dem Schirm und dem Feuer, der *loito* genannt wird, schaufelt man im Winter den übermäßigen Schnee weg und bedeckt ihn mit Fichtenzweigen[1]. — Solche Halteplätze sind allgemein noch in Nordfinnland, Russisch-Karelien und in Nordrußland in Verwendung, wo sie mit einem finnischen Lehnwort als *nodja* bezeichnet werden[2].

Der routinierte Jäger verirrte sich nicht im Walde. Die Himmelsrichtungen erkannte er bei bewölktem Himmel, ja auch in der Nacht aus mancherlei Zeichen. So wußte er, daß die nördliche Seite der Kiefer dickere Rinde hatte, die südliche dagegen glatter und ästiger war; an einem Ameisenhaufen wuchs Gras und Preiselbeerkraut nur auf der Südseite; die Rinde der Espe war auf der Nordseite rissig, aber auf der Südseite glatt usw.[3].

Die Aufbewahrung des Fleisches namentlich des größeren Wildes, wie des Renntiers, Elchs und Bären, machte den Jägern viel Sorge, da es gegen Verwesung wie auch vor Raubtieren geschützt werden mußte. Man versuchte es auch mit den primitivsten Mitteln. Zu diesen gehörte vor allem die Aufbewahrung der Beute auf einem hohen Baum, wo sie der Wind frisch erhielt und wo sie auch die Raubtiere nicht leicht erreichen konnten. Dieses Verfahren wird u. a. von Lundius in seiner Beschreibung Lapplands um das Jahr 1674 erwähnt[4]. Daß es nicht etwa zufällig war, ersieht man z. B. daraus, daß es auch in Ostsibirien bekannt ist, wo der zur Aufbewahrung benutzte Baum abgeschält wird, damit der Vielfraß nicht an ihm hinaufklettern kann[5]. Das in dem Baum angebrachte Gestell führte mit der Entwicklung der technischen Hilfsmittel zur Erfindung des auf Pfähle gebauten Aufbewahrungsbrettes, *lauttanen*[6]. Indem dieses ein Dach erhielt, entstand der Pfahlspeicher

[1] Reis. 25.
[2] Ethn. 94. J. u. F. 4, S. 42.
[3] Reis. 15, S. 180.
[4] Mon. 15, S. 22.
[5] J. u. F. 119, S. 354.
[6] J. u. F. 40. Siehe auch Gebäude 6—9.

(Abb. 5 und 6), auf den wir später näher eingehen werden. Sowohl Aufbewahrungsbretter auf Pfählen als Pfahlspeicher sind von den finnischugrischen wie von vielen anderen Völkern u. a. als Aufbewahrungsorte für Fleisch vorzugsweise im Herbst verwendet worden.

Im Frühjahr und Sommer suchte man das Fleisch an kühlen Orten, wie in Quellen und Stromschnellen, vor Verwesung zu schützen. Bei längerem Aufenthalt in denselben verdarb es jedoch und verbreitete einen üblen Geruch. Trotzdem wurde es als Speise verwendet, ja von den Lappen wurde es, wie ein Forscher sagt, sogar mit größtem Appetit verzehrt, weil der Duft ihrer Ansicht nach mehr würzte als schadete[1].

Im Herbst, wenn der Boden gefroren war, grub man das Fleisch am liebsten in die Erde, in sog. *saiho* oder *purnu* (Abb. 10). Wo es Steine gab, wurde das Innere der Grube mit solchen ausgelegt; wenn dies nicht möglich war, machte man die Wände aus gespaltenen Baumstämmchen, und in beiden Fällen legte man über das Fleisch Latten, *kelles*, und schwere Steine, damit Vielfraß und Bär sich nicht als ungeladene Gäste einstellten. Mitunter wurde ein viereckiges *saiho* über dem Erdboden gezimmert, ja ein solches wurde an manchen Orten, wie in der Gegend des Mesen in Nordrußland, auf kurze Füße über den Boden gehoben, um möglichst wenig dem Verderben ausgesetzt zu sein. — Aufbewahrungsorte von der Art des *saiho* sind bis in die Gegenwart in dem weiten Gebiet hergerichtet worden, das sich von Nordfinnland bis östlich vom Ural, zu den Landen der Ostjaken und Wogulen erstreckt[2].

Wenn der Schnee fahrbar geworden war, machte man sich mit dem Renntier oder mit Skiern — nebst einem Schlitten — auf, um das Fleisch aus den Bäumen, Gestellen, Quellen oder Gruben zu sammeln, was *kiesiöidä* genannt wurde. Zu dieser Zeit brauchte man das Fleisch im allgemeinen nicht lange im Wald zu lassen, sondern für seine Aufbewahrung hielt man es meistens für genügend, es in den Schnee zu graben[3].

Das Bärenfest

Der Bär, der König der nordischen Wälder, war nach der Auffassung des Volkes fast ein übernatürliches Wesen. Nach uralter Anschauung stammte er aus den höheren Regionen, aus dem Heim der Götter. Die Wogulen glaubten, er habe ursprünglich bei Numi Torum im Himmel gewohnt und sei von dort in einer an einer eisernen Kette befestigten Wiege herabgelassen worden[4]. Dieselbe Auffassung von der Ankunft des Bären auf der Erde hatten die alten Finnen.

Sagt, wo Ohto ist geboren,
Honigtatze umgewendet?
Bei dem Monde, bei der Sonne,
Auf dem großen Himmelswagen:

---

1 Essw. 3, S. 20. Mon. 7, I, S. 60. Reis. 15, S. 181.

2 Ethn. 33, S. 260. J. u. F. 36, S. 235; 40, S. 18; 68, S. 21, 50; 119, S. 355; 125, S. 20. Mon. 7, I, S. 55; 8, I, S. 220, 372.

3 Ber. 12. J. u. F. 40, S. 19.

4 Ethn. 2.

Dort ward er herabgelassen
Auf die Erd' an Silberbändern,
Und in goldner Wiege ruhend[1].

Der Aufbruch zur Bärenjagd war daher ein bemerkenswertes Ereignis, das verschiedene Vorbereitungen erforderte, wobei man auch in Liedern des Glückbringers gedachte.

In manchen Gegenden wurde der Bär mit Gesang aufgeweckt, in anderen dadurch, daß man sich als Gast anmeldete: „Steh nun auf, lieber Ohto, lieber Lullo, und empfange die Gäste", sagte man in Vuokkiniemi[2]. Zu Ehren des erlegten Bären und zu seinem Gedächtnis wurde ein Leichenschmaus veranstaltet, bisweilen eine prächtigerer als für den Bauern des Gehöftes selbst. Im Programm dieses Bärenfestes (finn. *peijaiset)* spielte sowohl bei den Finnen wie bei den verwandten Völkern die Besänftigung des Bären eine wichtige Rolle. Man versuchte ihm einzureden, er sei selber an seinem harten Geschicke schuld:

Ich hab' dir nicht mit der Flinte
Nachgejagt und dich gefangen.
Selbst bist du vom Strunk geglitten,
Von dem Krummholz niedergefallen[3].

Die Ob-Ugrier legten den Bären oder sein Fell für die Dauer des Festes in den hintersten Teil der Jurte auf den Ehrenplatz[4]. So auch bei uns. In Vuokkiniemi wurde gesungen:

Wohin soll meinen Gast ich führen,
Den Berühmten ich geleiten?
In die Türe unter den Balken?
Zu gering ist dieser Platz noch.
Hinten zu der Bank führ ich ihn,
Wo die Bretter sich vereinen.[5]

Während man das Tier hineinschaffte, hatte der Bärentöter das Schnauzenband am Hals. Beim Tragen wurde gesungen:

Darf ich in die Stube kommen,
Gute Gabe mit mir bringen.
Seht, die Beute ward errungen,
Dieser Graubart aus dem Walde,
Waldes hochberühmter König.
Schenk uns, Gott, in Zukunft wieder,
Schenk ein andermal uns, Schöpfer,
Während wir als edle Männer
Noch auf dieser Erde wandeln.
Gibst du nicht, solang' es Zeit ist,
Nützt es nicht, wenn wir gestorben[6].

[1] Ethn. 34, S. 64; 54, S. 7.
[2] J. u. F. 60.
[3] J. u. F. 101.
[4] Ethn. 35.
[5] J. u. F. 60. Ethn. 30.
[6] J. u. F. 101.

Bevor das Fest begann, mußte die Stube gereinigt sein[1].

Nun traten die Männer nebeneinander Hand in Hand mit feierlichen Schritten herein, indem sie sangen:

Einmal schreit' ich, schreite zweimal,
Schreite gleich zum dritten Male
Unter den hohen First des Hauses,
Auf die glatte Kieferndiele.

Oben sahen wir schon, daß die Frau bei den finnischugrischen Völkern das Jagdglück verderben konnte, wenn sie sich zu aufdringlich näherte. So auch bei uns:

Weg die Weiber vor der Türe,
Schert euch von des Hauses Schwelle,
Und die Kinder von der Diele.

Das Festmahl wurde aus dem Fleisch des Bären gekocht, welches mit einer großen Gabel aus Erlenholz umgerührt wurde. Dazu wurde gesungen:

Seht, der Bär ist in dem Kessel,
In dem Wasser kocht der Wütrich,
Wallend wälzt er sich im Sude,
An der Spitze goldner Haken.

Wenn ein Fremder in die Kochhütte trat, sprach er:

Sei gegrüßt, o Herr des Waldes,
Sei gegrüßt, des Waldes Herrin,
Lieber Ohto, liebes Vöglein!

Dann wurde ein Napf, in dem der Kopf des Bären lag, in die Stube gebracht und herumgereicht:

Da spitzt Otso seine Ohren,
Dreht den Kopf und schaut im Kreise,
Dieser Graubart aus dem Walde,
Waldes hochgeliebter König[2].

Ebenso wie auf ob-ugrischem Gebiet wurde auch bei uns besonders dafür gesorgt, daß die Knochen des Bären nicht umherliegen blieben; der Schädel wurde zurückbehalten und an einen Baum gehängt. Letzterer wurde in Finnland bis unter die Krone abgeästet; hierzu wurde, soweit es möglich war, eine mächtige Föhre, oft in der Nähe des Gehöftes, bisweilen auch weiter weg, am Seeufer oder auf einer Insel gewählt.

Nachdem der Schädel nach der Mahlzeit die ganze Nacht auf dem Tisch gestanden hatte, wurde er am folgenden Morgen gewissermaßen im Hochzeitszug, wobei die sog. *karhunkaasot (kaasot* 'Brautführerinnen'*)* die wichtigsten Teilnehmerinnen waren, nach dem Baum geführt und mit den Augenlöchern an einen langen stehengelassenen Ast gehängt[3].

[1] J. u. F. 101. [2] J. u. F. 101.
[3] Ber. 75, S. 104. Ethn. 7, S. 17; 8; 36, S. 146ff. J. u. F. 101.

Auf dem Wege dahin wurde gesungen:

Komm, mein Liebster, laß uns gehen,
Laß uns, Trautester, nun wandern,
Hin auf dieser goldnen Gasse,
Fort auf dieser Silberstraße.
Sollst nicht in den Weiden liegen
Und nicht an der Erle hängen,
Sondern an der schönen Föhre,
In dem jungen Kiefernwalde[1].

Die Waffen

Die einzigen Waffen, die unsere Jäger in alten Zeiten gebrauchten, waren der Speer und der Bogen bzw. die Armbrust, welch letztere später mit der Flinte vertauscht wurden.

Die Speere der jüngsten Eisenzeit waren regelmäßig mit einer Schaftröhre versehen; die Spitze, die sich nach ihrer Basis wie nach ihrem Ende zu gleichmäßig verjüngte, war entweder lang und schmal oder verhältnismäßig kurz und breit[2]. Beide Typen scheinen das ganze Mittelalter hindurch im Gebrauch gewesen zu sein (Abb. 11, 1, 2); mit breitem Eisen versehene Speere sind bis in die letzte Zeit angefertigt worden. Als Zutat späterer Jahrhunderte ist die Tüllenschiene zu erwähnen, zu der ein als Bodenfund geborgener Speer, Abb. 11, 2, schon einen kleinen Ansatz zeigt. Diese Schiene, die an einzelnen Stücken als kurzer spitziger Vorsprung erscheint (Abb. 11, 3), wird immer länger (Abb. 11, 4), bis sich die Tülle in zwei Schienen verzweigt und dadurch die besten Voraussetzungen zum Befestigen des Schaftes bietet. Schon die Speere mit einer, aber noch gewöhnlicher die mit zwei Schienen wurden mit einem Widerhalt versehen, der verhinderte, daß das Speereisen zu tief in den Körper des Tieres, des Bären oder Wolfes, eindrang. Manchmal soll der Bär den Speer gepackt und selbst dazu beigetragen haben, daß er sich tiefer in seinen Körper hineinschob. An dem Speer aus Nilsiä, Abb. 11, 4, dient ein Rutenring als Widerhalt. Mehrere der hier in Rede stehenden Speere, die im Finnischen Nationalmuseum aufbewahrt werden, sind Bodenfunde und erweisen sich schon dadurch als relativ alt.

Das Eisen des am häufigsten und besonders im Osten, der Mitte und dem Norden des Landes viel gebrauchten Speeres war an der Basis am breitesten, verschmälerte sich — oft einwärts gebogen — nach der Spitze zu allmählich, nach der Tülle zu aber verhältnismäßig unvermittelt und hatte einen rhombischen Querschnitt. Zu den ältesten Vertretern dieses Typus gehört sicher das in Masku als Bodenfund angetroffene Speereisen, Abb. 11, 5. Der Entwicklungsgang war derselbe wie in der vorhergehenden Gruppe: die Tülle wurde zuerst mit einer (Abb. 11, 6), dann mit zwei Befestigungsschienen versehen; schließlich wurden auch die Widerhalte eingeführt (Abb. 11, 7). Der in Abb. 11, 8 wiedergegebene Speer, der einen mit Schnur am unteren Teil

[1] J. u. F. 101.

[2] Arch. 5.

der Tülle befestigten Holzpflock, *vastavuspualikka*, aufweist, ist dadurch von besonderem Interesse, daß er zeigt, auf welchem Wege man zuletzt zu der Anwendung der festsitzenden Widerhalte gelangte. Zu diesem Speer gehört auch eine aus zwei Holzstücken zusammengesetzte und mit Leder überzogene Scheide, *huodra*.

Schon in der jüngsten Eisenzeit gab es, wie wir oben sahen, Speere, deren mit einer Tülle ausgestattetes Eisen sehr schmal und im Querschnitt rhombisch war. Der Typus hat sich nach Zurücklegung der vorstehend geschilderten Stadien bis auf unsere Tage erhalten. Wir teilen hier vier Bilder davon mit, welche sowohl die Form mit rechteckigem als mit rhombischem Querschnitt vertreten (Abb. 11, 9—12). Das Speereisen Abb. 11, 10 stammt als Bodenfund aus Utajärvi. Das in Abb. 11, 11 wiedergegebene Eisen ist dadurch bemerkenswert, daß es aus einem Stück besteht. Ein ganz besonderes Muster stellt das „Wolfsschwert“, *sudenmiekka*, Abb. 11, 13, dar, dessen Widerhalte gekrümmt sind. Im allgemeinen scheinen die Speere dieser Gruppe bei der Wolfsjagd Verwendung gefunden zu haben. Die Speere mit Widerhaken waren selten. Als Beispiele seien die in Abb. 11, 14, 15 abgebildeten Stücke angeführt, von denen das letztere nach dem Speermodell des berühmten Bärenjägers Martti Kitunen gefertigt sein soll.

Zum Schluß ist noch ein Speertypus zu erwähnen, der bisher nur in Nyland, Tawastland und Österbotten angetroffen ist, und dessen mit einer Angel versehenes gleichmäßig schmales Eisen im Querschnitt rhombisch bzw. rechteckig ist (Abb. 11, 16—18).

Die meisten Speere waren zugleich Skiläuferstäbe, weil sie meistens im Winter auf der Wolfsjagd oder bei der Erlegung des Bären in seinem Lager gebraucht wurden. Darum hatten sie fast regelmäßig einen Ring am unteren Ende, und in Nordösterbotten sind sogar solche Speere angetroffen worden, die am Schaftende eine Zwinge aus Horn, *suovero*, trugen.

Der Bogen besteht aus zwei Hauptteilen, dem Bügel und der Sehne. Die Armbrust *(jalkajousi* ‘Fußbogen’) hat außerdem einen Schaft, an dem die Sehne, wenn der Bogen gespannt ist, befestigt gehalten wird.

Nach der Konstruktion ihrer Bügel zerfallen die Bogen in zwei Hauptarten: in einfache, deren Bügel aus einem Holzstück besteht, und zusammengesetzte, deren Bügel aus zwei oder mehreren Stücken gefertigt ist. Bei den allermeisten Naturvölkern gehören die Bogen zur ersteren Art; solche der zweiten werden dagegen von allen asiatischen und vielen Völkern der nordwestlichen und westlichen Teile Nordamerikas gebraucht; ebenso von allen finnischugrischen.

In Nordfinnland wurde der Bogen noch in der zweiten Hälfte des 17. Jahrhunderts, wahrscheinlich auch noch später angewendet[1]. Nach einer Mitteilung des Propstes J. Cajanus vom Jahre 1663 waren die arbeitsfähigen Männer im Kirchspiel Paltamo sowohl mit Bogen als mit Armbrüsten ausgerüstet[2]. Eine interessante Schilderung von dem Gebrauch der ersteren gibt der Pfarrer Alanus aus Korpo, wenn er 1639 von den Lappen in Kemi er-

---

[1] Ber. 12. Mon. 7, I, S. 319. [2] Ber. 12.

zählt: „Das hiesige Volk ist sehr geschickt im Skilaufen wie im Schießen mit Bogen und Armbrust. Insbesondere ist der Bogen praktisch, weil man ihn beim Skilaufen als Stab benutzen kann; an seinem unteren Ende befindet sich ein Rutenring, so breit wie der Deckel einer kleinen Kanne... Der Köcher hängt links über der Schulter, und daraus nimmt der Schütze die Pfeile und schießt schnell einen nach dem anderen ab, soviel er will."[1]

Von finnischen Bögen hat sich kein einziges Exemplar erhalten. Als einzige sichtbare Reminiszenz dürfen wir wohl den um 1470 in der Kirche von Taivassalo abgemalten Bogen des hl. Simeon ansehen (Abb. 13). Auch die Nachrichten über den Bogen sind sehr spärlich. Über seine Konstruktion gibt es nur eine Beschreibung, in einem Aufsatz von J. Fr. Cajan in der Zeitschrift „Mehiläinen" 1840. Seine Nachrichten, die er in dem russisch-karelischen Dorfe Kivijärvi erhalten hatte, lauten folgendermaßen: „Der Handbogen bestand nur aus Bügel und Sehne. Er wurde beim Gehen als Stab benutzt. Beim Spannen faßte man nur den Pfeilknopf, zog damit an und ließ den Pfeil fliegen. Der Bügel war bisweilen auf der Außenseite aus Birke, auf der Innenseite aus Weide; die Enden waren geschnitzt, damit sie sich gleichmäßig bogen. Sie waren mit dünner Birkenrinde aufeinander gewickelt — ohne Schnur —, in die Mitte wurde Pech geschmiert, damit die Teile aneinander festsaßen. Beim Spannen hielt man die Sehne gegen sich und den Bügel nach außen, sonst konnte ihn auch der stärkste Mann nicht spannen" (vgl. Abb. 12).[2]

Aus dem Bericht geht zur Genüge hervor, daß die Außen- und Innenseite des Bügels aus verschiedenen Holzarten bestanden und mit Birkenrinde überzogen waren. Daß die Außenseite aus Birke bestand, ist glaubhaft, aber man darf bezweifeln, daß die Innenseite aus Weide hergestellt war. Der Gewährsmann Cajans hat seine Angaben wahrscheinlich aus dem Gedächtnis gemacht. Daß der Bügel des finnischen Bogens zusammengesetzt war, zeigt auch das Volkslied:

> Triff nun, Birkenbügel des Bogens,
> Kiefernrücken, wirf den Pfeil.

Im ob-ugrischen Gebiet besteht der Bügel regelmäßig im äußeren Teil aus Birke und im inneren aus Holz von der Wetterseite der Zirbelkiefer, was auch natürlich ist, da die Außenseite sich nicht spalten darf und die Innenseite aus möglichst elastischem Stoff bestehen muß. Außerdem sind die Enden des Bügels (die Hörner) meistens aus verschiedenen Stücken, Birke oder Faulbaum, hergestellt. Eine ähnliche Zusammensetzung hatte der Bügel wie es scheint, auch bei den finnisch-ugrischen Völkern Ostrußlands. Auch die Lappen sollen ihn aus zwei Holzarten gefertigt haben[3]. Die verschiedenen Teile wurden zusammengeleimt, und ebenso wie in Finnland wurde der Bügel auch bei den verwandten Völkern mit Birkenrinde umwickelt. Die Sehne bestand ursprünglich, wie schon der Name besagt, aus Tierfasern. In Lappland wurde sie auch aus Garn oder Därmen gemacht.

---

[1] Ber. 3. Mon. 7, I, S. 319.
[2] J. u. F. 45.
[3] J. u. F. 136. Reis. 15, S. 150, 159.

Die Zusammenfügung aus verschiedenen Holzarten, wodurch die Elastizität erhöht werden sollte, erfolgte auf dreierlei Weise: 1. Außenseite und Hörner bestanden aus demselben Stück (Abb. 14), 2. Außenseite und Hörner waren verschiedene Stücke, die letzteren an der Außenfläche der Außenseite festgeleimt (Abb. 15, 16), 3. Außenseite und Hörner waren verschiedene Stücke, die letzteren zwischen Außen- und Innenseite geleimt (Abb. 17).

Den Hörnern versuchte man regelmäßig eine Biegung nach außen zu geben. Da sich dies bei den beiden letztgenannten Verfahren mit den angesetzten Hörnern besser ermöglichen ließ, ist ihnen vor dem ersten Verfahren der Vorrang zu geben. Ein Bogen, dessen Horn abbrach, war auch leichter auszubessern, wenn er nach der zweiten oder dritten Methode hergestellt war. Die Verbreitung der verschiedenen Verfahren war folgendes: die Ostjak- und Juraksamojeden sowie die Syrjänen und Wotjaken wandten das Verfahren 1 an, die Wasjugan- und Wach-Ostjaken, Tscheremissen und Mordwinen 2, die übrigen Ostjaken und die Wogulen die Konstruktion 3. Wir sehen also, daß das unter 3 angegebene Verfahren des Bogenbaus einem geographischen Gebiet angehört, das gewissermaßen eine Insel innerhalb des Gebietes bildet, in dem die Bogen von der Konstruktion 1 und 2 anzutreffen sind.

Nach der Anbringung der Sehnenkerbe kann man die Bogen in drei Gruppen einteilen: bei den Wasjugan-, Wach- und Jenissei-Ostjaken, Ostjak- und Juraksamojeden, Wotjaken und Tscheremissen hat der Bogen die Kerbe am äußeren Rand des Bügels, bei den Mordwinen sowohl am äußeren Rand als am Ende, bei den übrigen Ostjaken und den Wogulen nur am Ende. Wir beobachten also auch in diesem Fall dieselbe Erscheinung wie vorher: die ostjakischen und wogulischen Bogen treten in einem Gebiet auf, das von Bogen anderer Typen umschlossen ist. Wir bemerkten eben, daß sich diese letzteren Bogen hinsichtlich ihrer Zusammensetzung im Kreise der Ugrofinnen als die höchstentwickelten darstellen; die Stelle der Kerbe am Ende vertritt ohne Zweifel ebenfalls ein spätes Stadium. Eine Übergangsform zeigt der mordwinische Bogen, Abb. 18.

Die Hauptteile der turkotatarischen und mongolisch-chinesischen Bogen haben die Konstruktion 1; die Sehnenkerbe liegt bei ihnen, wie bei den Bogen von Konstruktion 1 und 2 immer auf der Außenseite der Wölbung. Von den Bogen der finnischugrischen Völker sind also alle außer den wogulischen und den meisten ostjakischen, welche eine eigene Entwicklung zeigen, eng mit den turkotatarischen und mongolisch-chinesischen verwandt, weshalb man vermuten darf, daß beide Gruppen in einem genetischen Verhältnis zueinander stehen. Von der Stufe der finnischugrischen Bogen haben sich die turkotatarischen und mongolisch-chinesischen aber schon früh bis zum Gipfel der Entwicklung erhoben. Während die Innenseite des Bügels bei den finnischugrischen Bogen wie auch bei den samojedischen und manchen anderen sibirischen aus Holz von der Wetterseite eines Nadelbaums besteht, ist sie an den turkotatarischen und mongolisch-chinesischen regelmäßig aus Horn; an diesen letzteren findet sich außerdem auf der Außenseite des Bügels immer als oberster Teil eine Schicht von Sehnen[1]. Diese, welche in

[1] J. u. F. 1; 11.

nassem Zustand aufgelegt wird, biegt beim Trocknen den Bügel einwärts (Abb. 19) und macht ihn weit elastischer als die Bügel der finnischugrischen Bogen.

Die erwähnten Merkmale der turkotatarischen und mongolisch-chinesischen Bogen stammen aus den ältesten Kulturzentren des Altertums. In Ägypten ist ein aus mehreren Teilen, u. a. aus Horn zusammengesetzter, in das 13. Jahrhundert v. Chr. zurückgehender Bogen gefunden worden, und aus Theben gibt es einen Bogen aus dem 7. Jahrhundert v. Chr., der u. a. eine Lage aus Sehnen und als oberste Hülle Birkenrinde aufweist[1].

Aus den angeführten Analogien des finnischugrischen Bogens kann man schon schließen, daß er bei diesen Völkern lange in Gebrauch gewesen ist. Wie das Wort für den Bogen selbst (finn. *jousi)* beweist, war diese Schußwaffe den finnischugrischen Völkern bereits in der finnischsamojedischen Urzeit bekannt. Daß der Bogen schon zu dieser Zeit zusammengesetzt sein konnte, beweist das finnische Wort *tymä* 'Leim', das in dieselbe Zeit zurückgeht. Der Bogen gehört gerade zu den wenigen Geräten der sibirischen Völker, zu deren Verfertigung Leim erforderlich gewesen ist[2].

Von den Pfeilen scheint es schon in uralten Zeiten zwei Hauptarten gegeben zu haben: solche mit stumpfen und mit scharfen Spitzen. Mit den ersteren, den Klumppfeilen, finn. *vasama*, schoß man nur kleines Wild, vor allem Eichhörnchen, Hermeline und Marder. Ihre Spitze war kugelförmig, damit sie das Fell des Pelztieres nicht zerriß (Abb. 18). Der Klumppfeil wurde im Finnischen ehemals auch *mukka* genannt, welches Wort ebenso in die uralische Zeit zurückgeht wie die finnische Benennung des Pfeiles, *nuoli*, die das Bogengeschoß mit scharfer Spitze bezeichnet[3]. Die Pfeilspitze war schon in der jüngeren Eisenzeit blattförmig, im Mittelalter wahrscheinlich auch schmal, im Querschnitt quadratisch, in den ersten Jahrhunderten der Neuzeit gabelförmig.

Ehemals scheinen auch die Finnen Pfeilgifte angewandt zu haben, wie wir aus folgenden Worten des Kalevala (VI : 58) schließen dürfen:

> Seinen Pfeilen gab er Schärfe,
> Härte seinen Fluggeschossen
> In dem schwarzen Gift der Erde,
> In der Schlange schaum'gen Geifer.

Die höher entwickelte Art des Bogens, die Armbrust, war wesentlich eine Waffe der Kulturvölker. Abgesehen von den Völkern des Baltikums hat sie sich nie bei den nichtslawischen Völkern des Europäischen Rußlands eingebürgert, geschweige bei den Völkern Asiens, von denen sie — mit einigen Ausnahmen — nur den Chinesen und Japanern bekannt war[4].

Wir denken hierbei an die transportable Handwaffe, nicht an das an seinem Orte festgemachte Fanggerät, den Stellbogen, der u. a. in ganz Sibirien bekannt war und, wie wir später sehen werden, noch heute in Gebrauch ist. Mancherlei Umstände weisen darauf hin, daß die Armbrust auch in Europa

[1] J. u. F. 56.
[2] Spr. 24, S. 72, 86.
[3] Spr. 24, S. 72.
[4] Ethn. 20, S. 351.

als selbstschießende Fangvorrichtung gedient hat. Man darf mit vollem Recht annehmen, daß die als Handwaffe gebrauchte Armbrust gerade auf Grundlage dieses Fanggerätes entstanden ist[1].

Wann dies geschah, ist noch nicht aufgeklärt. Man hat behauptet, die Goten hätten schon die Armbrust gekannt, und die oströmische Kaisertochter Anna Komnena berichtet, sie habe zur Ausrüstung der Kreuzfahrer gehört[2].

In der Konstruktion der Armbrust fanden im Lauf der Jahrhunderte eine Reihe Verbesserungen statt, die den Zweck hatten, ihre Tragkraft zu erhöhen. Die Bügel, die anfangs aus Holz gemacht wurden, begann man auch aus Horn und schließlich aus Stahl zu verfertigen. In unserem Lande waren sie noch im Anfang der Neuzeit meistens aus den beiden erstgenannten Stoffen; erst in der zweiten Hälfte des 16. Jahrhunderts scheinen die Eisen- und Stahlbügel vorherrschend geworden zu sein. Da die Bewohner von Koivisto in diesem Jahrhundert ihre Abgabe an die Burg von Viipuri in Ahorn als Armbrustmaterial entrichteten, galt diese Holzart als besonders geeignet für die Herstellung der Armbrust. Die als Bodenfunde angetroffenen Pfeilspitzen machen es wahrscheinlich, daß die Armbrust schon im 14. Jahrhundert bei uns bekannt war[3].

In dem oben erwähnten Bericht von Cajan wird auch die Konstruktion der Armbrust beschrieben.

Nachdem der Berichterstatter zuerst bemerkt hat, daß „der Schaft, *warsi*, mit Renntierknochen geschmückt und auf jede Weise verziert war" (vgl. Abb. 21), fährt er fort: „Die Sehne, *jänne*, war aus drei Leinwandstreifen gemacht, die so fest wie möglich gespannt waren. Der Bügel, *selkä* oder *kaari*, bestand aus Eisen oder auch aus zweierlei Material, aus Schmiedeeisen und Stahl, die Außenseite aus Schmiedeeisen, damit sie nicht zerbrach, die Innenseite aus Stahl. Der Bügel wurde mit Leder an dem Schaft befestigt und mehrmals durch Löcher gesteckt. Mit dem Leder wurde an das Ende des Schaftes der Ring festgemacht, in den man den Fuß steckte. Die Sehne wurde auf die Nuß, *rahka*, gezogen, durch die der Schnellerstift, *helppinoakla*, ging, um den sich die Nuß drehte. Unten befand sich der Drücker, *liipatin*, mit dem die Nuß umgedreht und gelöst wurde. Die Nuß war aus Renntierknochen, der Drücker aus Eisen gemacht. In dieser Gegend wurde die Nuß *nutti* genannt. *Rataswyö* hieß der Gürtel, den man um den Leib zog, wenn man den Bogen spannte . . . *Juoni* war die schmale Rinne längs des Schaftes, in die der Pfeil gelegt wurde. An den Enden des Bügels waren am Eisen die *petrat* angebracht, die die Sehne vor Abnutzung schützten."

Die Sehne wurde außer aus Leinwand auch aus Sehnenfasern oder aus dünnen Därmen des Elches oder Schafes hergestellt[4].

Das Alter der Armbrust läßt sich am besten nach ihrem Schaft bestimmen. An den ältesten Exemplaren sind außer den unteren und oberen auch die seitlichen Beschläge aus Horn. Da der Schaft an der Nuß, wo sich eine große Vertiefung befand, leicht durchbrach, wurden die Seitenbeschläge später —

[1] J. u. F. 106.

[2] J. u. F. 8, S. 402; 43, S. 760.

[3] Arch. 11, S. 233; 12, S. 174. Hist. 19, S. 29.

[4] Ethn. 6, S. 33.

etwa seit 1660 — aus einer Eisenschiene gemacht. Die Form und Größe des unteren Beschlages wechselte ebenfalls mit der Zeit; anfangs war er kurz und schmal (Abb. 22), dann am oberen Ende breiter als am unteren (Abb. 23), danach so breit wie die ganze Unterfläche (Abb. 24), und schließlich verlängerte er sich immer mehr (Abb. 25).

In Westeuropa wurden die Armbrüste zwischen 1100 und 1300 mit der Hand oder einem Haken gespannt (Abb. 26)[1]. In beiden Fällen wurde das linke Fußblatt in den Ring gesteckt und das äußere Ende des Schaftes gegen den Boden gestellt. Der Haken hing am Gürtel: beim Spannen bückte man sich zuerst, um den an einem kurzen Riemen befindlichen Haken an die Sehne zu bekommen, dann aber richtete man sich gerade, wodurch die Sehne von der Kraft des Rumpfes über die Nuß gehoben wurde. Die Armbrüste, die auf diese Weise gespannt wurden, hatten also außer dem Ring keine besondere Vorrichtung, die auf die Spannung deutete.

Fast alle alten finnischen Armbrustschäfte gehören zu dieser Art und setzen also Spannung entweder mit den Händen oder mit dem Haken voraus. Nach der Jahreszahl auf einem Schaft zu urteilen, wurde eins dieser Verfahren bei uns noch 1646 angewandt. Erwähnung verdient, daß bei uns kein einziger Spannhaken gefunden worden ist.

Schon im 14. Jahrhundert wurden die Armbrüste im Abendland auch mit dem sog. Geißfuß gespannt[2]. Hierbei mußte an dem Schaft vorn vor der Nuß ein Zapfen angebracht sein, gegen den die Schenkel des Geißfußes gestützt wurden, während seine Klauen auf die Sehne kamen. Von den 90 Schäften des Finnischen Nationalmuseums gehört einer, aus Parkano, zu dieser Art (Abb. 22).

An allen späteren bei uns erhaltenen Schäften zeigt ein Eisenzapfen — an den allerjüngsten bisweilen auch zwei — daß zum Spannen Rollhaken benutzt wurden.

Wie das Spannen mit dieser bei uns wenigstens schon 1660 gebräuchlichen Vorrichtung stattfand, zeigt Abb. 20. Wir sehen einen Mann, der den schon oben erwähnten Spanngürtel umhat, von dem zwei geflochtene Lederriemen über eiserne Rollhaken (Abb. 27) unter den Schaft der Armbrust laufen, wo sie in einer Schlinge an dem eben erwähnten Zapfen endigen. Die Riemen sind so kurz, daß sich der Mann nach vorn bücken muß, um die Haken auf die Sehne zu bekommen. Indem er sich gerade richtet und mit dem linken Fuß den Ring gegen den Boden drückt, hebt sich die Sehne an den Haken auf die Nuß. Wegen der Starrheit des Stahlbügels mußte man sich auf die über Räder laufenden Riemen und die ganze Körperkraft verlassen. Die noch im 16. Jahrhundert angewandten Holz- und Hornbügel konnte man wohl mit der Hand oder einer einfachen Hakenvorrichtung biegen. Die Spanngürtel, die in den Rechnungsbüchern von Hämeenlinna schon 1548 erwähnt werden[3], dürften zu Armbrüsten mit Hornbügeln gehört haben.

Auch mit den Armbrüsten wurden sowohl Klumppfeile wie scharfspitzige Pfeile geschossen. Die letzteren waren ebenso wie schon im Mittelalter ent-

---

[1] Ethn. 19, Abb. 585, 586. J. u. F. 8, S. 405—410; 12; 43, S. 761.
[2] J. u. F. 43, S. 761. [3] Arch. 11, S. 233.

weder blattförmig — von diesen besitzt das Finnische Nationalmuseum zwei (Abb. 27) — oder von quadratischem Querschnitt. Interessant ist die Angabe von Rudenschöld aus Rautalampi 1741, daß die Pfeile für großes Wild „hohle Kolben" hatten, in die lose ein spannenlanges vierkantiges spitzes Eisen gelegt wurde; wenn dieses gegen den Kopf traf, prallte es so fest auf, daß „es eine tiefere Wunde verursachte als irgendeine Kugel[1]".

Nach Cajan wurde der Klumppfeil „auf einem Drehbock gedrechselt. Für die Befiederung mußte die Birkenrinde ganz weich gekocht werden; sie wurde gekaut, bis Pech herauskam. Dann wurden Federn genommen und eine größere gerade und zwei schmälere auf beiden Seiten angebracht ... Die Federn wurden mit Schnur befestigt, darauf Birkenpech und nichts weiter geschmiert. Wo die Sehne an das gefurchte Ende des Pfeiles schlug, wurde ein Knochenring oder ein Eisenstift angesetzt; wer keinen solchen hatte, nahm ein Hölzchen." Nach Rudenschöld wurden zur Befiederung Federn vom Seeadler benutzt, der von Zeit zu Zeit in Österbotten erschien[2]. Das vordere Ende des Pfeiles wurde so geschnitten, daß er genau in die Kerbe der Nuß paßte, damit der Pfeil, dessen Spitze über das Ende des Schaftes hinausreichte, nicht abrutschen konnte.

Cajan schreibt: „Es wurde immer aus freier Hand geschossen, wenn man die Armbrust an die Schulter legte, schlug sie zurück und tat der Schulter weh" (Abb. 20). Diese Art des Schießens erregte die Verwunderung des Italieners Acerbi, der 1799 in der Gegend von Oulu reiste. „Merkwürdig ist," sagt er, „daß sie beim Schießen nicht die Waffe in Augenhöhe heben, sondern sie in die Seite stützen und daß sie bei dieser Manier, die zuerst so unbeholfen wirkt, fast nie vorbeischießen."[3]

Der Köcher, in dem die Pfeile getragen wurden, war entweder aus Leder, mit einem länglichen Holzrahmen als Gerippe (Abb. 27), oder um einen hölzernen Boden aus Netz gefertigt. Er wurde an Tragbändern auf den Rücken gehängt, und der Schütze „zog über die Achsel einen Pfeil heraus." Die Pfeile waren fein gearbeitet, weshalb man sie nicht gern verlor. Der Schütze hatte daher einen Gehilfen, *kolkkamies*, bei sich, welcher aufpassen mußte, wohin der Pfeil flog."

Die Armbrust machte den Feuerwaffen zuerst in den südwestlichen und südlichen Teilen unseres Landes Platz, was auch daraus hervorgeht, daß sich in den Sammlungen des Finnischen Nationalmuseums kein einziges Exemplar aus diesen Gegenden befindet. Die erhaltenen Schäfte zeigen, daß der älteste Typus am meisten verbreitet war, von Tottijärvi in Satakunta und von Pälkäne in Tawastland durch Savo und Österbotten bis nach Kemijärvi und Suomussalmi. Das Verbreitungsgebiet der jüngeren Typen zog sich immer weiter nach Norden und Osten zurück. Am Ende des 18. Jahrhunderts wurden Armbrüste nur noch in Nordsavo und -karelien, in der Gegend von Kajaani und in Russisch-Karelien gebraucht und neu angefertigt. Aber auch hier, wenigstens im nordöstlichen Österbotten, wurden sie allmählich schon verdrängt, wie man aus Lagus' Beschreibung von Kuusamo 1772 schließen darf:

[1] Reis. 22, S. 155. [2] Reis. 22, S. 155. [3] Reis. 1, II, S. 64.

„Die Eichhörnchen werden meistens mit Flinten geschossen, aber auch die Stahlarmbrüste sind doch noch nicht ganz außer Gebrauch.[1]" In Rautalampi gab es nach Rudenschöld noch 1741 fast in jedem Gehöft eine Armbrust („flits-båge"), mit der außer großen Raubtieren auch Eichhörnchen geschossen wurden[2]. In Ruovesi aber war die Armbrust schon 1782 dermaßen verdrängt, daß man sie kaum noch sah, geschweige denn anwandte[3]. Weiter südlich in Tawastland dagegen gab es um dieselbe Zeit noch eine Art „Flitzbogen", womit die Knaben Eichhörnchen erlegten[4].

Bevor wir Bogen und Armbrust verlassen, müssen wir noch erwähnen, daß die Anwendung dieser ältesten Schußwaffen sich im Gemeinwesen der Jäger zu einem wichtigen Maßstab für die Arbeitsfähigkeit und zugleich für die Besteuerung ausbildete. Der Mann, der einen Bogen oder eine Armbrust besaß und sie zu gebrauchen verstand, war ein volles Mitglied des Jägergemeinwesens. Der „Bogen", d. h. der zu seiner Anwendung fähige Mann, war schon lange vor dem Nöteborger Frieden (1323) in Karelien die Grundlage der Besteuerung. In den alten Steuerverzeichnissen von Österbotten und Tawastland wurde der „Bogen" denn auch in einer Weise definiert, die diese Auffassung stützt: „der erwachsene Mann, der die Kraft hat, einen Bogen zu spannen"; „alle, die mit dem Bogen auf die Jagd gehen können." Der Bogen war sowohl der kirchlichen als der weltlichen Besteuerung zugrunde gelegt. Nach dem „Karelischen Recht" von 1345 mußte jeder Bogenschütze „ein Bogenfell oder ein Drittel Getreide" entrichten. Im Bereich des tawastländischen Rechtes hieß die Bogensteuer *kirkonorava* „Kircheneichhörnchen". Daß dieses Besteuerungssystem in Nordösterbotten noch 1663 Gültigkeit besaß, bezeugt der Bericht des Propstes J. Cajanus aus demselben Jahr. Er schreibt: „In Paltamo gibt es jetzt 300 Rauchfänge und an Männern 420 Kronsbogen, welcher Name davon herrührt, daß jeder Mann, der das 15. Jahr erfüllt hat und die Stahlarmbrust zu spannen und zu gebrauchen vermag, Bogen genannt wird . . . Nach zurückgelegtem 60. Jahre werden sie aus der Zahl der Kronsbogen abgeführt. Zum Unterschied von ihnen werden aber die 12- oder 13-jährigen, die zum Abendmahle zugelassen sind, Kirchenbogen genannt, und solche bleiben sie, bis sie unfähig werden[5]".

Daß die Armbrust solange in Gebrauch blieb, bedeutete nicht, daß sich die Feuerwaffen bei uns erst spät eingebürgert hätten. Im Gegenteil erfreuten sich die Büchsenschmiede von Savo schon früh eines guten Rufes[6], und es ist bekannt, daß das Volk sogar in so entlegenen Gegenden wie Tohmajärvi und Ilomantsi bereits i. J. 1641 mit Feuerwaffen schoß.

Die Zeit des Nordischen Krieges richtete auch in dieser Hinsicht vieles zugrunde, wie eine Nachricht von Rudenschöld zeigt. „In früheren Zeiten hat das Volk in diesen Gegenden," schreibt er mit Bezug auf Tawastland, „fast allgemein der Jagd obgelegen, nachdem aber manche von ihnen während des letzten Krieges ihre Schußwaffen verloren, ist ihnen diese Gewohnheit abhanden gekommen, abgesehen von dem Teil Tawastlands, welcher Rautalampi genannt wird[7]."

[1] Ber. 64. [2] Reis. 22, S. 56. [3] Ber. 48, S. 139.
[4] J. u. F. 32, S. 24. [5] Ber. 12. Ethn. 29, S. 88f. [6] Hist. 20, S. 24. [7] Reis.22, S. 56.

Die ersten Feuerwaffen, die im 14. Jahrhundert in Gebrauch kamen, waren im wesentlichen Kanonen. Die ältesten Handfeuerwaffen unterschieden sich von diesen hauptsächlich nur durch ihre geringere Größe und waren ganz aus Eisen gefertigt. Aber schon am Ende des 14. Jahrhunderts begann man neben Eisen auch Holz anzuwenden; zuerst für den hintersten Teil der Waffe, später für den Klotz, an dem die Waffe befestigt wurde, ein Verfahren, aus dem sich der schwedische Name des Flintenkolbens, *stock*, erklärt, welcher stellenweise auch im Finnischen noch als Lehnwort, *tukki*, fortlebt.

Die Einwanderung der Flinten nach Finnland scheint auf zwei verschiedenen Wegen stattgefunden zu haben: nach Mittel- und Grenzkarelien aus Rußland, nach anderen Gegenden aus Schweden, was auch die Namen der Flintenteile deutlich beweisen[1]. Auch manche volkstümliche Namen wurden geschaffen. So hieß der Hahn in Pyhäjärvi (Reg.-Bez. Turku) *kukko* „Hahn“, also nach dem Namen desselben Tieres wie bei vielen anderen Völkern. Der Feuerstahl wurde *karkku*, der Drücker auch *kirpasin* und sein Bügel *risurauta* genannt. Als Schutz des Pulvers diente zwischen dem Feuerhahn und der Pfanne der Hasenschwanz (Abb. 29).

Das Feuersteinschloß, dessen zwei Typen, der spanische oder das sog. Wasser- oder Hasenschloß (Abb. 29) und der holländische oder das sog. Binnen- oder Pistolenschloß (Abb. 30), vertreten waren, wurde bei dem westfinnischen Volke in den 1850er Jahren, im Osten des Landes ein paar Jahrzehnte später durch das Zündhutschloss (Abb. 31) verdrängt.

Im 18. Jahrhundert, als großes Wild, wie Bären, Elche und wilde Renntiere, stellenweise noch massenhaft vorkam, war die ungeriefelte Kugelbüchse mit großem Loch noch gewöhnlich. Später kamen die gezogenen Büchsen in Gebrauch, die als Bärenbüchsen — ihr Lauf war soweit, daß der kleine Finger hineinging — mit 5 bis 6, als Eichhornbüchsen aber, in die kaum eine Bleifeder paßte, mit 4 Riefen versehen waren. Die Erhöhungen zwischen den Riefen hießen *palkki*. Die *petraväljät* (großröhrige Renntiergewehre) von Nordkarelien und der Gegend von Kajaani waren gezogene Büchsen mit dicken Läufen. Zu dieser Gruppe gehörten auch die meisten Seehundflinten, deren Kolben deswegen, weil man mit ihnen oft auf dem Eis liegend zielte, gebogen, der ebenen Unterlage angepaßt war (Abb. 29). Das in den westlichen Ländern schon gegen Ende des 17. Jahrhunderts auftretende Kolbenmodell, Abb. 31, lebte bei uns zuletzt noch in Süd- und Ostfinnland fort.

Zu den Kugelflinten gehörte gewöhnlich ein Ladestock, an dessen unterem Ende sich ein Gewinde zur Befestigung des Werges für die Reinigung befand. An einem Ende des Ladestocks der kleinkalibrigen Kugelflinten war oft ein Pulvermaß angebracht. Der Kolben hatte eine Höhlung, in der man Werg, Kugeln, Talg und Feuerstein aufbewahrte.

In Nordsavo und -Karelien scheint auch ein Flintenfutteral üblich ge-

[1] Hahn: bei Sortavala *kurkka* (= russ. *kurok)*, anderswo *piihana* (= schwed. *hane)*; Pfanne: Gegend von Sortavala *polkka* od. *polokka* (= russ. *polka)*, anderswo *fänk-* od. *vänkpannu* (= schwed. *fängpanna)*; Drücker: *trykpinna* od. *rykpinna* (= schwed. *tryckpinne)*; Bügel des Drückers: *pöökeli* od. *pyökeli* (= schwed. *bygel)*; Ladestock: *laastukki* od. *laastikku* (= schwed. *laddstock)*.

wesen zu sein, das entweder aus Birkenrinde geflochten (Abb. 32) oder aus dem Schenkelfell des wilden Renntiers genäht wurde.

Auf das Pulver und Schrot wurde in alter Zeit oft ein Stück Wespennest, Bartflechte oder Werg gelegt.

Der Jäger, der eine Flinte mit Feuerstein- oder Zündhutschloß benutzte, mußte natürlich den Schießvorrat, wie Pulver, Kugeln, Schrot, das Maß für Pulver und Schrot und den Luntenstoff bei sich haben. Das Pulver wurde in einem Horn oder einer Flasche, das Schrot und die Kugeln aber gewöhnlich in einem Beutel getragen. Oft brauchte der Schütze auch einen Meißel, um das Rohr abzunehmen, oder einen Kratzer, um das Loch der Zündpfanne oder des Zylinders zu reinigen. Er trug diese Utensilien in seinem Ranzen, außer in den nördlichen und östlichen Teilen des Landes, wo er sie an einem Lederriemen über der Schulter hängen hatte. Diese Ausrüstungsstücke des Jägers hießen *sarvi*, *pahka* oder — mit einem russischen Lehnwort — *porohnitsa*. In Abb. 34 sind Jägerutensilien aus Ilomantsi wiedergegeben, und zwar außer dem Hauptteil, der als Pulverbehälter angewandten Pulverflasche, ein Pulverhorn, ein Kugel- und Schrotbeutel, ein Pulvermaß, ein Zylinderkratzer, ein Schraubenmeißel und ein Stock, mit dem die Kugel in den Lauf geschoben wurde. Eine vollständigere Ausrüstung umfaßte außerdem eine Schmierbüchse oder -flasche, die gegen Zerbrechen mit der Pulsader eines Ochsen oder einer Kuh überzogen war, und sogar eine Haselhuhnpfeife.

Die Pulverhörner wurden aus in Laugenwasser weich gekochtem Rindshorn hergestellt, indem in dasselbe ein Leisten geschlagen wurde, auf dem das Horn dann trocknete. Oft diente auch ein gewöhnliches Rindshorn, nur mit einem Boden und einem Stöpsel versehen, als Behälter. Pulverhörner scheinen überall im Lande gebraucht worden zu sein, am meisten vielleicht im Westen, wo sie schon aus dem 17. Jahrhundert bekannt sind (Abb. 33). Wir können sagen, daß die finnischen Pulverhörner nur ausnahmsweise auf bemerkenswertere Art verziert waren.

Die in Schweden im Heere Karls XII. gebrauchten Pulverflaschen waren mit einem kurzen Hals versehen (Abb. 37). Der Typus, der nur in Westfinnland vorkommt, dürfte bei uns kaum weiteren Eingang gefunden haben. Aus der Form, die durch die langhalsige, in einer Felsspalte in Grankulla, Esbo, gefundene Flasche, Abb. 36, vertreten ist, scheint sich der russische Flaschentypus entwickelt zu haben, für den ein metallener Hals und Hebelverschluß eigentümlich waren und der sich auch in den östlichen Teilen unseres Landes einbürgerte (Abb. 38). Die in Abb. 39 wiedergegebene Flasche trägt die Jahreszahl 1764. — Ob sich die Flaschen ursprünglich aus dem Pulverfäßchen (Abb. 40) entwickelt haben, lassen wir in diesem Zusammenhang unentschieden.

In alten Zeiten scheint zum Tragen des kleinen Wildes und der Utensilien des Jägers das in anderem Zusammenhang genauer beschriebene *nip* gedient zu haben. In manchen Fällen wurde hierzu ohne Zweifel auch der Ranzen aus Birkenrinde benutzt. In den letzten Jahrhunderten aber dürfte die aus Taucher-, Dachs- (Abb. 35), Seehunds- oder Kalbshaut gefertigte Tasche immer gewöhnlicher geworden sein. In Südkarelien wurde damit oft ein aus Garn gestrickter Netzbeutel für den Transport der Vögel verbunden.

Zu der Ausrüstung des Jägers gehörten auch das Beil und das Stielmesser. Jenes, welches nötig war, wenn man Holz für das Lagerfeuer brauchte, den Bären aufjagte und Eichhörnchen aus ihren Nestern und Verstecken scheuchte, wurde in Karelien hinten unter dem Gürtel getragen (Abb. 4).

Andere Geräte des Jägers waren die Tiegel zum Gießen von Kugeln und Schrot, in denen sich der geschickte Waldläufer seine Munition selbst herstellte.

Die Fangarten[1]

Es ist wahrscheinlich, daß der Urmensch, der wegen seiner schwachen Körperkräfte und seines wenig entwickelten Bewegungsvermögens ein schlechter Jäger war, seine Aufmerksamkeit anfangs vor allem dem hilflosen Wild zuwandte und solche Verfahren ausbildete, die auf Überrumpelung, d. h. auf Lauern und Heranschleichen beruhten.

So machte er sich, wie manche Raubtiere, ohne Zweifel die Pflegebedürftigkeit der Jungen im Nest, die Mauserzeit und den Schlaf der Tiere zunutze. Dem auf eine höhere Entwicklungsstufe gelangten Menschen, der schon über gewisse Fortbewegungsmittel verfügte, boten sich neue günstige Fanggelegenheiten, von denen am bemerkenswertesten der tiefe Schnee und die Überraschung schwimmender Tiere waren. Mehrere Jäger konnten, indem sie sich vereinigten und das Treibjagdverfahren anwandten, Resultate erzielen, die sonst nicht möglich gewesen wären.

Diese Verfahren wurden in demselben Grade wirksamer, wie verschiedenartige Werkzeuge und Waffen, Lassos, Speere, Bogen, Armbrüste und Feuerwaffen erfunden wurden. Mit der Zeit gelang es auch, automatisch tätige Fanggeräte zu ersinnen, die für die Erbeutung des Wildes nicht mehr die eigene Anwesenheit des Menschen erforderten. Letztere Fangmethoden nennen wir passive im Unterschied von den anderen, bei denen die Erbeutung das Resultat der unmittelbaren Tätigkeit des Jägers ist und die wir daher als aktive bezeichnen.

Die aktiven Fangarten

Um sich tierische Nahrung zu verschaffen, dürfte der Mensch schon in frühsten Zeiten Nester und Schlafplätze von Tieren aufgestöbert haben. Von den Verfahren war das Ausnehmen der Eier mit das leichteste und wohl auch beliebteste. In unseren Einöden, wo es verhältnismäßig leicht ist, die Nester der Hühner- und Wasservögel zu finden, lebt es noch heute fort. Junge Gänse und Füchse aufzusuchen, ist oder war ein Brauch, der alle Jahre in der ganzen Waldgegend von Eurasien wiederkehrte. Zahme Gänse wurden teils der Gesellschaft halber, teils wegen ihres Fleisches, zahme Füchse wegen ihres kostbaren Pelzes aufgezogen. Der die Natur beobachtende

[1] Dieses Kapitel beruht in seinem finnischen Material hauptsächlich auf J. u. F. 63, in seinem finnischugr. Material auf den Beobachtungen des Verfassers.

Jäger merkte sich bald, an was für Orten die Waldvögel, Hasen, Marder und andere kleine Tiere zu übernachten pflegten. Die Birkhühner gruben sich, wie man sah, in der Nähe der Bäume, auf denen sie am Abend zuletzt gesessen hatten, in den Schnee, und das Nachtquartier des Hasen erkannte man aus den weiten Seitensprüngen, durch die er seine Spuren zu verwischen trachtete. Das Birkhuhn wird mit primitiven Mitteln aus seinem Schneeloch geholt: die Öffnungen, die bei Fackellicht im Schnee sichtbar werden, werden mit einem Gabelholz oder einem Hamen (Abb. 41) verschlossen oder der aufgescheuchte Vogel wird mit einer Stange geschlagen, was dadurch erleichtert wird, daß die Birkhühner in der ersten Überraschung auf das Feuer zu fliegen. Der geübte Jäger sucht auch die Schlafplätze der Marder, hohle Bäume, auf; wenn er einen solchen findet, stopft er ihn geschwind zu, und wenn er des Tieres sonst nicht habhaft werden kann, haut er die Höhlung mit dem Beile entzwei.

Zum Fang schlafender Tiere gehört in gewisser Weise auch die Umstellung des Bären, obwohl diese wohl nicht zu den primitivsten Fangmethoden gerechnet werden kann, von denen hier zunächst die Rede ist.

Bei den östlichsten finnischugrischen Völkern, den Ostjaken und Wogulen, ist es eigentlich nicht gebräuchlich, die Bärenlager aufzusuchen, weshalb der Fang in diesem Fall auf zufälligem Finden des Lagers beruht. Hat jemand dieses Glück gehabt, so beeilt er sich, seinen Gefährten davon Mitteilung zu machen, die sich dann sofort zur Erlegung des Bären rüsten.

In Finnland, Russisch-Karelien und Lappland dagegen wurden die Lager des Bären wirklich aufgesucht. Die günstigste Gelegenheit dazu war die Zeit im Vorwinter, wo der Schnee voraussichtlich nicht mehr schmolz, weil man fürchtete, das Verschwinden des Schnees werde den Bären wieder in Bewegung bringen und seine Umstellung vereiteln.

Die Fangarten ergaben sich von selbst, und daraus erklärt es sich, daß sie überall ähnliche waren und noch sind. Als solche gehen sie ohne Zweifel in sehr alte Zeit zurück. Allgemein wurde der Fang so ausgeführt, daß man Fichten mit dem dicken Ende voran in das Lager stieß oder dessen Eingang mit zwei Baumstämmen verschloß. Das erstere Verfahren beruhte darauf, daß der Bär, wenn er aus dem Schlaf erwachte und die erste Aufregung überwunden hatte, die gegen ihn gerichteten Fichten eine nach der anderen nach innen zog und sich dadurch den Ausgang versperrte; die sich sträubenden Äste machten es zugleich unmöglich, die Bäume wieder hinauszuschieben. Bei dem anderen Verfahren waren mindestens drei Männer nötig, von denen zwei mittels in das Nest gestochener und an dessen Eingang übers Kreuz gestellter Stangen den Bären am Ausbrechen hinderten, während der dritte dem am Eingang des Nestes wütenden Petz mit einem Speer oder einer Schußwaffe den Garaus machte.

Mit dem Fang des umstellten Bären wartete man gewöhnlich, bis tiefer Schnee lag, wo er auch leicht ausführbar war, wenn das Tier entfloh, zumal wenn man Hunde als Gehilfen benutzte.

Die dem zu erbeutenden Tiere ungünstigen Naturverhältnisse sind und waren die Vorbedingungen einiger anderer überall im Norden angewandter Fangarten. So jagte man Elche, wilde Renntiere, Wölfe und Vielfraße bei tiefem Schnee auf Skiern. Diese Fangart lieferte die besten Ergebnisse im Spätwinter, wo die Nachtfröste den Schnee mit dünnem Harsch bedeckten, auf dem das zu jagende Tier einbrach, der aber den Skiläufer und seinen Hund gut trug. Die gefrorene Schneefläche, die dem Tier bei jedem Schritt in die Füße schnitt und sie nach und nach wund machte, bewirkte, daß das Treiben nicht von langer Dauer sein konnte. In weichem, wenn auch tiefem Schnee konnte es sich dagegen tagelang fortsetzen, wie es namentlich oft bei Wolfstreiben geschah. Dann begab sich der ermüdete Jäger in ein Gehöft, wo es, wie er wußte, einen Mann gab, der das Treiben fortsetzen konnte.

Von einem derartigen Fang gibt der Propst J. Cajanus in seiner Beschreibung von Paltamo 1663 eine interessante Schilderung. „Bei tiefem und weichem Schnee", schreibt er, „kann man auf Skiern die Bären, Wölfe, Elche und Renntiere leicht einholen, wenn sich aber der Schnee mit Harsch überzieht, der die Hunde trägt, dann werden alle Renntiere und Bären erlegt. Ziemlich nahe an das Tier herangekommen, wirft der Jäger seinen Speer mit unbedingter Sicherheit. Seinen Durst stillt er mit Renntierblut aus dem Schnee, aus einem Loch, das er mit seinem Speer oder Skistab macht, und er behauptet, das sei ein köstliches Getränk, das nicht nur den Durst lösche, sondern auch für die Fortsetzung der Jagd neue Kraft verleihe. Die jungen, geweihlosen Kälber aber werden geschont. Die getöteten Tiere läßt er bis zum Schluß der Jagd im Wald, denn hier pflegt man nicht zu stehlen, weshalb die Speicher zumeist keine Schlösser haben. Wenn mehrere an der Jagd teilnehmen, kommen die Ältesten und die Jüngsten mit dem Brotranzen auf dem Schlitten, *ahkio*, hinterdrein. Diese enthäuten und zerlegen die Tiere. Gleichwohl erhalten sie einen ebenso guten Anteil wie der beste Mann. Wenn er allein ist, geht er denselben Weg zurück, um die Beute zu verwahren und fortzuschaffen, und legt das Fleisch zerstückelt in den Schlitten, indem er einen Schlitten voll nach dem anderen nach Hause fährt[1]."

Eine andere lehrreiche Beschreibung desselben Fanges gibt Tornaeus[2]. Zwar betrifft dieselbe die Lappen, aber wir irren uns wohl kaum in der Annahme, daß sie auch auf die Finnen gepaßt hat, was auch aus dem Namen dieses Fanges, *kiekero*, einem alten lappischen Lehnwort, geschlossen werden darf. Er schreibt: „Um Fastnacht im Winter, wenn der Schnee 5 Spannen oder mehr, bis zu drei Ellen hoch liegt, müssen die Renntiere sich versammeln und an einem bestimmten Platz bleiben, wo sie Nahrung finden können, weil sie jetzt nicht mehr in dem hohen Schnee laufen und waten können; dabei erstreckt sich die von ihnen eingenommene Fläche über eine halbe oder eine ganze Meile, je nachdem wie groß die Renntierherde ist. Die Lappen wissen diese Gelegenheit geschickt zu benutzen, denn nachdem sich der Schnee mit Harsch bedeckt hat... suchen sie sofort den Platz auf, wo die Renntiere weiden, und stellen vor Tagesanbruch in aller Stille um das ganze Lager an allen Pfaden Schlingen aus... Einen solchen Lagerplatz nennen sie *kiekero*.

---

[1] Ber. 12. [2] Mon. 27.

Wenn es tagt, lassen sie die Hunde in den *kiekero* los, welche die Renntiere daraus vertreiben, so daß sie in die Schlingen laufen müssen. Den entflohenen aber setzten sie mit ihren Hunden nach, und die Tiere sollen nicht weit kommen, ehe ihnen der Speer eines Mannes über dem Kopfe saust."

Zu den Verfahren, bei denen die Natur dem Fang günstige Voraussetzungen bot, gehörte auch die Erbeutung des Fischotters in Waldbächen unter der hohlen Eisdecke. Zu dem Zweck wurden zwei Wehre gemacht, das untere für das Wasser undurchlässig, das obere durchlässig, aber so dicht, daß es den Otter aufhielt. Die Folge war, daß sich der Hohlraum unter dem Eis mit Wasser füllte, welches den Otter zwang, sich vor dem Ertrinken auf das Eis zu retten. Gerade auf diesen Moment wartete der Jäger, um entweder seinen Hund auf den Otter loszulassen oder diesen mit seiner Eisengabel zu schlagen, die wegen der Glätte des Tieres eine zweckmäßige Waffe war[1]. — In diesem Zusammenhang sei auch die Tötung der Renntiere und Elche beim Schwimmen erwähnt, ein Verfahren, das alle nördlichen Völker namentlich während der Wanderungsperioden dieser Tiere an deren gewöhnlichen Wechseln angewandt zu haben scheinen[2].

Als zweite Art des Treib- oder Angriffsverfahrens sind die Fangmethoden zu nennen, bei denen die Bewegungen der Tiere durch natürliche oder gelegentlich errichtete Hindernisse oder Umzäunungen gelenkt oder zusammengefaßt werden. Der Mensch, der von Natur kein geschickter Läufer ist, dürfte nie als Einzelner ohne besondere Voraussetzungen das Wild verfolgt haben. In Gruppen erzielte er aber ebenso wie manche Tiere mit seinem Treibfang gute Resultate. Wir wissen z. B., daß die Kormorane, in einer langen Reihe aufgestellt, schreiend und mit den Flügeln ins Wasser schlagend, die Fische in eine seichte Bucht scheuchen, wo sie sie verzehren. Ein ähnliches Verfahren wenden die Sägetaucher auf den kleinen Gewässern Finnlands an, wobei sie sich in einer schneepflugförmigen Front mit der offenen Seite nach dem Ufer aufstellen: während jeder erste Vogel abwechselnd taucht und jeder zweite an der Oberfläche des Sees plätschert, treiben sie die Fische an das Ufer[3].

Die Treibjagd in Trupps scheint meistens bestimmte, für sie günstige Naturverhältnisse zur Voraussetzung gehabt zu haben. Solche boten besonders Landzungen, Landengen und Pässe, in denen das Wasser oder die Berge die Tiere zwangen, eine bestimmte Richtung einzuschlagen. So war es in Tawastland noch am Ende des 18. Jahrhunderts gebräuchlich, die Elche und Renntiere auf Inseln „in Engen" zu treiben, wo sie dann leicht erlegt wurden[4]. Die Samojeden fingen nach einem Bericht von 1848 auf der Landzunge Swjatoi-Nos Polarfüchse in der Weise, daß sie sie auf deren äußerste Spitze drängten, wo sie gezwungen waren, sich einen Ausweg zwischen den Jägern hindurch zu suchen, aber dabei von diesen mit Knütteln totgeschlagen wurden, „ohne daß ein Schuß Pulver verloren ging[5]." Niurenius macht eine interessante Angabe aus Lappland: „Da die Lappen wissen, daß wilde Renn-

[1] U. a. J. u. F. 20, S. 146; 32, S. 13.
[2] Ber. 53, S. 39. J. u. F. 119, S. 433. Mon. 13, S. 185. Reis. 17, IV, S. 1380; 24, III, S. 585.
[3] J. u. F. 135. [4] J. u. F. 32, S. 24. [5] Reis. 23, S. 671.

tiere im Winter an bestimmten Orten durch Täler ziehen, die auf beiden Seiten von steilen Felsen oder anderweitigem schwierigem Gelände begrenzt sind, graben sie daselbst große Gruben und bedecken diese mit dünnen Zweigen und Moos und werfen Schnee auf das Moos, damit es nicht gefährlich aussieht, sondern eher den Eindruck eines Weges oder eines Durchgangsplatzes macht. Dann warten sie entweder, bis die Renntiere freiwillig herbeikommen, oder treiben sie an diese Zufluchtsorte und in die Gruben[1]."

Die natürlichen Wände der Landzungen und Täler brachten die Jäger auf den Gedanken, künstliche Wände an solchen Fangplätzen zu schaffen, wo keine natürlichen Hindernisse vorhanden waren. Dieselben wurden nach ihren Mustern am Eingang breit und am Ausgang schmal, in der Form einer römischen V, gemacht. Da solche keilförmigen Verzäunungen fast bei allen Jägervölkern vorkommen, repräsentieren sie einen sehr frühen Kulturstand und gehen als solche in ferne Vergangenheit zurück[2]. In unserem Gebiet wurden sie zuletzt in Lappland gebraucht, von dessen Verzäunungen Jacob Fellman die ausführlichste Beschreibung gibt.

„Mit dem *vuobman* wurde", schreibt er[3], „entweder auf ebenen, reichlich mit Renntierflechten bewachsenen Waldböden oder auch auf solchen baumlosen Mooren und Ebenen gejagt, bei denen man aus einem nahen Wald genügend Baumaterial für die Verzäunungen herbeischaffen konnte. Diese waren oft eine halbe oder eine ganze Meile lang und so geführt, daß sie eine Art tiefen Winkel bildeten, dessen Schenkel weit, bis eine schwedische Meile auseinander gingen. Diese Enden, welche niedrig waren, wurden nur aus zwei oder drei übereinander angebrachten Stangen oder Zaunlatten gemacht. Je näher nach der Spitze zu, um so höher und kräftiger aber wurden die Verzäunungen gebaut.

„Nach der Spitze des Winkels hin traten die Schenkel der Verzäunung so dicht aneinander, daß zwischen ihnen nur eine schmale Gasse blieb, die mit dem '*soatte gardde*', einer mehrere Faden tiefen Grube abschloß, welche ebenfalls mit einem Zaun umgeben war.

„Wenn sich eine Renntierherde innerhalb der Verzäunung zeigte, begann man sie, anfangs vorsichtig, gegen den Winkel zu treiben; nachdem sie aber in die Nähe der Spitze gekommen war, ging man schreiend und Steine werfend gegen sie an. Die erschrockenen Renntiere drangen durch die schmale, in den *soatte gardde* führende Öffnung hindurch und fielen in die Grube, aus der es keine Rettung mehr gab. Denn der *soatte gardde* war sowohl tief als groß. Und nicht nur dies. Auf seinem Boden erhoben sich außerdem fest eingeschlagene scharfe Spieße, die die hineingefallenen Tiere durchbohrten. Die Renntiere, die man dort möglicherweise noch lebend antraf, wurden mit Pfeilen und Steinen getötet."

Die Beobachtung, daß gewisse Tiere hin und her schwingende oder sich von der Umgebung abhebende dunkle Gegenstände meiden, ermöglichte es, den *vuobman*-Fang der Waldgegend auch auf den Tundren anzuwenden. Tornaeus schildert diesen auf allen Tundren der nördlichen Hemisphäre aus-

---

[1] Mon. 18, S. 17. [2] Ethn. 38, S. 21 ff. [3] Mon. 8, II, S. 222.

geübten Fang folgendermaßen: „Die Fjeldlappen haben eine sonderbare, *vuomen* genannte Vorrichtung . . ., die von einigen geschickten Lappen früher benutzt worden ist, aber für das ganze Land schädlich ist. Der *vuomen* wird so angelegt: sie stellen auf den flachen und waldlosen Bergen, in der Ausdehnung von 1 oder 2 Meilen, hohe Stangen auf. Zuerst werden die Abstände etwas länger gelassen. Nachdem man schon ein gutes Stück weiter gekommen ist, werden sie dichter gestellt, wobei man auf jede Stange etwas Schwarzes und Abschreckendes legt, um die Renntiere zu erschrecken und am Ausbrechen zu hindern. Wenn sie an die Stelle kommen, die etwas schmäler sein muß, machen sie einen hohen Zaun, den das Renntier nicht zu überspringen vermag. Zuletzt, an der schmalsten Stelle, führen 5 Stufen steil hinunter; ringsherum ist ein so hoher und fester Zaun aufgeführt, daß kein Tier über oder durch ihn entfliehen kann . . . Wenn die Renntiere in das von den Stangen umgrenzte Gebiet gelangt sind, wagen sie nicht, zwischen den Stangen fortzulaufen, da sie das an diesen angebrachte Schwarze fürchten. Der Lappe folgt ihnen mit seinen Leuten, indem er darauf achtgibt, daß die Renntiere nicht umkehren. Er läßt sie langsam vorwärtsgehen . . . aber wenn sie an der engeren Stelle angekommen sind, treibt er sie heftiger an, bis sie sich der engsten Stelle nähern; dann stürmt er ihnen mit voller Kraft nach und treibt sie kopfüber die erwähnten fünf Stufen hinab, die sie nicht mehr hinaufsteigen können. So werden sie alle die Beute der Lappen. "

Eigentliche Verzäunungen waren noch im Mittelalter auch bei der westeuropäischen Treibjagd üblich[1].

Die Verzäunungen, mochten sie nun aus weitläufig eingeschlagenen Pfählen oder aus wirklichen Zäunen bestehen, wurden natürlich nur an solchen Plätzen angebracht, wo es bekanntermaßen viel Wild gab und wo man sie voraussichtlich längere Zeit brauchte. Wenn einem gelegentlich eine Beute in den Weg kam, mußte man sich mit anderen, weniger zeitraubenden und mühevollen Geräten behelfen. Solche dürften vor allem die Schlingen gewesen sein. Wir sahen schon bei dem sog. *kiekero*-Fang der Lappen, daß mit ihnen die von den Renntieren in den tiefen Schnee getretenen Pfade verschlossen wurden. Wie sich die Entwicklung schon auf einem recht ursprünglichen Stadium gerade durch die Anwendung der Schlingen neue Bahnen brechen konnte, zeigt der Brauch der Seedajaks, aus Schlingen eine etwa fünf Fuß hohe Wand, eine Art primitives Netz zu bilden, indem sie an einem Tau aus Rohr eine zusammenhängende Reihe Schleifen oder Schlingen aus Rohr anbringen[2]. Wir irren uns kaum in der Annahme, daß das Netz als Jagdgerät gerade auf diesem Wege entstanden ist.

Aus Netzen hergestellt, konnten die Verzäunungen an den Platz verlegt werden, wo sich das Wild jeweils vorbeibewegte. Die Kulturvölker des alten Orients und des klassischen Altertums wandten in ausgedehntem Maße Netze an[3]. In Mittel- und Westeuropa aber scheinen die festen Zäune erst im Mittelalter endgültig durch die Netze und sog. Lappen verdrängt worden zu sein, welch letztere den für die Tundrajagd der nordischen Völker errichteten

[1] U. a. Ethn. 32, S. 250. J. u. F. 18, II.
[2] J. u. F. 91, S. 397. [3] J. u. F. 61.

Pfählen und den daran als Scheuchen befestigten Rasenplaggen und Gänseflügeln entsprechen[1].

In Schweden schrieben schon die Landschaftsgesetze vor, daß die Bauern immer eine bestimmte Länge Wolfsnetz vorrätig haben sollten[2]. Dieses System wurde dann auch in Finnland eingeführt, wo nach gewissen Bestimmungen jeder Einwohner, der eine Kuh oder ein Pferd besaß, verpflichtet war, sich an der gemeinschaftlichen Wolfsjagd des Kirchspiels zu beteiligen, zu deren Vornahme der Jagdvogt („der Herr der Wölfe") in der Kirche eine Bekanntmachung an die betreffenden Dörfer ergehen ließ oder diese benachrichtigte. Die Treibjäger mußten mit Speer und Wolfsnetz versehen sein, wovon jeder ein bestimmtes Maß je nach seiner Steuer in Bereitschaft haben mußte. In einigen Kirchspielen sollten die Netze an einer bestimmten Stelle bei der Kirche aufbewahrt werden.

Meistens wurden die Wolfsjagden im Frühjahr veranstaltet. Die Netze, die man aneinanderreihte, wurden unter dem Wind als Hinterwände der Stellung, *haalimus*, aufgestellt, und hinter ihnen fanden die sichersten Männer mit Speer und Flinte Platz. Mancherorts wurden von den Netzen einwärts Flügelnetze, *siipiverkko*, geführt. Auf die Seiten der Stellung kamen die „Deichselmänner", *aisamiehet*, und an das andere Ende, den Netzen gegenüber, die Rufer oder Treiber, *huutoväki* oder *ajomiehet*, unter denen sich auch Männer mit Flinten befanden. Wenn diese Signalschüsse abgegeben hatten, setzten sich die Rufer in Bewegung, und wie diese vorrückten, schlossen sich ihnen Deichselmänner an. Die in dem Netz verstrickten Wölfe wurden mit dem Speer durchbohrt oder geschossen. Die Stellung konnte 5 bis 6 Kilometer lang und auf der Seite der Rufer eine Werst breit sein[3]. — Ebenso wie Wölfe wurden mitunter auch solche Bären getrieben, die man nicht auf andere Weise zur Strecke bringen konnte.

Der Netzfang wird auch zwecks Erbeutung anderer Tierarten angewendet. In den südlichen Teilen des Gouvernements Perm konnten noch unlängst an einem einzigen Tage über 1000 Hasen in Netze getrieben werden. Derselben Fangart bedienten sich auch die Ostjaken. Die Samojeden treiben mit großer Geschicklichkeit ganze Schneehuhnschwärme in Netze, und alle Ureinwohner Sibiriens fangen auf diese Weise alljährlich ungeheure Mengen mausernder Vögel; ja die Tungusen jagen sie mit Hilfe von Netzen unmittelbar in ihre Hütten. An der Kolwa und deren Nebenfluß scheuchen die Syrjänen viele Tage hintereinander Gänse stromabwärts in immer größerer Zahl, bis sie sie schließlich zwingen, in eine am Ufer angebrachte Netzhürde zu gehen. Die Lappen und Finnen treiben mausernde Vögel in Netze, die sie ins Wasser senken. Der in einem hohlen Baum, unter Wurzeln oder unter einem Stein versteckte Zobel wird überall in Sibirien in ein Netz getrieben, das man in einem Ring um das Versteck aufstellt. Bei niedrigem Schnee nimmt man alsdann einen Hund zu Hilfe, bei tiefem Schnee aber greift man, wenn das Tier sich sonst nicht in Bewegung setzt, zum Ausräuchern. Westlich vom

---

[1] J. u. F. 18, II, S. 30; 44, I, S. 213; 75, S. 402, 726; 120, S. 108, 309.

[2] J. u. F. 31, S. 18. Landw. 2, S. 13.

[3] J. u. F. 100, S. 15.

Ural und bis nach Finnland wendet oder wandte man dasselbe Verfahren beim Marderfang an. Wenn man die Biber aus ihrem Bau scheuchte, verschloß man den Fluß mit einem Netz, an dem man gewöhnlich zum Signalisieren eine Klingel befestigte[1].

Bei allen bisher behandelten Fangarten kommt es darauf an, daß das zu erbeutende Tier in eine Situation gerät oder gebracht wird, bei der der Jäger Gelegenheit hat, ihm unmittelbar mit eigener Hand den Todesstoß zu geben. Im folgenden berichten wir über Verfahren, die einen freien Zustand des Tieres und daher die Anwendung einer Fernwaffe, vor allem des Schießens voraussetzen.

Bevor wir aber zur Schilderung des Schießverfahrens übergehen, besprechen wir einige andere Methoden, die älter als dasselbe zu sein scheinen.

Die Anwendung des Speeres haben wir schon oben in verschiedenem Zusammenhang kennen gelernt. Als Wurfgerät ist auch er eine Fernwaffe, gehört aber als solche nicht zu den bei uns gebräuchlichen Jagdgeräten. Dagegen sind mit einem Speer, der mit einem langen stangenförmigen Schaft und einer dünnen nadelförmigen Spitze versehen war, sowohl bei uns als auch in Lappland Eichhörnchen und Vögel gefangen worden. Damit vergleichbar ist die Gabelstange der Lappen, mit deren dünnen Gabelenden man durch Drehen des Schaftes Haare des im Baume sitzenden Eichhörnchens zu fassen sucht, an denen man dieses dann auf den Erdboden schleudert[2].

Zu den primitivsten Geräten des Fernfanges gehört auch die Schlinge. Am Ende einer Stange befestigt, konnte man mit ihr leicht ein Tier fangen, das nicht speziell den Menschen flieht. Sie fand noch unlängst bei den Kamtschadalen Verwendung, die so vom Hund verbellte Zobel und Kormorane jagten[3], und bei uns hat man damit kleine Vögel, z. B. Hakengimpel erdrosselt.

Die an der Stange befestigte Schlinge stellt einen ersten Versuch dar, die Schlinge als Gerät des Fernfanges nutzbar zu machen. Eine weiter fortgeschrittene Fertigkeit vertritt die Wurfschlinge, das Lasso, das schon den altorientalischen Kulturvölkern bekannt war und noch heute in mehreren Teilen des Erdballs verwendet wird. Die nordischen Renntierhirten fangen mit ihm ihre Weidetiere ein (Abb. 42)[4].

Die gewöhnliche Waffe des Fernfanges war jedoch schon in alten Zeiten der Bogen, an dessen Stelle später bei den allermeisten Völkern die Flinte getreten ist.

Die Jagd mit Schußwaffen, bei der ebenso wie bei der Treibjagd der Hund als wichtiger Gehilfe diente, beginnt oder begann bei uns eigentlich zu Michaelis, wo ihr bedeutendster Gegenstand die „Eßvögel" waren. Um Allerheiligen konnte man schon ausziehen, um auch „Vögel zum Verkauf" und Eichhörnchen zu erbeuten, deren Fell, nachdem es kurz vorher nach innen zu auf dem Rücken noch schwarz gewesen war, sich jetzt endgültig reinigte.

---

[1] J. u. F. 7, S. 83; 18, II; 20, S. 151, 152, 218, 220; 35, S. 30; 52, S. 5, 10; 68, S. 36; 81; 83, S. 8; 92, Nr. 3, S. 28; 95, S. 82, 97; 119, S. 413; 132, S. 97. Landw. 2, S. 13. Mon. 18, S. 19; 35, S. 101. Reis. 15, S. 199; 17, IV, S. 1379; 27, S. 121.

[2] J. u. F. 46, S. 75.

[3] J. u. F. 55. Reis. 27, S. 180.

[4] Ethn. 20, S. 342; 39, I, S. 383, 498, 516; 55, S. 291. J. u. F. 20, S. 23, 43, 81, 102.

In entlegenen Gegenden Finnlands wurde die Eichhörnchenjagd noch vor einigen Jahrzehnten im Vorwinter als eigentliches Gewerbe betrieben. Am Ende des 18. Jahrhunderts war sie in Nordfinnland eine besonders wichtige Einnahmequelle. Nach Lagus benutzte z. B. in Kuusamo „mancher Bauer mehrere Wochen des Winters dazu und konnte jährlich 10 bis 15 Zimmer Eichhörnchenhäute verkaufen[1]."

Beim Eichhörnchenfang nahm man den Hund zu Hilfe, bis reichlicher Schneefall dies unmöglich machte. Später wurde ohne Hund geschossen, und die Jagdperiode endete spätestens um Mariä Verkündigung. Erst wenn es geschneit hatte, fand der Jäger den Spuren folgend leicht selbst die Eichhörnchen. Der Bogenschütze hatte einen Gehilfen, *kolkkamies*, bei sich, der die Eichhörnchen durch Schlagen an die Bäume hervorscheuchte; er holte dem Schützen auch den abgeschossenen Pfeil wieder, während dieser dem Hunde die Beute entriß. Konnte man das Eichhörnchen nicht anders bekommen, so fällte man den Baum[2].

Mardern und Hermelinen begegnete man zufällig — den ersteren in dichten Bruchwäldern, wo sie den Eichhörnchen nachstellten. Sie waren nachts unterwegs und schliefen am Tage in Eichhornnestern und hohlen Bäumen. Um sie zu erwischen, mußte man einen guten Hund haben, denn der Marder entfloh weit — nicht wie das Eichhörnchen von Ast zu Ast, sondern von einem Baumstamm zum anderen.

Vögel wurden im Spätsommer und weiter den ganzen Winter hindurch, ja auch während des Frühjahrs in der Balz geschossen. Ein Hund wurde nur bei der Jagd auf Auerhähne und -hennen benutzt. Während er bellte und der Vogel ihn beobachtete, näherte sich der Jäger von der entgegengesetzten Seite. Die Birkhuhnjagd beruhte hauptsächlich auf der Idee des Verfolgens: man schlich sich an den Schwarm heran, schoß einen Vogel heraus, verfolgte die aufgeflogenen, schlich sich wieder heran usw., bis die Tiere ermüdeten, hungrig wurden und „sich besser schießen ließen."

Der Jäger, der auf das Leben in der Natur achtgab, lernte auch die Nachahmung der Tierstimmen verwerten. So lockte man den Hirsch, das Reh, das Moschustier, den Auerhahn, das Birkhuhn, das Schnee- und Haselhuhn ohne Mühe näher heran[3]. Bei uns ist das Locken der genannten Vögel viel angewandt worden. Der Lappe ruft die Schneehähne, indem er die Stimme des Weibchens: njau, njau, njau nachmacht. Der finnische Jäger lockte, nachdem er den Haselhuhnschwarm auseinandergescheucht hatte, zuerst mit der Stimme des Jungen die Mutter und dann die Jungen mit der Stimme der Mutter. Diese Fangart bildete auch besondere, zu dem Zweck gebrauchte Tonpfeifen aus.

Im Zusammenhang mit dem Locken des zu erbeutenden Tieres darf auch eine früher weithin in Europa und zugleich auch in Finnland geübte Fangart der Wölfe erwähnt werden, wobei ein Ferkel als Lockmittel benutzt wurde. „Wenn die Wölfe an Winterabenden", schreibt Gabr. Bonsdorff

[1] Ber. 64. [2] Ber. 12. J. u. F. 45; 136.

[3] Ethn. 53, S. 110; 55, S. 618. J. u. F. 6, S. 15; 20, S. 118, 182; 40, S. 24; 81, S. 20; 99, S. 37; 102, S. 298. Reis. 17, IV, S. 1390; 18, III, S. 92; 26, II, S. 241.

1782[1], „durch ihr Geheul ihre Anwesenheit und ihren Hunger verraten, pflegen die Tawasten nach der Gegend auszuziehen, in der sie die Wölfe vermuten. Sie nehmen dann außer Schußwaffen in einem Sack ein Ferkel und ein großes, an ein Seil gebundenes und nachschleppendes Heubündel mit. Während sie sich den Wölfen nähern, besonders auf großen Eisflächen, quälen und kneifen sie das Ferkel, welches jämmerlich quiekt. Durch die Stimme herangelockt, glaubt der Wolf, den das Heubündel täuscht, eine sichere Beute zu erlangen und stürzt sich darauf, wird aber in demselben Augenblick von einem der Jäger getötet."

Zum Schleichen und Auflauern, welche Verfahren sich an mancherlei Fangarten anschließen, griff der primitive Jäger vor allem gegenüber einem scheuen, leicht entfliehenden Tier. Das Schleichen gelang am besten, wenn es unter dem Wind ausgeführt wurde, wobei das Tier die Gefahr nicht „wittern" konnte.

An die Wildenten machte man sich hinter dem Schilf heran, indem man durch Nachahmung ihrer Stimme den Aufenthaltsort der Vögel zu erkunden versuchte. Zum Beschleichen des Auerhahnes bot im Frühjahr seine Balz, die bei Sonnenunter- und -aufgang stattfand, eine ausgezeichnete Gelegenheit. Dabei vermied man es, den „Führer" zu schießen, denn die übriggebliebenen Vögel wechselten in diesem Fall den Balzort.

Den Renntieren versuchte man sich zu nähern, während sie fraßen. Der Schütze schlich besonders dann vorwärts, wenn sich das Tier nach Gras umsah, und suchte dabei hinter Bülten, Baumstümpfen u. a. Deckung. In Olonetz, Archangelsk-Karelien und Lappland benutzte man bei dem Fang einen Hund am Riemen, der den Mann auf die Spur des Wildes führte. Aus der Art, wie der Hund zog und sich bewegte, konnte man ungefähr schließen, ob die Witterung z. B. einem Renntier oder einem Bär galt. Kam man so nahe, daß das Bellen Gefahr bringen konnte, so legte der Jäger dem Hund einen Maulkorb, *umus*, an und band ihn an einen Baum. Zugleich begann er selbst unter dem Wind an das Wild heranzuschleichen. War ein Schuß nicht tödlich, so wurde der Hund auf das verwundete Tier losgelassen[2].

Um zu dem Schleichverfahren auch an offenen Plätzen möglichst gute Vorbedingungen zu schaffen, erfand der Jäger mancherlei Mittel: er verkleidete sich, stellte sich transportable Schirme her und benutzte Decktiere.

Verkleidung wenden z. B. die Ostjaken und Wogulen bei der Renntierjagd an: sie ziehen sich einen Pelz aus Renntierfell über, an den sie Moosbüschel und Gras hängen, um wie ein bemoster Baumstumpf auszusehen. Etwas ähnliches finden wir auch in Finnland, z. B. in Virolahti, wo sich der Vogler, wenn er im Herbst Birkhühner aus kahlen Birken schießen wollte, mit einem Kuhfell bekleidete.

Der transportable Schirm war weit verbreitet. Die Juraksamojeden versahen ein in der Mitte mit einem Schießloch versehenes Brett von der Länge ihres Bogens auf der Vorderseite mit Einschnitten, in die sie Schnee frieren ließen. Das Brett stellten sie auf kleine Skier, um es, hinter ihm ver-

[1] J. u. F. 32.

[2] U. a. J. u. F. 40.

steckt, bequem vorwärtsschieben zu können. Da der erwähnte Schnee mit der das Brett umgebenden Winterlandschaft verschmolz und dadurch den Jäger mit seiner Schutzfarbe verdeckte, konnte sich dieser getrost dem Renntier nähern (Abb. 43). Aus weißem Tuch verfertigte Schirme benutzten und benutzen noch die Seehundjäger bei verschiedenen Völkern, u. a., wie wir später sehen werden, die Finnen[1]. Bei uns war früher allgemein eine aus Nadelbaumzweigen oder kleinen Fichten auf einem Rutscher aufgebaute Hütte, *koju*, in Gebrauch, in der sich der Vogler auf dem Eis balzenden Birkhühnern zu nähern suchte. Die Balz fand jeden Frühling an demselben Ort, gewöhnlich Ende April statt.

Bei der Renntierjagd war die Benutzung von Decktieren ehemals im ganzen Renntierzuchtgebiet der alten Welt zu finden, und sie begegnet uns noch heute in Asien[2]. Aus Ottars Bericht an Alfred den Großen über nordnorwegische Verhältnisse geht hervor, daß dort damals noch das zahme Renntier als Jagdgehilfe angewandt wurde[3]. Die Fangart ist, wie man aus ihrer weiten Verbreitung schließen darf, sehr alt. Wahrscheinlich ist das Renntier zuerst gerade als Werkzeug der Jagd in den Dienst des Menschen gelangt.

Die Verwendung des zahmen Renntiers zu diesem Zweck beruhte ursprünglich wahrscheinlich auf der Gepflogenheit des brünstigen Renntierstieres, Renntierkühe um sich zu sammeln und konkurrierende Stiere zu vertreiben. Es seien einige Fälle als Beispiele erwähnt.

Die Kasym- und Agan-Samojeden wählen aus ihrer Herde einen kräftigen zahmen Renntierochsen aus, dem sie an die Geweihbasis das Ende eines Lassos binden. Im Schutz desselben nähern sie sich der brünstigen Herde wilder Renntiere, deren Leitstier sofort schnaubend auf den in die Herde strebenden zahmen Ochsen losgeht. Dann wirft der hinter seinem Tier sich verbergende Jäger die Fangleine nach dem Geweih des Stieres und erledigt den so entstandenen Zweikampf dadurch, daß er den Stier totschießt.

Aus der Anwendung des Lassos hat sich wahrscheinlich das sowohl bei den Samojeden und Lappen als bei den Jukagiren und anderen Völkern beobachtete Verfahren entwickelt, die Fangleine oder statt derselben Lederschlingen über das Geweih des zahmen Renntierochsen zu spannen, damit der wilde Stier sich beim Zweikampf mit dem Ochsen mit seinem Geweih darin verstrickte und dadurch dem Jäger Gelegenheit zum Eingreifen verschaffte.

Häufig wurden mehrere Decktiere benutzt, meistens Renntierkühe, in deren Mitte der Jäger bisweilen sogar mit einem Hund zum Aufspüren der wilden Renntiere einherschritt. Auch hier sollte der wilde Renntierstier unter die zahmen Kühe gelockt werden. Damit diese ihrem Herrn besser gehorchten, waren sie besonders dressiert und an das Lenken mit Zügeln gewöhnt. — Die Tungusen sollen andere Völker in der Abrichtung ihrer Gehilfen noch übertroffen haben: das zahme Renntier soll nach dem Wunsch des Jägers fressen, stehen bleiben, sich hinlegen und sich nach beliebigen Richtungen wenden. Damit der Jäger selbst möglichst wenig Aufmerksamkeit erregt, geht er gebückt und ist im Winter weiß gekleidet.

---

[1] J. u. F. 100, I, Abb. 156. [2] Viele Belege bei J. u. F. 112. [3] Hist. 8.

Diese anfangs wohl nur in der Brunstzeit angewandte Fangart wurde später auch zu anderen Jahreszeiten, u. a. bei Harsch im Spätwinter, üblich. Wie man aus ihrer weiten Verbreitung von dem Gebiet der Lappen bis zum Tschuktschenlande schließen darf, ist sie sehr alt.

In diesem Zusammenhang ist am besten auch ein Verfahren zu erwähnen, das gleichfalls auf der Benutzung eines Tieres als Jagdgefährte beruht. Wir meinen das Fahren mit einem zahmen Renntier oder einem Pferde, an dessen Anblick manche Tiere, besonders die Vögel, dermaßen gewöhnt sind, daß sie den Fahrer und Jäger ohne größere Beachtung auf Schußweite herankommen lassen. Der lappische Jäger pflegt, namentlich während der Jagd im Frühjahr, mit seinem zahmen Renntier der wilden Renntierherde zuzustreben, wobei er entweder aus seinem Schlitten schießt oder sich schon weiter entfernt aus demselben auf die Erde wirft und unter dem Wind bis in Schußweite heranzuschleichen versucht[1]. Die Birkhühner lassen besonders den mit Schellen Fahrenden nah an sich herankommen, ein Verfahren, das auch bei uns namentlich in Savo bekannt gewesen ist[2]. Erwähnt sei noch, daß man in der Gegend des Urals beim Steinbockfang singend und johlend in einem großen Bogen um die Tiere herumfährt, wobei sich ein Mann nach dem anderen aus dem Schlitten wirft und sich zum Schießen zurechtlegt[3].

Das Hauptprinzip des Schleichverfahrens besteht darin, sich dem an seinem Platz befindlichen Tier heimlich zu nähern; das Lauern dagegen stellt sich als Warten des im Versteck liegenden Jägers dar. Beide Verfahren sind oft miteinander verknüpft.

Die Voraussetzungen des Lauerns sind mancherlei Art: so z. B. die Erfahrung oder der auf einer besonderen Tatsache beruhende Schluß, daß das zu erbeutende Tier bald oder in einem bestimmten Augenblick an das Versteck kommt, oder die Anwendung eines Locktieres.

Sehr ursprünglich ist das Erwarten des zu erbeutenden Tieres an einem Pfad. Eine günstige Voraussetzung bot dabei tiefer Schnee, der großes Wild, wie Elche und Renntiere, ja auch Wölfe, zwang, denselben Spuren zu folgen. Bei Stöberwetter gelang die Jagd gut: „Dann kann", sagt Eric Castrén in seiner Beschreibung von Paltamo, „der unter dem Wind stehende Mann mehrere aus der Schar erlegen, ohne daß die anderen durch das Schießen erschreckt werden, solange sie das Pulver oder den Jäger nicht wittern oder ihn nicht sehen"[4]. Die Lappen, die dem gefährlichen Wolf sonst nicht den Garaus machen können, graben sich an seinen Fährten unter dem Wind in den Schnee[5].

Andere Plätze, an denen sich der Jäger mit Hoffnung auf gute Beute aufstellen konnte, sind offene Moore und Gewässer, nach denen die wilden Renntiere in der schlimmsten Mückenzeit vor den Verfolgern an die frische Luft fliehen, die im Frühling zuerst aufgehenden Gewässer, wie die Stellen unterhalb von Stromschnellen, die für gewisse Wasservögel willkommene Ruheplätze sind, die Eislöcher, durch die der Fischotter oder der Seehund unter dem Eis hervortaucht, und die Balzorte der Birkhühner. Im letztgenannten

[1] J. u. F. 40, S. 24.
[2] J. u. F. 81, S. 21; 94, S. 95; 98, S. 43; 131, S. 837.
[3] J. u. F. 6, S. 17.
[4] Ber. 50, S. 58ff.
[5] Mon. 18.

Fall wurde der Schirm, *koju*, schon im Spätwinter bei Harsch angebracht, damit sich die Vögel im voraus daran gewöhnten. Die Balz wird in der Morgendämmerung von dem „König" eingeleitet, der durch seinen Gesang die anderen Männchen auf sich hetzt, wobei der Vogler im Getümmel des Kampfes schoß, aber doch den König zu treffen vermied, weil sein Tod dem Spiel ein Ende gemacht hätte[1].

Den Tieren wird auch an ihren Trink- und Futterplätzen aufgelauert. Manche sibirischen Völker erwarten gewisses großes Wild, wie Elche, Steinböcke und Moschustiere, an den Salzplätzen. Die Wogulen pflegen im Frühling an solchen Salzplätzen zu lauern, wo die Elche Rostwasser holen[2]. Hasen wurde bei uns im Frühjahr, wenn sich die ersten schneefreien Flecken zeigten, auf Saatäckern aufgelauert, wobei als Schutz gegen den Wind eine Schneehütte aufgeworfen wurde.

Auf den im Wald gerodeten Haferfeldchen wurden die Schirme oft schon im voraus fertig aufgestellt, weil man wußte, daß die Birkhühner nach der Ernte die daselbst stehenden Diemen besuchten.

Auf dem Lauern an Futterplätzen beruht auch der Fang mit Aas, dessen Gegenstand meistens Wolf, Fuchs oder Bär waren. Da er weithin unter den verschiedenen nördlichen Völkern gebräuchlich ist, muß er in ferne Vergangenheit zurückgehen.

Mit dem Fang der Wölfe mußte man sich in Finnland schon wegen der den Kindern und Haustieren drohenden Gefahr befassen. Ein altes Pferd oder ein alter Hund wurde in manchem Gehöft speziell als Aastier bis zum Herbst unterhalten. Wenn in der Nähe Raubtiere aufzutreten begannen, wurde das Tier hinter dem Kuhstall, der Riege oder der Badestube oder — wenn man annahm, die Wölfe würden nicht so dicht an die Gebäude herankommen — am Rande einer Lichtung nach dem Saum des Waldes zu getötet. Im ersteren Fall lauerte man von dem betreffenden Gebäude aus, und zwar galt der Kuhstall als besonders zweckentsprechend, weil er durch seine Düfte den Wölfen die Möglichkeit nehmen sollte, Pulver und Jäger zu wittern. In einem Gehölz mußte ein besonderes Häuschen errichtet werden, oft mit einem Herd aus Steinen, damit es die Jäger darin auch bei Kälte aushalten konnten.

Füchse wurden auf dieselbe Weise und an ähnlichen Orten gejagt. Die Wachthütten wurden teilweise in den Erdboden gegraben.

Der Bär veranlaßte als kräftiges und gefürchtetes Tier seinen Feind, sich Ausgucke in Bäume zu bauen, ganz wie die Jäger in manchen südlichen Ländern aus Furcht vor den Löwen, Jaguaren und anderen Raubtieren verfuhren. Der Ausguck wurde etwa 10 Klafter von dem Aas angebracht, wenn in dieser Entfernung zwei Bäume nebeneinander, drei in einem Dreieck oder vier in einem Viereck zu finden waren. Seine Herstellung übernahmen zwei oder drei Männer. Einer — der Führer oder Spurendecker, *saattomies* oder *jälenviejä* — kehrte immer nach Hause zurück, wenn man nicht zu Pferde zu dem Ausguck gekommen war, was seltener geschah und in welchem

[1] J. u. F. 131, S. 837.

[2] Ethn. 46, S. 424; 48, S. 105; 49, S. 120, 137; 50, S. 245, 248; 52, S. 398; 53, S. 110. J. u. F. 5, S. 343; 29, S. 218; 61, S. 4; 104, S. 106.

Fall das Pferd seinen Weg allein nach Hause suchen mußte. Die Lauernden kehrten, nachdem sie die Späne zugedeckt und alles in Ordnung gebracht hatten, ihre Spuren mit Nadelbaumwipfeln zu, der Führer aber ging, ohne seine Spuren zuzudecken und ohne weiteren Aufenthalt nach Hause. Der Bär ging nämlich, ehe er sich dem Aas näherte, umher und untersuchte die Spuren, und erst wenn er sah, daß die Spuren wegführten, wagte er sich an sein Mahl. Man glaubte, er fresse das Aas besser, wenn man Bienenhonig und eine Fledermaus hineinsteckte. Er kam gewöhnlich spät am Abend oder früh morgens. Bei Mondschein konnte man ihn leicht treffen. War die Nacht dunkel, so legte man ein Stück weiße Birkenrinde hinter das Aas und richtete die Flinte darauf. Sobald die Rinde verdeckt war, wußte man, daß man den Bären vor dem Korn hatte.

Auch die Benutzung von Locktieren, die weit verbreitet ist, gehört sicher zu den recht alten Fangarten. Das Schießen mit einem zahmen Renntier als Deckung ist schon ein derartiges Verfahren, obgleich wir es wegen der Funktion des genannten Tieres als Decktier in anderem Zusammenhang behandelt haben. Es sind uns aber Fälle bekannt, wo das zahme Renntier speziell nur als Locktier auftritt. Dabei — berichtet Leem[1] über die Lappen — band der Jäger seine zahmen Renntierkühe an Bäumen fest und wartete selbst im Versteck ab, bis der wilde Renntierstier zu ihnen kam.

Als lehrreiches Beispiel für die Entstehung dieser Fangart erwähnen wir den Gebrauch der Ostjaken, zum Vergnügen abgerichtete Gänse zum Anlocken der Wildgänse zu benutzen, wenn diese im Frühjahr zu ihren Nistplätzen im Tale des Ob ziehen. Sie graben in den Uferabhang des Flusses Spähgruben, die sie so bedecken, daß sie aus der Luft überhaupt nicht zu sehen sind, und lassen auf dem Ufersand ihre Gänse los, denen sie, damit sie nicht wegfliegen können, die Flügelfedern ausgeschnitten oder ein Bein angebunden haben. Während die wilden Gänse vorbeifliegen, beantworten die gezähmten ihre Rufe und locken sie so auf den schönen Ufersand, wo sie geschossen werden können[2].

Aus der Verwendung von Locktieren entwickelte sich die Jagd mit Hilfe von Figuren, Balbanen, die u. a. den ebenerwähnten Ostjaken bekannt ist. Als Balbane diente anfangs das betreffende Tier ausgestopft, später aus Metall oder anderem geeigneten Material hergestellt. Im 18. Jahrhundert war es in einigen unserer Küstengegenden Brauch, Gänsefiguren auf schmale Wasserstraßen und Buchten auszusetzen, an denen als Fanggeräte Netze in das Wasser gesenkt wurden[3]. Heutzutage benutzt man zum Erbeuten die Flinte. Die Balbanen werden in der Nähe einer größeren Seefläche an der Spitze einer Klippe am geschützten Ufer ausgestellt. Gewährt die Natur keine Deckung, so errichtet man eine Hütte, *maja* oder *kotus*, die, mitunter sogar für längere Dauer, bogenförmig aus Steinen gebaut sein kann. Die Balbanen werden mittels eines Senksteins am Boden festgemacht, so z. B. in den Schären von Uuskaupunki die des kleinen Sägetauchers ganz nahe am Ufer, die der Eidergans am weitesten draußen, das Männchen vorn, das Weibchen

---

[1] Mon. 13, S. 122. [2] Ethn. 44, S. 41. [3] J. u. F. 24, S. 4.

daneben und etwas zurück, eine Figur jedoch unpaarig. Damit der Fang besser ausfällt, rudert einer der Jäger in der Nachbarschaft umher und scheucht die Vögel auf; der Mann in der Hütte bläst dagegen auf der Pfeife oder ahmt die Stimme der Vögel nach. Der Ruf für den kleinen Sägetaucher ist „pra-pra prak", für die Samtente „a'ä-ä'äh", für die Eidergans „ha-ha" oder „ho-ho-ho", für das Männchen „aa-uu au, aoouu, au."

Birkhühner mit Hilfe von Balbanen zu schießen, dürfte in Finnland keine sehr alte Fangart sein. Es ist wohl kaum ein Zufall, daß sie in den Quellen des 18. Jahrhunderts noch nicht erwähnt wird. In manchen Gegenden unseres Landes kam sie erst vor etwa 50 Jahren in Aufnahme. Den übrigen finnisch-ugrischen Völkern ist sie noch heute unbekannt.

Als Balbane wurde entweder ein getrocknetes Birkhuhn, eine ausgestopfte Birkhuhnhaut oder eine aus Baumrinde, geschwärztem Schaffell oder Tuch angefertigte Figur benutzt.

Die Jagd auf Birkhühner mittels Balbanen beginnt im Herbst nach dem Laubfall, wenn sie sich scharen und „auf den Baum steigen." Gute Jagdplätze sind kleinere Wiesenhügel, auf denen Birken wachsen. Die Figuren, meist zwei, seltener drei, werden schon vor Sonnenaufgang in den Wipfel einer Birke gesetzt. In der Nachbarschaft wird aus Fichten oder Reisig als Anstand eine Hütte, *koju* oder *kokko*, errichtet. Gewöhnlich beteiligen sich zwei Männer: der eine setzt sich in die Hütte, der andere geht in den umliegenden Wäldern umher, klopft an die Bäume und scheucht dadurch die Vögel auf. Im größten Teil von Süd- und Mittelfinnland ahmt der im Anstand sitzende Jäger die Stimme des Birkhuhns: schiu-haa, schiu-haa, schiu-schiu-haa! nach; so macht er besonders nach einem Schuß, damit die Vögel nicht zu weit davonfliegen.

Als Geräte bei der Lauer haben außer den Schußwaffen auch Netze und Fallen Anwendung gefunden.

Die ersteren waren früher weithin in Rußland, ja auch in Westeuropa in Gebrauch. Im Kreise der finnischugrischen Völker wurden sie am meisten im ob-ugrischen Gebiet bevorzugt, wo mit ihnen noch heute während der Zugzeiten Gänse und Enten gefangen werden. Da diese dann von ihren weiten Reisen ermüdet sind, benutzen sie, um sich nicht hoch erheben zu müssen, gern die Engen zwischen den Gewässern und andere Wasserstraßen. Die Ureinwohner, die dies wissen, hauen an geeigneten, Gewässer verbindenden Stellen in den Wäldern Gassen aus, die sie nach dem Eintritt der Zugzeit mit ihren Netzen versperren. Wenn die Vögel kommen, wird das Netz gerade in dem Augenblick herabgelassen, wo sie in eine solche Gasse stürzen (Abb. 45[1]).

Ein ähnlicher Fang wurde nach Olaus Magnus ehemals auch an den Gestaden des Weißen Meeres ausgeübt, und von gleicher Art war in der Hauptsache das Lauern mit Netzen, von dem schwedische und finnische Quellen des 18. Jahrhunderts sprechen und das nach den ältesten Jagdverordnungen ein Privileg der Schärenbewohner war. „In den Schären von Korpo und besonders in West-Kalainen werden", schreibt Jacob Gummerus 1769, „all-

---

[1] Siehe u. a. Mon. 1, S. 84.

jährlich ziemliche Mengen von Polarenten mit Netzen gefangen. Die Netze werden nachts in kleinen schmalen Sunden quer über das Wasser gehängt und ausgespannt. Ein Mann rudert beim Morgengrauen mit seinem Boot, um die Vögel aufzuscheuchen, während zwei andere je an einem Netzende Wache halten. Indem die Vögel in einem Schwarm in das Netz fliegen, lassen sie dieses über sich fallen. wobei gleichzeitig 40 bis 50 Entenpaare die Beute der Jäger werden[1]."

Die Falle ist wenigstens in unserem Lande als aktives Fanggerät schon zum Spielzeug der kleinen Knaben geworden. Als Beispiel ihrer hierher gehörigen „Kunststücke" sei erwähnt, daß sie gegen ein Krummholz oder eine andere Stütze das Lattengitter vom Boden des Arbeitsschlittens lehnen und unter dasselbe Körner streuen. Hinter einer Ecke hervor beobachten die Knaben nun, wie sich die Vögel zu den Körnern verhalten, um im geeigneten Augenblick die Stütze mittels einer Schnur wegzureißen, wobei die Vögel unter dem Gitter bleiben. Hierher gehört auch der in Westfinnland gebräuchliche *slaaki*, eine Schachtel mit einem Deckel, mittels deren der Fang nach demselben Prinzip stattfindet.

Zu den aktiven Fangmethoden ist schließlich noch die Jagd mit Falken zu zählen, die u. a. im mittelalterlichen Europa sehr beliebt war[2]. Die besten Falken kamen aus Island, aber sie wurden auch aus Norwegen, Finnland und dem Ural eingeführt, und in den Gegenden jenseits des Urals, auf den westasiatischen Steppen, blüht die Fangart noch heute.

Da in dem archäologischen Inventar aus Perm Bilder von Falknern vorkommen (Abb. 46), darf man vermuten, daß die fragliche Fangart auch den Bewohnern jenes Landes bekannt gewesen ist, was auch natürlich erscheint, da dieselben lebhafte Handelsbeziehungen mit dem jagdliebenden Orient unterhielten[3]. Im Mittelalter nahmen, wie berichtet wird, die Anwohner der Petschora die Falken auch beim Fang von Wasservögeln zu Hilfe[4]. Sehr interessant ist die Angabe von A. J. Europaeus, daß in Norwegisch-Lappland noch 1859 Jagdfalken gezähmt wurden, mit denen man Schneehühner fing[5]. Nach einem Steuerbuch von 1500 wurden auch in Ladoga-Karelien Falken abgerichtet. Die Zähmer zahlten ihre Steuer in Jagdfalken[6].

Nach einer Tradition, die noch hie und da im Volke lebt, spannte man für den Falken in der Nähe seines Nestes zwischen zwei Bäumen ein dünnes Seil aus; wenn der Vogel sich darauf setzte, rutschte er ab und blieb mit dem Kopf nach unten, hängen. In diesem hilflosen Zustand, aus dem er sich nicht mit eigener Kraft befreien konnte, wurde er gefangen. Blieb der Falke längere Zeit an dem Seil, so kam er natürlich ums Leben. Auf dieselbe Weise wurden Adler an ihren Aasplätzen erbeutet[7].

---

1 J. u. F. 24.
2 J. u. F. 48, S. 290; 61, S. 5, 13; 72, S. 182; 77, S. 44; 84, S. 57; 102, S. 301, 314, 318; 121, S. 114; 133, S. 127. Landw. 2, S. 8. Reis. 17, IV, S. 1393; 26, IV, S. 102. Globus XXXIV, S. 150; LIX, S. 332; LXXV, S. 190; Arch. für Kulturgesch. Bd. 2, 1904. S. 1, 196.
3 Arch. 13, Fig. 181; 14 Tf. LXXXVII, LXXXIX, XC.
4 Hist. 21, S. 26.
5 Ethn. 41, II, S. 77.
6 Arch. 2, S. 81. Ethn. 29, S. 77. J. u. F. 129.
7 J. u. F. 20, S. 202. Ber. 30; 53, S. 43. J. u. F. 40, S. 27.

Die Abrichtung der Falken, von der uns aus Finnland keine Nachrichten erhalten sind, war eine eigene mühsame Wissenschaft, und sie gelang um so besser, je jünger der betreffende Vogel war. Nach jeder Mauserung mußte er neu abgerichtet werden[1].

Die passiven Fangarten

Die aus Waffen entwickelten Fanggeräte

Die Anwendung der aktiven Fanggeräte als selbstfangende Werkzeuge bedeutet eine so große Kraftersparnis, daß wir sagen können, sie habe eine neue Entwicklungsphase im Leben des Jägers eingeleitet. Welche Erfindung diese neue Bahn gebrochen hat, ist nicht leicht zu sagen, sicher aber sind Jahrhunderte oder gar Jahrtausende vergangen, ehe die höchsten Errungenschaften der Jägerperiode erzielt wurden.

In wieweit manche in dieses Gebiet gehörende Errungenschaften eigentliche Erfindungen gewesen sind, ist schwer zu entscheiden. Vielleicht lag einigen ein zufälliges Ereignis, der Einfall eines Kindes oder ein Spielzeug zugrunde. Noch heute sehen wir in den Händen der Kinder eine Art Schießgewehr, bei dem als schleudernder Teil ein in den Kolben gefügter gebogener Ast und als Geschoß ein Stein, eine kleine Kartoffel oder dergleichen erscheint (Abb. 47).

Der selbsttätige Speer, dessen motorische Kraft gerade von einem solchen in Bewegung gesetzten Holz herrührt, kommt als Fanggerät in sehr vielen Gegenden vor (Abb. 48). Wir erwähnen nur, daß wir ihn aus Südamerika, dem Malaischen Archipel, Asien und Europa konstatiert haben[2]. Seine weite Verbreitung bei vielen primitiven Völkern spricht für sein hohes Alter. In Schweden wird er in den Landschaftsgesetzen erwähnt[3], in Westeuropa wurde damit noch im 15. Jahrhundert gejagt[4], und im Kreise der finnischugrischen Völker ist er zum mindesten aus dem Gebiet der Tscheremissen und aus Finnland bekannt[5].

Bei uns und in unseren Nachbarländern gab es zweierlei Wipp- oder Hebelfallen: seitwärts und aufwärts schlagende. Mit jenen wurden Elche, Renntiere und Bären erbeutet. Bei der Jagd auf die letztgenannten benutzte man einen Köder, um den man einen Zaun errichtete. Die für den Kopf der Elche und Renntiere eingespannten Speere dagegen wurden an Pfaden oder Wechseln aufgestellt.

Zuletzt scheint das jetzt zu besprechende Fanggerät — von dem Gebiet der Lappen abgesehen — bei uns in Grenzkarelien und in Mittelfinnland gebraucht worden zu sein, in welch letzterer Gegend es jedoch schon im Anfang

---

1 Ethn. 40, S. 258fg.

2 Ethn. 51, S. 298; 52, S. 201. J. u. F. 19, S. 221; 35, S. 25; 68, S. 18, 23; 91, S. 397; 104, S. 106; 117, S. 46. Landw. 2. Mon. 15, S. 22; 18, S. 17. Reis. 13, II, S. 42; 17, S. 1377; 18, II, S. 19.

3 Landw. 2.

4 Ethn. 40, S. 250.

5 Ber. 64. J. u. F. 20, S. 77—80, 127, 219; 32; 40, S. 13, 29. Mon. 7, III, S. 77. Reis. 15, S. 145, 149.

des 19. Jahrhunderts gleichzeitig mit den betreffenden Tieren verschwand. Früh verlor es seine Bedeutung auch in Kuusamo, von wo Lagus 1773 schrieb: „Die Jagd auf wilde Renntiere war früher in der Gegend das einträglichste Gewerbe, das meistens mit gespannten Speeren, Armbrüsten und Schlingen an solchen Waldpfaden ausgeübt wurde, auf denen sie zu wandern schienen oder auf die sie getrieben wurden[1]." An solchen Stellen wurden in Ost- und Nordfinnland und in Lappland lange Zäune errichtet, in denen man eine Öffnung anbrachte. In Korpiselkä wurde laut Bericht ein Speer auf die Spitze eines Wipphebels neben die Öffnung gesetzt[2]. Der Zaun hieß *hangas*. „Der *hangas* (lapp. *pertušm)* war", schreibt I. Itkonen, „ein langer Zaun, gewöhnlich aus etwa ein Meter hoch gestellten Zaunhölzern bestehend, die hintereinander einige Kilometer, ja ein paar Meilen weit an Baumstümpfe, auf Gabelstützen, Pfähle, an Bäumen befestigte Klötze, bisweilen sogar auf festgenagelte Hornhaken u. dgl. gelegt wurden. Im Sommer genügte gut eine solche aus einer Stangenlage hergestellte Einfriedung, im Winter aber mußte man wegen des dicken Schnees auch zwei, ja bisweilen drei Lagen übereinander anbringen. In dem Zaun wurde in Abständen von 10 bis 20 Klaftern eine Öffnung gemacht, in die mit Hilfe eines gebogenen Baumes ein Pfeil *(pelppe)* gespannt war, in dessen Ende eine $1/_4$ Elle lange, zweischneidige Spitze von Messerform gesteckt war. Diese Vorrichtung ging mit Hilfe einer besonderen Leine los, die von dem „Bogen" durch die Öffnung etwa bis in Brusthöhe eines Renntieres lief. Der Pfeil wurde so in einwärts sich verbreiternde Kerben des Türpfostens und eines nebenstehenden Baumes oder Pfahles gesetzt, daß er sich, entsprechend zugeschnitten, leicht in ihnen bewegte. Wenn das Renntier durch die Tür des Zaunes lief, stieß der Pfeil ihm so heftig in die Seite, daß es, sofort verendend, ohne zu Boden zu fallen, an dem Pfeile hängen blieb. Als Bogen, an dessen Spitze der Pfeil nach einem Berichterstatter gebunden war, diente eine gebogene Kiefer. Der Pfeil hatte in älteren Zeiten eine Steinspitze[3]."

Für den Kopf des Bären wurden nach Gabr. Bonsdorff in Tawastland noch am Ausgang des 18. Jahrhunderts auf die in Abb. 49 veranschaulichte Weise Speere eingespannt[4]. Nach Leem wurden in der Verzäunung zwei Öffnungen angebracht, damit der Bär von beiden Seiten bequem hineinkommen konnte[5]. Die Verzäunung mit zwei Öffnungen fing außerdem besser, denn wenn der Speer bei der einen Tür nicht funktionierte, war noch der andere da.

Mit aufwärts schnellenden Wipphebeln wurden in unseren Nachbarländern Vielfraße erbeutet. Die einzige diesbezügliche Nachricht aus finnischsprachlichem Gebiet stammt aus Uhtua in Russisch-Karelien, und auch diese gibt nur an, daß zu der Fangvorrichtung ein Baum gehörte, durch dessen Loch ein Pfeil hervorsprang. Eine eingehendere Beschreibung dieser Vielfraßfalle gibt Sven Ekman aus Lule-Lappland. Als Gerüst dient ein an einen wachsenden Baum gelehnter Klotz, an dessen unteres Ende ein aus hartem Holz hergestellter Hebel fest angebunden ist, oft eine kleine Fichte, an deren oberem Ende das „Messer", ein 8 bis 10 Zoll langer Speer mit Widerhaken befestigt

[1] Ber. 64. [2] J. u. F. 101. [3] J. u. F. 40.
[4] J. u. F. 32. [5] Mon. 13, S. 190.

ist. Der Hebel wird mit den Händen mittels Stellstäbchen gespannt. In dem Klotz befindet sich ein Loch, in das das Messer eingesetzt wird; darauf bedeckt man dieses so, daß es nicht zu sehen ist. Von den Stellstäbchen wird nach der Oberseite des Klotzes zu dem daselbst angebrachten Köder eine Schnur geführt, die bei Berührung des Köders die Stäbchen aus ihrer Stellung löst, den Hebel entspannt und so das Messer durch das Loch schlagen läßt[1].

In Stensele in Nordschweden diente als Abschneller des Pfeiles ein gegen ein gabelförmiges Holz gestellter Schwipphebel, an dessen einem niedergedrücktem Ende ein Speer und an dem anderen, erhobenen das Gewicht befestigt wurde. Der Hebel wurde auch hier dadurch entspannt, daß das Tier den Köder erfaßte: infolge des Gewichtes senkte sich nämlich das eine Ende nieder, während das andere den Pfeil auf das Tier abschnellte. Hebelfanggeräte dieser Art wurden auch am Ostabhang des Urals im Tale des Tagil sowie in den südlichsten wogulischen und ostjakischen Gebieten gebraucht, wo sie in den Öffnungen von Zäunen vorzugsweise für Elche, aber auch für wilde Renntiere, Wölfe und Bären angebracht wurden[2].

Die Anwendung von B ö g e n a l s s e l b s t t ä t i g e F a n g g e r ä t e ist bis zum heutigen Tage in ganz Sibirien allgemein verbreitet. Die diesbezüglichen literarischen Angaben aus Europa sind in ihrer Abfassung so unpräzis, daß nicht immer genau zu ersehen ist, ob der selbsttätige Speer oder Bogen gemeint ist[3]. In den schwedischen Landschaftsgesetzen scheint es sich um den ersteren zu handeln[4]. Aus Finnland liegt eine eindeutige Nachricht über die Anwendung der Armbrust aus dem Jahre 1643 vor, wo das Tingprotokoll von Keuru mitteilt, ein Mann sei durch seine eigene Armbrust, die er bei einem Pferdekadaver für Bären aufgestellt hatte, ums Leben gekommen[5]. Erinnerungen an ähnliche Stellbogen lebten nach Sven Ekman noch unlängst schwedischerseits in Lycksele-Lappland[6]. Man darf vermuten, daß die Armbrüste als selbsttätige Fanggeräte in Finnland und Schweden die früher an ihrer Stelle gebräuchlichen Holzbogen verdrängt hatten, mit denen in Sibirien immer noch Elche, wilde Renntiere, Bären, Wölfe, Füchse, Marder, Hermeline und Fischottern gefangen werden, indem man diese hier als die brauchbarsten angesehenen Fanggeräte bald bei Tierleichen und an Pfaden, bald in Zaunöffnungen oder am Eingang von Tierlagern aufstellt (Abb. 50).

Wie die Bogen seinerzeit den Armbrüsten Platz machten, so mußten auch diese letzteren den Feuerwaffen weichen (Abb. 51, 52). In Finnland wurden Flinten hauptsächlich für Bären und Wölfe gestellt, was in Tawastland schon um 1780 gewöhnlich war. Dazu eigneten sich besonders die Flinten mit großem Loch, wie die ehemaligen „schwedischen Militärgewehre" und die Renntierbüchsen, die mit mehreren Kugeln geladen wurden, damit sie „in

---

[1] J. u. F. 20, S. 128.

[2] Ethn. 44, S. 28. J. u. F. 95, S. 69; 115, S. 507. Reis. 13, III, S. 19.

[3] Ber. 64. J. u. F. 21, S. 906; 50; 97, S. 36, 37; 102, S. 299; 118, S. 354; 119, S. 415, 418. Mon. 8, IV, S. 58; 13, S. 191; 34, S. 407; 35, S. 99; 36, S. 118; 37, S. 210. Reis. 17, IV, S. 1381, 1383; 24, III, S. 554; 26, II, S. 244; 27, S. 124, 127.

[4] Landw. 2.

[5] Ber. 96, S. 87.

[6] J. u. F. 20, S. 129.

die Breite gingen." In der Regel wurde die Flinte beim Aas, für den Bären aber auch an einem zum Schwendfeld führenden Pfade gespannt. Das erstere geschah entweder mit Anwendung eines Zaunes, *kaha*, oder ohne einen solchen. In Tammela z. B. war die Fangart noch um die Mitte des 19. Jahrhunderts fast dieselbe wie bei der Benutzung des Speerzaunes am Ende des 18. Jahrhunderts, mit dem Unterschied nur, daß statt zweier Speere drei Flinten in die verschiedenen Ecken der Verzäunung gesetzt wurden. In Ostfinnland blieb die Verzäunung immer auf einer Seite offen, d. h. sie erhielt die Form eines Keiles oder eines Rechteckes, bei dem eine Wand fehlte. Bei dem Aas ohne Verzäunung wurden eine, zwei oder drei Flinten so aufgestellt, daß der Bär dem Schuß auch nicht entgehen konnte, wenn er zwischen den Flinten hindurchkam. Damit der Regen die Ladung nicht befeuchtete, wurde die Flinte mit Rollen aus Birkenrinde oder mit Fichtenrinde bedeckt[1].

Auf der Grundlage des Stellbogens bildete sich die von einem Ort zum anderen transportierbare Bogenfalle aus, mit der die sibirischen Völker noch heute Eichhörnchen, Hermeline, Marder und Zobel auf deren Pfaden oder am Eingang von Köderhöhlen fangen[2]. Die Entwicklung ging in der Weise vor sich, daß der Schaft des Stellbogens zu einem in die Erde oder den Schnee gesteckten, mit einem durchgehenden Loch versehenen Keil oder einer Gabel und der Pfeil zu einem spatelförmig endenden oder mit einem Querholz versehenen Schneller umgebildet wurde (Abb. 53, 54). Die Spannung erfolgte ebenso wie bei den Stellbogen, aber als Träger des Schnellers wurde ein Stellpflock angebracht, den das Tier beim Hindurchgehen aus seiner Lage brachte, so daß es von dem Schneller getroffen wurde.

Die finnische Vogelfalle namens *linnunnakki* (Abb. 55) stand in ihrem Bau der sibirischen Bogenfalle mit Spatelschneller nahe. Mit dem an seinem oberen Ende gegabelten Schaft wurde ein Bogen aus Wacholder oder einem jungen Fichtenstämmchen befestigt. Der Pfeil, ein dünnes Brett, lief in den Schenkeln der Gabelung, und mit dem an den Gabelenden angebrachten Querholz war ein Spannknüppel verbunden. Beim Spannen wurde der Schneller auf das kürzere Ende des Spannknüppels gehoben; das längere Ende wurde in der Kerbe einer kurzen Latte befestigt, die weiter unten für den Köder an einen Zapfen gebunden war. Wenn der Vogel, ein Häher, sich in die Gabelung gesetzt hatte und an dem Köder pickte, löste er den Spannknüppel von der Köderlatte, entspannte den Schneller und blieb zwischen diesem und den Gabelschenkeln hängen.

Selbstfangende Bogen sind auch in Afrika bekannt, wo ihre Konstruktion in hohem Grade an die der finnischen Bogenfalle erinnert; sie werden dort zum Rattenfang benutzt[3].

Fallgruben, Fangkisten und Fangtrichter

Die Fallgruben, die zu den meistverbreiteten Fangvorrichtungen gehören, haben ursprünglich gleichfalls als Vorrichtungen zum aktiven Fang gedient.

---

[1] U. a. J. u. F. 100. Reis. 7, S. 339, 340.

[2] Ethn. 47. J. u. F. 97, S. 34; 119, S. 425. Mon. 34, S. 408. Reis. 17, IV, S. 1387; 18, III, S. 88; 24, III, S. 552.

[3] Ethn. 26.

Sie wurden sowohl im alten Babylon als auch von Griechen und Germanen angewandt. Auch in den alten schwedischen Landschaftsgesetzen werden sie erwähnt[1].

Man kann die Fallgruben, je nachdem für welches Tier sie bestimmt sind, in zwei Hauptarten einteilen: in Pfad- und Ködergruben. Pfadgruben waren vor allem die Elch- und Renntiergruben, die noch vor einigen Jahrhunderten in unserem Lande weit verbreitet gewesen zu sein scheinen. Nach einer Angabe von 1789 wurden Renntiergruben meist auf solchen Sandheiden angelegt, auf denen Renntiermoos wuchs oder neben denen ein ausgedehntes Weißmoor oder ein See lag. An manchen Orten sah das Volk in ihnen — wahrscheinlich ohne Grund — Reminiszenzen aus lappischer Zeit. So äußerte Salmenius in seiner Beschreibung des Kirchspiels Kalajoki 1753: „Solche Elchgruben, welche — wie man sich erinnert — die früheren Bewohner, ich meine die Lappen, hinterlassen haben, sieht man noch in Massen auf Landzungen und Sandheiden. Wie die alten Leute von ihren Eltern gehört haben, fingen sie damit Elche und wilde Renntiere. Die Gruben wurden mit Reisig bedeckt und auf beiden Seiten große Bäume gefällt, welche wie ein Zaun verhinderten, daß das Wild auf den Seiten vorbeikommen konnte. Weshalb ein Elch oder Renntier, die vom Moore über diese Landzungen oder Sandheiden vorwärtsdringen wollten, notwendigerweise hier ihren Weg nehmen und infolgedessen in die Grube fallen und darin gefangen bleiben mußten[2]."

In einigen anderen Teilen unseres Landes haben sich über die Elch- und Renntiergruben genauere Nachrichten erhalten. In Jalasjärvi wurden sie auf einer Heide etwa 5 bis 6 Ellen tief gemacht und mit dünnen Nadelbaumzweigen und Moos bedeckt. Wenn ein Elch, von den Mücken gepeinigt, darauf geriet, so sauste er in die Grube, in der er durch die an durchlochten Pfählen befestigten Stacheln den Tod fand. In Archangelsk-Karelien wurden die Renntiergruben auf den Abhängen von Hügelrücken 2 Klafter lang und 1½ Klafter breit, an geeigneten Plätzen mehrere in einer Reihe gegraben. Sie wurden so bedeckt, daß man Nadelbaumzweige an den einander gegenüberliegenden Wänden mit den Wipfelenden zusammenlegte und auf den Wurzelenden als Gewichte Stangen anbrachte. Über die Zweige wurde Moos ausgebreitet und die Oberfläche dem umgebenden Gelände ähnlich hergerichtet. Im Kirchspiel Juuka wußte man noch vor ein paar Jahrzehnten zu erzählen, daß Gruben auf Landengen zwischen Seen gegraben und auf beiden Seiten Zäune bis zu den Ufern angelegt wurden. Die Grube soll mit einer Klappe bedeckt gewesen sein, die auf einem Querholz ruhte, so daß sich die Seite, auf die das Tier trat, niedersenkte, während sich die andere Seite hob. Nachdem das Tier hineingefallen war, nahm die Klappe wieder ihre wagrechte Lage ein. — Die Grube verschmälerte sich nach oben und war innen gezimmert. Man erbeutete damit verschiedenartiges Wild „vom Bären bis zum Hasen."

Von den Decken dieser Fangvorrichtungen gab es also verschiedene Arten, und die ursprünglichste von ihnen war natürlich die, welche aus Reisig ver-

---

[1] J. u. F. 134, S. 220. Landw. 2, S. 18.

[2] Ber. 51.

fertigt war, da sie nach dem Einbrechen die Grube offen ließ. Die an den gegenüberliegenden Wänden befestigten Nadelbaumzweige dagegen erhoben sich, nachdem ein Tier hineingeraten war, in ihre frühere Stellung und täuschten infolgedessen auch noch Tiere, die später an den Ort kamen. Der Klappendeckel, der sich in einem Stück hob und senkte, war am leichtesten instand zu halten. Die nach unten breiter werdenden Gruben waren im allgemeinen für Nordeuropa und Sibirien typisch, und ihre Ausrüstung mit Stacheln war in den verschiedenen Teilen des Erdballs verhältnismäßig gewöhnlich.

Von den Ködergruben sind vor allem die Wolfsgruben zu nennen. Bei der ältesten Art, die noch bei den Syrjänen und Tscheremissen anzutreffen ist, scheint der Köder hineingelegt worden zu sein. Viel gewöhnlicher war in Europa die Grube, in deren Mitte sich ein Köderpfahl erhob. Von einer solchen Grubenform spricht schon Xenophon[1].

Die Dimensionen der Wolfsgruben wechselten in den verschiedenen Gegenden Finnlands bedeutend; ihre Tiefe betrug 1 bis 2 Klafter, ihr Durchmesser 1 bis 3 Klafter. Meistens war die Grube rund und abwärts schmäler, seltener viereckig. In hartem Tonboden stürzte die Grube auch ohne besondere Vorrichtungen nicht ein. Sonst aber war Zimmerwerk erforderlich, das entweder aus vertikalen Stämmen, wie meistens, oder durch einen Balkenverband hergestellt wurde. Damit der in die Grube gegangene Wolf nicht hinaufklettern konnte, wurden die Wandbalken gewöhnlich mit etwa 1 ½ Viertelellen voneinander eingeschlagenen, schräg abwärts gerichteten, 3 bis 5 Viertelellen langen Stacheln versehen (Abb. 57). Linné[2] berichtet, er habe in der Gegend von Tornio eine Grube gesehen, in der sich am Ende eines Pfahles ein mit Brettern bedecktes Rad befand. Nach Bonsdorff[3] wurde in Tawastland am Ende des 18. Jahrhunderts als Köder eine lebendige Ente, vermutlich eine zahme, mitunter auch ein kleiner Hund verwendet. Die Ente war in den westlichen Teilen des Landes auch noch später ein beliebter Köder, mit einem Hunde aber wurden die Wölfe überall gelockt. Ebenso wurde an vielen Orten als Köder ein Ferkel, seltener eine Gans gebraucht.

Die Grube wurde auf dreierlei Weise bedeckt, worauf schon oben im Zusammenhang mit den Elch- und Renntiergruben hingewiesen wurde. Eins der ältesten Verfahren war, daß die Hölzer, die die Decke bildeten und die quer über die Grube gingen, mit Reisig und Moos belegt wurden.

Linné gibt an, daß die Grube, die er in der Gegend von Tornio gesehen hatte, mit einem Zaun umgeben war. Dieser wurde teils darum angebracht, damit das Vieh nicht im Sommer in die Grube fiel, teils darum, weil man annahm, der Wolf werde sicherer in dieselbe geraten, wenn er gezwungen war, für die Erreichung des Köders einen Sprung zu machen (vgl. Abb. 58). In eine Grube konnten in einer Nacht auch mehrere Wölfe gehen. Bonsdorff bemerkt sogar, man habe in Tawastland bisweilen 8 bis 12 Wölfe auf einmal erbeutet. Wenn der führende Wolf zuerst hineinging, wurden die anderen bald von demselben Schicksal erreicht, denn sie glaubten, ihr Genosse rufe sie durch sein Geheul zum Fraße[4].

[1] J. u. F. 134, S. 229. [2] Reis. 15, S. 190. [3] J. u. F. 32.
[4] Siehe auch J. u. F. 31; 89.

Die einzelnen Gehöfte lieferten das Jahr um Köder und stellten Wächter, wofür sie die Wölfe als Entgelt bekamen. Derjenige, der an der Reihe war, mußte für den Folgenden die Grube instand setzen.

Die Fuchsgruben waren im allgemeinen ähnlich wie die Wolfsgruben, aber kleiner (Abb. 56). Meistens wurde als Köder eine Ente hineingelegt. Dieser Vogel wie auch die Dohle, die in die Grube hineingesetzt wurde, war zahm. Seltener benutzte man als Lockvogel eine Gans.

Vogelgruben wurden in Olonetz, an der Küste von Russisch-Karelien und in gewissen Teilen Sibiriens, u. a. in Kamtschatka, wo man Gänse darin fing, verwendet[1]. Anderswo in Sibirien und in Europa legte man sie für Auer- und Birkhühner an, und zwar hatten sie hier eine Tiefe von etwa 70 cm und eine Breite von etwa 35 cm. Im allgemeinen waren die Vogelgruben auf dem Boden weiter. Auch bei ihrer Überdeckung finden wir die drei Stufen, die wir schon oben kennen lernten. In Olonetz wurde als Bedeckung dünnes Reisig und darauf eine Erdschicht oder Laub und Moos angewandt. Die Ostjaken steckten in die beiden langen Seiten Reiser gegeneinander, mit den Wipfelteilen zusammen und gebogene Zweige über die Grube, um zu verhindern, daß sich ein hineinsausender Vogel seiner Flügel bediente (Abb. 59). Mit einem ins Gleichgewicht gelegten Deckel versah man die Grube an den Küsten des Weißen Meeres. Als Köder wurden mancherorts Wacholder- oder Preiselbeeren darauf gestreut.

In den nördlichen Teilen von Rußland, auf ehemaligem finnischem Boden, scheinen diese Fangvorrichtungen altererbt zu sein. Aus ihnen erwuchsen die Fangkisten, *saiho*, vierwandige oberirdische Holzkonstruktionen, und die Fangtrichter, *kaha*, gleichfalls oberirdische Vorrichtungen, die nicht im ganzen finnischugrischen Gebiet verbreitet sind. Fangkisten waren finnischerseits in Nordsavo, in Nordkarelien und in der Gegend von Kajaani zu finden. Östlich der Grenze waren sie in Russisch-Karelien, stellenweise bei den Syrjänen und Wotjaken sowie in den Gouvernements Ufa und Tobolsk, in der Gegend von Jekaterinburg und bis zum Altai in Gebrauch[2]. In den letzteren Gegenden fangen damit vor allem nur die russischen Bauern. Man erbeutet mit ihnen vorzugsweise Birkhühner.

Die Fangkiste war immer eine rechteckige Gitterkonstruktion, die in Finnland meistens einen Klafter lang und zwei Ellen breit und tief gemacht wurde (Abb. 61). In der Regel wurde sie aus Knüppelholz zusammen gefügt, seltener wie ein Zaun aufgebaut. Sie wurde mit Roggengarben bedeckt, die man mit den Ährenenden gegeneinander anbrachte. Es bildete sich also ein Spalt, durch den die Vögel in das Innere glitten. Die Fangkisten wurden meistens zu derselben Zeit, wo man das Getreide zu Schobern sammelte, auf Schwendland im Walde aufgestellt. In manchen Gegenden fanden sie neben den Schobern, ja sogar auf denselben Platz. Im Altai in Sibirien wurden sie in den Schober selbst gesetzt, weil die Vögel lieber auf diesem zusammenkommen. Es ist wahrscheinlich, daß die ältesten oberirdischen Vogelgruben auch auf diese Weise angelegt wurden und man erst später nach ihrem Muster

---

[1] J. u. F. 53, S. 173; 81, S. 190; 93. Reis. 27, S. 190.

[2] J. u. F. 95, S. 103; 105, S. 202; 115, S. 512.

selbständige Fangkisten herzustellen begann. Aus den Gouvernements Perm und Ufa ist eine Art Zwischenform bekannt: in den Boden wurden etwa 70 cm voneinander entfernt zwei Stangenreihen eingeschlagen, um die man als Wände Garben aufschichtete; als Bedeckung dienten längs gelegte andere Garben mit den Ährenenden gegeneinander.

Die Fangkiste bewahrte die rechteckige Form der Vogelgrube und deren Deckvorrichtung. Der Fangtrichter unterschied sich von ihr vor allem durch seine runde Gestalt. Sein Verbreitungsgebiet war russischerseits hauptsächlich dasselbe wie das der Fangkiste, erstreckte sich aber in Finnland bis an die Küste des Bottnischen Meerbusens[1].

Der Fangtrichter wurde aus 3 bis 4 Ellen langen Stangen gemacht, die in einem Kreis in den Boden gerammt und an einer oder zwei Stellen durch Stroh- oder Birkenband miteinander verbunden wurden. Die Stangen wurden am oberen Ende spitz geschnitten, damit sich die Birkhühner nicht darauf setzen konnten. Der Mantel lief entweder nach unten breiter zu oder er war durchgehends gleichbreit oder erweiterte sich nach oben. Fangtrichter von der letzterwähnten Art waren auch als Erdgruben zu finden, so in Olonetz (Abb. 60). Ein solcher Grubentrichter ist jedoch kaum die Urform des oberirdischen gewesen.

Wir sahen oben, daß die Fangkiste als in dem Getreideschober angebrachte Grube entsteht, und wir dürfen annehmen, daß der Fangtrichter ursprünglich die pyramidenförmige Getreidehocke nachgeahmt hat. Ein Autor bietet uns nämlich folgende Angabe über den olonetzischen Fangtrichter: „Von oben wird er mit einer Strohmatte bedeckt, über die obere Öffnung aber kommen Garben, deren Wurzelenden an den Mantelstangen befestigt werden, während man die Ährenenden gegen die Mitte richtet und gegeneinander anbringt. Der bedeckte Trichter unterscheidet sich, aus der Entfernung gesehen, nicht im geringsten von einer Getreidehocke (nur wird die oberste Garbe der letzteren mit dem Wurzelende nach oben, bei dem Trichter aber umgekehrt gestellt), und darum wird er auch gleich nach der Ernte errichtet[2]." Bei dem Fangtrichter in Abb. 3 ist aus demselben Grunde Stroh ringsum gestellt.

Gewöhnlicher waren Fangtrichter, deren obere Öffnung in der Weise mit Garben bedeckt wurde, daß sich darin eine trichterförmige Kehle bildete (Abb. 3). Eine spätere Stufe vertreten die Fangtrichter, bei denen diese Kehle aus Nadelbaumzweigen bestand und darein als Köder eine kleine Garbe gelegt wurde.

Bei den Gruben sahen wir ferner, daß der im Gleichgewicht schwebende Deckel auf eine Deckvorrichtung gefolgt ist, die aus mit den Spitzen gegeneinander gelegten Nadelbaumzweigen bestand. Dasselbe ist auch bei den Fangtrichtern geschehen. Der Vogel setzte sich aber, wenn er zu dem Köder kam, lieber auf eine dünne horizontale Stange als auf den flachen Deckel. Daher begann man außerhalb des Trichters Stangen anzubringen, an denen

---

[1] Ber. 30, S. 12; 53, S. 42; s. auch 31, S. 195. J. u. F. 48, S. 499; 73, S. 53, 54; 76, S. 59; 81, S. XXV; 94, S. 98, 104—106; 95, S. 103, 104; 103, S. 159; 105, S. 202; 114, S. 237. Reis. 18, II, S. 52.

[2] J. u. F. 81, S. XXV.

man Hafergarben befestigte. Auf der folgenden Entwicklungsstufe wurde der Deckel selbst zu einer Art Stange gemacht, indem beispielsweise auf die Wände des Trichters ein Holz gelegt wurde, an dem man wie an einer Achse einen zweiten kürzeren Stock anbrachte. Oder man befestigte an der Achse zwei Stöcke, die ein Kreuz bildeten (Abb. 63); hieraus folgte, daß an dem Trichter immer ein Schenkel des Kreuzes eine Sitzgelegenheit darbot. Oder man verfuhr so, daß der Stock (Abb. 67) die unmittelbare Fortsetzung der Stange bildete, und band an dessen äußeres Ende ein Strohbüschel. Als Köder wurde dann an einen Pfahl, der mitten in dem Trichter eingeschlagen war, eine Hafergarbe gesteckt. Wenn der Vogel auf der Stange nach dem Querholz ging und auf dessen äußeres Ende trat, um nach den Hafergrannen zu picken, so kippte das Querholz um und der Vogel fiel in den Trichter. Diese Gerätform verdiente den Vorzug vor den vorhergehenden, weil der Köder hoch über dem Trichter lag und deswegen weithin sichtbar war. Schließlich wurde ein Stock namens *petturikalikka* (Trugknüttel), der sich um eine Art Nabe drehte, an den Pfahl in der Mitte gebunden, der weiterhin als Träger des Köders fungierte (Abb. 64). Wenn sich der Vogel auf der Stange dem Trichter näherte, mußte er, wenn er den Köder erreichen wollte, von der Stange auf den drehbaren Stock hüpfen, von dem aus er scheinbar so bequem picken konnte. Aber der Stock schlug um, und der Vogel fiel in den Trichter. Zugleich nahm der Stock wieder seine frühere Stellung ein, um neue Opfer zu erwarten. — Einige Mischformen erscheinen in Abb. 65—66.

Der Fangtrichter wurde meistens auf Haferfeldern errichtet, wodurch in den meisten Fällen auch die Art des Köders bestimmt war. Obgleich mit ihm auch auf Torfmooren, an den beerenreichen Rändern von Weißmooren und an den Balzplätzen der Birkhühner gefangen wurde, sind die Fangtrichter doch vor allem als Fanggeräte der Bauern zu betrachten. Dies wird auch dadurch erwiesen, daß sie nur von ackerbautreibenden Völkern angewand-worden sind, weshalb sie z. B. unter den finnischugrischen Völkern den Ostt jaken und Wogulen unbekannt blieben. Daß die ältesten Formen des Fangtrichters einerseits an der Küste des Bottnischen Meerbusens und andererseits bei den finnischugrischen Völkern Ostrußlands vorkommen, läßt darauf schließen, daß diese Fangvorrichtung in die finnischpermische Zeit zurückgeht, wo die finnischugrischen Völker schon angehende Ackerbauer waren. Ebenso alt dürfte die Fangkiste sein[1].

Die Schlingen

Aus der Wurfleine, dem Lasso, entwickelte sich als selbstfangendes Werkzeug die Schlinge, die gleichfalls zu den ältesten Fanggeräten gehört. Wir werden später sehen, daß gewisse, relativ entwickelte Fangarten aus diesem Gebiet schon in der finnischugrischen Urzeit gebraucht wurden.

Das Lasso war ein Werkzeug des aktiven Fanges. Halb von derselben Art sind auch die Schlingen, in die der Jäger die zu erbeutenden Tiere hineintrieb.

[1] Über die finnischen Benennungen *saiho* u. *kaha* siehe Spr. 28, S. 25; 31, S. 307.

Weiter unten werden wir sehen, daß die Schlingen in dieser Weise zum Fang verschiedener Vögel, von wilden Renntieren und sogar von Elchen angewandt wurden.

Die Schlingen tragen verschiedene Namen: *kaulaansa* (Halsschlinge), wenn die Schlinge vertikal gespannt wird, *jalkaansa* (Fußschlinge), wenn sie wagrecht zu liegen kommt, *selkoinansa* (Hängeschlinge), wenn sie an einer oberhalb befindlichen Stange oder Leine befestigt wird, und *takka* (Wippschlinge), wenn sie an eine Hebelvorrichtung gebunden wird, die entweder ein lebender Baum oder Baumast oder eine auf ein Gabelholz gestellte Stange sein kann.

Wir besprechen zuerst die Hängeschlinge, mit der Wald- und Wasservögel, Eichhörnchen, Hasen, Renntiere, Elche, Wölfe und Bären gefangen wurden, und beginnen mit den Schlingen für Waldvögel, die wirtschaftlich wenigstens in den letzten Jahrhunderten die größte Bedeutung gehabt haben.

Die Schlingen wurden besonders im Westen und Norden des Landes aus Pferdehaaren und Hanf oder Flachs geflochten. Die Pferdehaare verhinderten, daß sich die Schlingen verfitzten. Das zum Festbinden bestimmte Ende der Schlinge wurde *rahkosin* genannt und bestand mancherorts aus Hanf oder Flachs, um es leichter anknüpfen zu können. Die fertige Schlinge wurde an einem Pflock aus einem Fichten- oder Wacholderast befestigt, welcher *takkalavi* hieß. Mit weißen Pferdehaarschlingen wurde im Winter gefangen. Die Schlingen aus schwarzen Pferdehaaren waren besser, wenn der Erdboden nicht gefroren war. Zu dem ältesten Schlingenmaterial dürfte die Brennessel gehört haben, woraus die ob-ugrischen Völker noch heute ihre Schlingen verfertigen.

Die Schlingen wurden sowohl im Herbst als im Frühjahr gestellt. Für den Herbstfang brachte man sie in hochgelegenen Heidekiefernwäldern, in trockenen Fichtenwäldern, auf Erd- und Sandabhängen und quer über beerenreichen Hügeln an. Am liebsten stellte man sie auf Viehpfaden oder an sandigen Stellen, wo die Vögel gern plustern, auf, wie z. B. bei Ameisenhaufen, Sandhaufen, Mullhügelchen und Plätzen, wo die Wurzeln eines umgefallenen Baumes den Erdboden gelockert haben. Die Schlinge wurde zwischen Stützen gesetzt, die, in den Boden geschlagen, etwa zwei Viertelellen lang blieben. Meistens benutzte man einen hölzernen Bügel, den man auf die Stützen, in deren gespaltene Enden setzte, und an dem die Schlinge mit ihrem zum Festbinden bestimmten Ende, *rahkosin*, angebracht wurde (Abb. 68). In Nordsatakunta und Südösterbotten kam außerdem eine horizontale Stange namens *karjanorsi* („Viehstange") zur Anwendung, die über dem Bügel, oft auf ihren eigenen Stumpf gestützt, festgemacht wurde, damit der Vogel nicht darüber hinwegflog und das Vieh nicht mit den Füßen in die Fangvorrichtung geriet (Abb. 69). Der Raum auf beiden Seiten der Schlinge wurde mit Reisig und Fichtenzweigen versperrt. Manche legten in einem solchen künstlichen Gestrüpp bis zehn Schlingen aus; ja mancherorts wurde es labyrinthartig angeordnet, und in den Einbuchtungen stellte man verschiedenartige Fanggeräte, wie Deckel- und Stockfallen und Schlingen auf.

In manchen Gegenden machte man um einen Wurzelstock eine Art niedrigen Zaun, in dem man mehrere Öffnungen für Schlingen ließ (Abb. 70). Nach der Anschauung des Volkes kam der Vogel dreimal an dieselbe Stelle, um sich daselbst zu wälzen, bis er sie beim drittenmal verunreinigte und sich nicht wieder einstellte.

Der Herbstfang dürfte in den ältesten Zeiten schon früh im Spätsommer angefangen haben. In Rautalampi wußte man noch vor nicht langer Zeit, daß alle Fanggeräte Ende Juli um den Olofstag aufgestellt wurden. Gewöhnlicher war es, die Fangperiode am Bartholomäustage beginnen zu lassen, wo das erbeutete Wild, wie man in Nordfinnland meinte, schon eine Woche lang, ohne zu verfaulen, in der Schlinge bleiben konnte. „Zu Bartholomäi die Schlingen in den Wald", sagte eine Bauernregel in Keuruu. Der Fang dauerte dann bis zum ersten Schnee oder bis zu tiefem Schnee fort.

Nachdem es geschneit hatte, begann der Fang mit sogen. „Hütten", *kotus*, der sich bis spät in den Winter fortsetzte und zu dem sicher die Beobachtung geführt hat, daß die Waldvögel besonders in dieser Jahreszeit unter dichten Bäumen Schutz suchen (Abb. 68). Schon im Sommer merkte man sich an den Rändern beerenreicher Brandfelder Bruchmoorfichten mit hängenden Zweigen. Auf den Winter zu wurden die größeren Öffnungen zwischen den Zweigen mit Fichtenreisig verstopft, wobei nur drei bis vier größere Löcher gelassen wurden, in die man Schlingen spannte. Derartige *kotus* dürften vorzugsweise in Satakunta angewandt worden sein.

Gewöhnlicher waren solche, die aus Kiefern- oder Fichtenzweigen gegen einen Baumstumpf hergestellt wurden. Bisweilen erhielten diese die Form eines Kegels. Oft wurde auf beiden Seiten ein Loch gelassen, im Innern eine Wand aus Reisig gemacht und mitten in dieser eine Öffnung mit einer Schlinge angebracht. Wenn sich der Vogel von der einen Seite des *kotus* nach der anderen begeben wollte, mußte er durch die Wand hindurch, wobei er in die Schlinge geriet. Manchmal wurden die Schlingen in den Öffnungen angebracht, die in dem Mantel des *kotus* gelassen wurden. An alte Wurzelstöcke stützte man dünne Baumstrünke, über die man aus Reisern ein dichtes Dach machte (Abb. 71).

Der *kotus* wurde von Schnee rein gehalten, weil der Vogel lieber in ihn hineinging, wenn er aus der winterlichen Umgebung den bloßen, mit Beerenbüscheln bedeckten Boden hervorblicken sah. Er fraß auch gern unbereifte Baumnadeln. An manchen Orten streute man in den *kotus* zum Locken auch Futter: Preisel-, Vogelbeeren und Wacholderzweige mit Beeren für das Birkhuhn, aber Weiden- und Birkenkätzchen für die Schneehühner. Außerdem lockte auch der bloße Sand die Vögel in das Fanggerät, weshalb dieses gern an Plätzen angebracht wurde, wo sie schon im Sommer gewöhnlich Sand gefunden hatten.

Schon Eric Castrén bemerkte, daß das Volk in der Grenzgegend des Regierungsbezirks Kajaani im Frühjahr Vögel mit Schlingen an schneefreien Stellen unter Bäumen zu fangen pflegte. Auch später war der Fang mit Schlingen an derartigen Plätzen in denselben Gegenden, u. a. in Archangelsk-Karelien gebräuchlich.

Verbreiteter war das Schlingenstellen früher an den Balzplätzen der Auer- und Birkhühner. Davon spricht u. a. Herkepaeus in seiner Beschreibung des Kirchspiels Hauho 1756. Gewöhnlich wurde der ganze Platz mit einer Verzäunung umgeben. „Im Frühjahr läuft der Lappe", schreibt Lundius aus Ume-Lappland in den 1670er Jahren, „nachts umher, und wenn er einen Aufenthaltsort von Vögeln bemerkt, macht er kleine Verzäunungen, indem er aus kleinen Kiefern viele kleine Gatter herstellt . . . und in jede Gattertür spannt er eine Schlinge und vernichtet dann alle, bis keiner mehr übrig ist[1]." In Archangelsk-Karelien machte man einen Kreis vom Umfang einer Stubendiele, darein kreuzweise mit Türen versehene Zäune. In die Mitte stellte man einen an einen Auerhahn erinnernden schwarzen verbrannten Wurzelstock, *kokora*. In Lycksele- und Åsele-Lappland sowie in Frostviken warf man einen ähnlichen Wurzelstock oder ein Büschel Bartflechte hinein, an das man als Kopf einen Kieferntrieb setzte. Die Birkhühner hielten dies in der Morgendämmerung für einen Gefährten, liefen herbei und gerieten eins nach dem anderen in die Schlingen[2]. Ähnliche Kreise wurden an den Balzplätzen auch im Gouvernement Archangelsk und bei den Soswawogulen gemacht. Aber es wurden auch Zäune von anderer Art angewandt. In Sotkamo machte man „Lauben", *kuisti* oder *kuja*, von beliebiger Form, in die der Vogel beim Balzen lief, und in Hyrynsalmi gab man den Zäunen einen gekrümmten Verlauf, wobei man in jeder Ecke eine Tür mit einer Schlinge ließ. Wenn sich die Vögel zum Balzen niederließen und die Birkhähne die Hennen jagten, rannten diese, bisweilen auch ihre Verfolger in die Schlingen.

Zu den Hängeschlingen können auch die Zweigschlingen, *lahto*, gezählt werden, die auf horizontalen Stangen oder auf Bäumen aufgestellt wurden und mit denen man Birkhühner und die selten in andere Schlingen gehenden Haselhühner fing.

Die Zweigschlinge für Haselhühner, die in Finnland nur in Nurmes als Reminiszenz fortlebt, wurde auf eine über einen Klafter lange, zwischen zwei Bäume gelegte junge Fichte gespannt, an deren beiden Enden zwei Zweige stehen blieben (Abb. 72). Diese wurden gegeneinander zu einem Ring zusammengebogen, in dem dann die Schlinge in der Weise angebracht wurde, daß man sie an den oberen Teil des Ringes band und an den Seiten in Kerben befestigte. An die Enden der Stange wurde eine Vogelbeerdolde gesteckt. Wenn das Haselhuhn dem Köder zustrebte, mußte es durch den Ring gehen, wobei es in die Schlinge geriet[3].

Für die Birkhühner, die sich in den obersten Teil des Baumes setzen, machte man die Zweigschlingen in den Wipfel des Baumes, gewöhnlich einer Birke, weil diese Vögel im Winter, wo der Fang stattfindet, besonders Birkenknospen fressen. Stellenweise wurden sie auch in die Wipfel einzelnstehender Fichten und Kiefern gesetzt. Die Schlinge wurde auf einer besonderen Unterlage, einem Fichten- oder Kiefernknüppel, seltener auf einem Brett befestigt. Meistens wurden die Ringe aus den Zweigstücken an beiden Enden auf dieselbe Weise hergestellt, wie wir es eben bei der Verfertigung der Zweig-

[1] Mon. 15, S. 17. [2] J. u. F. 20, S. 177.
[3] Siehe auch J. u. F. 10, S. 144; 31, S. 202.

schlingen für Haselhühner sahen. In die Mitte der Unterlage wurde ein Loch gemacht, in das das Stützholz, eine lange, gegen den Baum gestemmte Stange, gesteckt wurde (Abb. 73). Damit die Schlingen zu sehen waren, wurden sie in Bäume gesetzt, die auf hohen Hügeln wuchsen. In Südsavo und Karelien wurden Zweigschlingen für Birkhühner auf der obersten Stange der Heureiter mit Haferbüscheln als Köder ausgespannt. Während der Balz im Frühjahr wurden Birkhühner auf dem Eis gefangen, wobei man die Schlinge an einem in den Schnee gesteckten Holz befestigte (Abb. 75). Ebenso verfuhr man bisweilen, wenn man im Herbst auf dem Eis oder auf Äckern fing. Als Köder wurden meistenteils Birkenknospen, seltener Haferbüschel, Heidekraut oder Preiselbeerdolden benutzt.

Das Wort *lahto* ist aus dem Lettischen entlehnt[1], was darauf hinweist, daß dieses Fanggerät unseren Vorfahren schon am Anfang unserer Zeitrechnung bekannt war. Daß es nicht, wie der primitive Fang mit Schlingen im allgemeinen, in die finnischugrische Urzeit zurückgeht, scheint dadurch bewiesen zu werden, daß es bei den Ob-Ugriern nicht gebräuchlich ist. Dagegen ist es allen in Ostrußland wohnenden finnischen und anderen Völkern bekannt, zu denen es sich wahrscheinlich von Westen her verbreitet hat[2].

Die Schneehuhnschlingen wurden an solchen Plätzen gestellt, wo sich die Vögel versammelten, um Knospen zu fressen, vor allem an den Rändern von Wiesen, Seen, Flüssen und Reisermooren mit Weidengestrüpp und Birkengebüsch sowie an Stellen, wo Holz gehauen wurde und wo viel Birkenzweige zu finden waren.

Da der Fang im Winter stattfand, war es schwer, Stützen aus zwei separaten Knütteln für die Schlingen anzuwenden. Viel bequemer war es, nach Schneefall oder Gestöber solche Schlingen aus dem Schnee zu heben, deren Rahmen aus einem Holz bestand und sich in einem Stück hob. In Finnland, Lappland und Russisch-Karelien wurde aus diesem Grunde als Rahmen der Schlinge ein gabelförmiger Zweig, *hanko*, benutzt, der mit dem Stammende nach oben in den Schnee gesteckt wurde (Abb. 76). Die Schlinge wurde zwischen den Schenkeln der Gabel ausgespannt. In Mittelfinnland wurde das Gabelholz, *hankosin*, aus Weide gemacht, wobei man die aufwärts gerichteten Schenkel zusammenbog und miteinander verband (Abb. 79). Am weitesten kam man in dieser Technik im ugrischen Gebiet am Ob, wo aus einer Holzspleise ein reifenförmiger Rahmen hergestellt wurde, den man mit den abwärts gerichteten und zusammengebundenen Enden in den Schnee steckte (Abb. 77). Den Ausgangspunkt bildete also auch dort das Gabelholz. Damit der Vogel die Schlinge nicht mit sich nahm, wurde sie an einen daneben eingeschlagenen größeren Stock gebunden.

Die Schlingen wurden gewöhnlich zu mehreren in einzelnen Reihen aufgestellt, die aus aufrecht gesteckten Birken- und Weidenreisern und -wipfeln bestanden. Besonders in Ostfinnland bildeten diese Winkel, oder sie wurden derartig bogenförmig angebracht, daß zwischen den Gebüschen von den

[1] Spr. 26, S. 219.

[2] J. u. F. 20, S. 177; 68, S. 48; 74, S. 31; 93, S. 125; 94, S. 109; 105, S. 162; 117, S. 48; 130, S. 351. Reis. 17, IV, S. 1382; 18, II, S. 667.

Vögeln benutzte Gassen entstanden, deren schmalste Stelle mit einer Schlinge verschlossen wurde (Abb. 78).

Die Samojeden benutzten beim Schneehuhnfang ein uraltes Treibverfahren, das auch den Lappen noch im 17. Jahrhundert bekannt war. Zu dem Zweck wurden mehrere Schlingen in einer Reihe an einer gemeinsamen Leitschnur vereinigt. Die ugrischen Völker am Ob und die Syrjänen gebrauchen eine ähnliche Schlingenkombination noch heute als selbsttätige Fangvorrichtung[1].

In ähnlicher Weise kommt sie bei ihnen und manchen anderen Völkern finnischen Stammes auch beim Fang von Wasservögeln vor, wenn Schlingen an deren gewöhnlichen Schwimmstraßen an Grasplätzen oder in grasgesäumten Fluß- oder Seeengen aufgestellt wurden (Abb. 74).

Die Nester der Wasservögel boten ausgezeichnete Gelegenheit zum Umstellungsfang. Gegenstand dieses letzteren waren in Finnland namentlich Tauchervögel, in Lappland aber auch Kraniche, Schwäne und Gänse. Die Schlingen wurden bald am Wasserrand an der Stelle, wo der Taucher ans Land stieg, bald vor dem Nest angebracht. An den Uferbülten und an Schlammufern wurden viereckige Verzäunungen errichtet, die die Schlingen aufnahmen. In die Mitte wurden Moosbeeren gehäuft, so daß die Vögel, die sie aufpicken wollten, in die Fanggeräte kamen. Ja, es wurden auch künstliche Bülten auf schwimmenden Flössen, sogen. Schlingenflössen, hergestellt. Nach Wright bestanden diese in Muonionniska aus Balken und Bretterstücken, waren etwa zwei Ellen lang und wurden mit grünen Grasbülten bedeckt (Abb. 82)[2]. Man bediente sich ihrer besonders im Frühjahr, wo sich die Wasservögel in den kleinen Eislöchern und -rissen drängten und noch gern von dem Gras Gebrauch machten, das sich dort bot. In Frostviken in Jämtland wurde auf das Floß aus Holzstäben und Gras eine Hütte gebaut, in deren Öffnungen die Schlingen gespannt wurden[3]. In Inari ließ man die für den Fang von Seevögeln und Pfeifenten hergestellten Flöße entweder frei umhertreiben oder befestigte sie an einem Pfahl oder Anker[4].

In Olonetz stellte man Schlingenflöße an die Balzplätze der Birkhühner und brachte daneben zwei oder drei Figuren von Weibchen an. Indem die Männchen um die Gunst der Weibchen kämpften, gerieten sie unversehens in die Schlingen[5].

In diesem Zusammenhange sind auch solche Schlingenflöße für kleine Vögel wie Schneeammern, Seidenschwänze, Meisen und Sperlinge zu erwähnen, auf denen die Schlingen mit ihrem Fuß ohne Stützen oder Stange befestigt wurden (Abb. 84). Statt eines Brettes diente als Unterlage ein Stab oder ein horizontaler Holzstreifen. Zwischen die Schlingen wurden als Köder Getreidekörner, Vogelbeeren oder Brotkrumen gestreut.

Mit ähnlichen Flößen wurden in den nördlichen Teilen von Österbotten, in Archangelsk-Karelien und bei den Syrjänen Hermeline gefangen (Abb. 83)[6].

---

[1] J. u. F. 20, S. 182; 40, S. 21; 68, S. 49; 97, S. 38; 130, S. 351. Mon. 11, S. 269; 13, S. 243; 18, S. 19; 33, S. 53.

[2] J. u. F. 130, S. 352; siehe auch 31, S. 205; 54, II, S. 187.

[3] J. u. F. 20, S. 192.

[4] J. u. F. 40, S. 25.

[5] J. u. F. 73, S. 52.

[6] J. u. F. 4, S. 40; 105, S. 160.

Für Eichhörnchen wurden in Tawastland am Ende des 18. Jahrhunderts Schlingen benutzt, die man vor deren Nestern aufstellte.

Die Hasenschlingen, *jänislanka*, wurden noch im ausgehenden 18. Jahrhundert allgemein aus Hanf- oder Flachsschnur verfertigt. Daß man jedoch damals schon die Vorzüge des Messingdrahtes erkannt hatte, sieht man aus den Worten Bonsdorffs: „Wenn diese (die Schlingen) aus Messingdraht gemacht würden.... kann ich versichern, daß der Fang besseren Erfolg lieferte, denn Sturm und Unwetter bringt die jetzt gebrauchten Schlingen oft durcheinander und macht sie untauglich... aus Messingdraht gemacht, würden sie aber stets im Stande und zu ihrem Zweck verwendbar bleiben“[1].

Die Schlinge wurde an einem etwa zwei Ellen langen Stock, *telkki*, befestigt, an dem man beim Ausästen eine Zweiggabel stehen ließ, die gespalten wurde und in die man die Schlinge wie an einen Arm steckte. Gewöhnlich wurde die Schlinge auf einen Pfad mitten zwischen die Fußtapfen des Hasen gestellt und der Stock so lose in den Schnee gedrückt, daß er sich leicht loslöste, wenn der Hase daran stieß.

Der Fang begann im Herbst, sobald man die Spuren im Schnee erkennen konnte. Mancherorts wurden die Schlingen zuerst in die Zaunspalten der Saatäcker eingesetzt (Abb. 91). Meistens aber wurden sie an der Grenze des Waldes und des offenen Geländes, neben einem Strauch oder Baum angebracht, weil der Hase auf flachem Boden fest auftritt, im dichten Wald aber leise vorwärtshüpft. Selten wurde auf „ebenem Gelände“ gefangen, wobei der Stock der Länge nach im Schnee versteckt wurde (Abb. 90). So aufgestellt, war die Schlinge schwankend, weil sie nur auf ihrem aufrechtstehenden Fuß ruhte. An manchen Orten legte man beiderseits der Schlinge dort, wo der Hase den dritten Satz machte, ein Birkenröllchen nieder. Wenn die Rinde unter seinem Fuß raschelte, schrak er besinnungslos zusammen und sprang unmittelbar in die Schlinge.

Darüber, daß auch in unserem Lande wilde Renntiere in die Schlinge getrieben wurden, haben sich mehrere Nachrichten erhalten. Im Zusammenhang mit ihrer Umzingelung an den Winterplätzen war davon schon die Rede. Ehemals scheint es häufig gewesen zu sein, daß Renntier- und Elchschlingen in Zäune gespannt wurden, welche ursprünglich ebenfalls Hilfsmittel des Treibfangs waren. „Während ganzer Tagereisen“, schreibt Middendorf von seiner Reise in Sibirien, „bin ich im Stanowoj-Gebirge solche Verhacke entlang gereist.... In 40, 60 oder mehr Schritte Entfernung von einander wird an lichter Stelle, wo die Thiere rascher vorzudringen pflegen, ein dickerer Stamm zurückgelegt und ein Durchgang von etwa anderthalb Schritten freigelassen. Aber kein Jäger erwartet das Wild an diesen Durchgängen, sondern bald sind es Schlingen, bald Gruben, bald Selbstschüsse“[2].

Solche Schlingenzäune wurden früher von allen Ureinwohnern der sibirischen Waldbezirke errichtet, und manche fangen immer noch mit ihnen[3].

Noch im 17. Jahrhundert waren sie in Lappland allgemein gebräuchlich, und auch im folgenden Jahrhundert wurden sie mancherorts in Mengen auf-

[1] J. u. F. 32. [2] Reis. 17, IV, S. 1381. [3] J. u. F. 105, S. 154, 158.

gestellt[1]. „Die Jagd auf wilde Renntiere scheint noch zu dieser Zeit", schreibt Isak Fellmann, „bedeutend gewesen zu sein. Denn nach Paragraph 23 des Protokolls des Tings von Enontekiö aus dem Jahre 1787 hatten allein die Kolonisten von Peltovuoma, welche sich auf drei beliefen, über hundert Renntierschlingen in gewöhnlichen Renntierzäunen ('vildrenshangas') jenseits der Ounastunturi aufgestellt"[2].

Weiter südlich aus Finnland werden keine Schlingenzäune erwähnt, obwohl es als sicher gelten darf, daß sie im Mittelalter auch dort noch üblich waren, da sie auch in Schweden zur Zeit der Landschaftsgesetze allgemein angewandt wurden[3]. Von derselben Art waren auch die sogen. Hage der alten Germanen.

Die Schlingenzäune wurden auf dieselbe Weise wie die Hebelfallenzäune (s. o. S. 57) hergestellt. „Die Schlinge, die aus 1 bis 3 Finger dickem Seil verfertigt wurde", berichtet I. Itkonen aus Finnisch-Lappland, „wurde zwischen Pfosten so angebracht, daß sich der untere Rand der Schlinge in der Höhe des Knies oder Nabels, der obere Rand aber etwa einen Klafter über dem Erdboden befand . . . An den Pfosten wurde sie entweder mit feinem Garn oder meistens mit eingeweichtem (Seggen-)Gras befestigt. Innerhalb wurde aus dünnem Garn kreuzweise eine 'Schnur' angebunden, um dem wilden Renntier jeden Durchschlupf zu verwehren . . . Das eine Ende des Seiles wurde an den oberen Teil eines (wachsenden) Pfostenbaums oder eines anderen nahestehenden Baums oder bisweilen um einen großen Busch gebunden, damit das Seil ein wenig nachgab, wenn ein Renntier in die Schlinge geraten war" (Abb. 92).

„Zaunschlingen begann man schon vom Bartholomäustage an aufzustellen, und der Fang dauerte, obwohl zeitweise mit schlechterem Erfolg, den Winter hindurch bis Johannis fort. Bei hohem Schnee im Mittwinter, wo dieser Fang übrigens vielleicht am wenigsten einbrachte, mußte man den Zaun höher machen, wenn dies nicht schon von vornherein in Betracht gezogen war. Im Winter aber wurden Schlingen auch auf die Pfade der Renntiere in den Wäldern ausgelegt, und dann war ein Zaun kaum nötig. Man trieb die Renntiere, bis sie, auf ihren Wegen vorwärtseilend, in die Schlingen gerieten"[4].

Auch anderswo in Finnland scheint man noch im 18. Jahrhundert Schlingen auf Pfaden ausgestellt zu haben. „Elche werden hier", schreibt Gadd in seiner Schilderung von Satakunta 1751, „auch im Oberland so gefangen, daß auf den Pfaden, die dieseTiere zu benutzen pflegen, eine aus fingerdickem Hanfseil gemachte Schlinge ausgelegt wird. Ihr äußerstes Ende wird nicht an einen festen, sondern an einen jungen, biegsamen Baum angebunden, damit er, wenn das Tier in die Schlinge geht und an dem Seil zerrt, etwas nachgibt"[5]. Der Fang fand auch während der Mückenzeit statt, wo die Schlingen an den Rändern von Mooren und an den Ufern von Seen angebracht wurden.

---

[1] J. u. F. 20, S. 27; 40, S. 14, 15. Mon. 7, III, S. 77, 85, 113; 8, IV, S. 58, 60; 15, S. 22; 18, S. 17. Reis. 10, S. 346.
[2] Mon. 7, III, S. 270.
[3] Landw. 2.
[4] J. u. F. 40, S. 15 fg. Siehe auch J. u. F. 10, S. 190; 54, II, S. 68.
[5] Ber. 30.

Schlingen zwischen zwei Pfosten wurden auch für Bären gestellt. In Russisch-Karelien wurde um ein Aas ein dichter Zaun mit zwei so hohen Öffnungen errichtet, daß ein Mann durch sie hindurchkriechen konnte. In beiden Öffnungen wurde eine Schlinge an einem kräftigen lebenden Baum angebracht. Nach Laestadius[1] stellten auch die Lappen Schlingen bei einem Aas auf.

Im Gebiet der Syrjänen, in Nordrußland und stellenweise auch in Sibirien war es Brauch, die Bärenschlinge an einem rohen Klotz zu befestigen, ein Verfahren, das wahrscheinlich auf der Erfahrung beruhte, daß sich das starke Tier durch Wegziehen der Stütze retten konnte (Abb. 85). Schwieriger war es für den Bären, sich von dem nachschleppenden Klotz zu befreien. In Mittelfinnland soll ein derartiger Klotz an den Rand eines steilen Abhangs aufrecht aufgestellt worden sein, wo er, wenn der Bär von der Schlinge gefaßt wurde, hinabrollte und den armen Petz wider Willen mitnahm. In Satakunta wurde eine an einem schweren Stein befestigte Wolfsschlinge, *sudenpaula*, auf einem durch Stromschnellen oder Flüsse führenden Steg aufgestellt. Wenn der Wolf in sie hineingeriet und an dem Steine riß, fiel dieser von dem Steg herab und zog das Tier mit sich ins Wasser. Dasselbe Prinzip kehrt bei den Fanggeräten mancher anderen Völker wieder. So stellen z. B. die Samojeden und Tungusen ihre Schlingen für Eichhörnchen, Hermeline, Zobel und Schneehühner auf[2].

Aber auch den Klotz konnte der Bär weit mit sich schleppen, weshalb man das Mittel erfand, die Schlinge zuerst durch ein Loch in einem kräftigen Baum zu ziehen und erst dann an einem Klotz oder schweren Stein zu befestigen, wodurch der Bär gegen den Baum gezogen werden sollte (Abb. 87). Nachdem man so weit gekommen war, lag der Gedanke nahe, statt des Gewichtes einen in Spannung versetzten elastischen Baum zu benutzen.

Die immer weiter verbesserten Erfindungen führten schließlich zu einem Typus, der eigentlich in anderem Zusammenhang zu behandeln wäre, den wir aber der Einheitlichkeit halber schon hier besprechen.

In Ostfinnland und Lappland dienten die Bären- und Wolfsschlingen als Köderfanggeräte. In die Schlingenleine wurde an geeigneter Stelle ein Knoten gemacht, der in dem Schlingenloch — an dessen oberem Rande — mit einem Holzzapfen, *tappikapula*, befestigt wurde, welcher eine ausgezeichnete Befestigungsstelle für den Köder, *takra*, abgab (Abb. 93). Die Schlingenleine wurde längs der Seite eines durchlochten Baumes zum Boden hinabgeführt, wo eine etwa 1½ Ellen weite Fangöse gebildet wurde. Wenn ein Bär oder Wolf den Köder faßte, der an den erwähnten Zapfen gebunden war, blieb dieser in seinen Pfoten, wobei der Knoten durch das Loch schlüpfte. Zugleich wurde die von Gewichten oder einem Hebel gezogene Schlinge aufwärts geschleudert, und das Tier blieb mit den Hinterfüßen oder der Körpermitte in der Öse hängen. Die Schlinge mußte ganz zugedeckt werden, wenn man den Bären überlisten wollte. Über die Schlingenöse wurde Moos ausgebreitet und der über die Baumseite laufende Teil entweder mit einer Fichte oder mit Rinde verhüllt, in welchem Fall in den Baum eine Rinne gemacht wurde.

---

[1] Reis. 10; 11.

[2] J. u. F. 55; 119.

Die meisten finnischugrischen Völker hatten eine auf demselben Prinzip beruhende, für schädliche Vögel, besonders Seidenschwänze und Häher, bestimmte Schlinge, die *pynnä* hieß (Abb. 88). Ihre Konstruktion war überall der Hauptsache nach dieselbe: als Unterlage der Schlinge eine in ein Loch gesteckte horizontale Stange, welche zugleich die Schlinge festhielt, deren eines Ende durch ein Loch nach einem gespannten Hebel lief[1].

Mit seiner wotjakischen Entsprechung zeigt der Name *pynnä*, daß dieses Fanggerät schon in finnischpermischer Zeit gebraucht wurde, was auch begreiflich erscheint, wenn man in Betracht zieht, daß die genannten schädlichen Vögel für Jagd- und Fischervölker beim Trocknen ihrer Beute eine große Plage bedeuteten[2].

Die zuletzt behandelten Schlingen, die das erbeutete Tier hochhoben oder gegen einen Baum zogen, sind keine eigentlichen Hängeschlingen mehr, von denen wir zu sprechen hatten, sondern W i p p s c h l i n g e n, zu denen wir nun übergehen. Der Unterschied zwischen beiden bestand hauptsächlich gerade darin, daß das letztere Fanggerät das Wild in die Luft hob, während das erstere es auf dem Boden ließ. Indem die Wippschlinge das erbeutete Tier mithin sicherer gefangen hielt, bot sie auch eine bessere Gewähr für seine Erhaltung, denn an das in die Luft gehobene Wild konnten die wilden Jäger des Waldes, z. B. Fuchs und Vielfraß, nicht so leicht herankommen und die im Boden kriechenden Schmarotzer es nicht verderben.

Die Wippschlinge hatte zwei Hauptteile: die Schlinge und den Hebel, welch letzterer entweder ein lebender Baum, ein in den Boden geschlagener gebogener Stamm oder eine in eine Zwiesel gesetzte Stange war.

Wir betrachten zuerst die Wippschlinge für Waldvögel.

Die primitive Wippschlinge für Vögel unterschied sich, wie Abb. 94 zeigt, von der Hängeschlinge nur durch den Hebel: die Schlinge wurde mittels eines Laufknotens an der Tragstange befestigt, von der sie weiter zu der zweizinkigen Spitze des Hebels lief, die an dem mit einigen Aststümpfen versehenen, als Pfosten dienenden Baume angebracht war. Wenn der Vogel in die Schlinge ging, zog er die Hebelspitze von den Stümpfen und ließ das Gerät in Funktion treten.

An den Wippschlingen in Abb. 90 und 95 ist gewissermaßen noch eine Tragstange vorhanden, die hier aber schon als Teil des Hebels dient.

Derartige Wippschlingen waren sicher unbeholfen. Oft geschah es wohl auch, daß der Vogel auf die Tragstange oder den Hebel hüpfte, statt, wie erwartet, in die Schlinge zu gehen. Solche Umstände dürften bewirkt haben, daß man Schlingen auf einer horizontalen Rute auszulegen begann, welche in solcher Höhe angebracht wurde, daß der Vogel auf alle Fälle daraufhüpfen mußte. Anfangs war die Rute ein einzelnes, zwischen Pfosten festgemachtes Hölzchen, da sie aber das Gewicht des Vogels tragen konnte, ohne loszugehen, so erfand man ein besseres Mittel, indem man sie in zwei Teile teilte: in die eigentliche Trittrute und den Schneller (Abb. 89, 91). Im einzelnen wurden außerdem noch verschiedene Verbesserungen durchgeführt.

[1] Siehe auch J. u. F. 2, S. 254, 258, 302, 304.
[2] J. u. F. 109.

Die Wippschlinge für Eichhörnchen wurde gewöhnlich auf einem Zaun oder einem Baumast angebracht, bisweilen auch auf einer an Bäume gestellten horizontalen Stange, auf deren beiden Seiten Pfosten eingeschlagen wurden (Abb. 86). Mit diesem Gerät fing man auch Marder. Von eigentlichen Marder-Wippschlingen spricht jedoch Bonsdorff, der berichtet, daß sie in großen starken Fichtenwäldern aufgestellt und daß bei ihnen als Köder Eier, kleine Vögel oder Eichhörnchen angewendet wurden[1].

Wippschlingen für Hasen werden in der zweiten Hälfte des 18. Jahrhunderts erwähnt, aber es ist bekannt, daß sie auch noch später weithin sowohl in Finnland als auch in den nördlichen Teilen von Skandinavien aufgestellt worden sind[2]. Nach den uns erhaltenen Angaben zu schließen, waren es in den meisten Fällen Halsschlingen mit einem gespannten Baumstamm als Hebel.

Sogar so große Tiere wie Renntiere wurden mit Wippschlingen gefangen. Selbstverständlich mußte die Schlingenschnur außerordentlich kräftig sein. Nach einer Notiz in der Zeitung Turun sanomat 1789 ging der Fang auf einem Pfad vor sich, „auf den ein Bündel Schachtelhalm als Köder bei jeder Schlinge hingelegt werden mußte."

Von den Wippschlingen für Bären ist schon oben die Rede gewesen.

Die Wippschlinge für den Wolf, Luchs und Fuchs wurde in der Gegend von Heinola auf die in Abb. 96 wiedergegebene Weise gestellt. Der Schwippbalken wurde etwa 2½ Ellen hoch auf einen Ast gelegt und an seinem Ende ein Seil befestigt, an das ein 5 Zoll langer Schneller gebunden wurde[3].

Die eigentliche Luchswippschlinge wurde mit einem Zaun versehen, der um ein von dem Luchs verstecktes Aas errichtet wurde.

Die Wippschlinge für Dachse, die am liebsten im Eingang des Baues angebracht wurde, war im Prinzip von ähnlicher Art wie die primitive Wippschlinge für Vögel (vgl. Abb. 94).

Die Wippschlingen wurden von allen finnischugrischen Völkern angewandt; bei den Ob-Ugriern waren sie jedoch selten. Die finnischen Formen sind dadurch von Interesse, daß sie veranschaulichen, wie die Entwicklung auf diesem Gebiet allmählich von der primitiven Halsschlinge zu der Wipp- und der Fußschlinge geführt hat. Daß in den Quellen des 18. Jahrhunderts nicht von Wippschlingen für Vögel die Rede ist und daß sie in verschiedenen Gegenden Finnlands auch der älteren Generation nicht bekannt sind, braucht jedoch nicht so gedeutet zu werden, als ob diese Fangvorrichtungen in Finnland in alter Zeit nicht existiert hätten. Für das Gegenteil zeugt finn. *rita* „Schlinge", das bis ins Syrjänische zurückgeht und dessen ursprüngliche Bedeutung Hebel, auch die Hebelstange am Brunnen, gewesen zu sein scheint. Das Verschwinden der Wippschlingen in Finnland namentlich als Vogelfanggerät wird verständlich, wenn wir bedenken, daß sie wegen des Viehs in den dicht besiedelten Waldgegenden sehr wenig geeignet waren. Die durch Stangen geschützten einfachen Schlingen waren ihnen an solchen Plätzen überlegen. Schon aus dem Worte *rita* können wir schließen, daß der Fang mit der Wippschlinge

[1] J. u. F. 32.
[2] Ber. 53. J. u. F. 20, S. 164.
[3] Siehe auch J. u. F. 10, S. 64; 31, S. 197.

bereits in finnischpermischer Zeit ausgeübt wurde[1]. Übrigens ist es interessant zu konstatieren, daß die primitive syrjänische Wippschlinge für Vögel, Abb. 97, in allen Hauptteilen dem entsprechenden finnischen Fanggerät gleich ist (Abb. 94).

Die Fallen

Mehr als alle anderen Fangvorrichtungen sind die Fallen von Anfang an Geräte des passiven Fanges gewesen.

Ihre Fängigkeit beruht darauf, daß der in die Höhe gespannte Deckel niederfällt und das Tier entweder tötet oder fängt. Im ersteren Fall haben wir die Quetschfallen, *loukku*, im letzteren die Kastenfallen, *rita*. Die Quetschfallen ihrerseits teilen sich in Köder- und Pfadfallen. Jene haben gewöhnlich einen Käfig für den Köder. Mit mehreren Deckelhölzern versehene Fallen werden *sadin*, Deckelfalle, genannt. Mit Stockfalle, *lisku*, bezeichnet man Fallen, die nur ein Deckel- und ein Schwellenholz besitzen.

Indem wir zur Beschreibung der Fallen übergehen, können wir nicht umhin, zuerst eine eigenartige, bisher wenig beachtete Fangart zu erwähnen, die hinsichtlich ihres technischen Verfahrens überaus primitiv ist. Aus verschiedenen Teilen Finnlands liegen Berichte darüber vor, daß Elche unter stehenden Bäumen dadurch gefangen wurden, daß man diese an Plätzen, wo sich diese Tiere aufhielten, halbwegs einhieb. Das Verfahren gründete sich auf die Beobachtung, daß sich der Elch zum Schlafen stehend an einen Baum lehnt. Dasselbe Verfahren wurde nach Caesar von den Germanen zum Fang von Elchen und Rehen angewandt[2].

Wir haben oben angenommen, daß die Anwendung des Hebels als Fortbewegungsmittel des Speeres auf ein Spielzeug der Kinder, die Hebelbüchse, zurückgehen könne. Mit Hilfe derselben Theorie können wir, wenn wir wollen, auch den Ausgangspunkt für die Falle auffinden. Abb. 100 zeigt uns eine Kinderbüchse, mit der Hölzchen in die Luft geschossen werden, indem man die Büchse in der linken Hand hält und das zwischen den Schenkeln des Gerätes befindliche Hölzchen mit einem Finger der rechten Hand wegschnellt. Dieselbe Vorrichtung wurde aber und wird noch als Falle für Meisen gebraucht: an dem Hölzchen ist in diesem Fall als Köder Talg angebracht; indem die Meise daran pickt, bringt sie es aus seiner Lage und wird selbst zwischen den Schenkeln eingeklemmt.

Oben sind wir mit solchen als Geräte des aktiven Fangs angewandten Fallen bekannt geworden, deren den Deckel tragende Stütze im geeigneten Augenblick unten weggezogen wird, wobei der Deckel auf das zu erbeutende Tier fällt.

Diese höchst einfache Falle ist bei vielen Völkern auch als selbstfängisches Gerät anzutreffen. Die Falle wird bald so in den Eingang des Baus gestellt, daß das betreffende Tier, um hinaus zu gelangen, die Stütze beiseite schieben muß, bald wird an die Stütze ein Köder gebunden, damit das Tier dieselbe

---

[1] Spr. 37.

[2] Reis. 17, IV, S. 1387.

umwirft, wenn es sich darüber her macht, bald wird der Köder hinter der Stütze derart in einer Kammer angebracht, daß das Tier, welches desselben habhaft werden möchte, mit der bekannten Folge hineindringen muß usw.

Den zuletzt erwähnten Fall veranschaulicht die Marderfalle aus Tammela (Abb. 106), die am Eingang einer Höhlung zwischen Steinen aufgestellt ist. Die Kammer für den Köder ist in diesem Fall von der Natur ausgebildet. Häufiger war sie künstlich hergestellt.

Eine samojedische Eichhornfalle, die in den Eingang einer in den Schnee gegrabenen Köderkammer gesetzt wird, veranschaulicht Abb. 104. Das Fanggerät ist eine Stockfalle: zwischen Deckel- und Schwellholz ist ein Stützholz und ein einen Fischkopf tragendes Köderstäbchen gestellt, letzteres unter dem ersteren. Wenn sich das Eichhorn an den Fischkopf macht, rutscht das Stäbchen unter der Stütze ab, das Gerät schlägt zusammen, und das Tier wird zwischen der Schwelle und dem Deckel eingeklemmt.

Eine ähnliche Art der Stellung konnte auch beim Hasenfang Anwendung finden. Wir können uns vorstellen, daß statt des Köderstäbchens ein leckerer Nadelzweig angebracht wurde, den der Hase aus seiner Stellung brachte mit dem Erfolg, daß die Falle in Tätigkeit trat. Man konnte auch so verfahren, daß man an den Köderstab, der zwischen dem Stützholz und dem Deckel saß, ein Bündel Espenzweige band, wobei sich die Konstruktionsteile ganz ähnlich wie bei der Eichhornfalle gestalteten.

Auf ein solches System geht wahrscheinlich die Stellung einer samojedischen Hasenfalle (Abb. 101) zurück, die von einem Stützholz, einem Köderstäbchen und einem Espenzweig gebildet wird. Wir sprechen von Zurückgehen, denn in ihrer Stellung vertritt diese Falle schon ein ganz neues Prinzip, nämlich das Hebelsystem: das Stützholz ist zum Stützpfahl, der innerhalb der Schwelle errichtet ist, umgewandelt, und aus dem Köderstab ist ein Stellhebel geworden. der dadurch im Gleichgewicht bleibt, daß auf das Außenende das Deckelholz gelegt ist und das Innenende von einem in der Erde befestigten Espenzweig an seinem Platz gehalten wird.

Zu dem Hebelsystem konnte man möglicherweise auch auf anderem Wege gelangen.

Jedenfalls wurde versucht, das in Abb. 106 veranschaulichte Hebelsystem zu verbessern, weil es bald zu leichtbeweglich, bald auch zu starr sein konnte: von einem runden Zweig rutschte das Stützholz auch im Winde leicht ab, auf ebener Unterlage aber konnte es sich bewegen, ohne darum loszugehen.

Nachdem man zu dem Hebelsystem gelangt war, konnte man die Einzelheiten auf verschiedenerlei Weise anordnen. Bei der Hasenfalle Abb. 98, deren Köderkammer von halbkreisförmig eingeschlagenen Stangen gebildet wird, ist das Deckelholz mittels Rutenband an dem Hebel angebracht, den ein am Boden der Kammer befestigter Espenzweig im Gleichgewicht erhält. Eine ganz gleiche Stellung finden wir bei der Bärenfalle Abb. 99: vom inneren Ende des Hebels läuft eine Rutenstrippe nach dem Aststumpf am unteren Teil einer Fichte, die sich hinten in der Kammer erhebt. Indem der Bär nach dem an der Strippe befestigten Köder *(takra)* greift, zieht er sie von dem Aststumpf ab und bringt dadurch die Falle zum Niederschlagen. Die Kammer wurde oft auch nach Art eines Zaunes gemacht, wie man an der Vielfraßfalle, Abb. 124, sieht, wo vom inneren Ende des Hebels ein Rutenband, *vihta*, nach einem den Köder tragenden Stock läuft, dessen inneres Ende hinten in der Kammer unter ein Querholz gelegt ist.

Der hier besprochene Fallentypus, der — wie wir eben gesehen haben — zum Fang von Eichhörnchen, Mardern, Hasen, Vielfraßen, Bären, ja auch von Wölfen, angewandt wurde, ist allen finnischugrischen Völkern des europäischen Rußlands, ja auch gewissen ostjakischen, wogulischen und samojedischen Stämmen bekannt. Da sein syrjänischer Name, *kulem*[1], in das Russische, ja in das Kolalappische, Ostjakische und Wogulische entlehnt worden ist, stellt die Falle auf syrjänischem Boden wahrscheinlich ein altes nationales Fanggerät dar; ja die oben vorgeführten primitiven Formen zeugen davon, daß sie überhaupt in ferne Vergangenheit zurückgeht, so daß man sie für eins der ältesten Fallengeräte der finnischugrischen Völker halten darf.

In den westlichen Teilen unseres Landes wurde als Köderkammer ein vierwandiger Käfig gebraucht, wofür man wohl skandinavischen Ursprung vermuten darf, da dort seinerzeit ähnliche Fallen hergestellt wurden[2]. Abb. 102 zeigt eine derartige Bärenfalle aus Parkano. Die Konstruktionsteile, zu denen eine Trittrute und ein Schneller gehören, erinnern an die entsprechenden Teile der Wippschlingen für Vögel.

Für Wölfe wurden Käfigfallen auch in Umzäunungen gemacht. So konnte man z. B. auf einem kleinen Acker im Walde, auf den man krepierte Tiere schaffte, einen fünf Ellen hohen Zaun errichten, in dem man eine oder mehrere Öffnungen ließ. Wenn man bemerkte, daß ein Wolf auf den Acker kam, stellte man in der Öffnung, durch die das Tier hineingegangen war, eine Falle auf (vgl. Abb. 103).

Bevor wir zu den übrigen Fallenformen übergehen, müssen wir noch kurz eine primitive Art der Stellung betrachten.

Wir konstatierten oben, daß an gewissen unentwickelten Fallen ein Stützholz als Träger des Deckelholzes gebraucht wurde; in einigen Fällen war auch der Köder daran befestigt. Dieser aber fiel mehr in die Augen, wenn er an einem besonderen, ihn tragenden Stabe angebracht war. Darum ließ man an dem Stützholz einen Ast. Die hierdurch erzielte Aufstellung war auch empfindlicher als das gewöhnliche Stützholz, weil das Tier, das sich an den an dem Ast befestigten Köder heranmachte, diesen gleichsam wie ein Hebelende behandelte und infolgedessen intensiver auf ihn einwirkte (Abb. 105).

Die Aufstellung mittels einer Stütze konnte auch in der Weise empfindlicher gemacht werden, daß das Stützholz aus zwei übereinander gelegten Stücken zusammengesetzt wurde, was z. B. in der Art wie auf Abb. 119 (der Köder zwischen übereinander angebrachten Stützhölzern) geschehen konnte. Als man auch mit dieser Stellvorrichtung einen Köderstab verbinden wollte, gelangte man zu dem System in Abb. 108, das in Wirklichkeit nichts anderes war als die in Abb. 105 wiedergegebene, aus einem Stück verfertigte Stellvorrichtung in drei Teile zerlegt. Derartige entwickelte Konstruktionsteile

---

[1] Spr. 43.

[2] J. u. F. 35, S. 25.

werden *virityslasta* (Stellspan) und der ihrem Köderstab entsprechende Teil *kielivarpa* (Zungenrute) genannt.

Unter den finnischugrischen Völkern sind die Stellspäne am gebräuchlichsten bei den Finnen; bei den verwandten Völkern werden sie sehr wenig angewandt. Da sie hingegen den westeuropäischen, skandinavischen und russischen Fanggeräten eigentümlich sind, darf man vermuten, daß sie bei den Ugrofinnen Lehngut sind[1]. Bezeichnenderweise wurden sie an den mit einer Köderkammer versehenen Geräten auf finnischugrischem Boden nur bisweilen in Finnland gebraucht (Abb. 108).

Fallen mit Köderkammern waren gewissermaßen auch die in Abb. 107 und 119 abgebildeten, für den Vielfraß aufgestellten Geräte. Die Erfahrung lehrte, daß es durchaus nicht immer gelang, dieses zählebige, kräftige Tier in einer einfachen Köderkammerfalle festzuhalten. Um zu verhüten, daß es sich losriß, war es nötig, das Fanggerät möglichst geschlossen zu bauen. Inbezug auf die Konstruktionsteile erfolgte eine ähnliche Entwicklung wie bei den gewöhnlichen Köderkammerfallen: auf der primitiven Stufe wandte man die einfachste Stützstellung mit einem Fleischstück unter der Stütze an (Abb. 107); dann wurde die Stellung elastischer gemacht, indem die Stütze aus zwei Teilen hergestellt und der Köder zwischen diese gelegt wurde (Abb. 119); nachdem dies als zu leichtbeweglich erkannt worden war, wurde der Hebel in Gebrauch genommen (Abb. 109).

Von dem hohen Alter einer derartigen Vielfraßfalle zeugt ihre weite Verbreitung in den nördlichen Teilen von Eurasien, wo sie, nur in ihren Konstruktionsteilen wechselnd, fast in gleicher Gestalt bei den Schweden, Lappen, Nordfinnen, Samojeden, Wogulen und Ostjaken auftritt[2]. Die Polarfuchsfalle der Samojeden zeigt denselben Typus[3].

Vielfraßfallen wurden gewöhnlich in der Nähe der Aufbewahrungshäuser und der Vogelfallen ausgestellt, die der Vielfraß gern besuchte und plünderte.

Bei den Ob-Ugriern und den in Ostrußland wohnenden Völkern finnischen Stammes gibt es wesentlich zwei vorherrschende Fallentypen, nämlich den mit einer Köderkammer und die auf beiden Seiten geschlossene Falle. Von dem letzteren Typus war die eben behandelte Vielfraßfalle, und derselben Art ist auch die Vogelfalle dieser Gegenden zuzurechnen. Aber neben solchen Fallen findet man in Ost- und Nordrußland auch auf den Seiten offene, mit zwei oder drei Deckelhölzern versehene.

Von dieser Art ist z. B. die tscheremissische Auerhuhnfalle, Abb. 121, die ursprünglich vielleicht als Hasenfalle gebraucht wurde, da am Erdboden unter dem Deckelholz ein Zweig als Konstruktionsteil auftritt: von dem Hebel geht eine Rute zu dem Schneller, der zwischen das die Seitenbretter vereinigende Querholz und das obere Ende des Zweiges placiert ist; im übrigen sind als Köder Beeren ausgestreut. Die Verschiebung des Zweiges löst die Falle aus.

Ferner gehört zu dieser Art die olonetzische Auerhuhnfalle, Abb. 110, bei der man die Neigung des Vogels, auf einen Horizontalbalken zu springen, aus-

---

[1] J. u. F. 10, S. 76, 82; 31, S. 181, 182, 184, 185; 54, S. 14; 88, S. 95. Siehe auch 105, S. 172ff.
[2] J. u. F. 20, S. 129; 40, S. 6; 96, S. 284; 130, S. 384.
[3] J. u. F. 52, S. 2 ff.

zunutzen versuchte, wie wir dies ähnlich oben bei der Aufstellung gewisser Schlingen sahen. Sie ist dadurch bemerkenswert, daß ihre Trittrute mit der zweiteiligen, das Deckelholz tragenden Stütze der oben beschriebenen Fallen vergleichbar ist, denn auch sie ist des leichteren Zusammenfallens wegen zweiteilig gemacht. Deckelhölzer sind mehrere vorhanden, so daß es dem Vogel auch nicht möglich ist, unten durchzuschlüpfen, und Raubtiere sich seiner nicht leicht bemächtigen können. Der breite Deckel ist auch darum gut, weil er bei Regen einen Schutz bietet, den der Vogel gern aufsucht. Wie wir schon oben erwähnten, werden solche mit mehreren Deckelhölzern versehene Fallen *sadin* genannt.

Die finnischen Vogeldeckelfallen vertraten zwei verschiedene Typen: die Pfeilerdeckelfalle (Abb. 111), die in den südlichen und westlichen Teilen Finnlands hergerichtet wurden, und die Balkendeckelfallen (Abb. 112), mit denen man in Mittel- und Nordfinnland sowie in Russisch-Karelien, ja sogar in den nördlichen Teilen von Skandinavien und Rußland fing. Der Deckel wurde an beiden meist aus vier oder sechs 2—3 Ellen langen Stangen hergetellt, die an ihren oberen Enden durch einen Bolzen verbunden wurden. Sie wurden an denselben Enden weiter auseinander, an den unteren Enden aber zusammen gelegt. Beim Stellen der Pfeilerdeckelfallen kam ein Hebel wie bei dem eben erwähnten Gerät aus Olonetz zur Anwendung, nur war derselbe bei dem letzteren gegen ein von zwei Pfeilern getragenes Horizontalholz, bei den ersteren dagegen gegen einen einzigen, mitten unter dem Deckel eingeschlagenen Pfeiler gestützt.

Die Balkendeckelfallen wurden zum Fang mit einer Hängekonstruktion versehen, die sich aus einigen älteren Aufstellungsarten wie von selbst ergab; gewissermaßen war sie auch an der Pfeilerdeckelfalle vorhanden. Angenommen, daß man aus dem Hebel der Pfeilerdeckelfalle den Horizontalbalken der Balkendeckelfalle und aus dem Schneller der Pfeilerdeckelfalle den Schneller der Balkendeckelfalle macht, so erhalten wir ein Fanggerät, das gerade eine Balkendeckelfalle ist. Nur stieß hier die Trittrute nicht gegen den Pfeiler, sondern blieb mit ihrem vorderen Ende an dem Knüttel fest, der unter dem Deckel in die Erde geschlagen war. Damit der Vogel nicht unter dem Geräte hindurchgehen konnte, ohne es auszulösen, wurden an die Trittrute Seitenruten wie in Abb. 112 oder quer dagegen gesetzt.

Die Deckelfallen wurden auch mit Spänen aufgestellt, was in Finnland selten, aber in Skandinavien und Deutschland die gewöhnliche Art war. Unter skandinavischem Einfluß scheint auch der breite Deckel der Vogeldeckelfalle entstanden zu sein, der für die Vogelfallen gerade im Westen charakteristisch, aber an den entsprechenden Geräten unserer ferneren Stammverwandten ganz unbekannt ist[1].

Gern legte man Deckelfallen auf trockenen Abhängen und auf mit hohem Wald bewachsenen Moorinseln an. Man stellte sie außer an Pfaden auch an Plätzen, wo die Vögel zu plustern pflegen, wie auf Erdhaufen, Erdbülten, den Sohlen von Ameisenhaufen und an Baumwurzeln auf. Mit Vorliebe

---

[1] J. u. F. 10, S. 76, 82; 31, S. 181—185; 44, S. 207; 54, II, S. 14; 88, S. 91, 95, 96.

wurden sie unter großen Fichten und Kiefern angebracht. In älteren Zeiten scheint man mit ihnen auch im Frühjahr auf schneefreien Plätzen und an den Balzstellen der Vögel gefangen zu haben. Damit der Vogel besser in das Gerät ging, streute man auf beiden Seiten der Trittrute Beeren aus.

Deckelfallen wurden auch für Bären, Ottern, Marder, Eichhörnchen und Vielfraße gebaut. Das Verbreitungsgebiet der Bärendeckelfallen war Nordschweden bis nach Dalekarlien, Nordkarelien, Olonetz und gewisse Teile von Nordrußland[1]. Sie waren immer dreieckig; die einzelnen Teile waren dagegen etwas verschieden (Abb. 113 und 125).

Ebenso wie die Bären- hatte auch die Otterdeckelfalle die Form der Pfeilerdeckelfalle. Noch vor einigen Jahrzehnten war sie in Nordschweden und im größten Teil von Finnland gebräuchlich. Die schwedischlappische Otterdeckelfalle hatte zwei Deckel- und ebenso viele Schwellenhölzer[2]. Mit der Entwicklung der technischen Hilfsmittel gelangte man zu der Form in Abb. 114, an der nur ein Deckelholz und in diesem ein Loch für den Pfeiler vorhanden waren. Schließlich begann man anstelle der Hebelvorrichtung Späne anzuwenden.

Die Otterfallen wurden in Waldbächen aufgestellt, besonders in solchen, durch die dieses Tier aus einem Waldteich in den anderen gelangte. Ganz besonders waren kleine Stromschnellen beliebte Fangplätze, weil der Otter in ihnen die Vorsicht außer Acht ließ. Er ging besser in das Gerät, wenn es einige Sommer zum Schein aufgestellt gewesen war und das Tier sich daran gewöhnt hatte.

Für Marder wurden nach Bonsdorff am Ende des 18. Jahrhunderts in Tawastland Fallen aufgestellt, die aus armdicken, miteinander verbundenen Hölzern bestanden und auf verschiedene Weise in alten Kiefernwäldern angebracht wurden[3]. In Kurikka soll der Deckel der Eichhornfalle aus kleinen runden Hölzern bestanden haben, die aneinander genagelt waren; ebenso war der Boden aus solchen hergestellt. Mitunter wurden solche Fallen auf eine Art Böcke oder Gestelle gesetzt.

Über die im Süden von Schwedisch-Lappland gebrauchten Vielfraßfallen macht ein Berichterstatter folgende interessanten Angaben: „Die Deckelfallen werden aus mehreren ziemlich dicken, gleichlangen durchgeteilten Stämmen hergestellt, die am einen Ende zusammengefügt und aufgerichtet sind ... Unter die aufgestellte Falle kommt der Köder, und gegen die Seiten und das aufgerichtete Ende werden Baumstämme und Zweige gestellt. Sind diese Decken nicht vorhanden, so geht der Vielfraß nicht gern in die Falle, weil er Unrat wittert, ist die Falle aber in der erwähnten Weise überdeckt, so hält er sie für ein Vorratshaus, in das er ohne weiteres eindringt“[4]. Aus dem Bericht geht außerdem hervor, daß die Deckelfalle von derselben Art war wie die, mit der man in dieser Gegend Waldvögel erbeutete.

Die Vorratshäuser, die hier gemeint sind, waren die früher in Nordskandinavien, Nordrußland und Nordwestsibirien allgemein gebräuchlichen *saiho* (Abb. 10). Diese begann man bei der Herstellung der Deckelfallen immer mehr

[1] J. F. 20, S. 75; 81, S. 494.
[2] J. u. F. 20, S. 147. Siehe auch Mon. 13, S. 210.
[3] J. u. F. 32.
[4] J. u. F. 96, S. 284.

nachzuahmen (Abb. 115). Im Gebiet der Syrjänen wurde dieselbe Idee in der Weise entwickelt, daß eins der Deckelhölzer hochgestellt und in das Innere des Balkenwerkes der Köder gelegt wurde (Abb. 122). Auf demselben Gedanken beruhen offenbar auch die in Skandinavien und Finnland gebrauchten dreiwandigen, vorzugsweise für Luchse hergestellten Kastenfallen, *rita*, in denen das zu erbeutende Tier lebend unter dem Deckel blieb (Abb. 116). Der Typus ist wahrscheinlich von der westlichen Seite des Bottnischen Busens zu uns gekommen[1].

In diesem Zusammenhang ist auch eine Bärenfalle zu berühren, die, wie die eben erwähnten *rita*, auf dem Besuch der Fleischgruben, *saiho*, durch die Tiere beruhte. Der Typus ist aus Nordkarelien und Nordrußland bekannt (Abb. 117)[2]. Den Grundteil bildet ein *saiho*artiges Balkenwerk, in das der Köder an einer langen Rute gelegt wird, welche zwischen die Deckelhölzer gelegte Stützen festhalten. Das eine der Deckelhölzer ist fest, das andere, das auf dem obersten Balken des *saiho* hinläuft, wird von einem Stock niedergedrückt, der in eine Rille eines daneben wachsenden Baumes eingesetzt ist. Wenn der Bär nach dem Köder greift, rutschen die Stützhölzer ab und gestatten die Bewegung des losen Deckelbalkens, wobei dieser, von dem niederdrückenden Stock vorwärtsgeschoben, gegen den anderen Deckelbalken schlägt und die Tatze des Bären fest einklemmt.

Als eine Art Köderfalle ist auch das sog. *killerö* zu erwähnen, mit dem in den nördlichen Teilen von Österbotten und in Archangelsk-Karelien Hermeline gefangen wurden[3]. Es wurde aus einem gespaltenen, etwa eine Elle langen Stammstück hergestellt, in dessen beide Hälften eine $^1/_2$ Elle lange Höhlung gehauen wurde. Beim Aufstellen wurden die Höhlungen gegeneinander gelegt und die Stellhölzer in diese placiert. Damit der Schnee das Fanggerät nicht zudeckte, wurde es auf einen niedrigen Pfosten gesetzt, für den in dem unteren Klotz ein Loch gemacht wurde.

Killerö ist ein schwedisches Lehnwort *(giller* „Falle"). Da dieselbe Gerätform auch in Nordschweden vorkommt, dürfte sie ursprünglich von den Schweden stammen.

Köderfallen wurden in besonderen Fällen auch ohne Köderkammer hergestellt. Das geschah namentlich, wenn man M a r d e r, Z o b e l und H e r m e l i n e von Baumästen oder von Balken zwischen Bäumen fing, weil das Tier, das über diese ging, unbedingt unter das Deckelholz geraten mußte (Abb. 123). Die Aufstellung mit Stützhölzern scheint oft angewandt worden zu sein. In Tammela wurden laut Angabe Marderfallen zwischen zwei Steine oder Fichten gemacht und das Deckelholz mit Hilfe eines Zapfens, *tappi*, aufgestellt, hinter den der Köder, ein Haselhuhn oder ein Häher, gelegt wurde. Um ihn zu erreichen, mußte der Marder den Zapfen beiseite schieben, wobei das Deckelholz auf ihn fiel. Die Mordwinen stellten noch unlängst ihre Fallen mit einer Stütze auf (Abb. 105), an der ein Ast festsaß. Ein Fanggerät, bei

[1] J. u. F. 10, S. 73; 31, S. 186, 187; 54, II, S. 8. Siehe auch J. u. F. 20, S. 75, 106, 119, 129, 141; 68, S. 33; 124; 130. Mon. 13, S. 196, 198.
[2] J. u. F. 81; 105, S. 182 ff. Mon. 16, S. 23.
[3] J. u. F. 10, S. 86; 20, S. 149; 31, S. 191; 68, S. 42; 130, S. 349. Mon. 13, S. 222.

dem anstatt einer solchen Stütze Späne angewandt wurden, war in Keuruu üblich: man suchte sich zwei nahe beieinander stehende Fichten, zwischen die das Fanggerät gesetzt wurde. Als Stütze des Schwellholzes und des Deckelbalkens wurde neben den Bäumen eine Stange eingeschlagen (vgl. Abb. 118). Für die Späne wurde als Zungenrute ein kleines Holzstück genommen, an dem ein 6 Zoll langer, nach außen gerichteter Ast stehen gelassen war. An diesen wurde eine Maus oder ein Stück Schweinefleisch gehängt. Wenn der Marder den Köder zu erreichen suchte, mußte er sich auf dem Schwellenholz querüber wenden, in welcher Stellung er besser unter dem Deckelholz blieb. Ähnliche Fallen wurden in Satakunta für Eichhörnchen hergestellt; sie wurden auf fichtenbestandenen Hügeln auf einem Zaun oder einem umgefallenen Baum, ja bisweilen auf dem Ast eines Baumes aufgestellt. Beim Aufstellen mußte die Rute über den Schwellenbalken gelegt werden, weil das Eichhorn auf diesem hinlief (Abb. 120).

Auf Äste oder Horizontalbalken gesetzte Fallen wurden auch mit einem Hebel aufgestellt, so besonders bei den permischen Völkern und bei den Wogulen (Abb. 118). Das Verfahren war auch den Finnen nicht unbekannt, denn Bonsdorff teilt mit, daß in Tawastland Marder mit Fallen gefangen wurden, „die wie eine Deckelfalle einen Klafter über dem Erdboden aufgestellt und mit einem zugehörigen Hebel versehen wurden“[1].

Finnland und dessen westlichen Nachbarländern gemeinsame Fanggerätformen waren die Tritt- oder Pfadfallen, die immer ohne Köderkammer waren.

Die allermeisten Pfadfallen waren mit nur einem Schwellen- und Deckelholz versehene und mit Spänen aufgestellte Stockfallen, *lisku*, mit denen Füchse, Luchse, Dachse, Hasen und besonders Waldvögel gefangen wurden. Für den Fuchs wurden Fallen in engen Gassen, z. B. an schmalen schlammigen Stellen zwischen einem Felsen und einem Ufer aufgestellt (Abb. 127), für Luchse und Dachse an den Eingang ihrer Baue (Abb. 128), für Hasen und Füchse in Zaunlöcher (Abb. 120, 126). Am häufigsten wurden diese Fanggeräte aus „verwitterten“ Hölzern hergestellt und für den Anfang, bis sich das Tier an sie gewöhnt hatte, nur zum Schein aufgestellt. Oft wurde die Zungenrute mit einer Zugleine fortgesetzt.

An den Vogelfallen des in Rede stehenden Typus wurde auf festem Boden in manchen Gegenden gar kein Schwellenholz angewandt. Damit das Vieh beim Hinüberschreiten das Gerät nicht auslöste, wurde über die Pfosten ein Knüttel gelegt (Abb. 129). An manchen Orten wurde ein trockener Ast darüber geworfen, damit der Vogel nicht darüber hüpfte.

Die Stockfallen wurden am liebsten über Viehpfade auf solchem Heide- und Hügelgelände — an Moorrändern und -inseln — gemacht, wo es Erdhaufen gab und viel Preiselbeerkraut wuchs.

Im Vorstehenden sind wir bereits mit den durch eine Hängevorrichtung aufgespannten Vogeldeckelfallen bekannt geworden. Dieses Verfahren scheint ursprünglich beim Aufstellen von Fanggeräten für Hermeline, Eichhörnchen und Mäuse angewandt worden zu sein.

---

[1] J. u. F. 32.

Die **Hermelinfallen** mit einer solchen Hängevorrichtung sind über weite Gebiete verbreitet und bei Finnen (Abb. 133), Wotjaken, Syrjänen, Wogulen, ja auch bei den Tataren von ähnlicher Art[1]. Vorn befinden sich als Stütze entweder zwei Pfosten mit einem horizontalen Holz oder ein Krummholz. In dem so gebildeten Tor ist das Deckelbrett aufgehängt mittels eines an einer Schnur befestigten Schnellers, dessen nach unten gerichtetes Ende in eine Kerbe der Köder- oder Trittrute gesteckt ist. Das entgegengesetzte Ende des Deckelbrettes ist gewöhnlich mit einem Holzzapfen an dem Schwellenbrett festgemacht, und an demselben Zapfen ist oft auch die Trittrute befestigt. Mit derartigen Fallen fingen die Finnen und die Syrjänen auch Eichhörnchen, die letzteren in Bäumen, die Mordwinen und Syrjänen auch Fischotter und die Tomskischen Tataren Füchse und Hasen. Im allgemeinen wurde dieselbe Gerätart auch für Mäuse aufgestellt.

Die Falle namens *nakki* aus Korpilahti, Abb. 132, unterscheidet sich von den hier vorgeführten hauptsächlich nur dadurch, daß sich das Schwellenbrett zu einem Kasten umgebildet hat und daß an der Trittrute mehrere querlaufende Spleißen angebracht sind, so daß das Hermelin beim Darauftreten das Gerät zum Zufallen bringt. Ausschließlich als Mäusefalle dient die gleichfalls *nakki* genannte Torsionsfalle in Abb. 131, ebenfalls eine Entwicklungsform des gewöhnlichen *nakki*, deren Deckel mittels einer gedrehten Sehne gespannt ist. Von dem Stammstück geht schräg nach oben ein Hölzchen, an dem der Schneller mittels einer Schnur angebunden ist. Beim Aufstellen wird das obere Ende des Schnellers gegen den Deckel gestützt und das untere Ende in eine Kerbe des Köderstäbchens gesteckt.

Da diese Falle (Abb. 133) bei zahlreichen finnischugrischen Völkern vorkommt und das sie bezeichnende Wort *nakki* in die finnischugrische Urzeit zurückgeht, haben wir einen Beweis dafür, daß dieses Fanggerät schon in der erwähnten vorgeschichtlichen Zeit in Gebrauch war.

Die Pfotenbretter

Ein eigenartiges Fanggerät sind die Pfotenbretter für den Fuchs, *revonkanto*. Der finnische Name kommt daher, daß sie oft an einem Baumstumpf (finn. *kanto*) angebracht wurden; ebenso gewöhnlich dürfte es jedoch gewesen sein, daß sie aus einem besonderen Brett hergestellt wurden, an dessen einem Ende zwei oder drei Spitzen ausgeschnitten wurden, deren Zwischenräume sich gleichmäßig nach unten verschmälerten (Abb. 130). Das Pfotenbrett wurde aufgerichtet und auf die längste Spitze als Köder ein Kalbskopf, eine tote Katze oder eine Dohle gesteckt. Meistens dürfte das Brett etwa 3 Ellen hoch gewesen sein, nach anderen Angaben mußte ein knieender Mann mit der Hand bis an die Basis der Spitzen reichen können. Wenn der Fuchs, der den Köder roch, nach diesem sprang, geriet er mit der Pfote leicht in einen der Spalte und blieb vor Schmerz heulend darin hängen. Eine finnische Redensart lautet denn auch: „Schreien wie der Fuchs am Pfotenbrett."

---

[1] J. u. F. 109. Siehe auch J. u. F. 89.

Das Pfotenbrett wurde nicht sofort in Bereitschaft gesetzt, sondern man ließ es zuerst „grau werden" oder „ausdörren" und die Füchse sich daran gewöhnen. Auch sonst gewöhnte man diese durch ausgelegte Fleischstücke oder anderes Eßbares an den Platz des Pfotenbrettes, wozu in der Regel ein Waldsaum, ein Moor- oder Bruchrand diente, bis der Köder schließlich an der Vorrichtung selbst angebracht wurde. Es wird sogar mitgeteilt, daß manche Jäger, um „Reinecke" besser herbeizulocken, auf mit Katzenfett eingeschmierten Skiern umherliefen und Köder ausstreuten.

Das Pfotenbrett wurde weithin in den arktischen Teilen von Eurasien, vom Atlantischen Ozean bis zum Amurgebiet angewandt[1]. Wie gleichmäßig es in diesem ganzen Territorium verbreitet war, ist uns nicht bekannt; wir erwähnen bloß, daß es unter den eigentlichen arktischen Völkern bei den Lappen, Samojeden und Giljaken gebräuchlich war. Wir irren uns daher wohl kaum, wenn wir es ebenfalls den uralten Fanggeräten Eurasiens zurechnen.

Die Fangeisen

Nach gewissen Traditionen ist das Pfotenbrett in Finnland in demselben Maße verschwunden, wie dieFangeisen an seine Stelle traten. Die Anwendung der Eisen war jedoch viel mannigfaltiger als die der Pfotenbretter. So wurden damit z. B. in unserem Lande außer Füchsen auch Wölfe, Luchse, Ottern, Biber, Hasen, Marder, Hermeline, Schwäne, Gänse, ja sogar Raubvögel gefangen. Ihre älteste Erwähnung stammt vom Jahre 1663 aus Paltamo[2], und wenigstens in den westlichen Teilen des Landes waren sie um die Mitte des 18. Jahrhunderts allgemein in Gebrauch. Wenn man Bonsdorff glauben darf, waren die Tawasten noch in den 1750er Jahren keine Meister in der Handhabung der Fuchseisen, obwohl sie aus den Ratschlägen Lehre gezogen hatten, die in den „Handlingar" der schwedischen Akademie der Wissenschaften i. J. 1747 gegeben worden waren[3]. Nach Daniell Hall wurden die Füchse in der Gegend von Kuopio noch im Anfang des 19. Jahrhunderts hauptsächlich mit Aas als Lockspeise geschossen, weil „die Kunst, sie mit Scheren und Gruben zu fangen" fast „unbekannt" war[4]. In der Gegend von Pudasjärvi dagegen stellten die Bauern schon um dieselbe Zeit sogar selber Fuchseisen her.

Die Eisen waren entweder Tritt- oder Köder- (Hals-)Eisen, und ihre Dimensionen wechselten je nach dem zu erbeutenden Tiere. Die Eisen mit eckigen Bügeln, die sog. *räpsyt*, waren regelmäßig Tritteisen (Abb. 134); solche mit rundem Bügel wurden zu beiden Zwecken gebraucht, und zwar waren die Ködereisen für den Fuchs mit höheren Bügeln als die Tritteisen versehen. Eine Vorstellung von den verschiedenen Eisentypen erhält man aus Abb. 134 bis 138.

Der Fuchs wurde an den Platz der Eisen auf dieselbe Weise wie an das Pfotenbrett gewöhnt. Sein Fang erheischte große Übung und äußerste

[1] J. u. F. 10, S. 68; 31, S. 193; 54, II, S. 34; 68, S. 33. Mon. 8, III, S. 282, IV, S. 11. Reis. 24, III, S. 557.

[2] Ber. 12.

[3] J. u. F. 25; 32.

[4] Ber. 37.

„Sauberkeit", die sich besonders in der Reinhaltung der Eisen und darin zeigte, daß sie vor Menschengeruch behütet wurden. Der Eisensteller hatte einen Spaten bei sich, der am Stielende einen Stempel hatte, mit dem er beim Aufstellen der Pfadeisen eine Spur bei diesen eindrückte. An den Ködereisen wurde die Lockspeise so angebracht, daß das Tier beim Angriff mit dem Kopf oder dem Fuß, je nachdem mit welchem Körperteil es danach griff, gefaßt wurde.

Wolfseisen wurden auf Pfaden und Äsern aufgestellt. Für den Otter legte man ins Wasser Ködereisen oder aufs Land Tritteisen. Ebenso verfuhr man bezüglich der Wasservögel. Die Haseneisen wurden immer auf einem Pfad oder in der Nähe gefällter Espen, die Hermelineisen unter Heureitern oder auf Steinhaufen aufgestellt.

Über die Eisentypen ist nichts Besonderes zu sagen, denn mehr als alle anderen Fanggeräte waren sie internationale Handelsware.

Der Fang mit Stacheln und Stachelbrettern

Eine Fangart, die am geeignetsten in diesem Zusammenhang erwähnt wird, basiert ursprünglich auf den Maßnahmen, die man ergreifen mußte, um seine Habe vor dem Appetit des Bären zu schützen. In den Gegenden Rußlands, wo primitive Bienenzucht getrieben wurde, versuchte man, die Besuche des Bären auf den Bienenbäumen dadurch zu verhindern, daß man rund um den Baum spitze Stacheln in den Boden einschlug, auf die man den auf den Baum gekletterten Bären durch eine sinnreiche Vorrichtung herabfallen ließ.[1] In Finnland rüsteten die Tawasten am Ende des 18. Jahrhunderts ihre Roggendiemen in ähnlicher Weise aus: sie schlugen um sie herum in Abständen von $^1/_2$ Elle voneinander und von 1 Elle von der Dieme kräftige Pfähle ein, in deren Seiten sie Eisenstacheln mit spitzen Widerhaken trieben. Die Pfähle, die sich etwa drei Spannen über den Erdboden erhoben, wurden mit Stroh bedeckt, damit das Raubtier sie nicht witterte. Wenn der Bär auf eine Dieme springen wollte, hatte er damit oft nicht beim ersten Male Glück, sondern er purzelte zurück und fiel auf die Pfähle, an denen er dann hängen blieb oder sich verletzte[2].

Bei derartigen primitiven Verfahren braucht man durchaus nicht immer einen gemeinsamen Ursprung für ähnliche, in verschiedenen Gegenden beobachtete Erscheinungen anzunehmen. Als Beispiel für den Fall, daß eine Erfindung in verschiedenen Gegenden sehr wohl selbständig gemacht worden sein kann, erwähnen wir den Fang mit dem Stachelring, der sich gleichfalls auf die Verwendung von spitzen Stacheln gründet (Abb. 140). Auf dem Pfade des Tieres, des Renntieres oder des Nashorns, wird eine Grube gegraben; auf deren Rand wird der Ring gelegt und an ihn mittels eines Seiles ein schwerer Holzklotz gebunden. Das Tier, welches nichts Besonderes bemerkt, weil die Grube zugedeckt ist, tritt in diese und zugleich in den Ring, dessen Holzklotz es nicht weit mit sich schleppen kann. Es ist uns gelungen, Nachrichten über

---

[1] J. u. F. 105, S. 193 ff. Reis. 13.
[2] J. u. F. 32. Siehe auch J. u. F. 115, S. 35.

die Anwendung eines solchen Ringes im Amurgebiet, in Togo, in Nubien und im alten Griechenland, also in ganz verschiedenen Teilen des Erdballs zu finden[1].

Unser Sprung in fremde Gebiete war dadurch veranlaßt, daß auch bei uns in Finnland ein Fanggerät gebraucht worden ist, das denselben Ursprung wie der Stachelring hat. Wir meinen das mit gekrümmten Eisenstiften versehene große Holzbrett, mit dem in Schweden und in den westlichen Teilen unseres Landes noch im 18. Jahrhundert Bären gefangen wurden (Abb. 141). Dieses Brett, das gewiß aus unserem westlichen Nachbarland zu uns gekommen ist, wurde in Brand- oder Haferäcker gegraben und mit Stroh bedeckt. Das Gerät wird um die Mitte des 18. Jahrhunderts aus dem nördlichen Satakunta und aus Hauho erwähnt[2].

Die Legangeln

Mit den Stachelbrettern sind hinsichtlich ihrer Geschichte als Jagdgeräte die Legangeln zu vergleichen. An beiden Enden zugespitzte, in der Mitte an einer Schnur befestigte Köderstäbe oder Stabangeln, finn. *launi*, werden von zahlreichen Naturvölkern zum Fang von Wasservögeln und Krokodilen sowie auch von Landtieren benutzt[3].

In manchen Fällen erscheint anstelle einer Stabangel ein Angelhaken, so beispielsweise bei den Lappen und Kamtschadalen zum Möwenfang[4]. Die Schärenbewohner Finnlands steckten noch um die Mitte des 18. Jahrhunderts, wenn sie zeitig im Frühjahr Schwäne fingen, Fische oder Seegras an ihre Angelhaken[5]. Nach Wright wurden am Anfang des 19. Jahrhunderts in Nordschweden Haken aus Knochen zum Fang von Wölfen, Vielfraßen und Füchsen benutzt[6]. Bonsdorff teilt mit, daß in Tawastland gegen Ende des 18. Jahrhunderts zu demselben Zweck zweiseitige „Hechtangelhaken" gebräuchlich waren, die so eingerichtet waren, daß sie dem sie berührenden Tier im Maule auseinanderschlugen und im Rachen haften blieben[7]. Später wurden derartige Legangeln aus dem Ausland als Handelsartikel eingeführt und sollen als solche um 1845 bis nach Ostrußland gewandert sein[8]. Eine finnische Legangelform ist auf Abb. 139 wiedergegeben. Die Aufstellung erfolgte bei uns mit Hilfe eines Hebels.

Das Biberwehr

In diesem Zusammenhang — wo gerade von Fanggerätschaften die Rede gewesen ist, die der Fischerei und der Jagd gemeinsam sind — sei auch das Biberwehr, *majavanpato* oder *majavankatiska*, vorgeführt, das noch um 1770 in den Kirchspielen Kuusamo und Kuolajärvi gebräuchlich war. In Kuusamo

---

[1] Ethn. 26. J. u. F. 5, S. 358; 105, S. 195; 134, S. 220.
[2] Ber. 30, S. 65; 53.
[3] J. u. F. 86, S. 13; 110, S. 89. [4] Mon. 13, S. 287. Reis. 27, S. 183.
[5] J. u. F. 24, S. 3; 130, S. 350; siehe auch J. u. F. 20, S. 106, 129, 142, 193, 202, 204; 21, S. 912; 31, S. 176; 54, II, S. 32; 88, S. 89; 91, S. 397; 105, S. 195.
[6] J. u. F. 130, S. 350. [7] J. u. F. 32. [8] J. u. F. 126, S. 22.

wurde es nach Elias Lagus nach dem Zufrieren des Flusses im Frühwinter aus alten Pfählen zu beiden Seiten der Stelle errichtet, wo die Biber im Uferabhang ihren Bau hatten. Die Wände waren bogenförmig oder gerade und wurden, wenn der Fluß schmal war, mit den beiden Ufern durch ein Wehr verbunden (Abb. 142). In breiten Flüssen wurde das Wehr zwischen zwei Verzäunungen angebracht (Abb. 143). In beiden Fällen bildete sich vor dem Bau eine Kammer, aus der der Biber nur in die Verzäunungen gelangen konnte, deren Öffnung mit einer Klappe versehen wurde, welche der Biber beim Hineingehen zum Herabfallen brachte[1]. Aus dem Bericht von Lagus wird die Aufstellung der Klappe nicht völlig deutlich, wogegen Linnés Beschreibung eines in Dalekarlien angetroffenen Biberzaunes diese Seite der Frage verständlicher macht. „In der Mitte", sagt er, „wird in das Eis ein Loch gehackt, über das man in schräger Stellung eine Tür legt und mit frischem Espenholz stützt, welches der Biber frißt. Die Folge ist, daß die Tür niederfällt und den Biber in das Eisloch schleudert, welches von der Tür verschlossen wird; darunter muß der Biber sterben, weil er nicht durch die Tür entweichen kann . . ."[2].

Vermutlich wurden solche Wehre zur Zeit des Friedens von Nöteborg auch in Südkarelien und Tawastland verwendet, aus welch letzterer Landschaft Olaus Magnus zu berichten weiß, daß die Bewohner „es beim Besäen ihrer Äcker sorgfältig vermieden, die Biber und deren Bau zu stören".[3] In Sodankylä und Sompio war die „Biberfischerei" noch während 1733—1757 „die beste Einnahme" der Lappen, womit sie ihre Steuer bezahlten[4].

Die Wolfsgärtchen

Zum Bau von Wolfszäunen oder Wolfsgärtchen forderten schon die schwedischen und norwegischen Landschaftsgesetze auf. In der Westgötalagh z. B. war vorgeschrieben, daß jeder, der Wald besaß, ein Wolfsgärtchen unterhalten sollte. In den Jagdverordnungen von 1647 und 1664, die auch in unserem Lande Gesetzeskraft hatten, wurde bestimmt, daß alle viehbesitzenden Landleute ein Wolfsgärtchen unterhalten sollten, eine Pflicht, von der nur der Pfarrer, der Küster und das Einliegerweib entbunden waren[5].

Die ältesten Wolfsgärtchen scheinen geschlossene, nach innen abgeschrägte Holzzäune gewesen zu sein (Abb. 144). Bonsdorff, dem zufolge sie bei uns noch am Ende des 18. Jahrhunderts selten waren, beschreibt sie folgendermaßen. „Ein größeres oder kleineres Stück Wald wird mit einem einwärts geneigten Zaun umgeben, in den der Besitzer alle in der Gegend angetroffenen Tierleichen schafft. Das von dem Geruch herbeigelockte Raubtier gelangt leicht hinein, aber auf keine Weise hinaus, weil der schräge Zaun ein Hindernis bildet; so muß es gefangen sein Schicksal erwarten."[6] Noch im 19. Jahrhundert wurden derartige Wolfszäune in Nurmijärvi, Längelmäki und Korpilahti errichtet. Aus der Umzäunung konnte man die Wölfe leichter herausbekommen,

---

[1] Ber. 64. [2] Reis. 14, S. 333. [3] Ethn. 29, S. 81. Hist. 14, S. 70.
[4] Mon. 7, I, S. 64, 138, 157, 235; III, S. 60; 8, I, S. 209, 556; III, S. 449.
[5] J. u. F. 31, S. 18. [6] J. u. F. 32.

wenn man in Verbindung mit ihr, an einer oder zwei Stellen einen Graben grub und bei diesem eine Öffnung anbrachte, die jedoch nicht bis zum Boden offen, sondern lieber so hoch gemacht wurde, daß der Wolf darüber springen mußte. Nach diesem Prinzip hergestellte Wolfsgärtchen waren sowohl in Schweden als in Finnland gebräuchlich[1].

In Nordsatakunta haben sich Erinnerungen an einen 5—6 Ellen hohen senkrechten Zaun erhalten, der in der Art von Abb. 146 angelegt war, so daß zwischen den Enden eine durch eine Tür verschließbare Gasse gelassen wurde. Wenn der Wolf gegen die Tür drückte, öffnete sie sich, wenn er aber hineinging, schloß sie sich wieder.

Ein solcher Zaun wies bereits den ersten Anfang zur Doppelringbildung auf. In Dalekarlien sollen früher wirklich aus zwei Ringen bestehende Wolfsgärtchen üblich gewesen sein, bei denen der Raum zwischen den Wänden unten so schmal war, daß ein Ferkel gerade hindurchlaufen konnte. Der Wolf, der in seiner Beutegier hineingesprungen war, konnte nicht wieder herauskommen[2].

Für die Anwendung eines lebenden Lockmittels, eines Hundes oder Ferkels, wurde ebenfalls ein mit einer Tür versehenes Wolfsgärtchen aus zwei Ringen hergestellt (Abb. 145). Der Köder wurde in die innere Umzäunung gestellt, und die Tür wurde in der beschriebenen Weise so angebracht, daß sie sich öffnete, wenn der Wolf hineinging, aber sich vor ihm schloß, wenn er zwischen den Wänden einmal um die innere Umzäunung gelaufen war. Diese Form, als deren Erfinder der Franzose Sonnini genannt wird, kam am Anfang des 19. Jahrhunderts auch bei uns in Gebrauch[3]. Daß Wolfsgärtchen damals auch in Südfinnland üblich waren, zeigt u. a. ein in den 1820er Jahren in Perniö geschriebener Bericht, in dem es heißt, die Wölfe richteten großen Schaden an, „trotzdem es hier an manchen Orten Wolfsgruben gibt und auch viele gefangen werden.“ In demselben Kirchspiel wurden noch in den 1840er Jahren acht neue Wolfsgärtchen aufgeführt[4].

Der Fang mit Gift und Branntwein

Schon die alten Römer benutzten zum Vergiften des Köders die Brechnuß (Strychnos), deren Wirkung dann im Lauf der Zeit in immer weiteren Gebieten bekannt wurde, wofür als Beispiel erwähnt sei, daß sogar die Itelmen von Kamtschatka bereits am Ende des 18. Jahrhunderts mit diesem Stoffe Tiere fingen[5]. Bei uns waren um dieselbe Zeit zweierlei Verfahren im Schwang: die Verfütterung sogenannter Kuchen und die Vergiftung des Ködertieres. In beiden Fällen diente als Giftstoff das Strychnin. Gegenstand des Fanges waren sowohl der Fuchs als der Wolf[6].

---

[1] J. u. F. 31, S. 166 ff.; 54, Taf. XIII. [2] J. u. F. 35, S. 45 ff.
[3] J. u. F. 31, S. 170. [4] Ber. 19.
[5] Reis. 17, IV, S. 1377; 27, S. 125. Siehe auch J. u. F. 102, S. 300; 119. Mon. 13, S. 198. Reis. 13, III, S. 19; 18, III, S. 88; 26, II, S. 201.
Ber. 50; 53. J. u. F.32. Siehe auch J. u. F. 20, S. 106, 136; 40.

Fang mit Gift, dessen Erfolg großenteils davon abhängig ist, wie geschickt der einzelne Jäger die zu erbeutenden Tiere an den Fangplatz zu locken versteht, wird immer noch ausgeübt.

Dagegen ist der Bärenfang mit Branntwein, wie es auch der Bär bald sein wird, nur noch eine Erinnerung. Über die Fangart erzählt Herkepaeus in seiner um die Mitte des 18. Jahrhunderts erschienenen Beschreibung des Kirchspiels Hauho folgendes: „Den Bären bekommt man bequem auf die Weise, daß man auf den Brandäckern, die er erfahrungsgemäß aufsucht, auf dem gewöhnlichen Pfad des Tieres einen rein gescheuerten, blanken Kupfer- oder Messingkessel halb mit Wasser und halb mit Branntwein gefüllt in den Boden gräbt. Nachdem der Bär auf den Hafer- oder Brandacker gekommen ist und genug von dem Getreide gefressen hat, findet er, indem er weggehen will, diese Quelle, in der er sein Bild sieht. Dieses anbrummend und bemüht, es zu packen, beginnt er den Kessel auszutrinken, wovon er angeheitert wird und auf den Rücken fällt, ein schreckliches Gebrüll erhebt und komische Bewegungen macht, bis der Todbringer kommt und ihm mit der Flinte oder dem Spieß den Garaus macht."[1]

Dieselbe Fangart wurde noch im 19. Jahrhundert im größten Teil unseres Landes angewandt. Ja man übte sie auch beim Fang von Birkhühnern aus, indem man an den Balzstellen in Branntwein oder Alkohol eingeweichte Beeren oder Gerstenkörner ausstreute.

SEEHUNDSFANG

In den Gewässern Finnlands, abgesehen von Lappland, leben zwei Seehundarten, die Ringel- und die Kegelrobbe. Beide sind ursprünglich Bewohner des Eismeeres und als solche an das strengste Klima gewöhnt. Das äußert sich auch darin, daß sie ihre Jungen Ende Februar gebären, die Kegelrobbe auf dem nackten Eis, die Ringelrobbe aber in einem „Koben" (finn. *pahna)*, den sie in dem durch Reibung zweier zusammengefrorener Eisschollen entstandenen Eisgeröll anlegt. In dem Koben, der einen Durchmesser von 1 bis 3 m haben kann, befindet sich ein Eisloch, das das Tier den ganzen Winter hindurch offenhält, um sich dadurch Futter holen zu können. Die Ringelrobbe hat im Eis außerdem Atemlöcher, manchmal bis zehn, einige bis zu einem Kilometer von dem Nestloch entfernt. Diese sind ganz klein, unten breiter als oben, da das Tier sie von dem Wasser aus bohrt. Die Kegelrobbe, die meistens am offenen Wasser haust, hat nur ein einziges Eisloch, und wenn sich dieses aus irgendeiner Ursache verstopft, ist ihre Lage gefährdet.

Auch sonst sind die Lebensgewohnheiten dieser Seehundsarten verschieden. Die Kegelrobbe, die zum Gebären nach den nördlichen Teilen des Bottnischen Meerbusens hinaufgeht, um sich schon Ende März nach der Ostsee zu begeben, lebt auf den äußersten Schären, wohingegen sich die Ringelrobbe besonders vom Spätsommer und Herbst an u. a. in Meeresbuchten herumtreibt, eine

---

[1] Ber. 53.

Neigung, der sie ihren schwedischen Namen *vikare* (von *vik* 'Bucht') verdankt, der dann auch ins Finnische entlehnt worden ist.

Wenn das Eis vollständig schmilzt, machen sich die Ringelrobben, deren „Zotten" sich im Eise ganz abgelöst haben, nach dem Meere auf. Die, welche ihr „altes Fell" noch nicht ganz abgeworfen haben, halten sich dagegen in der Gegend der Schären auf, wo sie ihr Fell an den Steinen schaben. Hiernach gehen auch diese Spätlinge seewärts und schwimmen dort 2—2½ Monate herum, während welcher Zeit sie sich gründlich herausfuttern. Mitte August beginnen die Ringelrobben wieder in der Nähe der Schären und Ufer sichtbar zu werden.

Zur Ausrüstung der Seehundsfänger gehören Waffen, Transportmittel, Kleidungsstücke und Geräte von ganz besonderer Art.

Die Natur der Waffen beruht auf zwei verschiedenen Umständen, die zum Verständnis der Sache sofort erwähnt seien: erstens darauf, daß der getötete Seehund bald auf den Grund sinkt, und zweitens darauf, daß der Seehund, der nicht gleich tödlich getroffen ist, sich sofort in das Wasser stürzt, um da seine Rettung zu suchen, wobei er sterbend niedertaucht.

Um den versunkenen oder versinkenden Seehund für den Jäger zu retten, ist der Robbenspieß, *hakkelmus*, erforderlich, eine Art Spieß, dessen Widerhaken sowohl am Bottnischen wie am Finnischen Meerbusen und auch am Ladogasee immer auf dieselbe Weise gekrümmt ist (Abb. 151). Sein Schaft ist am Ladogasee zwei, ja drei Klafter, an den erwähnten Meeresküsten aber nur etwa 1,4 m lang. Er wird auch wie ein Speer als Stoßwaffe und zum Prüfen des schwachen Eises benutzt. Am Ladogasee findet sich daneben auch die Hacke, *kokka* (Abb. 150).[1]

Die Seehundsharpune dient dazu, dem Seehund das Entfliehen unmöglich zu machen (Abb. 149). Aus diesem Grunde wird sie mit einem losen Schaft, der beim Stechen in der Hand bleibt, und zugleich mit einem langen Riemen versehen, mit dem das gestochene Tier festgehalten wird; man sucht es zu ermüden: man läßt es von dem Eisloch wegtauchen und zieht es wieder heran, bis man es schwer verwundet und erschöpft auf das Eis heben kann.

Mit den Seehundsflinten sind wir schon früher bekannt geworden.

Unter den Fanggeräten ist auch die Robbenangel, *haarikka*, zu erwähnen, eine mit drei spitzen Haken versehene Vorrichtung, an deren Öse ein dünnes, aber kräftiges, etwa 10 m langes Seil gebunden wird (Abb. 152). Mit diesem Gerät, an dem ein junger Seehund befestigt wird, fängt man dessen Mutter nach einem Verfahren, das wir später kennen lernen werden.

Als Transportgeräte benutzt der Seehundsjäger die Gleitschiene, die Schleife, den Rutschschlitten und das Boot.

Die Gleitschiene, *ajopuu*, die zur Fortbewegung auf dem Eis und über Eisspalten nach Art eines Skis dient, wird sowohl am Bottnischen als am Finnischen Meerbusen angewandt. An jenem ist sie kleiner (Abb. 156), mit einer Stütze für die Flinte versehen, an diesem größer (Abb. 148) und mit einem hölzernen Flintenfutteral ausgerüstet. Wenn man anschleicht, wird ein Schirm daran befestigt, der entweder aus einem weißen Hasen- oder einem

[1] Die wichtigsten Quellen sind: Ber. 23; 74. J. u. F. 14; 20; 39; 59; 128. Reis. 20.

Kalbsfell oder aus einem Stück Leinwand, heute fast regelmäßig aus dem letzteren besteht.

Sehr interessant ist das *raappu* der Högländer, ein Kratzer aus Holz, an dessen einem Ende drei eiserne Stacheln (früher drei Seehundsklauen) angebracht sind und mit dem sich der Jäger, auf dem glatten Eise auf der Gleitschiene liegend, vorwärts zieht und dadurch schneller vom Fleck kommt. Der ursprüngliche Zweck dieses Gegenstandes dürfte gerade das Kratzen des Eises gewesen sein, wie heute noch z. B. bei den Eskimos, die auf diese Weise, das Kratzen der jungen Seehunde nachahmend, das Muttertier aus dem Wasser an sich locken[1].

Auf einigen Inseln des Finnischen Meerbusens wurde vor etwa 50—60 Jahren beim Kleinfang eine 6—7 Fuß lange Schleife, *ahkio*, benutzt, deren aus Kernholz bestehende Sohle wie eine Skispitze zugeschnitten und 6—7 Zoll breit und ein paar Zoll dick war. Die Ränder waren durch einige Rippen miteinander verbunden[2].

Fast überall benutzten die Seehundsjäger einen Rutschschlitten, *kelkka*. Auf Hailuoto war dieser ein paar Meter lang, 4—5 Viertelellen breit, fest und leicht gebaut. Darauf wurde die Beute, ja bisweilen auch die Gleitschiene transportiert. Am Ladogasee und im Schärenarchipel von Uusikaupunki, wo die Gleitschiene nicht bekannt ist, schleicht man sich auch mit dem Rutschschlitten an, wobei dieser mit weißem Zeugstoff verhüllt ist. Die Jäger am Ladogasee nehmen außer dem Rutschschlitten oft auch ein kleines Boot mit, in dem sie über die Eisspalten setzen. Auf dem Eis wird das Boot in diesem Fall auf dem Schlitten transportiert[3].

Die Seehundsjäger, die eine mehrwöchige Fahrt unternehmen, versehen sich immer mit einem großen Boot, in dem der Proviant, alle Geräte und die Beute untergebracht werden. Die Form des Bootes wechselt je nach der Gegend. Ursprünglich war der Typus vermutlich derselbe wie der der übrigen Boote der Gegend, aber die auf den Zügen gemachten Erfahrungen riefen Veränderungen an ihm hervor und schufen allmählich eine besondere Form des Seehundsbootes. Als solche ist vor allem das auf beiden Seiten des Quarken gebräuchliche Seehundsboot zu betrachten, das in Abb. 147 wiedergegeben ist. Die höchste Stelle des Bootes befindet sich am Achtersteven, von wo aus der Boden bogenförmig nach dem Vordersteven aufsteigt, so daß man das Boot verhältnismäßig leicht auf das Eis ziehen kann. An der höchsten Stelle des Bootes befindet sich auch der Kiel am höchsten, weshalb die Reibung im Schnee relativ gering ist. Ein solches Boot ist gewöhnlich 25 bis 30 Fuß lang und 8 bis 9 Fuß breit. Der Kiel ist mit Eisen beschlagen. Der Mast des Rahsegels wird zugleich als Firststange des in dem Boote zu errichtenden Zeltes benutzt, wobei das Segel als Dach ausgespannt und mit Haken an den Bootsrändern befestigt wird (Abb. 154).

Am Finnischen Meerbusen ist für den Transport des Bootes eine besondere Kufe, *rouki*[4], geschaffen worden, auf der das Boot angeseilt wird (Abb. 155).

[1] Ethn. 20, S. 238. [2] J. u. F. 39, S. 34. [3] Ber. 23. J. u. F. 59.

[4] J. u. F. 39: *rouki* (Suursaari), *rovi* (Seiskari) < schwed. *drög* ‚Arbeitsschlitten, Schleife'. Siehe auch J. u. F. 3.

Bei kürzeren Fahrten, die bei offenem Wasser entweder direkt von zu Hause oder bei längeren Fahrten von einem als Mittelpunkt dienenden großen Boot aus unternommen werden, benutzt man ein kleines Boot, das ebenfalls wie die Gleitschiene und der Rutschschlitten beim Heranschleichen mit weißem Zeug, gewöhnlich einem Segel umhüllt wird.

Zur Ausrüstung der Jäger gehören auch Kompaß und Fernrohr.

Zum Aufspüren der Seehunde war auch der Hund von großem Nutzen, der wenigstens noch im 18. Jahrhundert von den Seehundsjägern auf der finnischen Seite des Quarken mitgenommen wurde[1] und der auf den Inseln des Finnischen Meerbusens und in Koivisto noch heute die Männer begleitet und ihnen die Atemlöcher der Seehunde im Eise aufspürt. Den Anwohnern des Quarken zeigte er schon im Boote den Aufenthalt der Seehunde an. Der Hund mußte am liebsten weiß sein.

Vor dem blendenden Licht des Frühjahrsschnees schützte man sich die Augen früher mit einem Schleier, *harso*, heute mit blauen Brillen.

Wenigstens für weite Fahrten versah man sich mit zwei warmen Anzügen für den Fall, daß der eine naß wurde. Die Seehundsjäger am Bottnischen Meerbusen nahmen früher einen aus ganz weißen Kalbsfellen verfertigten Kittel mit, um von der Umgebung nicht abzustechen. Ebenso war die Kopfbedeckung weiß. Heute wird statt Fell weißer Leinenstoff benutzt. Nachdem man erkannt hat, daß der Seehund einen verhältnismäßig schwachen Gesichtssinn besitzt, wird jetzt die Bekleidung mit weißem Zeug nicht mehr für so wichtig gehalten wie früher.

Für weite Fahrten versehen sich die Jäger im Bottnischen Meerbusen auch mit Bettzeug, ja mit einer Art Bett, einer Unterlage aus Seehundsfell mit Riemen an den Rändern, mit denen die Unterlage am Tage zusammengeschnürt wird, so daß sie, mit dem Bettzeug gefüllt, an einen Ranzen erinnert.

Proviant wird für mehrwöchige Fahrten in reichlicher Menge bereit gemacht. Man versieht sich mit Brot, Fleisch, Butter, Dickmilch, Branntwein, Salz und Tabak. Die Brote werden sehr dicht aus geknetetem Teig hergestellt und in großen, 3—4 Viertelellen breiten Laiben gebacken. Solche großen „Meerbrote", *merileipä*, werden, um sie bequemer handhaben zu können, in einen aus Ruten geflochtenen Holzrahmen gelegt. Als Zukost wird Meerwasser getrunken, in das man zur Verdeckung des Salzgeschmacks Sirup mischt. Heute dient als Kochapparat ein Petroleumkocher, früher aber nahm man frisches Kienholz mit, das auf einem Eisenblech oder in einem alten Kessel (Abb. 154) gebrannt wurde. Butter und Fleisch wurden in große, oft schön geschnitzte Schachteln gelegt, und als Eßgeschirr wurden Büchsen angewandt, die geöffnet zwei Schüsseln, geschlossen aber ein Futteral bildeten, in dem Löffel und Näpfe verwahrt wurden (Abb. 153). Das Fleisch junger Seehunde wurde gern gegessen, und sogar aus dem Fleisch alter Tiere wurden Speisen zubereitet, nachdem daraus durch mehrmaliges Kochen der Tran entfernt war.

Nachdem wir hiermit die Ausrüstung behandelt haben, wenden wir uns der Beschreibung des Fanges selbst zu.

---

[1] J. u. F. 14.

Gelegentlich der Jagd berührten wir zunächst die Fangarten, die am wenigsten die Anwendung eigentlicher Waffen voraussetzten. Unter Befolgung desselben Verfahrens haben wir zu erwähnen, daß Kegelrobben, die sich, wie wir oben sahen, nur mit éinem Eisloch behelfen, oft in großer Zahl totgeschlagen werden, falls sich große Mengen Treibeis gegen den Eisrand packen, wo sie sich in Scharen aufhalten. In diesem Fall wird auch der Spieß *(hakkelmus)* als Waffe benutzt. Dagegen ist es nicht möglich, Ringelrobben und am offenen Wasser lebende Kegelrobben durch diesen offenen Angriff zu erbeuten.

Aber der Jäger konnte sich so nahe an sie heranschleichen, daß es ihm möglich war, seine Harpune zu benutzen. Als Beweis führen wir eine Schilderung des Seehundsfangs bei den Samojeden aus dem Jahre 1744 an. „Sie begeben sich", heißt es da, „auf das öfters eine halbe Meile ins Meer sich erstreckende Eis, und bewaffnen sich mit einem Stocke, an welchem ein Wurfpfeil, und an demselben ein Seil von ohngefehr 12 Klafter lang, festgemacht ist. Wenn sie nun die Meerhunde ankommen sehen, so legen sie sich auf die Erde, und schleichen in der Zeit, da diese Thiere sich paaren, so nahe zu ihnen als es möglich ist und liegen so oft stille als die Thiere einige Bewegung merken. Wenn sie nun auf diese Weise sich genug genähert haben, so schießen[1] sie die Wurfpfeile loß, und wenn das Thier den Wurf fühlt, wirft es sich sogleich ins Wasser; da denn der Samojede das an sein Leibgehäng fest gemachte Seil so lange zu sich ziehet, bis das ohnmächtige und verwundete Thier zu seinen Füßen liegt." Nach einer anderen, späteren Angabe verwenden die Samojeden beim Anschleichen auch einen Schirm, wozu noch unlängst ein auf kleinen Skiern verschiebbares, vorn mit gefrorenem Schnee bedecktes Brett diente (vgl. Abb. 43).[2] Es wird sogar erwähnt, daß die Anschleichenden ein Gebrüll ausstießen.

Entsprechende Methoden sind auch aus Finnland bekannt. So ist der Schirm, der von den Eskimos und gewissen anderen primitiven Völkern bezeugt ist[3], und die Nachahmung des Seehundsgebrülls bei uns noch heute beim Schießen der Seehunde in Gebrauch. Cneiff schreibt 1757 über den Seehundsfang der Österbottnier: „Während mehrere Seehunde miteinander um eine kleine Eisscholle kämpfen, brüllt der Mann wie die Seehunde, er kriecht auf dem Bauch, hebt von Zeit zu Zeit die Füße hoch und schlägt sie zusammen. Wenn er glaubt, einen von ihnen schießen zu können, versäumt er diese Gelegenheit nicht."[4] Eine noch ausführlichere Schilderung von diesem Fang gibt Salmenius in seiner Beschreibung des Kirchspiels Kalajoki 1754[5].

Das Nachahmen des Seehundes war nach einem Bericht Ödmans von 1784 auch in Schweden gebräuchlich. „Der Jäger von Roslagen", sagt er, „schreit dermaßen wie ein Seehund, daß sich eine große Menge dieser Tiere versammelt", und er fährt fort: „Im Winter sieht man diese abgehärteten Schützen in Seehundsfell gekleidet wie die Grönländer auf dem Eise kriechen. Sie brüllen dann wie die Seehunde und täuschen zugleich deren Augen und Ohren und Nase."[6]

---

[1] Ethn. 42, S. 402.
[2] Reis. 18, III, S. 101; 23, S. 643.
[3] Reis. 27, S. 98.
[4] J. u. F. 14.
[5] Ber. 51, S. 38.
[6] J. u. F. 70.

Am Ladogasee und stellenweise auch an unseren Meeresküsten wird noch heute von der Nachahmung der Bewegungen und der Stimme der Ringelrobben Gebrauch gemacht. Mitunter führt ein Jäger diesen Fang allein aus, wobei er gewöhnlich ein nachgebildetes Tier benutzt, meistens aber zu zweien, wobei der eine als Schütze, der andere als Locker, *maanittaja*, fungiert. Im ersteren Fall wird der Seehund zu der Figur, im letzteren zu dem Locker herangeholt. Die Männer ziehen schwarze oder graue Kleider an und rudern an die Ufer von Schären oder Inseln, gewöhnlich an deren Landspitzen. Die Luft muß still sein und der Platz dem Wind offenliegen. Der Locker setzt sich auf den äußersten Uferstein, bisweilen sogar auf einen solchen, der sich etwas unter dem Wasserspiegel befindet, ahmt da knieend den Seehund nach, bringt Töne wie dieser hervor und plätschert von Zeit zu Zeit im Wasser. Der Gefährte hat sich mit seiner Flinte weiter nach dem Ufer zu, hinter einem Stein oder einem Erdhöcker niedergelassen. Sobald der Seehund geschossen ist, schieben die Männer das Boot ins Wasser und rudern zu ihm. Wenn die Beute, was leicht geschehen kann, versinkt, nimmt der eine Mann den Spieß *(hakkelmus)* und schlägt ihn in den versinkenden Seehund. Wenn das nicht glückt, versucht man es mit dem Dregganker.

Eine andere uralte, mit der Harpune geübte Fangart ist das Lauern an dem Atemloch im Eis, das gleichfalls sowohl den Skandinaviern als den Finnen und auch den Samojeden bekannt ist[1]. Da die Ringelrobben mehrere Eislöcher haben, verstopft man, soweit möglich, alle außer dem, an welchem man sich zum Lauern niederläßt. Wenn der Seehund seine Schnauze hervorstreckt, wird ihm die Harpune in den Kopf gestoßen; das Tier sinkt sofort in die Tiefe, wird aber nach langem Kampfe gezwungen, auf das Eis zu kommen, wo es den Todesstoß empfängt.

Oft geschieht es, daß der Jäger das Junge fängt, während die Mutter entkommt. Diese Gelegenheit benutzt er sowohl am Finnischen als am Bottnischen Meerbusen — nach einem Bericht früher auch am Ladogasee —, um die Mutter wieder zu ihrem Jungen zu locken[2]. Das Verfahren ist grausam. Der Jäger steckt das Junge an den dritten Haken der Robbenangel, indem er es außerdem daran festbindet, und läßt das Junge hiernach schwimmen. Die Mutter, die über das Geschrei ihres Kindes erschrickt, kommt ihm zu Hilfe und nimmt es zwischen die Vorderfüße, wobei sie sich zugleich die anderen Haken der Angel in ihren Körper drückt. In dieser Weise gefangen, wird auch sie auf das Eis gezogen.

Zu den alten Geräten des Seehundsfangs gehört ohne Zweifel auch das Netz, das dieselbe weite Verbreitung wie die Harpune hat. Es wird in Skandinavien und Finnland mit weberschiffähnlichen, etwa zwei Viertelellen langen, angekohlten Flotten versehen, aber ohne Untersimm (Netzstrick) und Senker gelassen. Die Flotten werden so angebracht, daß die spitzen Enden frei bleiben, damit sie beim Hineinschwimmen des Seehunds in das Netz greifen und das Tier sich infolgedessen leichter verstrickt[3].

[1] J. u. F. 20, S. 233. Mon. 35, S. 100. Reis. 18, III, S. 91; 24, III, S. 543; 27, S. 98ff.
[2] J. u. F. 39. Reis. 20.
[3] J. u. F. 20, S. 252; 100, S. 18.

Das Netz, mit dem im Herbst gefangen wird, wird immer in Lee an einem geeigneten, über das Wasser hinausragenden Stein entweder im Bogen außerhalb desselben oder von ihm direkt nach der offenen See zu eingelassen. Im ersteren Fall erwartet man, daß der Seehund zuerst auf den Stein steigt, und von da in das Wasser tauchend, in das Netz geht. Die bogenförmige Einstellung ist in Schweden bekannt, die gerade sowohl dort als auch an den finnischen Küstenteilen des Bottnischen Meerbusens. In Schweden wurde an der Einlaßstelle des Netzes oft auch ein großer steinfarbig gebrannter Holzblock an einem Anker ausgelegt, damit der Seehund, darauf steigend und durch sein Sinken erschreckt, sicherer in das Netz ging. Später im Herbst, wenn die Buchten zufrieren und die Seehunde sich auf deren Eis zurückziehen, werden die Eingänge der Buchten oft mit Netzfleeten versperrt.

Am Ladogasee in der Gegend von Käkisalmi werden die Netze um einen Stein im Wasser in Form einer Kammer eingelegt, wobei das Untersimm mit Haken auf dem Grunde befestigt und die obere Seite mit einem Sperrbaum versehen wird, der, nachdem der Seehund in die Kammer gegangen ist, an einem Seil an die Oberfläche des Wassers gezogen wird und so das Tier in der Umzingelung einschließt. — Auch die Samojeden stellen eine Art Netzkammern her.

Als die Flinten in Gebrauch kamen, veränderte sich der Charakter des Seehundsfangs. Die Harpune, die bis dahin die Hauptwaffe gewesen war, begann ihre Bedeutung zu verlieren, bis sie im Hauptgebiet des Seehundsfangs, in der Gegend des Quarken, vollständig beiseite gedrängt wurde. Zugleich entstanden neue Fangarten, die kein so nahes Herangehen wie früher mehr voraussetzten. Vom Spätherbst ab lauerte man den Ringelrobben an den Ufern von Schären und an den Spitzen von Landzungen auf und wartete den Augenblick ab, wo das Tier auf die Ufer zu in Schußweite gekommen war. An den Küsten des Ladogasees wurden zu diesem Zweck an geeigneten Stellen Schutzwehren aus Steinen aufgeführt.

Anstrengend, aber zugleich sehr ergiebig war und ist der Winterfang, der je nach der Zeit, die dafür geopfert wird, entweder eine Tagereise oder längere Zeit in Anspruch nimmt. Jenen führen, wie natürlich, nur die Bewohner des äußeren Archipels und der äußersten Schären aus, diesen können dagegen auch die unternehmen, die sich wegen der fernen Lage ihrer Heimatsdörfer nicht auf kurze Züge begeben können.

Für Tagereisen versieht sich der Jäger, während noch die eigentliche Winterperiode fortdauert, mit einem Rutschschlitten, auf den er die Gleitschiene, die Harpune oder den Spiess sowie die Flinte legt; wenn im Frühjahr das Eis taut, tritt an die Stelle des Rutschschlittens ein kleines Boot. Die Jagd besteht hauptsächlich im Schießen von Seehunden.

Lange Fahrten werden regelmäßig in Form von Bootsmannschaften unternommen, mit deren Bildung man schon zwischen Weihnachten und Neujahr beginnt, wobei sich die Genossen in früheren Zeiten zur Übereinkunft reichlich mit Speise und Trank traktierten. Die Zahl der Männer wechselte je nach der Größe des Bootes zwischen drei und acht. Zum „Schiffer" wurde der erfahrenste gewählt. Noch im 18. Jahrhundert taten sich in der Gegend des

Quarken oft drei oder sogar vier Bootsmannschaften zu einem Zug zusammen. Nach Cneiff gehörten auf der finnischen Seite meist acht Männer zu einer Bootsmannschaft, von denen einer als Schiffer und zwei als Köche tätig waren[1].

Jetzt haben auch diese weiten Züge der Leute am Quarken an den meisten Orten aufgehört. Das beruht auf dem Sinken des Preises des Seehundsfetts, weshalb man die Landarbeiten als einträglicher angesehen hat. Aber noch am Anfang des 19. Jahrhunderts war der Seehundsfang z. B. auf Hailuoto eine wichtige Erwerbsquelle. „In früheren Zeiten", schreibt Frosterus von dort, „waren die Seehundjäger sehr angesehen, und sie wurden wegen ihres von so vielen Gefahren und Abenteuern bedrohten Gewerbes bei Festlichkeiten mit einer gewissen Hochachtung behandelt"[2].

In der Gegend des Quarken wickelte sich der Fang folgendermaßen ab[3]. Waren die Vorbereitungen alle getroffen, die dicken Brote gebacken, der Proviant in die Ranzen und Schachteln gepackt, die Dickmilch in das Faß gefüllt und der auch als Medizin wichtige Branntwein in dem Tönnchen untergebracht, so wurde das große Boot mit Pferden an den äußersten Rand des festen Eises geschafft, soweit dieses die Pferde trug. Von dort wurde dann entweder weiter, falls das Eis glatt war, gesegelt, indem zwei Männer das Boot auf der Lee- und einer auf der Luvseite stützten, oder das Boot wurde von den Männern transportiert (Abb. 147), bis das offene Wasser erreicht war, in dem man zunächst oft nach Süden segelte, weil die grauen Seehunde, deren Fang am einträglichsten war und die sich zu dieser Zeit noch in der Gegend des Quarken aufhielten, am liebsten an den südlichen Rändern der Eisschollen lagen. An einem geeigneten Platz angelangt, wurde das Boot von den Männern mit Hilfe einer Winde auf das Eis gezogen, auf dem es von Osten nach Westen gerichtet aufgestellt wurde, damit man nach dem Lauf der Sonne den Gang der Zeit besser verfolgen konnte (Abb. 154).

Wenn sich die Männer am Morgen zu ihren Zügen aufmachten, mußte der Schiffer von Zeit zu Zeit mit seinem Fernrohr wegen der Sicherheit der Männer und der ganzen Situation Ausschau halten. Er bereitete auch das Essen zu. Früher, im 18. Jahrhundert, hatten dieses Amt nach Cneiff zwei Männer, von denen der eine für Wasser und der andere für Holz sorgte.

Das Feuer wurde auf einem Eisenblech oder in einem alten Kessel angezündet (Abb. 154). Die Speise bestand oft aus Seehundsfleisch und aus dessen Blut hergestelltem Kuchen.

Jeder Jäger hatte seine Strecke, die er jeden Tag abging. So lernte er ihre Einzelheiten und Naturverhältnisse gut kennen, was für den Fang von Vorteil war. Als Hauptwaffe diente die Flinte. War der Weg gut, so glitt der Jäger mit der Gleitschiene vorwärts, auf der er den linken Fuß hielt, während er mit dem rechten trat und mit dem Spieß schob (vgl. Abb. 156). Boten beim Heranschleichen an den Seehund Eishügel Schutz, so war keine Gleitschiene nötig, war das Eis aber glatt, so mußte man sich auf die Gleitschiene und ihren Schirm verlassen. Wenn der Seehund durchbohrt war,

[1] J. u. F. 14. [2] Ber. 24.
[3] Quellen: J. u. F. 14; 20; 113a; 128.

wurde das Fell, an dem der Tran hing, an dem „Schneeschuh" befestigt, und so ging es weiter. War das Eis uneben und höckerig, so schleifte der Jäger die Gleitschiene hinter sich her oder zog sie — was wenigstens später auch geschehen ist — auf dem Rutschschlitten. Wenn man sich dann dem Spätwinter näherte, die Bewegung der Eismassen zunahm und diese allmählich in immer kleinere Schollen zerbrachen, war die Gleitschiene auch als Brücke von Nutzen, denn man half sich damit über kleinere Spalten. Wenn die Zerbröckelung des Eises immer weiter fortschritt und die Spalten breiter wurden, mußten die Männer ihre Zuflucht zu den kleinen Booten nehmen, die sie ebenfalls bei sich hatten und in denen je zwei Jäger Platz nahmen.

Für die Nacht versammelten sich die Männer regelmäßig bei dem großen Boot. Wenn die Beute an einem Platz zur Neige ging, begann man sie an einem anderen zu suchen. So verstrich eine Woche nach der anderen. Die Eingeweide des Seehunds wurden gleich weggeworfen, aber das Fleisch aufbewahrt, falls die Beute nicht so reichlich war, daß man sich mit dem Tran und dem Fell begnügte und das Fleisch in das Meer warf. Das Fell wurde mit dem Tran zusammengerollt.

Bei stürmischem Wetter, wo man keinen Fang unternehmen konnte, vertrieb man sich die Zeit bei dem großen Boot, indem man die Geräte, so gut es ging, ausbesserte und plauderte. Da beschäftigte man sich oft auch mit Holzarbeiten, und manche von den schönsten Schnitzereien der Österbottnier sind gerade auf diesen Zügen entstanden.

Die Stunde der Heimkehr ist nach den vielwöchigen, anstrengenden und gefahrvollen Zügen etwas Herrliches. Wenn alle Teilnehmer dabei sind, wenn keiner sein Leben hat opfern müssen, wird das schon beim Betreten des heimischen Ufers durch so viele Schüsse mitgeteilt, wie Teilnehmer des Zuges vorhanden sind. Geschieht es nicht, so bedeutet es Trauer in einem, vielleicht sogar in mehreren Gehöften. Ist es aber allen gut ergangen, so wird gleich als erstes ein Begrüßungsschmaus veranstaltet.

Wenigstens noch im 18. Jahrhundert war es Brauch, die zusammen errungene Beute unter den Männern nicht nur derselben, sondern aller der Bootsmannschaften, die einander auf dem Zug begleitet hatten, zu teilen[1]. Auch später ist dieser Grundsatz, wiewohl mit kleinen Modifikationen, befolgt worden[2]. Das Fell wurde großenteils zu häuslichen Zwecken verwandt und Schuhzeug und Ranzen daraus verfertigt. Der Tran, der nach der Heimkehr von dem Fell abgelöst und in lange Streifen zum Schmelzen in ein Faß gelegt wurde, kam zum Verkauf, soweit er nicht im Hause verarbeitet wurde. Das Fleisch wurde, in mehrmals gewechseltem Wasser gereinigt, gesalzen und geräuchert und in dieser Art gern gegessen.

Über den Seehundsfang liegen auch einige geschichtliche Nachrichten vor. So benutzten die Åländer im Mittelalter Netze und zogen mit Booten aus. Im 16. Jahrhundert hatte die Burg Wiborg ihre eigenen „Seehundsmänner", die für die Burg auf dem „Seehundseis" jagten. Um die Mitte desselben Jahrhunderts dürfte schon die Seehundsflinte in Aufnahme gekommen sein[3]. Man

[1] J. u. F. 14. [2] J. u. F. 67.

[3] Hist. 14, S. 70. J. u. F. 20, S. 259. Staatsarch.

hat vermutet, daß die weiten Züge erst dadurch möglich geworden sind[1]. Diese Annahme dürfte jedoch kaum stichhaltig sein. Wie wir schon wissen, sind weite Züge seit uralten Zeiten eng mit dem Leben der Jagdperiode verknüpft. Zu solchen lockten aber gerade schon zu der Zeit, wo es noch keine Flinten gab, die großen Herden der grauen Seehunde. Wenn diese von dem Wasser isoliert waren, brauchte man zu ihrer Erbeutung keine kunstvollere Waffe als eine Keule oder einen Speer. Durch Beschleichen stellte der Harpunenjäger außerdem auch geringelten und am Wasser lagernden grauen Seehunden nach.

FISCHEREI[2]

Die in Finnland üblichen Fischereiarten kann man in sechs Gruppen einteilen: in die Schlag-, Stech-, Schlingen-, Umschließungs-, Sperr- und Netzfischerei.

Schlagfischerei

Die Schlagfischerei trägt heutzutage, wo so viele verschiedenartige Fanggeräte in Gebrauch sind, nur einen zufälligen Charakter. Sie kommt vor allem nur dann in Frage, wenn man, ohne eigentlich für den Fang gerüstet zu sein, einen Fisch, gewöhnlich einen Hecht sieht, der, z. B. in geringer Tiefe nahe dem Ufer stillstehend, bequem zu bekommen ist. Bei dieser primitiven Fangart konnte sich auch eine Sperrvorrichtung, ein Wehr, als notwendig erweisen. Ich erinnere mich aus meiner Jugend, wie einmal unsere Knechte, als sie in einem Wiesengraben einen Schwarm kleiner Hechte bemerkten, diese zwischen zwei in aller Eile hergestellte Wehre trieben und daselbst mit ihren Stangen totschlugen.

Es gibt eine Jahreszeit, der Herbst mit schneefreien glatten Eisflächen, wo die Schlagfischerei noch heute als wirklicher Fang ausgeübt wird. Da hält sich der Fisch wegen der durch das Gefrieren veränderten Atmungsverhältnisse anfangs in den oberen Wasserschichten auf, in denen er wegen der geringen Dicke des Eises dem darüberhin Gehenden deutlich sichtbar ist. Der Fang vom Eise aus stammt natürlich aus uralten Zeiten. Wegen seiner geringen Ergiebigkeit wird er heute vorzugsweise nur von armen Leuten, die keine eigentlichen Fanggeräte besitzen, und als Vergnügung von der männlichen Jugend ausgeübt; für diese ist er auch außerordentlich geeignet, weil sie sich bei ihrer geringen Körperschwere sicherer auf dem dünnen ersten Eis des Herbstes bewegen kann als Erwachsene.

In Archangelsk-Karelien wird zur Schlagfischerei u. a. eine Steinkeule, *ki'uri*, benutzt, als deren Kopf ein in der Mitte etwas dünnerer natürlicher Stein und als Schaft ein doppelt gelegtes Stück eines dünnen Ahlkirschstämmchens dient (Abb. 158)[3].

---

[1] J. u. F. 20, S. 259.

[2] Hauptquellen: J. u. F. 33; 42; 107; 110.

[3] Ethn. 43.

Der Fisch wird durch die vom Eis oder vom Eis und Wasser vermittelte Erschütterung getötet oder wenigstens betäubt. Das Eis muß dünn oder leicht brüchig sein und der Fisch sich beim Schlagen nahe unter der Oberfläche befinden.

Stechfischerei

Der Fang mit der Fischgabel

Das erste eigentliche Fischereigerät war der Speer, aus dem sich allmählich ein Stechwerkzeug mit mehreren Spitzen (Zinken), die Fischgabel, *atrain*, entwickelte. Anfangs sind nur zwei Spitzen vorhanden. Erwähnenswert ist, daß die Lappen in Jämtland, vermutlich nur gelegentlich, eine zweispitzige hölzerne Fischgabel zum Stechen von Lachsforellen in Bachwinkeln benutzen (Abb. 160)[1].

Die Indianer Nordwestamerikas fischten noch vor kurzem mit einer Gabel, an deren beiden Spitzen mit Rutenband ein Widerhaken befestigt war. Diese Gabel war kein eigentliches Stechgerät, denn der Fisch blieb zunächst zwischen den Spitzen und erst dann an den Widerhaken sitzen, die ihn festhielten (Abb. 163). Dasselbe Prinzip ist bei der grönländischen Eskimogabel durchgeführt, Abb. 161, die der indianischen darin überlegen ist, daß zwischen den ursprünglichen Spitzen eine stechende Zinke hinzugekommen ist und daß die Widerhaken beweglich sind: sie geben vor dem Fische nach, wenn der Fänger ihn zwischen die Spitzen bekommt, halten ihn aber fest, wenn er hinter sie geraten ist. Die grönländische Knochengabel Abb. 162 ist mit drei Spitzen und festen Widerhaken versehen.

Dieser Entwicklungsgang dürfte auch bei den finnischugrischen Völkern stattgefunden haben. Die Lappen von Finmarken wandten in der jüngeren Eisenzeit dreispitzige Knochengabeln an (Abb. 164)[2], und noch unlängst lebte die Erinnerung an solche bei den Wogulen an der Konda fort. Dreizinkige Gabeln aus Eisen sind noch im ugrischen Gebiet am Ob gebräuchlich. Das obere Ende der beiden äußeren Spitzen ist zu einer Zacke gestaltet, die an dem Stiel befestigt wird (Abb. 165).

In Finnland ist in Tiurinlinna im Kirchspiel Räisälä eine einzelne, in das Ende der heidnischen Zeit zurückgehende Spitze einer eisernen Zackengabel gefunden worden (Abb. 166). Aus derselben Zeit stammt eine auf dem Hügel Linnavuori bei Hämeenlahti im Kirchspiel Kurkijoki angetroffene Zackengabel, deren beide Hälften je drei Spitzen erhalten haben (Abb. 167)[3]. Ganz ähnliche waren bis in die letzte Zeit in mehreren Teilen unseres Landes gebräuchlich.

Auf der Basis der Zackengabeln entstanden die Fächergabeln in der Weise, daß die verschiedenen Teile der ersteren zusammengefügt und entweder mit einem für den Stiel bestimmten Dorn oder einer Tülle versehen wurden (Abb. 168). Die Erfindung, daß eine abgebrochene Zinke am bequemsten erneuert werden konnte, wenn sie von vornherein festgenietet wurde, führte

---

1 J. u. F. 46, S. 80.
2 Arch. 15, S. 37.
3 Arch. 16, Abb. 49, 66.

zur Entstehung der sog. Gratgabel (Abb. 169). Nunmehr begann man die Spitzen auch paarweise anzubringen. Mit einer einzigen Befestigungsstelle kam man aus, wenn man die ineinander gesetzten Zinkenbögen durch ein Klammereisen festkeilte (Abb. 170). Dieses Verfahren hatte auch den Vorteil, daß man anstelle einer abgebrochenen Zinke ohne größere Schwierigkeit eine neue einsetzen konnte.

Der Fang mit der Fischgabel, *tuulastaminen*, der heute eine verbotene Form der Fischerei ist, fand entweder am Tage oder in der Nacht statt. ZumTagesfang bot das Laichen des Brachsens und Hechtes eine ausgezeichnete Gelegenheit. Gut fiel er auch aus, wenn sich die Fische an warmen, klaren Sommertagen „sonnten".

Ein besonderes Vergnügen gewährte der nächtliche Fang bei Fackellicht, an dem meistens zwei Personen, eine als Stecher und die andere als Ruderer, teilnahmen. Damit der Stecher in das Wasser sehen konnte, wurde auf einem vorn am Boote angebrachten Rost ein Feuer angezündet (Abb. 174). Als Brennstoff diente zumeist hell brennendes Kienholz. Vor der Einführung eiserner Halter dürften Rindenfackeln in hölzernen Klammern angewandt worden sein, die noch heute bei den Wogulen an der Soswa die einzigen Beleuchtungsmittel beim Fischstechen sind (Abb. 159).

Noch vor kurzem benutzte man im Kirchspiel Vuokkiniemi in Archangelsk-Karelien eine aus Holz geschnitzte Zwiesel als Kienspanhalter. Ein breiter Schirm aus Birkenrinde, den die Lappen, Wogulen, Eskimos und die nordwestamerikanischen Indianer anwenden, ist die uralte Kopfbedeckung des Stechfischers (Abb. 159).

Der Fang bei Fackellicht stellte gewisse Anforderungen, vor allem kam es auf Geschicklichkeit und sehr scharfes Gesicht an.

Die Schießfischerei

Auch der Bogen fand in der Fischerei Anwendung. Man konstruierte hierfür besondere Pfeile. So entwickelten die Ostjaken und Wogulen einen besonderen Hechtpfeil, für den eine schwere zweizackige Spitze und ein langer unbefiederter Schaft charakteristisch waren (Abb. 171). In einigen Gegenden waren sie in diesem Fang außerordentlich geübt: in einem kleinen Kahn stehend, ruderten sie mit der einen Hand, während sie mit der anderen den Bogen in Bereitschaft hielten. Am besten glückte das Schießen während der Laichzeit, wo besonders die Hechte in ganz seichtes Uferwasser heraufkamen. Die Magyaren schossen noch im 13. Jahrhundert Fische mit dem Bogen[1].

Am Oulujoki berichtete man noch unlängst als Reminiszenz, daß früher Fische mit der Armbrust geschossen wurden. Als diese durch die Pulverwaffen verdrängt worden war, wurde die Fangart mit der Schrot- und der Kugelflinte, namentlich der letzteren, fortgesetzt. Natürlich trägt sie nunmehr einen ganz zufälligen Charakter und kommt nur im Zusammenhang mit anderen Jagdfahrten in Betracht, wenn sich günstige Gelegenheit bietet.

---

[1] J. u. F. 33.

Man nähert sich dem Fisch, soweit es möglich ist, und sucht so vertikal zu zielen, als es geht, damit der Schuß den größten Effekt hat. Gewöhnlich wird der Fisch durch die von der Kugel oder dem Schrot hervorgerufene Erschütterung getötet oder betäubt.

Der Fang mit Angeln (Haken)

An den Fanggeräten, die zur Stabangel- und Angelhakenfischerei benutzt werden, unterscheidet man zwei Hauptteile: die Spitze oder den fangenden Teil und die Schnur. Der fangende Teil, der ein Stäbchen oder ein Haken ist, wird meistens mit einem Lockmittel versehen: mit einem Köder, d. h. einer für den Fisch als Nahrung geeigneten Substanz, oder mit einem den Fisch sonst anlockenden Gegenstand.

Die Stabangel, *launi*, ist ein an den Enden zugespitztes Stäbchen, das in der Mitte an eine Schnur gebunden wird (Abb. 172). Bei uns wurde sie, soviel wir wissen, aus Holz hergestellt und mit einem Köder versehen (Abb. 173). Wenn sie der Fisch verschluckte, zog sich beim Wegschwimmen die festhaltende Schnur straff, so daß sich das Stäbchen im Maul oder im Magen querstellte und mit seinen spitzen Enden in den Wänden hängen blieb.

Die Stabangeln gehören sicher zu den ältesten Fanggeräten. So sind sie aus dem französischen Paläolithikum bekannt[1]. Außer in Finnland begegnet man ihnen noch heute bei den Wogulen, auf den Neuen Hebriden, an der Küste von Nordwestamerika und in Grönland. Außerhalb des Gebiets der finnischugrischen Völker werden sie am liebsten aus Knochen gefertigt und zum Fang sowohl von Wasservögeln als von Fischen gebraucht.

Der älteste Fischhaken ist ohne Zweifel ein Holzhaken, mit dem der Fisch ohne jeden Köder — durch heimliches Unterlegen — aufs Trockene gezogen wurde. Ein bezeichnendes Beispiel können wir von den Wogulen an der Sygwa anführen. Nachdem der Fluß vor der Fertigstellung des Winterwehrs zugefroren ist, stößt man in das Eis ein längliches Loch, durch das ein abgeschälter, sauber geschabter Baum mittels an beiden Enden befestigter Stangen auf den Grund hinabgelassen wird. In der Nacht läßt man sich an dem Loche nieder und beobachtet, ob Aalraupen über den Baum schwimmen, was man daran erkennt, daß ein Teil desselben beschattet wird. Dann führt man sofort einen eisernen, an einem Holzstiel befestigten Haken (Abb. 187) unter den Fisch und reißt diesen plötzlich nach oben.

Von diesem Fischhaken sind die eigentlichen Angelhaken vielleicht getrennt zu halten. Bei uns hat man stellenweise bis in die letzte Zeit mit hölzernen Angeln gefischt, die sich in drei Haupttypen teilen: in drei-, zweispitzige und gestielte Angeln. Die dreispitzigen haben einen geraden, an beiden Enden geschärften Teil, in dessen Mitte an der Ansatzstelle des vorspringenden Teiles die Schnur festgebunden ist (Abb. 175). Aus dieser Form, die sich nur durch ihre Astzwiesel von der gewöhnlichen Stabangel unterschied, erhielt man vielleicht die anderen erwähnten Typen: den zwei-

[1] J. u. F. 86.

spitzigen (Abb. 176) durch Verkürzung der einen Hälfte des geraden Teils, den gestielten (Abb. 177) durch Verlängerung der entgegengesetzten Hälfte desselben Teils. Es ist nämlich zu beachten, daß die Schnur an der zweispitzigen und anfangs auch an der gestielten Angel immer noch an der Zwiesel, an der entwickelteren gestielten aber am Stielteil befestigt ist: zuerst in der Mitte, dann am äußeren Ende (Abb. 178—181). Zweitens sind an den dreispitzigen Angeln wie an den Stabangeln sämtliche Spitzen geschärft; ebenso verhält es sich weiter bei den gestielten Angeln, deren Schnur an der Zwiesel befestigt ist; an den gestielten Angeln aber, bei denen sich die Schnur schon an den Stielteil verschoben hat, ist dieser gewöhnlich stumpf, ja oft am Ende eingekerbt, um das Durchstechen der Schnur durch den Köder zu erleichtern. Dieselben Erscheinungen sind schon an dem steinzeitlichen Inventar festzustellen. Sakari Pälsi hat gezeigt, daß das Prototyp der steinzeitlichen Steinangeln aus Kaukola und Pernau die dreispitzige Holzangel gewesen ist; ebenso, daß die Befestigungsstelle der Schnur an den steinernen wie an den hölzernen Angeln von der Zwiesel allmählich nach dem Ende des Stieles gerückt ist[1].

Die Angelhaken aus einem Stück wurden aus der Zwiesel einer Pflanze mit festem Gewebe, wie Wacholder, Heidekraut, Heckenkirsche oder — seltener — Birke, hergestellt. An den zusammengesetzten Angeln bestand der Spitzenteil, von dem die Fängigkeit in erster Linie abhing, aus festerem Material als der Stielteil: aus Wacholder, Knochen, Kupfer- oder Eisendraht.

Hölzerne Angeln, sowohl solche aus einem Stück wie zusammengesetzte, werden noch bei den Wogulen, Ostjaken und Ostjaksamojeden angewandt. Die Holzangeln dieser Völker spiegeln eine ähnliche Entwicklung wider wie die der Finnen. Die Angel aus einem Stück erweist sich auf beiden Seiten als der Ausgangspunkt. Man darf daher annehmen, daß sie hier wie dort in ferne Vergangenheit zurückgeht; dies zeigt auch die Etymologie von finn. *onki* 'Angel', dem im Ungarischen *ág* 'Ast' entspricht[2].

An den ostjakischen und ostjaksamojedischen Holzangeln findet man oft eine gespleißte Zirbelkieferwurzel als Schnur und einen Lederriemen als Vorfach. Der letztere ist für die scharfen Zähne des Hechtes da, aber er kann auch als Festhalter eines großen Barsches am Platze sein. Die Angel wird immer mit einem Fisch beködert: der Bauch wird aufgeschnitten, die Angel mit der Spitze nach dem Kopf in die Bauchhöhle gebracht und das Vorfach durch den Rücken — vor der Rückenflosse — eingeführt. Die Angeln werden einzeln als sog. Setzangeln in das Wasser gesenkt. In seichtes, stilles Gewässer wird eine Rute gesteckt und in einem Einschnitt an deren oberem Ende die Schnur mit Gras befestigt. Der anbeißende Fisch reißt das Gras durch, aber der Schwimmer, wozu ein zigarrenförmiges Holzstöckchen dient, folgt nach und gibt die Stelle an, wo sich der Fisch befindet (Abb. 185).

In Finnland sind auch solche zusammengesetzte Angeln gebraucht worden, deren beide Teile aus Knochen bestanden (Abb. 180). Damit wurden laut Bericht Lachse gefangen. Früh begann man aber wohl auch Metallangeln herzustellen, wovon schon die in das Ende der älteren Eisenzeit zurückgehenden

[1] Arch. 17.

[2] Spr. 19, S. 31.

Funde zeugen (Abb. 184). Für die eisernen Angeln der vorgeschichtlichen Zeit ist eine runde Krümmung eigentümlich, und Angeln desselben Typus sind im allgemeinen bis in die letzte Zeit am häufigsten gewesen. Hier dürfen wir aber auch eine andere eiserne Angel nicht unerwähnt lassen, die sich unmittelbar von der Holzangel herzuleiten scheint: wir meinen die in der Gegend von Kangasniemi und Vaasa gebrauchte Aalraupenangel (Abb. 183), bei der das Vorfach immer noch an der Zwiesel befestigt ist. Aus ihr dürfte sich die Aalraupenangel in Abb. 182 entwickelt haben.

Der Fang mit Angeln (Haken) teilt sich in zwei Hauptarten: in den aktiven und den passiven. Die primitivste Form der aktiven Fangart war, wie wir bereits oben bemerkten, gewiß die Anwendung des Fischhakens (Abb. 187), die natürlicherweise keinen Köder erforderte.

Anders verhält es sich beim Angeln, wo man Fische an ein Fanggerät zu locken versucht (Abb. 157). Um die Angel weit genug auswerfen zu können, muß man eine Rute anwenden. Man braucht über keine besonders große Übung zu verfügen, um zu finden, daß man den Fisch erbeuten kann, ohne fortwährend am Platze zu sein: man braucht die Rute nur am Uferabhang anzubringen und sich zu entfernen, um sein Fanggerät zu einem Instrument der passiven Fischerei zu machen. So entstand die Rutenreihe, *vapakko* (Abb. 189). Bei der Setzangel, *polo*, von der schon die Rede war, trat an die Stelle der Rute nur der Schwimmer, *tupuri* (Abb. 186). Wenn mehrere Angeln an ein- und derselben Schnur, einem Simm, befestigt wurden, entstand die Grundleine, *vela* (Abb. 190). Das Simm wurde natürlich mit seinen beiden Enden festgemacht, damit es an seiner Stelle blieb. Um den Angeln mit ihrem Köder größere Bewegungsfreiheit zu geben, wurden sie mittelbar, durch Vorfächer, *ratastimet*, mit dem Simm verbunden. Grundleinen mit Holzangeln werden noch heute sowohl von den Lappen als von manchen Ostjaken gebraucht.

Knochenangeln ohne Köder scheinen nach den Untersuchungen von Pälsi schon die steinzeitlichen Fischer in der Gegend von Pernau angewandt zu haben[1]. Für die Richtigkeit seiner Beobachtung spricht, daß manche Naturvölker, besonders die Südseeinsulaner, mit ähnlichen Angeln fischen[2]. Diese letzteren bestehen gewöhnlich aus Perlmutter, die durch ihre Helligkeit die Fische herbeilockt. Es ist also nicht unmöglich, daß auch die nachsteinzeitlichen Fischer mit solchen Angeln gefischt haben. In Ostrußland sind als Bodenfunde mehrere bronzene und kupferne Schleppangeln ans Tageslicht gekommen, eine z. B. auf dem Grabfeld von Ananjino, von der Grenze zwischen Bronze- und Eisenzeit, eine andere in dem See Garewskoe ozero an der Kama, vielleicht aus dem 13. oder 14. Jahrhundert[3]. Ihre Form ist ganz dieselbe wie bei der in Abb. 188 wiedergegebenen, beim Aufwerfen eines Grabens gefundenen kupfernen Schleppangel, deren Haken und Blatt aus einem Stück bestehen. Eine andere, ähnliche ist aus der Stromschnelle Tampereenkoski geborgen worden. In welche Zeit diese finnischen Schleppangeln zurückgehen,

---

[1] Arch. 17.
[2] J. u. F. 16.
[3] Arch. 18, Taf. XIII, 13; 19, S. 121.

läßt sich nicht sagen, doch scheint es sicher, daß der Typus lange lebenskräftig gewesen ist, da auch die übrigen finnischen Schleppangeln mit Blatt von ihm abstammen.

Schlingenfischerei

Ebenso wie die bisher besprochenen Fischereigeräte kommt auch die Wurfschlinge, die seinerzeit in der Fischerei eine bemerkenswerte Rolle gespielt haben dürfte, als Hilfsmittel der Jagd vor. Heutzutage wird sie ebenso wie einige andere oben besprochene Fischereigeräte nur gelegentlich angewandt. Sie wird aus Kupferdraht nach Art der Hasenschlinge hergestellt. Genügend weit ausgebreitet, wird sie mit Hilfe einer Rute ins Wasser getaucht und über den Kopf des Fisches hin diesem vorsichtig bis mitten um den Rumpf geführt, worauf sie durch einen plötzlichen Ruck mit der Beute in die Höhe gerissen wird.

Ebenso wie die Schlag- und Schießfischerei bringt auch diese Fangart fast nur Hechte ein. Die beste Beute macht man damit zur Laichzeit und während des „Sonnens".

Umschließungsfischerei

Zur Umschließungsfischerei gehören die Fangarten, mittels deren man die Fische durch Anwendung eines beweglichen Fanggerätes umzingelt. Sie zerfällt in zwei Hauptarten: die Hamen- und die Zugnetzfischerei.

Der Hamen ist ein löffelartiges Gerät, mit dem die Fische wie in einen Schöpflöffel genommen werden. Wir können ihn uns als eine verlängerte und verbreiterte Hand denken. Dieses älteste Fanggerät wird mitunter noch heutzutage bei gewissen ähnlichen Gelegenheiten wie der Hamen gebraucht: z. B. wenn die Fische an enge und seichte Stellen dringen, was oft geschieht, wenn sie vor verdorbenem oder erstickendem Wasser fliehen.

Der Hamen ist denn auch ohne Zweifel ein uraltes Fanggerät. Bei den Ostjaken hat sich bis zum heutigen Tag eine Hamenart erhalten, die in die Zeit zurückzugehen scheint, wo Netzwerk noch nicht bekannt war. Ihr Beutel, der an einem aus Holz geschnitzten, oval gedrückten Rahmen befestigt ist, ist aus Ahlkirschspleißen geflochten (Abb. 193).

Für den primitiven Techniker ist es kennzeichnend, daß er soweit wie möglich zu seinen Geräten Formen zu benutzen sucht, die ihm die Natur selbst bietet. Diese Tatsache stellen wir fest, wenn wir uns das Gerippe des finnischen Hamens ansehen, der immer mit einem Netzbeutel versehen ist: es ist meist ein zweiarmiges Bäumchen, aus dessen Armen der Reifen und aus dessen Stamm der Stiel gemacht ist. Allmählich fing man aber an, Gegenstände aus verschiedenen Teilen zusammenzusetzen. Der wichtigste Teil beim Hamen war die Zwiesel, die beim Fang die größte Belastung zu tragen hatte. Man versuchte sie also vor allem fest, sogar aus einem besonderen Stück zu machen, wie z. B. bei dem Schnäpelhamen vom Tornionjoki (Abb. 194). Am Kokemäenjoki brachte man an der Vereinigungsstelle zwischen ihr und den Reifenteilen eine Verstärkung an (Abb. 195). Um die Festigkeit zu erhöhen und damit der Hamen geräuschloser und leichter bis auf den Grund kam, umwickelte man die Reifenteile mit einem Lederriemen.

Wir führen im folgenden einige Beispiele für die Anwendung des Hamens an.

Die sog. aggressive Fischerei macht sich die Engigkeit des Gewässers zunutze. Sie wird von zwei Männern abends oder nachts vom Lande aus vorgenommen. Der eine hält am Stiel den auf den Grund des Baches auf die Seite eingesenkten Hamen, und der zweite zieht diesen an einem Seil stromabwärts. Sobald man an dem Zucken merkt, daß ein Fisch in den Beutel gegangen ist, hebt der erste Mann das Gerät in die Höhe.

Noch gewaltsamer ist die Trampfischerei, die in Frühlingsnächten ausgeübt wird, wenn die Fische zum Laichen in kleine Flüsse hinaufschwimmen. Auch dabei sind zwei Männer beteiligt: der eine handhabt vom Ufer aus den Hamen, den er auf die Seite gelegt im Wasser hält; der andere, der etwa 20 Klafter weiter oben am Ufer des Flusses Stellung nimmt, schreitet auf den Mann mit dem Hamen zu und treibt dabei die Fische durch Trampen oder „Peitschen“ vor sich her. Sind die Männer einander nahe gekommen, so hebt der Mann mit dem Hamen diesen aus dem Wasser und schüttet seine Beute auf das Ufer aus.

Auf günstigen Naturverhältnissen beruht die Ergiebigkeit zweier anderer Fangarten. Die eine ist bedingt durch das mitten im Winter oft eintretende Fauligwerden des Wassers, die andere durch das Bersten des Eises und das Aufquellen von Wasser auf das Eis. Beide Naturerscheinungen finden in kleinen Seen oder Teichen statt, denen ein Abfluß entweder ganz fehlt oder bei denen er, weil unbedeutend und schwach strömend, bis auf den Grund gefriert. Das Fauligwerden beginnt selten vor dem Dreikönigstag, und ebenso ungewöhnlich ist es, daß es erst nach dem März eintritt. Das faulige Wasser ist für den Menschen ungenießbar, und die Fische meiden es mit Gefahr ihres Lebens. Bisweilen geschieht es — besonders, wenn der Tümpel gar kein tieferes felsiges Ufer hat —, daß dessen ganzer Fischbestand zugrunde geht. Der Fang wird von tiefen Felsufern aus bewerkstelligt, an denen sich die Fische scharen, um dem Untergang zu entgehen. Aus Eislöchern, die an diesen Stellen gemacht werden, erhält man sie mitunter scheffelweise — dies besonders, weil die Fische in ihrer Angst ganz unbeholfen sind.

Der Fang mit dem Hamen eignet sich ausgezeichnet auch beim Laichen des Stintes, wo sich dieser Fisch in Schwärmen ansammelt. Man fischt bei Nacht. Die besten Fangplätze sind die Rückströmungen in Flüssen. Sind solche nicht in der Natur vorhanden, so schlägt man zu ihrer Hervorbringung Wehre ein.

In manchen Gegenden wird der Stint auch in Binnenseen mit dem Hamen gefangen. In Hiitola geschieht es bei Fackellicht, von dem sich die Stinte in großen Schwärmen anlocken lassen. Das Feuer wird auf einem gewöhnlichen Rost wie beim Fischstechen angezündet.

Der Schnäpel wird besonders vor dem Laichen, aber auch beim Stromansteigen mit Hamen gefangen. An Stromschnellen geschieht es am Ufer von eigens erbauten Stegen oder Wehren aus. Beim Fischen aus Strömungen befindet man sich in einem Boot, das man entweder rudert oder verankert hält. Im ersteren Fall sagt man, daß man mit dem Treibhamen, *ajolippo*, fischt (Abb. 191).

Der Fang findet überall wesentlich auf dieselbe Art statt. Der Hamen wird in der Richtung des Stromes möglichst dicht über dem Boden gehalten, ohne diesen jedoch zu berühren. Stärkeres Anstoßen vermeidet man nach Kräften, da die Fische dadurch verscheucht werden. Aus diesem Grund ist das vordere Ende des Hamenreifens im allgemeinen biegsam und mit einem Lederriemen umwickelt. Gewöhnlich wird der Hamen in einem Zug drei Klafter weit, d. h. so weit, wie der Stiel lang ist, geführt. Dann wird er hochgehoben, in der Luft gegen den Strom geschwenkt und wieder gegen den Grund gesenkt. Ist ein Fisch hineingegangen, so verspürt das der Fischer sofort an dem Zucken, das ihm der Hamenstiel vermittelt. Der Steg wird am liebsten so gebaut, daß sein äußeres Ende über eine Stufe auf den Boden der Stromschnelle kommt und soweit unterhalb derselben, daß der Hamen eben bis an die Wand der Stufe reicht, unterhalb deren es wegen des in das Wasser geratenen Hindernisses am meisten von Fischen wimmelt. In Abb. 191 sieht man zwei Hamenfischer: der eine steht an der Spitze des Steges und holt gerade ein paar Schnäpel aus den Strudeln der Stromschnelle; der andere, der sich in einem am Anfang der Stromschnelle verankerten Boote niedergelassen hat, schwenkt seinen Hamen stromaufwärts, um ihn wieder in das Wasser zu senken.

Eine besondere Hamenart sind die Senkhamen, *liippi*, mit denen den Fischen der Weg von unten her versperrt wird. Ihre Fängigkeit beruht darauf, daß der Fisch, um die Gefahr zu meiden, nach dem Grunde zu entflieht — im vorliegenden Fall also gegen den Hamen zu. Dieser ist hinsichtlich seines Baues entweder ein Ufersenkhamen, *rantaliippi*, der an seinem unmittelbar mit dem Reifen verbundenen Stiel zu erkennen ist (Abb. 197), oder ein Senkhamen des tiefen Wassers, *selkäliippi*, der durch mehrere vom Reifen nach einem Punkt aufsteigende Schnüren in der Schwebe gehalten wird (Abb. 196). Der erstere hat sich gewiß auf Grundlage des Hamens in Abb. 192 ausgebildet. Der Senkhamen der zweiten Art dürfte ursprünglich ein Ufersenkhamen sein, an dem wegen der Tiefe des Fanggewässers der unmittelbar an den Reifen gefügte Stiel weggelassen werden mußte. Der Beutel ist an beiden aus Netzwerk, der Reifen aber besteht an den Ufersenkhamen gewöhnlich aus Holz, an denen des tiefen Wassers aus Eisen und ist hier zusammenlegbar.

Als Lockmittel bringen die Fischer an ihren Hamen sog. Fischblumen, *kalakukka*, und Köder an. Die ersteren sind verschiedenartige farbige Anhängsel, wie Rindenschnitzel, rote Tuchstückchen, Garnbüschel, Metallplättchen u. a.; die Köder sind Raupen, Würmer oder kleine Fische. Sie werden gewöhnlich an einen Haken gesteckt, der mit einem kurzen Vorfach an einem oder mehreren Tragschnuren befestigt wird. Mancherorts bindet man einen lebendigen Fisch — meist einen Barsch — über dem Hamen an, so daß er da schwimmt. So werden auch hauptsächlich Barsche, während der Laichzeit aber auch in manchen Gegenden Weißfische gefangen. Im allgemeinen sind die Hamenplätze zugleich Angelplätze. Damit sich der Barsch besser an sie gewöhnt, versieht man sie oft mit sog. Hamenreisig, *liippirisut*,

Büscheln von Fichten- oder Kiefernzweigen, ja auch von Laubbaumzweigen, die im Frühling mit Steingewichten neben dem Fangplatz auf den Grund gesenkt werden. Wenn es nötig ist, wird die Stelle des Reisigs der leichteren Auffindbarkeit halber durch Landmarken bezeichnet.

Um die Fische immer zahlreicher über den Hamen zu locken, werfen manche Fischer Würmer, Brotstückchen u. dgl. in das Wasser. Wenn man sich dann auf eine oder die andere Weise vergewissert hat, daß eine Anzahl Fische zusammengekommen sind, hebt man das Gerät hoch. Aus Furcht vor dem aufsteigenden Reifen und dem Beutelnetz schwimmen die Fische ihrer Gewohnheit gemäß nach dem Grund zu und geraten so in den Beutel des Hamens.

Das Zugnetz, *nuotta*, ist eine einen bestimmten Teil des Gewässers abschließende vertikale Wand, mit der die Fische, auf eine oder die andere Weise umzingelt, aus dem Wasser gehoben werden. Es scheint ursprünglich auf eine fast noch primitivere Form zurückzugehen als der Hamen. Aus Tahiti kennt man lange Faschinen aus Palmenblättern, die man im seichten Ufergewässer hinführte, bis man die vor ihnen angesammelten Fische an das Land ziehen konnte[1]. In Lieksa (Ostfinnland) fischten die Knaben früher mit einem „Zugnetz", das man füglich als eine Entwicklungsform dieses tahitischen betrachten darf. Es wurde aus Zweigen der Birke, der Weide oder eines anderen Laubbaumes hergestellt. Diese wurden zu $^2/_3$ Spannen dicken Büscheln in der Länge des ganzen Gerätes zusammengelegt, die dann mit Weidenband übereinander gebunden wurden, und zwar eins an das andere, bis eine in der Mitte etwa eine Elle hohe Wand entstand. Mit vereinten Kräften wurde das Fanggerät im seichten Uferwasser hinter einem Weißfisch- oder Döbelschwarm hergezogen. Im geeigneten Augenblick begann man es gegen das Ufer zu richten, indem die einen zogen und die anderen schoben. Die Fische schwammen wie vor einem Besen auf das Land. Als passender Köderfisch kam die Beute oft an die Setzangeln der Angelfischer.

Noch einfacher ist eine andere „Zugnetz"art, die aus zwei dichtbelaubten, mit den Kronen vereinigten Bäumen verfertigt wurde. Die Fischer, zwei Mann, gingen je einen Grabenrand entlang und zogen diese Vorrichtung an dem dicken Ende der Bäume nach dem Winkel eines Seitentümpels oder in eine Biegung des Grabens. Von Vorteil war es, wenn der Graben mittels eines Wehres abgesperrt war, gegen das man das Gerät ziehen konnte. Die Beute bestand vor allem in Hechten, die zum Laichen aufwärts schwammen.

Mit einem ähnlichen „Zugnetz" hat man noch heutzutage in dem fischreichen Pirnesjärvi im Kirchspiel Haapavesi (Nordfinnland) gefischt. Der alte Besitzer des am Ufer dieses Sees liegenden Gehöftes Kivilahti erzählte 1913, sein Großvater sei hierher übergesiedelt und habe mit einem solchen „Zugnetz" Massen von Kaulbarschen bekommen, die getrocknet, gemahlen und mit anderem Mehl zu Broten gebacken wurden[2].

Das Laubzugnetz, das das Wasser nur teilweise durchließ, war schwer zu ziehen. Bei starker Strömung war es wegen des Wasserdruckes unmöglich.

[1] Stockholm, Riksmuseet Nr. 30 : 111. [2] J. u. F. 22, S. 100.

Man versuchte daher schon recht früh eine bessere Wand herzustellen. Hierbei wandte man zweifelsohne dieselbe Flechttechnik an, die man bei der Verfertigung verschiedenartiger Traggeräte, wie der Körbe, anzuwenden gewohnt war. Hierauf deutet außer dem schon oben besprochenen ostjakischen Fischhamen mit geflochtenem Beutel auch das Material, die Weidenrinden- und Lederstreifen, woraus einige nördliche Völker, wie die Samojeden und Tschuktschen, bis in die jüngste Zeit Zugnetze geflochten haben.

Das Netzwerk, die in Maschen geknüpfte Fangwand, war auch in unserem Lande schon in der jüngeren Steinzeit bekannt. Eine Vorstellung von dem damaligen Netzknoten, dem sog. Russenknoten, *ryssänsolmu*, gibt Abb. 198[1]; neuzeitliche Knoten finden wir in Abb. 199—201. Die an beiden Enden offene Netznadel (Abb. 203) ist, nach ihrer weiten Verbreitung bei verschiedenen Naturvölkern zu schließen, ein uralter Typus. Sie ist noch heute bei den Ostjaken und Wogulen in Gebrauch, und noch unlängst scheinen auch die Lappen damit gestrickt zu haben, da die jetzige Netznadelform mit ihren gekrümmten Spitzen (Abb. 202) von ihr abzustammen scheint.

Von den Garnzugnetzen steht hinsichtlich ihrer Gebrauchsweise die W a t e, *vata*, dem Laubzugnetz am nächsten. Auch hier ziehen zwei Männer das Fanggerät, im Wasser watend, zwischen sich über den Grund hin. Zum Festhalten sind an beiden Enden oder Flügeln Stangen angebracht (Abb. 204). Damit sich das Zugnetz beim Ziehen nicht wie ein Strick zusammenlegt, wird es mit Simmen versehen. Hiervon hängt seine Fängigkeit auch zum großen Teil ab; bei der Anbringung des Simms verfährt man so, daß man das Netzwerk etwas zusammengelegt befestigt, damit es vor dem Durchschlupf suchenden Fisch nachgibt und ihn um so besser verstrickt.

Der Wunsch, auch die im Schilf versteckten kleinen Fische zu erbeuten, führte zur Erfindung des Kufenzugnetzes, *kuuritsa*. Dieses Gerät, das in Südkarelien zu finden ist, ist hier vom slawischen Gebiet entlehnt worden, wo es noch heute von Ostpreußen bis in die Gegend von Nishni-Nowgorod gebräuchlich ist (Abb. 205)[2]. Die Kufen des südkarelischen Kufenzugnetzes bestehen immer aus zwei Teilen: der aufwärts gebogene Teil aus einem zwei Ellen langen Ast, der wagrechte Teil aus einem etwa zwei Klafter langen Stamm. Sie werden platt geschnitten und mit Löchern versehen, in denen das Netzwerk befestigt wird.

Mit dem Kufenzugnetz wird in der Sommerwärme an solchen dem Wind ausgesetzten Ufern gefischt, an denen das Wasser merkbar getrübt ist. Es nehmen immer drei Fischer teil, von denen einer das Gerät mit der Steuerstange lenkt und zwei die Kufen am Ufer entlang in etwa 1,5—2 Ellen tiefem Wasser ziehen. Merkt man an dem Zucken der Garnwände, daß Fische hineingegangen sind, so hebt man das Gerät an die Oberfläche und drückt gleichzeitig plötzlich die Kufen zusammen, so daß die Beute zwischen den Garnwänden bleibt. Natürlicherweise sind die Fischer möglichst wenig bekleidet — die Männer gewöhnlich ohne Hosen.

Mit der kurzen, an Flügelstangen befestigten Wate konnte man Fische be-

---

[1] Arch. 20. [2] J. u. F. 108.

kommen, auch wenn sie nicht mit Flotten und Gewichten versehen war. Mit zunehmender Länge wurden aber diese beiden Ausrüstungsstücke notwendig: die Gewichte, damit die Wand des Zugnetzes auch die Vertiefungen des Grundes bestrich, und die Flotten, damit es möglichst aufrecht blieb. Ohne Zweifel gehen die meisten noch heute gebräuchlichen Gewichts- und Flottenformen in sehr frühe prähistorische Zeiten zurück. In Finnland hat sich bei einem Netzfund aus der jüngeren Steinzeit in Korpilahti, Kirchspiel Antrea, auch ein Stück Netzwerk sowie Borkenflotten, die sich nur durch ihre Unförmigkeit von den heutigen unterscheiden, erhalten[1]. Gewiß wurden schon früh auch Plattenflotten aus Birkenrinde und Holz hergestellt (Abb. 207 — 216). In diesem Zusammenhang sei erwähnt, daß es im Ungarischen, den ob-ugrischen und den permischen Sprachen einerseits (ung. *para*, wog. *porä*, ostj. *por*, syrj. und wotj. *pur)* und im Finnischen und Wotjakischen andererseits (finn. *pullo*, wotj. *pul)* ein gemeinsames Wort für die Flotte gibt[2]. Das finnische Wort *pullo* wird auch von der Netzrolle aus Birkenrinde, *käpry* (Abb. 225) gebraucht, die ebenfalls tief in die vorgeschichtliche Zeit zurückgehen dürfte. Die einfachsten Gewichte waren mit Rutenband am Simm befestigte natürliche Steine (Abb. 218), wie sie im obugrischen Gebiet noch viel angewandt werden. Von ähnlicher Art scheinen sie auch bei dem Netzfund von Antrea gewesen zu sein. Gewichte sowohl aus Stein wie aus Knochen mit Löchern zum Anbinden (Abb. 220), die natürlich besser festhielten, sieht man noch heute an den Zugnetzen der Ostjaken von Obdorsk, und ohne Zweifel sind viele von den oft gefundenen durchlochten Steinen vorgeschichtliche Gewichte von Netzfanggeräten. Nach der weiten Verbreitung zu schließen, sind auch die Hülsensenker, *koppikives* (Abb. 219), und die Reifensenker, *sompa* (Abb. 217), alter Herkunft. Dasselbe gilt von den Simmen aus Wurzeln, Birkenrinde und Weidenrinde, die auch bei uns noch vor kurzem verfertigt wurden, in deren Herstellung aber die heutigen Ostjaken und Wogulen immer noch außerordentlich geschickt sind (Abb. 206).

Kehren wir aber wieder zur Wate zurück. Diese stand bei uns nur in Südfinnland und in den Küstengegenden in den Grenzgebieten der schwedischen Bevölkerung in Gebrauch, was zusammen mit dem Namen (< schwed. *vada)* auf schwedisches Lehngut zu deuten scheint. Jedoch nicht so, als ob die Vorfahren der Finnen diese primitive Fangvorrichtung überhaupt nicht angewandt hätten. Eher muß man annehmen, daß sie durch die Entlehnung von neuem mit dem Gerät bekannt wurden, das sie seinerzeit nach dem Durchdringen entwickelterer aufgegeben hatten. Über eine Wate in Liminka berichtet 1802 Holmbom. „Manche gebrauchen“, schreibt er, „ein kleines, niedriges sog. Watnetz *(vadnot)*, das von zwei Männern im Frühling im Uferwasser gezogen wird; zum Schutz versehen sie sich mit wasserdichten, hohen und guten Schmierstiefeln.“

Die Wate ist ferner bei den Syrjänen, Wotjaken und Tscheremissen gebräuchlich. Die ersteren verfertigen sie heute aus eigens gewobenem, undichtem Sackleinen etwa 3 Klafter lang, an den Flügeln über eine und in der

[1] Arch. 20. [2] Spr. 44.

Mitte drei Ellen hoch. Sie ist außerdem mit Flotten und Hülsengewichten versehen. Der Fang findet beim „Sonnen" in Flußbuchten statt, in deren Winkel die Wate von den Fischern — bisweilen bis an den Hals watend — an den Stangen der Flügel gezogen wird. Der Name der syrjänischen Wate ist *kövtim*.

Die Länge der wotjakischen Wate *(kalton)* wechselt zwischen drei und acht Klaftern. Auch sie ist mit Flotten und Flügelstangen versehen, aber die Gewichte sind aus Ton gebrannte Kugeln mit einem Loch für das Simm. Der Fang wird ebenso wie bei den Syrjänen ausgeführt.

Die Namen *kövtim* und *kalton* kommen auch in den anderen finnischugrischen Sprachen vor (finn. *kulle*, lapp. *golda*, *galddaga*, wog. *xultne-pon*, ostj. *kolltä-pon* 'eine Art des Zugnetzes') und gehen als solche in die finnischugrische Urzeit zurück. Ohne Zweifel war denn auch auf dieser Kulturstufe schon der gewöhnliche Watenfang bekannt.

Wir sahen eben, daß die syrjänischen und wotjakischen Fischer, indem sie ihre Wate an den Ufern der Buchten hinschleifen, die Fische vor sich her in den Winkel derselben treiben, um sie da einzusperren. Für die ursprüngliche Zugnetzfischerei ist diese Fangart überhaupt kennzeichnend. Ein lehrreiches Beispiel hierfür bietet uns auch das beutellose Zugnetz der Lappen, *golda*, das in Flußgewässern weite Strecken stromabwärts auf ein quer eingebautes Wehr zu gezogen wird, wobei die zwischen der Ausgangsstelle und der Sperre gebliebenen Fische in das Netz und mit diesem ans Land geraten (Abb. 228). Das Ziehen erfolgt von den Ufern aus; von Booten her, die dem Netz folgen, wird nur achtgegeben, daß dieses, ohne hängen zu bleiben, mit dem Strome vorwärtsgleitet. Dieser Fang von oder an Wehren wurde früher, wie wir unten sehen werden, auch in Finnland viel ausgeübt.

Zu den beutellosen Zugnetzen gehören auch die finnischen *kulle*-Netze (Pl. *kulteet)*, deren Name in die finnischugrische Urzeit zurückgeht. Diese Zugnetze, deren Anwendung wahrscheinlich schon seit langen Zeiten zu den entwickeltsten Fangarten der Zugnetzfischerei gehört hat, finden heute ausschließlich in Flüssen Verwendung[1].

Die Größe des *kulle* wird natürlich in erster Linie durch den Umfang des Fangplatzes, die Größe der Maschen aber dadurch bedingt, für welchen Fisch es bestimmt ist. So war das große oder Lachskulle am Oulujoki in Vaala 20, am Tornionjoki 60—140 Klafter lang, die Maschen 4½ Zoll im Quadrat. Das Stillwasserkulle war an dem ersteren Flusse 20—30 Klafter lang, die Maschen 1½ Zoll im Quadrat. Als Träger dienten regelmäßig Plattenflotten, als Gewichte an kleinmaschigen Netzen Hülsensenker, an großmaschigen Reifensenker oder sog. *käyrä* (Abb. 226).

Für die primitive Zugnetzfischerei war der Fang in kleinen, leicht verschließbaren Gewässern charakteristisch, was auch dadurch bewiesen wird, daß in der finnischen Steinzeit gerade in solchen Gewässern gefischt wurde[2]. Als man sich dann mit der Vergrößerung der Fanggeräte auch an größere Gewässer wagte, benutzte man erfahrungsgemäß weiterhin solche Stellen, wo

[1] J. u. F. 108. [2] Arch. 1, S. 109.

sich die Fische aus dieser oder jener Ursache angesammelt hatten. Die Beschaffenheit der verschiedenen Plätze bestimmte dann auch gerade die Fangart.

Mit dem Stillwasserkulle wird das Fischen, wie man schon aus dem Namen erraten kann, an solchen verhältnismäßig stillen Plätzen ausgeführt, die im Flusse unterhalb von künstlichen oder natürlichen Verdämmungen, wie z. B. an Landspitzen entstehen. An ihnen finden sich gewöhnlich Fische in größerer Menge, da sie den im Kampf mit der Strömung ermüdeten Schwimmern willkommene Ruheplätze bieten. Das *kulle* wird von einem Boote ausgelegt und vom Ufer her im Bogen gegen den Strom geworfen. Wenn der untere Flügel an das Ufer geführt ist, wird das *kulle* gleichzeitig an beiden Flügeln gehoben (Abb. 229).

Früher wurde ähnlicher Fischfang u. a. von den Wogulen an der Soswa getrieben, deren Zugnetz ebenfalls keinen Beutel besaß.

Wir kehren aber noch einmal zum Oulujoki zurück.

Die Stellen, wo sich eine edlere Fischart, wie Lachs und Schnäpel, dem Ufer näherte, waren selten und mitunter auch nicht für Netzzüge geeignet. Aus diesem Grunde strebten die Schnäpel- und Lachsfischer schon früh nach dem mittleren Bett der Flüsse. Da man beim Ziehen in der Mitte des Flusses keine feste Hubstelle hatte, gegen die man das Netz und damit die Fische ziehen konnte, mußten seine Maschen so groß gemacht werden, daß die Fische beim Suchen nach einem Durchschlupf in denselben wie in einem Stellnetz hängen blieben. Mit solchen Maschen sind denn auch das große und das Stillwasserkulle versehen.

Mit dem großen *kulle* werden, wie schon bemerkt, Lachse gefangen. Geeignete Fangplätze sind die stillfließenden Partien der Gewässer, und als Hubstellen bieten sich die Klippen oberhalb von Stromschnellen. Das *kulle* wird von zwei Booten quer durch die Stromrinne ausgelegt; während die Männer am *kulle* ihre Boote stromabwärts staken, bildet das Netz einen Bogen, da die Flügelseiten eine größere Geschwindigkeit haben als die Mitte. An der Klippe angelangt, wo das *kulle* vom Grunde bis zur Oberfläche reicht, werden die Boote nahe aneinandergerudert; der eine Ruderer hält die Buge der Boote aneinander fest, der andere trampt mit einer Tramp- oder Störstange, während die Männer am Netze das *kulle* in die Boote holen. Die umzingelten Lachse bleiben nun in den Maschen des Netzwerkes hängen. Der Fang findet am Oulujoki vom Juli bis zum Eintritt des Winters in der Abend- und Morgendämmerung statt.

Damit die Fische noch sicherer eingeschlossen wurden, führte man nicht nur die Boote zusammen, sondern ruderte das Netz außerdem in zwei Spiralen nach innen herum. In dieser Art fängt man mit dem Stillwasserkulle an ähnlichen Plätzen wie mit dem großen *kulle*. Dazu sind zwei Boote erforderlich, von denen das eine *oijus-* (Streck-), das andere *kiesinvene* (Drehboot) genannt wird (Abb. 230). In beiden nehmen zwei Männer Platz. In das Drehboot setzen sich die geübtesten Fischer, die je nach ihren Verrichtungen Drehruderer, *kiesinsoutaja*, und Störmann, *porkkamies*, heißen. Von den Männern des Streckbootes ist der eine der Ruderer, der andere der Staker.

Das *kulle* wird zuerst mit dem Untersimm nach hinten in das Drehboot gelegt. Auf dem Fluß werden die Boote dann zusammengerudert, und der Störmann des Streckbootes holt in sein Boot das halbe *kulle* bis zum mittleren Sitzbrett. Ist man an den Rand der Zugstelle gekommen, so werden die Boote voneinander getrennt, und der Störmann und der Staker werfen das *kulle* so schnell wie möglich in das Wasser. Ebenso beeilen sich auch die Ruderer. Hat man das *kulle* geradeaus im Wasser, so wendet man die Boote, die bisher in entgegengesetzter Richtung quer gegen die Strömung gerudert worden waren, allmählich stromabwärts. Der Störmann und der Staker nehmen die Bootsstaken und schieben ihre Boote langsam vorwärts; die Männer an den Rudern hantieren diese vorsichtig, um die Fische nicht aufzuschrecken. An der Hubstelle angekommen, wo das Wasser so seicht ist, daß die Flotten des Kulle sichtbar werden, pfeift der Störmann zum Zeichen, daß die Boote zusammengeführt werden sollen. Das Drehboot, das sich immer rechts befindet, wird nun an dem Simm der entgegengesetzten Netzhälfte entlang in einer Spirale nach innen gerudert, indem es zugleich seinen eigenen Flügel mitnimmt. Der Störmann beginnt in der Spirale zu trampen, damit die Fische erschreckt gegen die Wände des *kulle* schwimmen und in dem Netzwerk hängen bleiben. Wenn der Mann im Drehboot innerhalb der Spirale einen vollen Kreis herumgerudert ist, hat sich aus dem von ihm geführten Flügel innerhalb der großen Spirale eine zweite, kleine, die sog. kleine Kammer, *pikku pesä*, gebildet. Das Streckboot hat mittlerweile fast an einem Fleck gestanden, nur von Zeit zu Zeit hat es sich etwas nach rechts bewegt (das Drehboot ist fortwährend nach links gegangen). Nach der Bildung der kleinen Kammer fangen der Netzmann und der Staker an, das *kulle* aus allen Kräften einzuholen. Hierbei fassen sie sowohl am Ober- als am Untersimm an, da die Fische in der Falte und den Biegungen des Netzwerkes sicher heraufkommen. Beim Heben drehen sich die Boote in der umgekehrten Richtung wie vorher und kehren schließlich in ihre Ausgangsstellung zurück. Die beschriebene Fangart wird am Oulujoki wenigstens stellenweise (in Vaala) das ganze Jahr hindurch ausgeübt — im Winter selbstverständlich nur bei offenem Wasser und bei Tauwetter. Die beste und eigentliche Fangzeit ist jedoch der Herbst. Man macht sich gegen Abend, in der Dämmerung auf, und wenn die Beute reich ist, zieht man die ganze Nacht. Ebenso wie mit dem Stillwasserkulle erhält man mit dem großen *kulle* vor allem Schnäpel, Äschen und Hechte.

Dieselbe Fangart ist ferner in Archangelsk-Karelien in Gebrauch, wo der Name des in Rede stehenden Zugnetzes *kuulle* ist, und seinerzeit war sie auch am Tornionjoki (nach Bureus schon im 16. Jahrhundert), in Schwedisch-Lappland, Norrland und Dänemark bekannt[1].

Der Spiralzugnetzfang wird aber auch in stillen Gewässern an solchen Felsen, wo sich Schnäpel aufhalten, ausgeführt.

In der Gegend von Käkisalmi und an der Mündung des Eurajoki wird dazu nur ein Boot benutzt. Der Name des Gerätes ist dort *kierre*, hier *klott'ina*. In das Boot setzen sich drei Männer: zwei an das Netz und einer an die Ruder.

---

[1] J. u. F. 28, S. 276; 66, S. 10. Reis. 11, S. 314. Spr. 15, S. 151.

Die ersteren legen das Gerät in das Wasser aus, während der dritte einen Kreisbogen rudert. Damit die Fische gut in der Einkreisung bleiben, werden die Flügel des Netzes übereinander gezogen. Ist die Umzingelung fertig, so beginnt man in ihr im Wasser zu trampen, so daß die Fische gegen die umstellende Netzwand schwimmen und in ihren Maschen hängen bleiben. Nach dem Trampen wartet man eine Weile, etwa eine Viertelstunde, damit sich alle Fische beim Suchen nach einem Ausgang verstricken. Beim Heben befestigt man den einen Flügel am Rand des Bootes. Wenn dann das Netz am anderen Flügel in das Boot geholt wird, welches sich jetzt in umgekehrter Richtung wie beim Auslegen bewegt, wird die Einkreisung immer enger. Beim Heben des letzten Stückes wird auch an dem Flügel gezogen, so daß dieses Ende beutelförmig hochkommt. Der Fang findet um Johannis an Geröllufern und Klippen statt. Man erbeutet hauptsächlich Schnäpel, weniger Lachse. — An der Mündung des Eurajoki wird an dem einen Flügel eine 5 Ellen lange Stange namens *klottikanki* befestigt, an deren dickeres Ende als Gewicht ein sog. *klotti* kommt. Dieses wird beim Auslegen zuerst ins Wasser geworfen.

Es ist leicht einzusehen, daß man die Fische auch mit dem Spiralzugnetz besser heraufbekam, wenn man es mit einem Beutel versah, der entweder an dem einen Flügelende oder nahe an demselben angebracht wurde (Abb. 231). Das Spiralzugnetz mit Beutel war denn auch in stillen Gewässern weiter verbreitet als das ohne Beutel; man fing mit ihm in Ingermanland, am Ladogasee, in Nordkarelien, an den Seen von Savo, auf Åland und an der Küste von Österbotten. Auf Replot hieß es *enare* oder *simpo*. Das *enare* hatte eine mit einem Ankerstein versehene Flügelstange, *geinen*, von der Art des oben erwähnten *klott'ina*. Anderswo wurde an dem Beutelflügel ein Steingewicht, *partsa*, und ihm entsprechend an dem Obersimm ein Schwimmer befestigt. Von dieser Beschaffenheit war vielleicht auch das *pyöränuotta*, mit dem nach Michael Lunden 1796 in Vesilahti im Sommer Zander gefangen wurden[1]. Der Spiralzugnetzfang glückte am besten in der dunklen Zeit. Darum fand das Netzziehen im Frühjahr und Sommer vorzugsweise in der Nacht, im Herbst am Abend und Morgen statt.

Olonetz ist die östlichste Gegend, aus der dem Verfasser der Spiralzugnetzfang in stillem Wasser bekannt ist[2]. In Skandinavien aber wurde er sowohl an Seen wie an Flüssen bis nach Dänemark hinab ausgeübt[3]. Er scheint also eine für Fennoskandia eigentümliche Fangart gewesen zu sein. Möglicherweise erhielten ihn die Finnen von den Schweden durch Entlehnung. Darauf scheint wenigstens das aus dem Schwedischen entlehnte *ina* zu deuten, mit dem in gewissen Gegenden des nördlichen Österbotten auch das Flußzugnetz bezeichnet wurde[4]. Dieses wird im 16. Jahrhundert einigemal in den Rechnungsbüchern des Gutes Pori erwähnt.

Die beim Ziehen gemachte Beobachtung, daß Fische in den Maschen des Netzes hängen blieben und zwar um so mehr, je feiner das Material des Netz-

---

[1] Ber. 68.
[2] J. u. F. 90.
[3] J. u. F. 28, S. 276; 30; 66, S. 10, 28; 123. Reis. 11, S. 314.
[4] Spr. 13.

werkes war, führte mit zunehmender Fertigkeit in der Herstellung von Netzwerk zu dem Versuch, auch ohne Umzingelung Fische mit dem Netz zu erbeuten. Hierzu bot sich namentlich in Gewässern mit Strömung bequeme Gelegenheit. Zu dem Fang eignete sich am besten die Zeit, wo die Fische stromaufwärts steigen.

In Finnland hat ein solches Treibnetz vier Namen: *pieni kulle*, *saarua*, *kulkuus* und *kolkka*.

Das am Tornionjoki übliche *saarua* oder das kleine *kulle* ist 10—24 Klafter lang und 4—12 Fuß tief, die Maschen 4 ½ Zoll im Quadrat. Als Obersimm wird ein aus Kiefern- oder Fichtenwurzel, als Untersimm ein aus Hanf verfertigtes Seil angebracht. Am Obersimm wird in der Mitte als Marke eine Flotte und am anderen Ende ein Schwimmer befestigt. Als Gewichte dienen Reifensenker. Am Kemijoki hieß das Netz *kulkuus*, am Kokemäenjoki *kolkka*. Das letztere Gerät war um die Mitte des 18. Jahrhunderts 15—20 Klafter lang und 5—6 Ellen tief. Erstmals wird es schon 1347 erwähnt[1].

Das Treibnetz wird von einem Boote in der Weise ausgelegt, daß sein Schwimmer ganz außen nach der offenen Wasserfläche und das Boot nach dem Ufer zu bleibt. Fischer sind zwei vorhanden, von denen der eine rudert und der andere, hinten im Boot stehend, das Seil des Treibnetzes hält und das Boot vorwärtsstößt. Den äußeren Flügel läßt man in der Strömung etwas vor dem Uferflügel hergehen. Der Fang findet während der dunklen Zeit über Untiefen statt, die, wenn das Treibnetz niedrig ist, nur 1½—3 Ellen von Wasser bedeckt zu sein brauchen. Wenn der Mann im Hinterteil des Bootes an dem Hochkommen des Schwimmers sieht, daß ein Lachs hineingegangen ist, holt er das Gerät am Obersimm in das Boot.

Das Treibnetz der Lappen, mit dem auf die eben beschriebene Weise gefischt wird, heißt *golgadak*, was lautlich dem finnischen Gerätnamen *kulkuus* entspricht. Schon im Hinblick hierauf darf man das in Rede stehende Gerät auf finnischem Boden als alt ansehen. Es kommt auch bei einigen anderen finnischugrischen Völkern vor (Abb. 232); auch die Ostjaken kennen das Treibnetz. Es ist also gar nicht unmöglich, daß auch diese Fangart in die ältesten Zeiten der finnischugrischen Vorgeschichte zurückgeht.

Bisher ist von dem Zugnetz ohne Beutel die Rede gewesen. Wir besprechen jetzt das Zugnetz mit Beutel.

Ein solches ist vor allem das Schleppbeutelnetz, eine Art Netzsack, mit dem durch Stromabwärtsführen die entgegenkommenden aufsteigenden Fische umzingelt und herausgehoben werden[2]. Sein nächster Vorfahr ist der Trampsack, ein u. a. bei der Trampfischerei gebrauchtes Gerät, auf das wir später zu sprechen kommen werden.

In diesem Zusammenhang interessiert uns vor allem eine Trampsackform der Wogulen von Tscherdyn namens *syrp*[3]. Nach dem russischen Forscher Gluschkow ist dies ein 3—3,5 m langer, 1,5 m tiefer und 0,5 m hoher Netzsack, der mit seinen beiden Unterecken an dünnen, 3 m langen Stangen befestigt wird; an die Oberecken werden dünne Leinen gebunden. Bei dem

---

[1] Hist. 22, S. 80. [2] J. u. F. 108. [3] Mon. 9.

Trampfischen wird dieses Gerät gegen den Strom eingestellt, während von oben von zwei Booten aus Fische in dasselbe gescheucht werden.

Dasselbe Gerät wird aber auch bei der Schleppfischerei angewandt: es wird an Stangen über den Grund des Wassers hingeführt, wobei man mittels der eben erwähnten Leinen, mit denen der Oberteil gehalten wird, feststellt, wann Fische (Taimen) in den Sack gehen.

Mit einem ganz ähnlichen Fanggerät namens *pojezdok* fangen die Russen Lachse und Schnäpel an der Pinega und der in den Ilmensee mündenden Msta. Fischer von dem erstgenannten Flusse sehen wir in Abb. 233: das Gerät wird stromabwärts zwischen zwei Booten geführt, in denen je zwei Männer sitzen, der eine paddelnd, der andere achteraus die Lenkstange und die Fühlleine haltend.

Ein Schleppbeutelnetz vom Dnjepr ist sonst ganz ähnlich wie das eben beschriebene, aber an die Enden der Lenkstangen sind schwere Bleigewichte gesetzt. Diese neuen Zusätze bedeuten eine wesentliche Verbesserung: die Lenkstangen bleiben nun besser aufrecht und der Unterteil des Netzes zugleich auf dem Grund des Flusses, was ein großer Vorteil ist, da die Fische jetzt nicht unten hindurchschwimmen können. Noch praktischer gestaltete sich das Gerät, als an den Unterecken statt der unbequemen Holzstangen Lenkseile angebracht wurden. Auch die Boote konnten sich nun schon freier bewegen: das Seil konnte bequemer als die Stangen, wenn nötig, hereingeholt und hinausgelassen werden (Abb. 234). Dieser Typus wurde an der Onega, am Ponoifluß auf der Kolahalbinsel, an der Newa und in Finnland gebräuchlich[1]. Bei uns hatte er zwei Namen: *suuria* und *vata;* der erstere kommt in den auf die Fischerei im Kyminjoki bezüglichen schwedischen Rechnungsbüchern des 16. Jahrhunderts in der Form *sörie, söria* vor; ein mit dem letzteren Namen bezeichnetes Fanggerät wird in denselben Rechnungsbüchern aus der Gegend von Savonlinna und aus Tawastland erwähnt.

Noch unlängst wurde mit dem *suuria* im Kymifluß, am Oberlauf des Vuoksi, im Pielis- und Lieksanjoki gefischt. Es wurde gewöhnlich in der Weise aus einem Netzstück gemacht, daß dieses in der Mitte doppelt gelegt und die gefalteten Seiten entweder ganz oder zum größten Teil zusammengebunden wurden. Der so entstandene Sack wurde meistens etwa 5 Ellen tief, am Eingang 6 Ellen breit und 2—3 Ellen hoch gemacht. An die unteren Ecken wurden die Lenkseile, an die oberen die Fühlleinen gebunden. Der obere Mündungsrand wurde am Vuoksi und Pielisjoki ohne Flotten gelassen, in den übrigen erwähnten Gegenden aber wurde er entweder mit Plattenflotten oder Netzrollen oder mit beiden versehen (Abb. 241). An die unteren Mündungsecken wurden regelmäßig Gewichte gesetzt, die in verschiedenen Gegenden von verschiedener Art waren. Ein *suuria*-Gewicht vom Vuoksi ist in Abb. 242 zu sehen. Nur an dem *suuria* vom Kyminjoki hatte man außer den beiden erwähnten Eckgewichten zwischen diesen an dem unteren Mündungssimm noch drei weitere Senker.

Die Fangzeit begann im Juli, wenn die Nächte dunkler wurden, und dauerte bis zum Zufrieren der Gewässer.

---

[1] J. u. F. 108, S. 23 ff.

Zum Ziehen des *suuria* waren, wie bereits erwähnt, zwei Boote erforderlich, in denen gewöhnlich je ein Ruderer und ein Steuermann, der Handhaber des Gerätes, saßen. Der Fang fand an Plätzen statt, die vorzugsweise oberhalb von Stromschnellen oder an deren Stillwasser lagen und bald glatte flache Untiefen, bald auch tiefe Furchen waren. An dem Zucken der Fühlleinen merkte man sofort, wenn ein Fisch in das Gerät gegangen war. Derjenige Fischer, der die Wahrnehmung zuerst machte, gab seinem Gefährten ein Zeichen, und in demselben Augenblick wurde das *suuria* heraufgezogen. Beim Heben wurden die Fühlleinen losgelassen und die Lenkseile angezogen, so daß der Eingang des *suuria* sich schloß und die Fische am Entweichen gehindert wurden.

Die Entwicklung des *suuria* aus dem als Trampfanggerät gebrauchten Trampsack ist viel komplizierter als die des Spiralzugnetzes aus der Wate. Seine verschiedenen Formen sind auch in einem weiteren Gebiet wiederzufinden. Daß es unter diesen Umständen aus einer recht fernen Zeit stammen kann, macht auch sein Zurückgehen auf eine primitive Fangmethode wahrscheinlich. Seine Herkunft aus der finnischugrischen Urzeit beweist sein Name *suuria*, dessen Entsprechung im Wogulischen das oben erwähnte *syrp* ist[1].

Bisher haben wir einen besonderen, die Fische sammelnden Teil, den Beutel, nur an gewissen Spiralzugnetzen angetroffen. Auf diese ist er gewiß von den Zugnetzen mit mittelständigem Beutel übertragen worden, an denen er zum Aufhalten der Fische tatsächlich notwendig war. Die *kulle-* und die Spiralzugnetze fangen, wie wir eben sahen, die Fische in ihren Maschen; die Wände der Zugnetze mit mittelständigem Beutel dagegen werden vor allem für die Umzingelung hergestellt, weshalb sich ein Teil, in dem man die Fische sammeln konnte, mit der Entwicklung der Fangart bald als notwendig erwies.

Die finnischen Zugnetze mit mittelständigem Beutel zerfallen nach den Fischen, die mit ihnen gefangen werden, in Mischfisch-, Stichlings-, Schnäpel-, Stint- und Strömlingsnetze. Ausnahmsweise wurde die Wand einiger kleiner Zugnetze auf dem Webstuhl gewebt. So wurden z. B. nach Michael Lunden die Stintnetze des Kirchspiels Vesilahti am Ende des 18. Jahrhunderts hergestellt[2]. Die Flügel der kleinen, z. B. der binnenländischen Uferzugnetze bestehen gewöhnlich aus einer, die der großen See- und Meerzugnetze aber aus mehreren verschieden dichten Netzwerkarten. Dies erklärt sich aus wirtschaftlichen Gründen. Die Fischer beobachten, daß die Fische, zwischen die noch weit auseinanderstehenden Flügel geraten, nicht hindurchzudringen versuchen, sondern an ihnen vorbeischwimmen, bis sie in schmäleres Gewässer, d. h. in die Nähe des Beutels kommen, wo sie erst aus der Umzingelung zu entschlüpfen versuchen. Infolge dieser Erfahrung fand man es vorteilhaft, der Zeit- und Materialersparnis halber die äußeren Seiten der Flügel verhältnismäßig undicht herzustellen. Die Dichtigkeit des Beutels und des Beutelteils der Flügel wurde nach der Größe des Fisches bestimmt, der in ihren Gewässern der kleinste zur Nahrung taugliche war. Da dieser

[1] Spr. 18. [2] Ber. 68.

Fisch in unseren Binnengewässern meistens die kleine Maräne ist, ist die Maschendichtigkeit in verschiedenen Teilen unseres Landes oft die gleiche.

Die Karelier wie die Tawasten bezeichnen den Teil neben dem Beutel mit einem Namen, der als Attribut das Wort *rinta* 'Brust' enthält; das Grundwort ist im karelischen Gebiet *verkko* 'Netz', im tawastischen *havas* 'Netzwerk'. Durch verschiedene Namen, *kalinverkko*, *koiriohavas*, wird in diesen Gebieten die Netzwerkart bezeichnet, die an den kleineren Zugnetzen neben den „Brüsten" liegt.

Auch die Flügel der größten südtawastischen Zugnetze weisen nur zwei oder drei Netzwerkarten auf. Dagegen sind die Flügel der mittel- und ostfinnischen Zugnetze — diese Netze gehören im allgemeinen zu den umfangreichsten Netzen unserer Binnengewässer — aus vier, fünf, ja sechs Netzwerkarten zusammengesetzt. Die Netze mit den Namen *olkaverkko*, *leukaverkko*, *keskiverkko*, *huaraverkko* und *kahlehapaat* heißen so nach ihrer Lage, *särykset*, *hauvinverkko*, *tuakiat*, *harvat*, *väljät*, *kakskynsverkot* und *peukaloinen* nach ihrer Dichtigkeit oder nach dem Fisch, zu dessen Fang sie sich eignen. *Sikla* oder *siula* hat gewiß schon lange das Ende des Zugnetzflügels bezeichnet, da es, an das Wort *verkko* 'Netz' gefügt, mit Ausnahme eines einzigen Falles stets das Netzwerk angibt, das am Ende des Zugnetzes liegt. Auf das an dieser Stelle befindliche Netzwerk beziehen sich auch regelmäßig die Benennungen *kahlehavas*, *koiriohavas* und *soraverkko*. Die Zugnetze von Pielavesi (Mittelfinnland) sind dadurch von hohem Interesse, daß sie noch heute die ganze spätere Geschichte des finnischen Binnenseezugnetzes widerspiegeln: je nachdem wie groß sie sind, werden sie zusammengesetzt aus zwei *(rintaverkko, kalinverkko)*, drei *(rintaverkko, peukaloinen, kalinverkko)*, vier *(rintaverkko, peukaloinen, kalinverkko, tiheä väljäverkko)* oder fünf Netzwerkarten *(rintaverkko, peukaloinen, kalinverkko, tiheä väljä, harva väljä)*. Die Länge eines großen Binnenseezugnetzes variiert von 30—120 Klafter, seine Höhe von 4—15 Ellen und die Länge seines Beutels von 2—12 Ellen; für die Herbstzugnetze sind die entsprechenden Ziffern 70—120 Klafter, 5—9 und 7—8 Ellen. Am Ladogasee gibt es aber auch Zugnetze, deren Länge 200—400 Klafter beträgt. Die zum Strömlingsfang gebrauchten Winterzugnetze sind größer: z. B. sind in Virolahti die Flügel 150 Klafter lang, an den äußeren Enden 12,5 Klafter, am Beutel 17,5 Klafter hoch; die Länge des Beutels beträgt 12 Klafter.

Beim Ziehen in offenem Wasser wurde fast regelmäßig ein Boot benutzt. Nur mit kleinen Uferzugnetzen wird ein sog. *kontta-apaja* gemacht, d. h. das Netz wird im Wasser watend gezogen. Der Fischer nimmt das Netz auf den linken Arm und wirft es watend im Bogen aus, indem er vom Ufer weggeht und zu ihm zurückkehrt.

Kommen Boote zur Anwendung, so macht man den Zug entweder mit einem Netzboot, einem Netz- und einem Strickboot oder mit zwei Netzbooten. Im ersteren Fall wird das Netz vom Ufer, im letzteren vom Innern der Zugstelle ausgelegt, wobei das Netz in beide Boote geholt ist. Wenn die kleinen Maränen im Sommer an die Oberfläche steigen, findet der Zug auf breiten Gewässern oft mit einem schwimmenden Flottennetz, *kohonuotta*, statt. Beim Ziehen mit großen Netzen benutzt man zum Heben eine Winde, die entweder in das Boot oder an das Ufer placiert wird (Abb. 236, 237).

Insbesondere der Meerfang hat verschiedene Fischerbootstypen geschaffen. Am bemerkenswertesten von ihnen ist das Zugnetzboot, *nuottapaatti*, von Luonnonmaa, das mit seinem sanft geschwungenen Vordersteven auch leicht an ein flaches Ufer herankommt und bei dem die Tradition bis in Einzelheiten für die „innere Ordnung" sorgt (Abb. 238)[1].

Bei der Jagd lernten wir die Fanggenossenschaften kennen. Solche wurden auch für die Fischerei gebildet. Besonders die Zugnetzgenossenschaften sind im ganzen Land eine gewöhnliche Erscheinung. „Im 18. Jahrhundert", sagt z. B. Voionmaa, „gab es in Savo nur wenig Gehöfte, die nicht einen Anteil — $^1/_2$, $^1/_3$, $^1/_4$, $^1/_6$ — an einem Zugnetz und einem Zugnetzboot hatten"[2]. Im 16. Jahrhundert und auch später noch werden oft Fischgewässer erwähnt, die verschiedenen Siedlungen gemeinsam gehören. Auf ihnen konnten frei gebildete Zugnetzgenossenschaften ohne Einspruch Fischerei ausüben. Zugnetzanteile, die Einzelnen gehörten und privat vererbt wurden, sind häufig erwähnt. Erst als die Fischgewässer Privatbesitz eines oder mehrerer Gehöfte werden, entstehen feste, von bestimmten Gehöften gebildete Zugnetzgenossenschaften.

Von der größten wirtschaftlichen Bedeutung ist unsere Fischerei an den Küsten, wo der Strömlingsfang eine beherrschende Stellung einnimmt. An den großen binnenländischen, besonders den mittelfinnischen Gewässern bekommt man bedeutende Mengen kleiner Maränen und Stinte. Im Herbst wurde zunächst an den Laichplätzen des erstgenannten Fisches, in relativ seichten Buchtgewässern, später vor Steilabstürzen gezogen; mitunter auch an freiliegenden tieferen Seeufern. Es wurde immer ein Uferzug gemacht.

Zum Fange bricht man frühmorgens auf und versieht sich mit Proviant und Kochgeräten, oft sogar mit einem Kaffeekessel. Zur Mittagszeit geht man an Land und bereitet eine Fischsuppe zu. Bei ihrer Herstellung hat jeder eine bestimmte Aufgabe: der Strickmann hat die Fische auszunehmen, der Steuermann das Feuer anzumachen, der Ruderer die Kartoffeln zu schälen und sich um das Kochen zu bekümmern. Bei demselben Feuer steigen oft mehrere Zugnetzmannschaften an Land. Mitunter muß man den ganzen Tag auf dem Trockenen zubringen. Dies ist der Fall, wenn ein Sturm aufzieht und das Fischwasser vor dem Winde liegt. Wenn der Fangplatz jenseits einer größeren Seefläche liegt, kommt es bei schlechtem Wetter vor, daß man tagelang von dem Heim getrennt ist.

Im Herbst ist das Netzziehen im allgemeinen schwieriger als im Sommer und zwar schon darum, weil der Fang ohne Unterbrechung tage- und wochenlang fortdauert. Wegen der rauhen Jahreszeit muß der Fischer warm gekleidet sein, wodurch rasche Bewegung erschwert wird. Das Wasser ist kalt, und die Hände frieren oft so, daß — wie eine mittelfinnische Redensart sagt — „die Muttermilch aus den Fingerspitzen dringt." Da ist es kein Wunder, daß die Verpflichtung, an dem Herbstfischzug teilzunehmen, den Knechten als

[1] J. u. F. 69. [2] Ethn. 29, S. 303ff.

der drückendste Paragraph des Dienstvertrages erscheint. Zwar gibt es im Herbst manchmal auch schönes Wetter, aber dieses ist nicht immer gleichbedeutend mit gutem Fischwetter. Die größte Beute erhält man bei windigem Schlackerregen, wenn die Fangplätze in Lee liegen. Als gutes Fischwetter gelten auch neblige, trübe Herbsttage.

Das Zugnetzfischen im Winter wird *raheveto* genannt. In das den Zugplatz bedeckende Eis werden Eislöcher, Wuhnen, für das Auslegen, das Ziehen und das Heraufholen des Zugnetzes gehackt, und zwar, da der Fang auf Umstellung beruht, im Kreis. Die Fangart erfordert verschiedenartige Geräte, vor allem Eishacken für die Herstellung der Wuhnen und Schaufeln für ihre Säuberung. Mit der Treibstange, *uittosalko*, wird der Netzstrick oder dessen Schwimmseil beim Ziehen unter dem Eis von einer Wuhne zur anderen befördert (Abb. 239). Die Treibgabel ist eine am Ende gegabelte Stange, mit der die Treibstange vorwärtsgeschoben wird. Mit dem Einholhaken, *käsälä*, einem mit einem Haken versehenen oder gekrümmten Holz, wird die Treibstange an die Wuhne gezogen, wenn sie beim Schieben von der gewünschten Richtung abweicht. Mit dem Ziehgurte, *jukko*, wird das Netz mit Hilfe der Schulter gezogen (Abb. 243). Mit *jouhikkaat*, teils aus Kuhschwanzhaaren, teils aus Schweinshaaren verfertigten Handschuhen, werden u. a. die feuchten Netzteile heraufgeholt. Die Eisfischer trugen früher zuunterst Wollstrümpfe, dann Pferdehaarstrümpfe und darüber Schuhe aus Birkenrinde. Bei glattem Eis trägt man unter dem Schuhzeug Eisschuhe mit eisernen Spitzen (Abb. 244).

Die Zugnetze werden auf Gestellen, von denen es viele verschiedene Arten gibt (Abb. 235, 237), und in Netzhütten (Abb. 240) getrocknet.

Sperrfischerei[1]

Die Fängigkeit der Sperrfischerei beruht darauf, daß die freie Bewegung des Fisches durch eine an bestimmtem Ort angebrachte Wandvorrichtung gehindert wird. An dieser sind gewöhnlich zwei Teile zu unterscheiden: der fangende Teil oder das Fanggerät selbst und der Zaun oder das Wehr, welches in das Fanggerät leitet. Von diesen ist das Wehr das ursprünglichere. Bevor es nämlich eigentliche Fanggeräte gab, wurde nur mit seiner Hilfe gefischt.

Eine Art von Wehren lernten wir schon bei der Behandlung der Jagd kennen. Wir sahen, daß sie als natürliche Hindernisse auch von gewissen Tieren benutzt werden. Als Beispiel sei der Treibfang der Ganstaucher erwähnt, der auch für den Menschen einträglich war. „Diese" (die Ganstaucher), schreibt Rudenschöld in seinen Beobachtungen aus Tawastland 1741, „sammeln sich gegen den Herbst in großen Scharen an den Seen und treiben gegen Abend die Fische in bestimmte Buchten, wobei sie quer über den See eine Front bilden. Immer wieder tauchen sie auf den Grund und steigen danach an die Oberfläche, und so rücken sie allmählich vor, bis sie die Fische in der Enge haben, wo sie sie verspeisen, um sich danach zu zerstreuen. Für diese

[1] Hauptquelle: J. u. F. 107.

fliehenden Fische stellen die Bewohner an den Ufern mit Fichten umgebene Reusen auf, die gewöhnlich eine reiche Beute liefern, und besonders hütet man sich, diese Vögel zu verscheuchen, was auch seit alten Zeiten bei Strafe verboten ist."[1] Den Fang der Ganstaucher benutzten noch unlängst wenigstens die Bewohner von Sammatti, indem sie am Ufer wachsende Bäume, sog. *röysypuut*, als Zuflucht der entfliehenden Fische ins Wasser fällten. Daraus wurden sie jedoch, wenn die Vögel ihre Jagd einstellten, durch Schütteln der Bäume in ein vorgesetztes Netz, *röysyverkko*, gescheucht. Der Fang wurde als *röysy*-Fischerei bezeichnet[2].

In diesem Fall diente als Wehr das Ufer, das als Buchtufer ein keilförmiges Hindernis bildete.

Mit keilförmigen Sperrvorrichtungen wurden wir auch im Zusammenhang mit der Jagd bekannt. Wir besprechen jetzt die künstlichen keilförmigen Fischwehre. Zuerst sei ein primitives Keilwehr aus dem ungarischen Szeklerlande vorgeführt. Ein Gebirgsfluß wird mit einem aus Steinen gebauten, an eine römische V erinnernden Wehr versperrt, in dessen Öffnung unter Steingewichten ein Reisigbündel eingesetzt wird (Abb. 245). Die starke Strömung wirft und zerschlägt daran die Fische, die durch Trampen stromabwärts gescheucht werden[3].

Ein solches Wehr und eine solche Fangart hatten natürlich große Mängel. Die Fische wurden an den spitzen Enden des Reisigbündels zerrissen und mußten beim Untersuchen der Vorrichtung zwischen ihnen hervorgelesen werden.

In Frankreich (Departement du Var) hat sich ein Wehr erhalten, dessen Öffnung mit einer trichterförmigen Vorrichtung verschlossen ist, die aus mit dünnen Lindenschößlingen aneinander geflochtenen Rohrstengeln verfertigt ist. Beim Fang wird hinten in diesem Trichter, wie Abb. 246 zeigt, ein Reisigbündel gehalten, das auch hier seinerzeit allein als Fanggerät fungiert zu haben scheint. Eine solche Vorrichtung kann man ohne weiteres mit der Beute aus dem Wasser heben. Noch besser erhalten sich die Fische in dem von Abb. 247 veranschaulichten, im Departement Allde gebräuchlichen Gerät, dessen hinterer Teil schon geschlossen ist[4]. Wenn es vollständig, bis zum Eingang verschlossen wird, entsteht die sog. Trompetenreuse.

Auch in ihrer entwickeltsten Form ist die Trompetenreuse regelmäßig ein Fanggerät der Gegenströmung: ihre Fängigkeit beruht einerseits auf dem Druck der Strömung und andererseits auf der Enge ihres Inneren, die den Fischen — vorausgesetzt, daß sie mit dem Kopf voran in das Gerät gekommen sind — nicht erlaubt, sich umzudrehen.

In Finnland wurde früher ganz allgemein mit der Trompetenreuse gefischt. Noch heute lebt das Gerät in manchen Gegenden fort, wo damit im Frühling nach dem Eisgang in kleinen Flüssen und Bächen gefischt wird. Gewöhnlich wurde, wie es scheint, das Band spiralförmig gemacht, aber an der Trompetenreuse von Hiitola, Abb. 248, erscheint es in getrennten Ringen. Dieses Fanggerät ist 1,8 m lang und am Eingang 0,7 m breit und 0,5 m hoch.

[1] Reis. 22, S. 50. [2] J. u. F. 135. [3] J. u. F. 33; 42.
[4] J. u. F. 15, S. 63, 65, 210.

Die Geschichte der Fischerei bietet immer wieder Beispiele dafür, wie die hölzerne Wand an verschiedenartigen Fanggeräten zu einer solchen aus Netzwerk wird. Schon oben bei Gelegenheit der Hamen und Zugnetze lernten wir diese Erscheinung kennen. Der aus Netzwerk verfertigte Trichter wird Garnschlauch, *ruona*, genannt (Abb. 249). Abgesehen von den österbottnischen Flüssen hat dieses Gerät u. a. in den meisten Lachs- und Schnäpelwehren unseres Landes Anwendung gefunden. Gustav Wasa schreibt 1559 an den Burghauptmann von Savonlinna Gustav Fincke, er schicke ihm aus Schweden einen Aalfischer, der u. a. Aalgarnschläuche herzustellen verstehe[1]. 1585 heißt es in einem Gerichtsbuch, in den Kokemäenjoki seien „neue und gesetzwidrige" Garnschlauchwehre gebaut worden[2]. Im Kalajoki wurden noch vor einigen Jahrzehnten Schnäpel mit einem Garnschlauchtypus gefangen, zu dem wir bei den obugrischen Völkern ein Seitenstück finden. Der Teil über seinem Mündungsrahmen ist ein gebogenes Holz; die Hebestange dient zugleich als Pfosten (Abb. 144). Aus dem Innern kommen drei Fühlleinen hervor, die der an der Wehröffnung wartende Fischer in den Händen hält, um zu wissen, wann ein Fisch in das Gerät gegangen ist[3].

Das ob-ugrische Gegenstück dieser Vorrichtung ist das *võšym*, mit dem u. a. die edelsten Fischarten des Ob und Irtysch beim Stromabwärtsschwimmen gefangen werden (Abb. 253). Die Fischer sitzen auf ihren Bänken auf den Toren der großen Wehre und halten die Fühlleinen in der Hand, jederzeit bereit, die kostbare Beute hochzuheben (Abb. 251). Von Zeit zu Zeit muß das Gerät von dem angeschwemmten Unrat gesäubert werden, was auf die Gründe deutet, aus denen das hölzerne Gerät mit einem solchen aus Netzwänden vertauscht wurde.

Das Wort *võšym* ist etymologisch mit syrj. *vodẓ̌*, lapp. *oaces* und finn. *otava* zusammengestellt worden[4], welche alle solche Wehre bezeichnen, mit denen stromabwärts schwimmende Fische gefangen werden. Das finnische *otava*, das sich zuletzt in Kivijärvi und Viitasaari erhalten hat und mit dem an stark strömenden Stellen laichende Lachse gefangen wurden, war ein über die betreffende Flußstelle reichendes Netz von der Höhe, daß es im Wasser zu einer tiefen Schleppe einsank, in der die Fische wie in einem Sack hängen blieben. Das lappische *oaces*, das auch auf finnischem Boden ein Seitenstück hatte, war ebenfalls eine Netzwand, aber eine vertikale von Pfählen gestützte, gegen welche ein *kulle*-Netz *(golggadak)* gezogen wurde und oberhalb deren der Fang stattfand. Von ähnlicher Art ist das *vodẓ̌* der Syrjänen. Es ist daher sehr wahrscheinlich, daß sich das finnische *otava* dadurch zu einem selbstfangenden Gerät umgestaltet hat, daß sein Netzwerk unterhalb von Pfählen eingesenkt und so hoch gemacht wurde, daß es sich schlauchartig entfalten konnte. Da die ob-ugrischen Zugnetz- und *võšym*-Wehre nahe miteinander verwandt sind — oft wird auch oberhalb der letzteren gezogen —, so ist es wahrscheinlich, daß auch das *võšym* ursprünglich ein Zugnetzwehr war. Seine Grundbedeutung ist auch nach Setälä „Zaun[5]". Mithin scheint es Zugnetzwehre schon in finnischugrischer Zeit gegeben zu

[1] Hist. 23, IX, S. 374. [2] Ber. 67, S. 238, 239. [3] Ber. 51, S. 46.
[4] Spr. 22, S. 221. [5] Spr. 22, S. 221.

haben. Damals wurden sie wohl aus ästigen Bäumen gemacht, später aus Netzwerk. Das Zugnetzwehr, der *kulle*-Fang und das im folgenden zu besprechende Hofwehr haben wahrscheinlich anfangs in sehr enger Beziehung zueinander gestanden.

In diesem Zusammenhang sei auch das finnische *potku*-Netz erwähnt, ein aus doppelt gelegtem Netzwerk beutelförmig gestaltetes Fanggerät, in das die Fische mit der Strömung getrieben wurden (Abb. 258 und 260). Es kommt außer in den mittleren und nördlichen Teilen Finnlands auch in Lappland und an den Gestaden des Weißen Meeres vor[1] und scheint ursprünglich ein finnischlappisches Fanggerät zu sein.

Aber kehren wir zu der Trompetenreuse zurück. In Abb. 259 sehen wir einen Typus, der als die Ausgangsstufe einer neuen Entwicklungsform betrachtet werden kann: diese syrjänische Trichterreuse, die in ihrer allgemeinen Gestalt der ostjakisch-wogulischen zweiteiligen Trompetenreuse sehr nahe steht (Abb. 252), besitzt eine Kehle, eine trichterförmige Zwischenwand zum Festhalten der in das Gerät gegangenen Fische. — Bei dem gekehlten Gerät, der Reuse, hatte die Engigkeit und Länge des Innern keine Bedeutung mehr, denn die Kehle verlegte den Fischen den Ausweg, obwohl sie frei hineinschwimmen konnten. Im Gegenteil war eine bedeutende Weite für eine große Beute erwünscht. Vergleichen wir die gewöhnliche Reuse der Syrjänen (Abb. 261) mit ihrer Trichterreuse, so erkennen wir auch, daß der Hauptunterschied in den Weiten- und Längenverhältnissen der Geräte besteht. Ganz demselben Reusentypus begegnet man in Russisch-Karelien (Abb. 254). Als Material dienen für beide rundliche, etwa 6 mm starke Latten; im Mantel ist ein Loch zum Herausnehmen der Fische gelassen, das mit einem Deckel von der Form eines Spankorbes verschlossen wird. Die aus Latten verfertigte, mit einem Verschlußdeckel versehene Reuse ist auch im ob-ugrischen und samojedischen Gebiet die gewöhnlichste Form. Ihren lokalen Sondercharakter gibt ihr das spiralförmige, dichte Band, das entwickelter als die in getrennten Reifen auftretenden Bänder sein dürfte (Abb. 262). Nach den etymologischen Forschungen hat die Reuse wahrscheinlich bereits dem Kulturbesitz der uralischen Zeit angehört[2]. Die besprochene Lattenreuse, die von Nordfinnland bis nach Westsibirien zu finden ist, ist eine Reusenart, die wir wohl am ehesten als uralisch betrachten dürfen. Wenn aber in jener fernen Zeit mit Reusen gefischt wurde, ergibt es sich von selbst, daß damals auch die Trompetenreuse bekannt war. Auch diese war gewiß aus Latten verfertigt oder am ehesten von der syrjänischen Form, wie sie Abb. 259 darstellt.

Abgesehen von Nordfinnland waren die Rutenreusen in unserem Lande noch vor kurzem die gewöhnlichsten (Abb. 256). Sie sind zugleich für Westeuropa eigentümlich und dürften schon früh von dort zu den Ostseefinnen und auch zu den weiter östlich wohnenden Völkern finnischen Stammes gelangt sein.

Auch die hölzerne Reuse verwandelte sich im Lauf der Zeit in eine Garnreuse. Wann diese Wandlung stattgefunden hat, läßt sich noch nicht sagen.

---

[1] J. u. F. 41, VII, S. 54. [2] Spr. 24, S. 73.

Es sei nur bemerkt, daß gewisse Umstände, wie z. B. das Fehlen solcher Reusen im ob-ugrischen Gebiet und ihre Seltenheit bei den in Ostrußland wohnhaften Völkern, ihre verhältnismäßig späte Einführung wahrscheinlich machen. Die Reusen für größere Fische und besonders die für strömendes Gewässer wurden mit Hebstangen, *korvakot*, versehen (Abb. 257). Kleine Fische wurden oft beim Laichen mit zwei- oder mehrkehligen Reusen gefangen (Abb. 255).

Von anderer Seite stammen gewisse andere Fanggeräte.

Im Wohngebiet der Ob-Ugrier, in den Flußtälern des Ob und Irtysch, ist im Vorwinter eine eigentümliche Erscheinung im Wasser zu beobachten: es wird trübe, nimmt einen schlechten Geschmack an und sondert bei längerem Stehen einen roten, teilweise Eisenoxyd enthaltenen Niederschlag ab. Alles Lebende entflieht aus diesem „toten" Wasser nach dem Quellwasser zu. Die edelsten Fischarten schwimmen entweder zum Meere hinab oder steigen nach dem Oberlauf dieser Flüsse hinauf[1]. In den kleinen, aus Quellen entspringenden Bächen sammeln sich auf diese Weise viel kleine Fische an, bisweilen in solchen Mengen, daß man sie mit einem Hamen herausschöpfen oder mit einem Haken auf das Eis sammeln kann. Gewöhnlich aber zerstreuen sich die Fische doch in die verschiedenen Teile des Baches. Um sie an einer Stelle zusammenzubringen, wird der Bach mit einem Wehr versperrt: oberhalb werden in bestimmten Abständen Wuhnen angebracht, durch die man die Fische trampend zu dem Wehre scheucht, wo sie mit dem Hamen oder dem Haken herausgeholt werden (Abb. 276).

Im ob-ugrischen Gebiet kehrt dieser Fang regelmäßig jedes Jahr wieder. Bei uns in Finnland kommt er dagegen nur gelegentlich vor, wenn man z. B. in einem Wiesengraben zufällig Hechte gewahr wird, die dann, gegen ein im Nu errichtetes Wehr gescheucht, z. B. mit Stangen totgeschlagen werden.

Um die Fische beim Trampen besser zusammenzuhalten, bringen die Ob-Ugrier in Verbindung mit dem Wehre einen Hof in der Weise an, daß oberhalb des ersteren zwei kurze Wehrteile als Kehle angelegt werden (Abb. 277). Die Fische, die hier hindurchgehen, finden nicht mehr zurück. Ein solcher primitiver Hof konnte in starker Strömung auch so aus dem keilförmigen Trampwehr entstehen, daß hinter diesem ein gerades Querwehr als Hinterwand eingerammt wurde. Als gekehlte Vorrichtung konnte sie auch als selbstfangendes Gerät dienen. Im ob-ugrischen Gebiet wird sie denn auch in die Stromrinnen beständiger oder während des Hochwassers an flachen Flußufern entstandener Seen errichtet, um beim Sinken des Wassers die aus ihnen fliehenden Fische aufzuhalten. Stellenweise, wo die Beute reich ist und die Seen beständig sind, läßt man die Fische bis zum späten Herbst sich in den Höfen — in diesem Fall großen Gehegen — ansammeln und nimmt sie erst dann heraus. Scheinen in einen Hof zu viel Fische zu kommen, so macht man einen anderen daneben. An einem Hof in der Straße zwischen zwei Seen bringt man oft auf beiden Seiten eine Kehle an. Solche Fangvorrichtungen sind gewissermaßen Lagerplätze, von denen man bei Bedarf Fische holen

[1] J. u. F. 107, S. 1 f.

kann. Die Untersuchung erfolgt bei den größeren Höfen mit dem Zugnetz, bei den kleineren mit dem Trampnetz (Abb. 263), ja mit einer Reuse, die in die Wehröffnung eingesetzt wird[1].

Die Tscheremissen wenden immer noch einen Hof bei der Trampfischerei an, die Syrjänen aber verfahren hauptsächlich auf dieselbe Weise wie die Ostjaken in den Straßen zwischen Seen.

In diesem Zusammenhang ist auch der *golddem*-Fang der Lappen zu erwähnen, der zwischen zwei Wehren ausgeführt wurde: das schon oben besprochene *golda*-Netz wurde längs der Flußufer von einem oberhalb des Zugplatzes befindlichen Wehr stromabwärts auf ein vor dem Zugplatz eingeschlagenes Wehr zu geführt, welch letzteres einen Teil des Flusses unversperrt ließ. Die Fische, die in den von den Wehren gebildeten Hof geraten waren, kamen also in das *golda* (Abb. 228)[2].

Diese Fangart war augenscheinlich auch auf finnischem Boden schon früh bekannt. Sicher ist, daß man am Kainuunjoki ehemals eine Pfahlreihe so dichtstehend durch den Fluß hindurch einrammte, daß die Schnäpel noch hindurchkommen konnten; wenn ein Zugnetz dagegen eingelassen war, wurde ein zweites Zugnetz oberhalb ausgelegt und gegen das erstere festgezogen, wobei die Fische zwischen beiden blieben.

Nils Gisler berichtet 1751 von einem primitiven Hofwehr für Lachse aus Norrland, das nur das Ufergewässer versperrte und an dem ein Zugnetz auf dieselbe Weise wie in den eben erwähnten Fällen an das Ufer gehoben wurde. „Das Hofwehr wird", schreibt er, „folgendermaßen in der gleichmäßigen Strömung errichtet: zwei Wehrwände werden vom Ufer aus parallel 10 bis 12 Klafter voneinander bis zur Tiefe eingeschlagen, wo in der Verlängerung der oberen Wand in der Richtung des Stromes ein Querwehr gebaut wird, welches 4 Klafter unterhalb der unteren, vom Ufer her kommenden Wand endet (Abb. 279); zwischen diesen beiden Wänden wird ein Tor von solcher Breite offengelassen, daß ein kleines Boot durch dasselbe fahren kann; durch dasselbe Tor kommt auch der laichende Lachs in den Hof, der einem Parallelogramm gleicht. Beim Untersuchen benutzt man ein kleines Zugnetz, das an Haken hinabgelassen wird, an denen es in der Zwischenzeit auf den Innenwänden des Hofes hängt; das Zugnetz wird ans Land gehoben"[3].

Ein solcher Hof ist gewissermaßen ein schüchterner Versuch zur Verlegung eines kleinen Hofes in den Lachsfluß. Als sich derselbe gelungen zeigt, wird das ganze Flußbett mit zwei Höfen abgesperrt (Abb. 280). Bei der Versperrung großer Lachsflüsse erwiesen sich derartige Höfe als zu umfangreich; man bekam die Fische besser heraus, wenn man sie in einem kleineren Raum ansammeln konnte. Darum wurde ein kleiner Hof mitten in dem Flußbett angelegt, und die Arme wurden als Leitwände für die Fische von beiden Ufern schräg stromaufwärts an seiner Kehle fest eingerammt. Die Zwischenwand wurde als überflüssig weggelassen, und unterhalb der Kehle wurde ein Netz eingesenkt, das die Strömung zu einem keilförmigen Beutel zusammendrückte (Abb. 281). Mit einem solchen Wehr wurde im Kalajoki noch vor etwa 60 Jahren gefischt.

---

[1] Ethn. 44, I, S. 243. [2] J. u. F. 65. [3] J. u. F. 28, S. 273.

Der Hof konnte aber auch mitten im Flußbett auf die in Abb. 279 veranschaulichte Weise gemacht werden (Abb. 282); um die Fängigkeit zu erhöhen, wurde dann auch unterhalb der Öffnung ein ähnlicher Hofteil wie oberhalb angebracht. So entstand z. B. das Wehr von Kiviranta im Tornionjoki (Abb. 283). An diesem wie überhaupt an den Hofwehren sind zwei Hauptteile zu unterscheiden: der Arm, *varsi*, B und der Hof, *pesä*, A. Die Stelle des Wehres wird durch Landmarken, *maamerkki*, bezeichnet. Nach diesen wird kurz vor dem Eisgang im Frühjahr in den Grund an beiden Ecken des Hofes ein Pfahl eingeschlagen, welcher angibt, wie die Wände zu richten sind. Die Längenverhältnisse sind die folgenden: Arm 140 Klafter, Wand nach dem Ufer unterhalb des Eingangs 17—18 Klafter und oberhalb des Eingangs 18 Klafter, Eingang 5—7 Klafter.

Seinem Habitus nach erscheint das Hofwehr einfach. Indessen setzt seine Aufführung eine Reihe von Umständen voraus, die zu beachten sind, wenn das Wehr fängig werden soll. Die wichtigsten dieser Momente sind:

1. daß die Fische, die in das Stillwasser gekommen sind, gern darin bleiben, um sich auszuruhen;

2. daß die Fische, die auf das das Stillwasser verursachende Hindernis stoßen, beim Suchen nach einem Durchschlupf leicht solche Öffnungen vermeiden können, die sie in Gefahr (in die Fanggeräte) bringen, weil sie nicht annähernd alle Kraft und Aufmerksamkeit für den Kampf mit der Strömung aufzuwenden brauchen;

3. daß die Fische vielmehr, unter ein Hindernis gelangt, das die kräftige Strömung leicht durchläßt, unausgesetzt vorwärtsstreben, um deren Druck zu entgehen, bei der Wahl der Durchschlupföffnungen nicht genügend Vorsicht gebrauchen und infolgedessen leicht in das Fanggerät kommen.

Auf das Hofwehr angewandt, fordern diese Tatsachen, daß die größte Kraft der Strömung auf das äußere Ende des Armes und das Tor trifft und daß der Druck des Wassers auch längs des ganzen Armes möglichst groß ist. In der Praxis werden sie folgendermaßen durchgeführt. Der Arm des Wehres wird flach gegen den Strom geleitet, damit die Fische in demselben immer teilweise in der Strömung hinansteigen und dadurch eine immer größere Geschwindigkeit erreichen. Der Arm wird mit dünnen leiterartigen Vorrichtungen und lichtstehenden Latten bekleidet, damit die Kraft der Strömung nicht vermindert wird. Die Fische finden also am ganzen Arm keinen geschützten Platz: sie müssen ihren Weg ohne Einhalt bis zum äußeren Ende des Armes fortsetzen, wo der Eingang des Hofes auf sie wartet.

Das äußere Ende des Armes, das nur aus Leiterwand gemacht wird, kommt an die tiefste Stelle zu liegen. Schon aus diesem Grunde ist die Strömung an ihm heftiger als an irgendeinem anderen Teil des Wehres. Aber die Kraft der Strömung wird noch durch einige vorstehende Wandteile des Hofes erhöht, die so gerichtet sind, daß sie das Wasser direkt auf das äußere Armende und den Eingang lenken.

Beim Auswerfen werden vier Boote benutzt, von denen die zwei größeren *verkkoveneet* „Netzboote“ und die zwei kleineren *puuttoveneet* „Beuteboote“ heißen. In das eine Netzboot wird das untere Netz, *alanen*, gelegt, das an die untere Wand kommt, in das andere das obere Netz, *ylänen*, das nach oben ausgelegt und von da nach der unteren Wand geführt wird (Abb. 265). Beim Heben wird nur das untere Netz an beiden Leinen zugleich heraufgeholt; das obere kommt über demselben mit wie eine Decke für die Fische, die zwischen die Netze geraten sind.

In zweiarmigen Höfen, die den ganzen Fluß oder sein Hauptbett verschlossen, wurde auf beiden Seiten ein Tor gemacht (Abb. 284).

Wir kehren aber noch einmal zu dem früheren Wehr vom Kalajoki, Abb. 281, zurück, das wir oben als eine alte Form erkannt haben. Das noch vor einigen Jahrzehnten am Simojoki gebräuchliche *tainio*, Abb. 302, ist ein naher Verwandter von ihm: der Hauptunterschied besteht darin, daß an dem letzteren — vielleicht um den Druck des Wassers abzuschwächen — die Hinterwand des Hofes beseitigt und der hintere Teil des *potku*-Netzes, das sog. *ummin*, durch Vereinigen der Leinen zu einem Beutel umgebildet ist. Bei dem *tainio* wurde eine Bank zur Untersuchung der Fangvorrichtung angebracht. Die Lachse wurden durch Trampen in den oberen Winkel des Wehres gescheucht und dieser gleichzeitig mit einem anderen *potku*-Netz oder *ummin* verschlossen, in das sie schließlich getrieben wurden[1].

Das Wort *tainio* ist aus dem Gotischen entlehnt, wo seine Entsprechung *tainjō* einen „Korb aus Weidenzweigen, Rohr, Schilf" bezeichnete; die altnordische Entsprechung, *teinur*, war dagegen der Name der Reuse, weshalb es möglich ist, daß es schon im Gotischen ein Fischereigerät, möglicherweise eine Art Wehrhof bedeutete. Vielleicht hat die Stromschnelle Tainionkoski im Vuoksi ehemals gerade nach einem solchen Fanggerät ihren Namen erhalten[2].

In welcher Beziehung das russische Wort *tajnik* zu dem finnischen Namen *tainio* steht, ist noch nicht aufgeklärt. Sicher ist dagegen, daß das damit bezeichnete, am Ponoi auf der Kolahalbinsel und an der Solza an der Südküste des Weißen Meeres gebrauchte Fanggerät mit dem *tainio* nahe verwandt ist (Abb. 266)[3]. Der bemerkenswerteste Unterschied besteht darin, daß der *tajnik* mit einem Bretterboden versehen ist, damit die Fische sich nicht aus dem Wehrhof herausgraben. Dies brachte wohl auch eine andere bauliche Veränderung mit sich, die nämlich, daß die Hofstangen horizontal angelegt wurden. Das Untersuchen wurde mit einem großen Hamen ausgeführt. Der *tajnik* selbst wie auch die anderen dortigen Wehrformen haben sich gewiß von der älteren karelischen Bevölkerung der Gegend auf die Russen vererbt. Das beweisen die vielen aus dem Karelischen in das dortige Russische entlehnten Namen von Wehrteilen[4].

Der *tajnik* scheint denn auch auf finnischem Boden eine alte Gerätform zu sein. Vergleichen wir ihn mit der an den Wehren im Kokemäenjoki um die Mitte des 18. Jahrhunderts gebrauchten „Reuse", *merta*, Abb. 267, so bemerken wir eine deutliche Ähnlichkeit. Abgesehen von den unteren Ecken, die an der letzteren spitz sind, besteht der Hauptunterschied darin, daß die „Reuse" bisweilen hebbar gemacht wird. Um die Mitte des 18. Jahrhunderts scheint

[1] J. u. F. 85. [2] J. u. F. 85. [3] J. u. F. 41, VII, S. 47, 52.
[4] J. u. F. 107, S. 340.

diese Art, das Gerät zu untersuchen, jedoch noch unbekannt gewesen zu sein, da die Reusen mit Steingewichten an ihren Plätzen befestigt wurden. In den Rechnungsbüchern aus der Zeit Gustav Wasas, in denen alle losen Fanggeräte im allgemeinen mit größter Genauigkeit aufgezählt werden, sind diese „Reusen" nicht erwähnt, was gleichfalls darauf zu deuten scheint, daß sie feste Wehrteile waren. Wir können hier auch nicht umhin, auf die augenfällige Ähnlichkeit in der Placierung der Fanggeräte hinzuweisen, die bei dem Wehr vom Kokemäenjoki, Abb. 268, und dem *tainio* vom Simojoki, Abb. 302, zutage tritt: dem *tainio* des ersteren entspricht die „Reuse" des letzteren, dem *potku*-Netz jenes der Garnschlauch dieses. Dieselbe Aufstellungsweise war schon bei dem Hof vom Kalajoki zu bemerken, der an den Anfang der Entwicklungsreihe gestellt werden zu müssen scheint: über das *tainio* ohne Boden und mit vertikalen Latten schritt die Entwicklung fort zu dem *tajnik* mit Boden und horizontalen Latten und schließlich zu der hebbaren „Reuse" vom Kokemäenjoki. Daß die verschiedenen Stufen der Entwicklungsreihe teilweise in weit auseinanderliegenden Gegenden, bis zu den Gestaden des Weißen Meeres, angetroffen werden, zeugt außer dem Namen *tainio* selbst nur von dem hohen Alter dieses dreieckigen Fanggerätes. Der viereckige Hof, auf den der dreieckige zurückgeht, stammt sicher in der primitiven Gestalt, in der er im obugrischen und syrjänischen Gebiet vorkommt, aus der Urheimat der finnischugrischen Völker. Interessant ist, daß auch bei diesem Fanggerät als wichtiges Fanginstrument das uralte Zugnetz der Finnen, das *kulle*, auftritt.

Ebenso wie bei den eben besprochenen finnischen Hofwehren stehen bei der in Abb. 252 wiedergegebenen ostjakischen Sperrvorrichtung zwei Fanggeräte einander gegenüber: eine Reuse für die aufwärts- und eine Trompetenreuse für die abwärtsschwimmenden Fische. Diese Placierung ist durchaus natürlich, und daher kann es nicht überraschen, daß sie auch in vielen anderen Gegenden zu finden ist, z. B. an der Onega, wo sich die Reuse oben und das *potku*-Netz unten befindet, oder in der Stromschnelle Merikoski im Oulujoki, wo es sich ganz ebenso verhält (Abb. 269); vgl. auch Abb. 260.

Es erhebt sich mithin die Frage, ob auch diese Aufstellung alter Herkunft sein mag.

Was die Fanggeräte selbst anlangt, so sahen wir schon oben, daß die sprachwissenschaftlichen Tatsachen das Zurückgehen der Reuse in die uralische Urzeit wahrscheinlich machen, woraus folgt, daß auch die Trompetenreuse damals schon bekannt war. Die erwähnte Placierung der Geräte konnte also sehr gut schon damals als vorteilhaft erkannt worden sein. Betrachten wir aber das Wehr selbst genauer.

Die Gewässer des Ob- und Irtyschbassins haben eine langsame Strömung und erfordern daher von den Wehranlagen keine besonders große Festigkeit. Die gewöhnlichsten Teile sind die Pfähle, die sie von unterhalb der Strömung her stützenden Streben, die über dem Wasser befindlichen Scheren, die unter dem Wasser liegenden gleichgerichteten Querstangen und die gegen diese gestellten Sperrstangen. Je nach der Art des Wehres sind diese letzteren entweder ästige oder ausgeästete Bäume (= eigentliche Sperrstangen) oder — wenn die Wehrwand die Fische aufhalten soll — Latten, die zu Lattenschirmen vereinigt werden. In den starkströmenden, oft in felsigen Betten fließenden Strömen und Stromschnellen Finnlands genügen diese einfachen Einrichtungen nicht; es bedarf einer größeren Anzahl von Scheren und Querstangen, so daß sich ein breiter Wehrrücken bildet, auf den Steine als Gewichte gefüllt werden (Abb. 264). Oft wurden zwei Rücken nebeneinander gemacht, über die Querhölzer kommen; so entstand das Brückenwehr (Abb. 270).

Der Grundgedanke der Wehrkonstruktion ist im ob-ugrischen Gebiet und in Finnland — die übrigen finnischugrischen Gebiete nicht aufgezählt — derselbe. Zu dieser baulichen Übereinstimmung kommt die Gleichheit der Namen für die wichtigsten Teile des Wehres selbst hinzu, was darauf deutet, daß die baulichen Eigentümlichkeiten bis in die finnischugrische Urzeit zurückgehen. Solche Namen sind *pato* 'Wehr', *sarja* 'Sperrstange', *tarja*, *sale* 'Latte'; *nyde* 'Strebe' hat man bis ins Syrjänische verfolgen können[1]. Das Zurückgehen des Wehres in die finnischugrische Urzeit ist auch nach dem, was wir von den Reusen und Trompetenreusen bereits wissen, nicht überraschend, da das Wehr gerade der Anfangsteil ist, in Verbindung mit welchem diese Fanggeräte entstanden sind und sich entwickelt haben.

Wir können hier nicht alle verschiedenartigen Sperrvorrichtungen, die Ufer-, Aalraupen- und anderen Wehre behandeln; im Vorbeigehen machen wir jedoch noch bei den sog. Kastenwehren halt.

Diese sind heutzutage oder waren noch unlängst an der Mündung des Kymijoki und im Pielisjoki zu finden. Seinerzeit wurde damit auch in der Gegend von Käkisalmi sowie im Lieksan- und Koitajoki gefischt. Die Kästen, die die Wehrbrücke tragen, werden aus Balken vier- oder dreiwandig gezimmert (Abb. 271, 272) und von hineingeladenen Steinen an ihrem Platz erhalten. Zwischen den Kästen werden bisweilen Höfe angelegt (Abb. 273); manchmal wird der Fluß mit zwei Kastenreihen versperrt, wobei zwischen ihnen ein großer Hof bleibt, durch den die Fische aufwärts in Lachskästen und abwärts in Garnschläuche schwimmen. Auch in diesen Wehren finden wir also zwei Fanggerätearten einander gegenüber.

Die Kastenwehre sind die charakteristischste Wehrform Schwedens. Von dort her trug man für ihre Einbürgerung in Finnland Sorge, wie einige Urkunden aus dem 16. Jahrhundert zeigen[2]. Aus ihnen entstanden auch die Stillwasserwehre im Kymijoki, bei denen die Stromstille durch einen Steinkasten erzeugt wurde (Abb. 274). Die Fische, die sich in dieses Wasser begeben, werden mit einem kleinen beutellosen Zugnetz herausgeholt, welches *vata* heißt. Beim Ziehen nehmen drei Männer teil, von denen einer plötzlich das Netz in den Eingang des Stillwassers wirft, während der zweite ebenso schnell sein unteres Ende an sich reißt; der dritte hilft beim Ziehen. In derartigen künstlichen Stillwassern ist der Stützpunkt gewöhnlich eine flach vom Grunde aufsteigende Holzbrücke. Auch natürliche Stillwasser wurden benutzt (Abb. 275). Von diesem Fang sprechen schon die Rechnungsbücher aus der Zeit Gustav Wasas.

Aus Schweden kamen nach Finnland auch die Lachs- und Aalfänge, von

---

[1] Spr. 21; 22, S. 223, 260; 23, S. 382.

[2] J. u. F. 107, S. 306 ff.

denen erstere noch heute in Anwendung sein dürften. Mit den letzteren wurde wenigstens noch im 16. Jahrhundert gefischt, wo Gustav Wasa ihre Herstellung betrieb[1].

Wir betrachten noch die Fischzäune.

Oben wurden wir schon mit den primitivsten Trampwehren der ob-ugrischen Völker bekannt. In dem Hofe (Abb. 277) blieben die hineingejagten Fische gut, aber der Wunsch, sie in einem kleinem Raum zusammenzuhaben, führte schließlich zu der Anwendung des Spiral- und Herzfischzauns (Abb. 278). Aus diesen konnte man die Fische bequem mit einem Hamen herausschöpfen. Natürlich wurden sie, damit die Fische nicht entwischen konnten, aus dünnen Latten verfertigt, die mit Ruten zu Schirmen verbunden wurden, welche man an Stäben auf dem Grund befestigte.

Ohne Zweifel benutzten die Fischer schon sehr früh auch den Wechsel von Ebbe und Flut. Während der letzteren füllten sich die Felsnischen und die tiefliegenden Teile hinter den Ufersteinen mit Wasser, das beim Einsetzen der Ebbe zurückfloß und die hinter die von der Natur selbst geschaffenen Wehre verirrten Fische auf dem Trockenen zurückließ. Als die Menschenhand noch hinzukam und die natürliche Wehrwand vervollständigte, konnten sogar sehr gute Sperrvorrichtungen entstehen. Diese gaben den Anlaß zur Schaffung auch künstlicher Anlagen, von denen wir einige Formen schon bei der Behandlung der Trampwehre kennen lernten[2].

In Eurasien sind vier Teile des Verbreitungsgebiets der Fischzäune zu unterscheiden: 1. die Küsten von China, Südasien, des Mittelmeers sowie des Schwarzen und Kaspischen Meeres, 2. ein Gebiet, das sich von dem letztgenannten Meer über den Amudarja, Semipalatinsk, Semiretschensk, Omsk, Tobolsk, das südliche ostjakische und wogulische Gebiet, die Flüsse Pur und Tas bis zu dem Kreis Turuchansk am Jenissei erstreckt, 3. ein Gebiet, das vom Kaspischen Meer über die Wolga und den Unterlauf der Oka nach dem Ilmensee, der Gegend von Nowgorod, Finnland und Südschweden führt, und 4. ein Gebiet, das sich vom Schwarzen Meer den Dnjepr entlang bis nach Mittelpolen erstreckt[3].

Der Fischzaun ist so einfach, daß er spontan in verschiedenen Gegenden und zu verschiedenen Zeiten erfunden werden konnte. Andererseits ist aber sein Verbreitungsgebiet bemerkenswert einheitlich, weshalb die Frage erlaubt ist, ob er sich nicht doch von einem bestimmten Zentrum aus verbreitet hat.

In sehr vielen Fällen werden Fischzäune als Flut- und Ebbewehre sowohl in den inneren Teilen der Küsten, in Limanen, Lagunen, diese miteinander verbindenden Wasserstraßen, in den Mündungsgegenden großer Flüsse und anderen solchen Stellen gebraucht, auf die Flut und Ebbe noch einwirken. Auch ist zu bemerken, daß die Verbreitung der Fischzäune gerade an den Meeresküsten außerordentlich einheitlich ist, während sie im Binnenland isolierte Territorien bilden. Setzt man voraus, daß der Fischzaun von Süden nach Norden vorgedrungen ist, sich längs der Flußtäler nach dem Baltikum und Finnland verbreitet hat, so erhält gewissermaßen auch die eigentümliche Tat-

[1] J. u. F. 107, S. 308. [2] J. u. F. 9, S. 484f.; 107, S. 356ff. [3] J. u. F. 107, S. 358ff.

sache eine Erklärung, daß er in Schweden, aber weder in Dänemark noch in Norwegen zu finden ist; die Ausbreitung machte im Baltikum und in Südschweden halt.

Nach Finnland scheint der Fischzaun aus dem Baltikum über den Finnischen Meerbusen gekommen zu sein, denn in Ingermanland, in Russisch-Karelien und auch im nördlichen Österbotten ist er noch immer unbekannt. Sein Name, *katiska*, *katitsa*, ist aus dem Slawischen entlehnt (котьсь)[1]. Gegenstand und Name (schwed. *kattsa*, *kartsa)* wanderte aus Finnland nach Schweden.

In Finnland, ebenso wie in Schweden, ist der Fischzaun regelmäßig ein Fanggerät der Binnenseen, dessen entwickeltste Formen stets einen Vorhof besitzen (Abb. 285—298). Die Tawasten scheinen Fischzaunfang auch auf ihren bekannten Jagdzügen in Mittelfinnland getrieben zu haben.

Stellnetzfischerei

Bei der Behandlung der Zugnetze bemerkten wir, daß sich diese schließlich so entwickelt hatten, daß sie Fische in ihren Maschen zu fangen vermochten. Die Fängigkeit der Stellnetze beruht regelmäßig auf dieser Eigenschaft, denn da sie an ihrem Platz festgemacht sind, umzingeln sie die Fische nicht.

In Finnland wurde schon in der frühen Steinzeit mit Stellnetzen gefischt. Dies beweist der schon erwähnte Moorfund von Korpilahti im Kirchspiel Antrea, der außer Netzteilen beinerne Dolche, Meißel und Pfriemen, Steinmeißel, einen Schleifstein und ein Feuerzeug enthielt[2]. Die regelmäßige Anbringung der Senker und Flotten an dem Netz zeigt, daß es zusammengelegt, annähernd auf dieselbe Weise wie die heutigen Stellnetze aufgesteckt, ins Wasser geraten war. Die gegenseitige Entfernung der Senker und Flotten war bei der Auffindung etwa 170 cm, was die Mindesthöhe des Netzes angibt. Nach der Zahl und Größe der Senker zu schließen, war seine Länge etwa 30 m gewesen; zwei Senkern entsprach ein großer Schwimmer aus Borke. Das Garnmaterial war zweifädig, annähernd von der Stärke einer Spinnradschnur, die Knoten sog. Russenknoten (Abb. 198), von derselben Art wie bei den Abdrücken eines steinzeitlichen Netzes an dem Gefäß von Kiukainen. Hinsichtlich der Größe der Maschen war das Gerät ein Brachsen- oder Lachsstellnetz. — Ein steinzeitliches Netz ist bisher eine Seltenheit sowohl in den skandinavischen als in den europäischen prähistorischen Funden.

Der beschränkte Raum verbietet uns, genauer auf die modernen Stellnetze und den Fang mit ihnen einzugehen. Es sei nur erwähnt, daß es fast für jede Fischart besondere Netze gibt, da die Größe der Maschen der des zu fangenden Fisches angepaßt ist.

Seit uralten Zeiten hat das Laichen die beste Gelegenheit zum Fischfang dargeboten. Das älteste Verfahren war gewiß das Trampen: hinter dem laichenden oder sich sonnenden Fischschwarm wurden Netze ausgelegt, in die er dann durch Klatschen mit Stangen oder Trampen gescheucht wurde.

---

[1] Spr. 15, S. 141; 20, S. 259.

[2] Arch. 20.

Im Binnenlande sind am gewöhnlichsten die sog. Senknetze für Barsche und Rotaugen, *ahvenus* und *särys*. Während der Laichzeit wird mit beiden auf Reiserhaufen, später, besonders mit dem Barschnetz, an Steilabstürzen im Wasser gefischt. Für die kleine Maräne werden die Netze im Sommer meistens in einer Reihe zu mehreren hintereinander ausgelegt: während der warmen Zeit in tiefem Wasser, für die Nächte — die kühlere Zeit — in die oberen Schichten der Gewässer, im Herbst während des Laichens über Untiefen. Der Weißfisch ist beim Laichen so betäubt, daß er sich überhaupt nicht an die um ihn her lärmenden Fischer kehrt, welche watend ihre Netze in das seichte Uferwasser legen. Ganz anders verhält es sich mit dem Brachsen, der so scheu ist, daß die Netze oft schon im voraus an den Laichplätzen eingesenkt werden müssen. Von den Küstenfischern scheint man gelernt zu haben, die Netze in Form von Kammern auszulegen (Abb. 299, 300). Nach dem Laichen erhält man Brachsen am besten an Ufern, deren Wasser der Wind aufgewühlt hat, so daß es mit Ton gemischt ist. Der Hecht laicht in seichten Gewässern; oft steigt er bis dicht an den Uferrand und an den Wasserspiegel.

Lachse werden sowohl in Flüssen als an Meeresküsten gefangen. In die ersteren werden die Netze in das Stillwasser von Steinen oder von Uferwehren, in die letzteren oft so eingesenkt, daß das untere Ende stroman gezogen wird, wobei sich ein Bogen bildet, in dem der Lachs leicht hängen bleibt (Abb. 303—305). Auf der Grundlage dieser Einsenkung entstand schließlich das sog. *potku*-Netz in Abb. 258. Von dem *otava*, dem quer durch den Fluß eingesetzten Lachswehr, ist schon die Rede gewesen. An den Ufern des Meeres wird vor allem mit einer Netzreihe, *jata*, oder — wie beim Schnäpelfang — mit Netzen gefischt, die nach der Art des Spiral- oder Herzfischzauns placiert sind.

Strömlinge bekommt man mit dem *jata* und Treibnetzreihen. Diese werden je nach der Tiefe, in der man Fische vermutet, entweder an oder unter der Oberfläche ausgelegt. Die Bewohner des Festlands und der inneren Schären ziehen gewöhnlich für die Fangzeit nach den äußeren Schären. Man wählt eine große Klippeninsel, von der es nicht weit bis zur offenen See ist. Die öde, vom freien Meer umgebene Schäre verwandelt sich nach einigen Tagen gleichsam in eine kleine Stadt. Zum Fang mit Treibnetzreihen braucht man gute sturmfeste Boote, da sich besonders im Bottnischen Meerbusen unversehens Unwetter erheben. Der Fang mit Treibnetzreihen findet in der Nacht auf offener See statt. Wenn günstiger Wind weht, setzt man Segel auf und läßt das Boot treiben.

An der Küste des Bottnischen Meerbusens wird der Strömling während des Frühjahrlaichens auch mit Netzkammern gefangen, von denen es drei Arten gibt: *potku*-Netze (Abb. 301) sowie spiral- und herzförmige Kammern. Stinte bekommt man mit langen Treibnetzen im Winter, also bei Eis.

Besondere Netze werden auch für Flundern und Zander hergestellt; dieser wird auch im tiefen Wasser gefangen.

Seinem Bau nach am höchstentwickelten ist das Gaddernetz, *riimuverkko* (< schwed. *grimnät)*, in dem sich zwei oder drei Netzwände nebeneinander befinden, im letzteren Fall das dichte in der Mitte. Die Fängigkeit dieses von Schweden nach Finnland entlehnten Netzes beruht darauf, daß der Fisch die dichte Netzwand vor sich her durch die weitmaschige beutelförmig hindurchschiebt und dann in dem Beutel hängen bleibt. Dieses Netz, mit dem man verschiedenartige Fische erhält, wird u. a. zum Trampfang benutzt.

Oben wurden schon ein paarmal die Fischerhütten, *kalasauna*, erwähnt, die den Fischern an ihren fernen Fangplätzen als Obdach dienen (Abb. 306). Draußen in den Schären werden sie oft hinter oder bisweilen zwischen Felsen vor dem Wind geschützt errichtet. An allen größeren Fischgewässern findet man auch Netzhütten, Trockenstangen und -gestelle, die zugleich zur Aufbewahrung der Fanggeräte benutzt werden.

MUSCHELFISCHEREI

Die Muschelfischerei scheint in Finnland jahrhundertelang ausgeübt worden zu sein. Man weiß, daß schon Gustav Wasa dieser Erwerbsquelle seine Aufmerksamkeit widmete, deren Ausnutzung er in den nördlichen Teilen des Landes den Archangelsk-Kareliern entziehen wollte.

Gegenstand des Fanges ist eine kleine Flußmuschel (Margaritana margaritifera), die in Finnland durchaus nicht gemein zu sein scheint. Die Entstehung der Perle wird durch das Eindringen eines Fremdkörpers in die Muschel verursacht, um den sich dann schichtweise Perlsubstanz ablagert, bis allmählich eine Perle zustande kommt.

Noch am Anfang des 18. Jahrhunderts wurde Muschelfischerei in Nordösterbotten, Satakunta und Nyland getrieben[1]. In Archangelsk-Karelien lebt sie noch heute an vielen Gewässern fort[2]. Bisweilen vereinigen sich mehrere Männer zu einem Trupp, der den ganzen Sommer gemeinschaftlich fischt, um die Beute im Herbst zu gleichen Teilen zu teilen. In Norrland in Schweden war der Fang wie bei uns im 18. Jahrhundert sehr im Schwang, doch wird er dort heute kaum anderswo als in Härjedal und Jockmock ausgeübt.[3].

Obwohl die Aufmerksamkeit der Regierung auf diesen Fang gerichtet war und darüber gewisse Vorschriften erlassen wurden, entwickelte er sich doch mit der Zeit so intensiv, daß die Muscheln in manchen Gegenden fast vollständig ausgerottet wurden.

Fangarten gab es mehrere. Als die ursprünglichste ist wohl das Waten in seichtem Wasser zu betrachten, wobei die Muscheln mit den Füßen getastet und zwischen den Zehen hochgehoben wurden. In tieferem Wasser mußte man tauchen. „Wenn das Wasser 2, 3 bis 4 Klafter tief ist", wird 1742 aus Merikarvia geschrieben, „so befestigt der Fischer am Bootsrand eine Stange, schöpft die Lungen voll Luft und läßt sich an der Stange auf den Grund hinab, wobei er entweder mit der einen Hand tastet oder die Stange mit den Beinen festhält und mit beiden Händen sucht. Er stellt die Stange allmählich

[1] J. u. F. 37. Siehe auch Ber. 72, S. 64. Ethn. 45. J. u. F. 26; 38; 57. Reis. 22, S. 53, 116, 122, 155.

[2] Mon. 7. I, S. 453. Reis. 7, S. 346.

[3] J. u. F. 20, S. 408 ff.

von einer Stelle an die andere, bis er so viel Muscheln hat, als er zwischen Zehen und Fingern heraufholen kann. Während er auf dem Grund ist, läßt er die Luft nach und nach aus den Lungen entweichen... und kommt, wenn er nicht länger im Wasser sein kann, an der Stange herauf[1]."

An vielen Flüssen von Norrland und Archangelsk-Karelien wurde oder wird noch heute ein aus Balken zusammengesetztes Floß angewandt, das mit einem Steingewicht auf dem Grund des Flusses verankert wird. In dem Floß, das auf der Unterseite weiß behauen ist, damit es das darunter befindliche Wasser besser beleuchtet, sind ein oder mehrere nach unten breiter werdende Löcher, durch die der Fischer den Grund des Flusses nach Muscheln absucht, welche er dann mit einer besonderen langgestielten Zange zu greifen sucht, die noch im 18. Jahrhundert sowohl in Schweden als in Finnland eine am einen Ende gespaltene Holzstange gewesen zu sein scheint. In Schweden benutzte man auch zwei nach Art einer Schere verbundene Ruten, deren Enden spatenförmig geschnitzt waren[2]. Der Fischer legte auf das Floß unter sich Fichtenzweige und um das Loch Moos, Zweige oder Heu (Abb. 308).

Aus der Holzzange dürfte sich erst im 19. Jahrhundert die in Abb. 309, 310 wiedergegebene besenartige Fischgabel entwickelt haben, von der die kleinere Form *simpsa* oder *kahtomarauta* und die größere *summarauta* heißt. Mit der ersteren wurde auf klarem Grund, wo die Muscheln deutlich zu sehen waren, mit der letzteren auf Schlammgrund gefischt, wo sie schlecht zu erkennen waren, weshalb sie aufs Geratewohl, *in summa*, aufgegriffen wurden.

Zu den Fangvorrichtungen späterer Zeit gehören auch das *kourakko*, Abb. 311, und das *saahku*, die beide vom Boote aus über den Grund gezogen werden. Das letztere ist ein auf kleinen Holzschienen laufender Netzsack, als dessen Unterkiefer ein scharfes Eisen dient und dessen Maul weitgeöffnet Sand vom Grunde reißt, der durch das Netz rinnt, während die Muscheln im Sacke bleiben.

Wenn ein Fluß reich an Muscheln ist, kann der Fischer im Lauf des Tages bis tausend Stück fangen. Als Erinnerung an die frühere raubmäßige Muschelfischerei sieht man hier und da an den österbottnischen Flüssen noch heute moosüberzogene Schalenhaufen. Perlen findet man nur dann und wann; es ist schon viel, wenn eine auf den Tag kommt. Ihr Wert ist sehr wechselnd. Der beste Preis wird für ganz runde, helle, ein schlechterer für platte, rote oder schwarze gezahlt.

In Archangelsk-Karelien führen die alten Männer bei dem Fang noch gegenwärtig gewisse alte Gebräuche aus. An der Fangstelle wird am Ufer ein *karsikko* gemacht, indem man an der Krone einer Fichte einen Klafter weit die Zweige wegnimmt. Manche haben eine Pfeife aus Birkenrinde im Boote, um durch deren Töne die Wassergeister zu besänftigen.

---

[1] J. u. F. 37.

[2] Reis. 15, S. 162 ff.

ABKÜRZUNGEN

Arch. FHG = Archiv der Finnischen Histor. Gesellschaft.
Arch. FLG = Archiv der Finnischen Literaturgesellschaft.
Arch. FUG = Archiv der Finnisch-ugrischen Gesellschaft.
Arch. NM = Archiv des Nationalmuseums, Helsinki.
Arch. UB = Archiv der Universitätsbibliothek, Helsinki.
FM = Finskt Museum.
FUF = Finnisch-ugrische Forschungen.
JSFou. = Journal de la Société Finno-ougrienne.
MSFou. = Mémoires de la Société Finno-ougrienne.
SKS = Suomalaisen Kirjallisuuden Seura.
SLS = Svenska Litteratursällskapet.
SM = Suomen Museo.
SMYA = Suomen Muinaismuistoyhdistyksen Aikakauskirja.
SVAH = Svenska Vetenskapsakademiens Handlingar.
UB = Universitätsbibliothek.
И.Р.Г.О. = Импер. Русское Географическое Общество

QUELLENVERZEICHNIS

Die Quellen sind in folgenden Sachgruppen angeordnet.

1. Abergl. = Aberglaube, Medizin und Mythologie.
2. Anth. = Anthropologie.
3. Arch. = Archäologie.
4. Ber. = Berichte.
5. Eßw. = Eßwarenbereitung.
6. Ethn. = Ethnologie und Kulturgeschichte.
7. Gebäud. = Gebäude und Hausrat.
8. Hist. = Historisches.
9. J. u. F. = Jagd und Fischerei.
10. Kunstg. = Kunstgewerbe.
11. Landw. = Landwirtschaft.
12. Monogr. = Monographien.
13. Mus. = Musik und Spiel.
14. Reis. = Reiseberichte.
15. Spr. = Sprachliches.
16. Techn. = Technik und Werkzeuge.
17. Tracht. = Trachten.
18. Verk. = Verkehrsmittel.
19. Zeitr. = Zeitrechnung.

1. Aberglaube, Medizin und Mythologie.

1. Ganander Christfr., Mythologia fennica. Åbo 1789.
2. Lukkarinen J., Inkeriläisten praasnikoista. Suom. kansanrunoussemin. julkaisuja II. Helsinki 1912.
3. Wasiljev Johann, Übersicht über die heidnischen Gebräuche, Aberglauben und Religion der Wotjaken in den Gouvernements Wjatka und Kasan. MSFou. XVIII.
4. Mähly, Die Schlange im Mythus u. Kultus. Basel 1867.
5. Nikander Gabriel, Fruktbarhetsriter under årshögtiderna hos svenskarna i Finland. Folklor. o. etnogr. studier I. Helsingfors 1916.
6. Sirelius U. T., Tietoja Suomen Lapin noitarummuista. Kalevalaseuran vuosik. 4.
7. Mejborg R., Symbolske figurer i Nordiska museet. Samf. f. Nord. museets främj. 1887.
8. Varonen Matti, Suomen kansan muinaisia taikoja I, II. Helsinki 1891, 1892.
9. v. d. Steinen Karl, Prähistorische Zeichen und Ornamente. Festschrift für Adolf Bastian. Berlin 1896.

10. Blomstedt Yrjö, Ett ord om symboliska tecken. FM 1894.
11. = Reis. 10, 11.
12. Kotikoski J. W., Kansanomaisia parannus- ja lääkitystapoja. Arch. NM.
13. Suolahti Gunnar, Entisajan lääkintätapoja. Suometar 24. I. 1915.
14. Kansanomaisia muinaisia parannuskeinoja, loihtuja ja aaveita. Länsi-Suomi 17. VIII. 1916.
15. Muinaissuomalaisten käsitys taudeista ja niiden parantamisesta. Pohjanmaa 19. I. 1911.
16. Hampaanpoltteen parantamistapoja. Suupohjan kaiku 27. I. 1916.
17. Vanhoja taikoja Keski-Pohjanmaalta. Kokkolan Uutiset 13. I. 1917.
18. Taikauskoa ja taikuruutta. Kaikuja Kajaanista 15. I. 1912.
19. Soikkeli Kaarle, Mihin kaikkeen uskonnuolet kelpaavat. Karjala 1910, Nr. 227.
20. Vanhoihin kiviaseisiin liittynyttä taikauskoa. Hämetär 19. XI. 1914.
21. Snellman A. H., Suomalaista lääketiedettä 1600-luvulla. SM 1899.
22. Sirelius U. T., Muutamista suomalaisten taikakaluista. Virittäjä 1906.
23. Hämäläinen Alb., Ihmisruumiin substanssi suomalais-ugril. kansojen taikuudessa. MSFou. XLVII.
24. Krohn Kaarle, Suomalaisten runojen uskonto. Porvoo 1914.
25. Paulaharju Samuli, Syntymä, lapsuus ja kuolema. Kalevalaseuran julkaisuja 2.
26. Lencqvist C. E., De superstitione veterum Fennorum theoretica et practica. Praes. H. G. Porthan. Åbo 1782 (Porthan, Opera selecta IV).
27. Murman J. W., Några upplysningar om Finnarnes fordna vidskepliga bruk och trollkonster. Suomi 1854.
28. Seligmann S., Der böse Blick u. Verwandtes. Berlin 1910.
29. Aspelin J. R., Ormen och ormkulten i Finland. FM 1895.
30. Hammarstedt Edv., Svensk forntro och folksed. Stockholm 1920.
31. Westermarck Edv., Magi och ornamentik i Marocko. Helsingfors 1905.
32. Hammarstedt Edv., Om smöjning och därmed befryndade bruk. Samf. f. Nord. mus. främj. 1891.
33. Hagberg Louise, Några anteckningar om "smöjning". Etnologiska studier tillägn. N. E. Hammarstedt 3. 3. 1921.
34. Manninen Ilmari, N.s. moksain käytöstä kansanomaisessa parannustaidossa. Valvoja 1921; [vgl. ders., MSFou. 66].
35. Ganander Kr., Eläinden tautikirja. Stockholm 1788. 2. Aufl. Åbo 1825.

2. Anthropologie.

1. Anutschin D. N., О географич. распредѣленіи роста населенія Россіи. С. Петербургъ 1889.
2. Kajava Yrjö, Suomalaisten rotuominaisuuksia. Suomen suku I. Helsinki 1926. (Mit Bibliographie).
3. Kajava Yrjö, Beiträge zur Kenntnis der Rasseneigenschaften der Lappen Finnlands. Annales Academiae scientiarum Fennicae. A. XXV. Helsinki 1925.
4. Retzius G., Finska kranier jämte några natur- o. literaturstudier inom andra områden af finsk antropologi. Stockholm 1878.
5. Westerlund F. W., Studier i finsk antropologi I—VI. Fennia 1901, 1904, 1912, 1913.
6. Maliev N., Отчетъ о вогульской экспедиціи. Труды общества естествоиспытателей. Казань 1872.
7. Maliev N., Антропол. очеркъ вотяковъ. Труды общ. ест. IV. Казань 1874.
8. Maliev N., Антропол. очеркъ племени пермяковъ. Труды общ. ест. XVI, 4. Казань 1887.
9. Ivanov A. P., Матеріалы въ антропологіи Пермскаго края. Труды общ. ест. X. Казань 1888.
10. Mainof Wladimir, Resultats de recherches antropologiques parmi les mordvines-erzianes. St. Petersburg 1883.
11. Mainov V. N., Матер. по антропол. мордвы-эрзя Нижегор. уѣзда. Дневн. антроп. отд. Изв. общ. люб. ест., антр. и этн. IV. Москва 1891.
12. Sommier Stephen, Siriéni, ostiacchi e samoiedi dell' Ob. Firenze 1887.
13. Tschugunov S., Антропол. очеркъ остяковъ сургутск. края. Сибирск. вѣстн. 1890, № 85, 90.
14. Jankó J., Magyarische Typen. Mit 24 Tafeln. Budapest 1900.
15. Keljsiev A. I., Антроп. очеркъ русскихъ лопарей. „Антропол. Выставка" Т. III u. IV.
16. Waldhauer Ferdin. Zur Anthropologie der Liven. Dorpat 1879.

17. Penttilä Aarni, Uusia laskelmia eri suomalais-ugril. kansojen lukumäärästä. Kalevalaseuran vuosik. IV.
18. Metschnikov I. I., Антропол. очеркъ калмыковъ какъ представ. монгольской расы. Труды антр. отд. Общ. люб. ест., антр. и этн. 2, I.
19. Iwanowski, Zur Anthropologie der Mongolen. Archiv f. Anthropol. 24, 1897.
20. Rudenko S., Антропол. изслѣдованіе инородцевъ сѣверо-западной Сибири. Петроградъ 1914. Mémoires de l'Académie impér. des sciences de Petrograd, VIII Série.
21. Bounak V., Le type antropologique des Tchérémisses. Journal Russe d'Antropologie 13, 3—4. Moscou 1924 (Bibliographie).
22. Bounak V., Le type antropologique de la Mordva. Journal Russe d'Antropologie 13, 3—4. Moscou 1924.
23. Народность и родной язык населения СССР. Moskau 1928 (Центр. Статист. Управл. СССР. Отдел переписи.Всесоюзная перепись населения 17 дек. 1926 г. Краткие сводки. Вып. IV. Изд. ЦСУ СССР).
24. T. T. Kaila, Die finnisch-ugrischen Völker in Sowjetrußland. Demographische Daten. JSFou. XLII, 1928, 5.

3. Archäologie.

1. Ailio Julius, Übersicht der steinzeitlichen Wohnplatzfunde in Finland. Helsingfors 1909.
2. Aspelin J. R., Suomen asukkaat pakanuuden aikana. Helsinki 1885.
3. Hackman Alfred, Die ältere Eisenzeit in Finnland. Helsingfors 1905.
4. Heikel A. O., Tuukkalan löytö. SMYA X.
5. Schvindt Theodor, Tietoja Karjalan rautakaudesta. SMYA XIII.
6. Tallgren A. M., Suomen suvun asuma-alueen muinaisuudesta. Hist. aikakausk. 1916, Nr. 3.
7. Tallgren A. M., Suomen suvun alkukodista ja esihist. vaiheista. Hist. Aik. 1916. Siehe auch Ebert, Reallexikon der Vorgeschichte.
8. Tallgren A. M., De förhistoriska nationalitetsförhållandena i Nordöstra Europa och speciellt i Ostbaltikum. Rig 1923.
9. Tallgren A. M., Suomalais-ugril. muinaistiede. Suomen suku I. Helsinki 1926.
10. Europaeus Aarne, Muinaistutkimuksen tehtäviä Karjalassa. Kalevalaseuran vuosikirja 3.
11. Ailio Julius, Hämeenlinnan esi- ja rakennushistoria. Hämeenlinna 1917.
12. Rinne Juhani, Suomen keskiaikaiset mäkilinnat I. Helsinki 1914.
13. Aspelin J. R., Suomalais-ugril. muinaistutkinnon alkeita. Helsinki 1875.
14. Smirnov J. S., Восточное серебро. Петербургъ 1909.
15. Sohlberg O., Eisenzeitfunde aus Ostfinmarken. Christiania 1909.
16. Appelgren Hj., Suomen muinaislinnat. SMYA XII.
17. Pälsi Sakari, Über steinzeitliche Hakenfischereigeräte in Finnland. SMYA XXVI.
18. Матеріалы по археологіи восточныхъ губерній. Т. III. Москва 1899. Нередовъ, Ф. Д. Отчетъ объ археол. изслѣдованіяхъ въ Прикамѣ.
19. Tallgren A. M., L'époque d'Ananino. SMYA XXXI.
20. Pälsi Sakari, Ein steinzeitlicher Moorfund. SMYA XXVIII.
21. Engelhardt C., Nydam Mosefund 1859—1863. Kjobenhavn 1865.
22. Nicolaysen N., Langskibet fra Gokstad ved Sandfjord. Kristiania 1882.
23. Brøgger A. W., Falk Hj., Schetelig H., Osebergfundet I—III. Kristiania 1917—1920.
24. Tallgren A. M., "Svärdstavar" från Ural och Sibirien. FM 1915.
25. Förvärv till Nationalmuseet åren 1918 och 1919. FM 1920—1921.
26. Führer durch die staatl. Museen in Berlin, vorgesch. Abteilung. Berlin u. Leipzig 1922.
27. Montelius Osc., La civilisation primitive en Italie. Stockholm 1910.
28. Petersen Henry, Vognfundene i Dejbjerg Praestegaardsmosse ved Ringkjöbing 1881 og 1883. 1888.
29. Engelhardt C., Vimose Fundet. Kobenhavn 1869.
30. Forrer R., Reallexikon d. prähist., klass. u. frühchristl. Altertümer. Berlin, Stuttgart 1907.
31. Spicyn A. A., Древности Камской чуди. С. Петербургъ 1902.
32. Truhelka C., Der vorgeschichtl. Pfahlbau im Savebette bei Donja Dolina. Wissensch. Mitteilungen aus Bosnien u. der Herzegowina IX. Wien 1904.

33. Gorodcov V. A., Арх. изслѣдованія въ окрестностяхъ гор. Мурома въ 1910 г. Труды моск. арх. общ. Т. XXIV.
34. Pälsi Sakari, Kulttuurikuvia kivikaudelta. Helsinki 1916.
35. Appelgren-Kivalo Hj., Suomalaisia pukuja myöhemmältä rautakaudelta. Helsinki 1907.
36. Gustafson Gabr., Norges oldtid. Kristiania 1906.
37. J:son Karlin G., Några undersökningar om den förhistoriska textilkonsten i Norden. Studier tillägnade O. Montelius 9. 9. 03.
38. Stolpe Hj., Sur les découvertes faites dans l'ile de Björkö. Congrès int. VII, Session Stockholm 1874. Bd. II.
39. Hahne, Hans, Vorzeitfunde aus Niedersachsen. Hannover 1915.
40. = 29. Siehe auch Müller Sophus, Nye Stenalders former. Aarbøger for Nordisk oldkyndighed og historie 11.
41. Förvärv till Statens hist. museum år 1910. FM 1911.
42. Cederhvarf Björn, Medeltida hustomtning. FM 1910, S. 91.
43. Tallgren A. M., Muinaistutkimuksen työmaalta. Helsinki 1918.
44. Отчетъ арх. коммиссiи 1892. С. Петербургъ 1894.
45. Ivanovskij L. K., Курганы С. Петерб. губернiи. Матер. по археолог. Россiи № 20.
46. Aspelin J. R., Muinaisjäännöksiä Suomen suvun asumaaloilta I—V. Antiquités du Nord finno-ougrien I—V. Helsinki 1877—1884.
47. Glasov V. N., Гдовскiе курганы. Матер. по археол. Россiи № 29.
48. Nordman C. A., Karelska järnåldersstudier 1924. SMYA XXXIV, 3.
49. Ailio Julius, Karjalaiset soikeat kupurasoljet. SMYA XXXII.
50. Verworn Max, Die Anfänge der Kunst. Jena 1909.
51. Berg Wilhelm, Slottsruinen på Ragnhildsholmen. Göteborgs och Bohusläns fornminnen II.
52. Aspelin J.R., Kokoilemia muinaistutkinnon alalta. I. Etelä-Pohjanmaalta. Suomi II, 9.
53. Ebert Max, Reallexikon der Vorgeschichte III.
54. Hoops Johann, Reallexikon der germanischen Altertumskunde. Straßburg 1911—1919.

4. Berichte.

1. Aeimelaeus Johan, Storkyro sokn 1752. Arch. NM.
2. Aejmelaeus J., Om Stor-Kyro socken. Åbo Tidn. 1773, Nr. 9—14.
3. Alanus Cl., Kemi Lapmarckz tillståndh. Leinberg. Bidrag VI.
4. Allenius G., Cangasala församling. Helsingfors Morgonblad 1843, Nr. 64 — 65.
5. Andelin A., Kertomus Utsjoen pitäjästa. Suomi 1858.
6. Aspegren Hans H. (G. G. Aspegren), Pedersöre sokn i Österbotn. Åbo 1766.
7. Bilmark J., Sjöstaden Raumo. Åbo 1770.
8. Bjerno socken 182? Arch. NM.
9. Björck Israel, Om Malax allmoge. Åbo Tidn. 1772, Nr. 6, 7.
10. Born S. F. von, Beskrifning öfver Uleåborgs Län 1822. Arch. NM.
11. Bäckman K. A., Jalasjärvi kapell. Suomi 1851.
12. Cajanus Johan, Paldamo. Anno 1663. Åbo Tidn. 1777. Nr. 16—18.
13. Calamnius R., Suomussalmen seurakunnan historia. Oulu 1912.
14. Carlsson Wilh., Entinen Ikalinen. Helsinki 1871.
15. Carlsson Wilh., Hist. ja maantiet. kertomus Pirkkalan pitäjäästä. Helsinki 1869.
16. Carpelan J. F., Cajana stad o. län. Leinberg, Bidrag I.
17. Castrén Eric, Pudasjärvi socken. Åbo Tidn. 1776.
18. Cygnaeus Z., Mändyharju kyrkio och församlings historiae bok 1780. Neovius Ad., Ur Finlands historia. Publikationer ur de Alopaeiska pappren II. Borgå 1891, 1892.
19. Cöhler Thure von, Bjerno socken 1834. Arch. NM.
20. Elmgren S., Beskrifning öfver Pargas socken. Suomi 1847.
21. Elmgren S., Beskrifning öfver St. Mårtens socken. Suomi 1857.
22. Faggot Jakob, Pernå socken. SVAH 1750.
23. Forsström O. A., Raja-Karjalasta. Helsinki 1895.
24. Frosterus Er. Joh., Carlö socken. Arch. NM.
25. Frosterus Joh., Sotkamo socken. Åbo Tidn. 1791.

26. Gadd P. A., (J. Fr. Bucht), Hollola Socken. Åbo 1792.
27. Gadd Pehr (Ephr. Carenius), Hvittis sokn. Åbo 1759.
28. Gadd Pehr (L. Palander), Kulsiala församling. Åbo 1767.
29. Gadd Pehr, Nyland o. Tavastehus län. Åbo 1789.
30. Gadd P. A., Oeconomisk beskrifning öfver Satakunta Häraders norra del 1751.
31. Gadd Pehr (M. Ticcander), Sysmä socken. Åbo 1792.
32. Grönlund Th., Rautalampi socken. Arch. NM.
33. Haartman Jacob, Vörå socken. Åbo Tidn. 1792, Nr. 15.
34. Hagström C. P., Hellsing sockn beskrifning uti Nyland o. Borgå härad. Leinberg, Bidrag I.
35. Halinius Andr., Kirvus kapell 1802 — 1829. Kirch. Arch. Kirvu.
36. Hall Daniel, Birckala socken 1783. Arch. NM.
37. Hall Daniel, Öfre Savolax härad 1800. Arch. NM.
38. Heinricius Johan, Stor Lojo socken i Nyland 1766. Geogr. för. tidskrift 1895.
39. Hellant Anders, Torne stad. SVAH 1774.
40. Hermelin S. G., Beskrifning öfver Lappmarken och Vesterbotten (Bergverk o. mineralogi). Del I. Stockholm 1810.
41. Hipping A. J., Perno socken. St. Petersburg 1817.
42. Hipping, A. J., Perno socken 1815. Arch. NM.
43. Hipping A. J., Beskrifning öfver Wichtis socken 1845. Arch. NM.
44. Holmbom Henr., Limingo socken 1802. Arch. NM.
45. Idman Nils, Hvittis församling 1752. Arch. NM.
46. Idman G. N., Pälkäne socken 1800. Arch. NM.
47. Indrenius Anders, Keuru sockens fordna o. nuvarande tilstånd. Åbo Tidn. 1776, Nr. 8—10.
48. Indrenius Anders, Ruovesi socken 1782. Åbo Tidn. 1785.
49. Inkilä A., Huittinen ja huittislaiset. Helsinki 1910.
50. Kalm Pehr (Erik Castrén), Hist. och Oecon. Beskrifn. ö. Cajanaborgs län. Åbo 1754.
51. Kalm Pehr (Chr. J. Salmenius), Hist. och Oecon. Beskrifning öfver Calajoki sokn uti Österbotn. Åbo 1754.
52. Kalm Pehr (Eric Cajanus), Hist. och Oecon. Beskrifning öfver Cronoby sokn. Åbo 1755.
53. Kalm Pehr (Christ. Herkepaeus), Hist. och Oecon. Beskrifn. öfver Hauho sokn uti Tavastland. Åbo 1756.
54. Kalm Pehr (G. G. Calamnius), Näringar o. hushållning uti Cala-Joki Sockn. Åbo 1753.
55. Kalm Pehr (S. A. Salovius), Orihvesi, Åbo 1757.
56. Kalm Pehr (H. H. Aspegren), Pedersöre sokn. Åbo 1763.
57. Kalm Pehr (Crist. Cavander), Sagu sockn. Åbo 1753.
58. Kalm Pehr (C. P. Borenius), Somero sockn. Åbo 1774.
59. Kena A., Tietoja Luopioisten seurakunnasta. Tampere 1893.
60. Klingius Erik, Hist. beskrifning öfver Malax församling. Arch. NM.
61. Koskinen Yrjö, Kertomus Hämeenkyrön pitäjästä. Suomi 1851.
62. Kurze Beschreibung der Kymenegor. Provinz im Wiburg. Gouvern. Büschings Magazin f. Hist. u. Geogr. IV. 1764.
63. Könönen T., Pälkjärven pitäjäs. Kuopio 1891.
64. Lagus Elias, Beskrifning öfver Kusamo s. i Kimi Lappmark. SVAH 1772.
65. Lencqvist Eric, Orihvesi Socken. Åbo Tidn. 1784.
66. Lindström G. J., Beskrifning öfver Eura socken. Suomi 1849.
67. Lindström J. A., Kumo socken uti historiskt hänseende. Suomi 1860.
68. Lundén Mich., Anmärkningar om Wesilax socken, förf. år 1796. Arch. UB (Abt. Fennica).
69. Om Malax allmoge. Åbo Tidn. 1772 Nr. 6—7.
70. Maukonen J., Muinaisjäännöksiä Liperin kihlakunnassa. SMYA IV.
71. Mether C. G., Padasjoki 1798. Arch. NM.
72. Mustonen O. A. F., Tietoja Kajaanin kihlakunnasta ja etenkin Paltamon pitäjästä. Hämeenlinna 1887.
73. Beskrifning öfver Orihvesi socken. Tidningar utg. af ett sällskap i Åbo 1784, Nr. 10, 11, 14, 15, 16.
74. Paulaharju Samuli, Kuvauksia Hailuodosta. Helsinki 1914.
75. Paulaharju Samuli, Kainuun mailta. Helsinki 1922.

76. Paulaharju Samuli, Vanhaa Lappia ja Peräpohjaa. Helsinki 1923.
77. Paulaharju Samuli, Kolttain mailta. Helsinki 1921.
78. Porthan H. G., Wiitasaari socken. Åbo Tidn. 1777, Nr. 9, 10, 12, 13.
79. Beskrifning öfver Pudasjärvi socken. Arch. NM.
80. Rapola F. O., Häme. Helsinki 1908.
81. Runeberg Ephr. O., Laihela socken. SVAH 1758.
82. Sacklinius A. G., Beskrifning öfver Laetala Socken och Kyrka. Åbo Tidn. 1785.
83. Salenius J. M., Muolan l. Pyhäristin pitäjästä. Helsinki 1871.
84. Salenius J. M., Walkjärven pitäjän kertomus. Helsinki 1870.
85. Salenius J. M., Kuvauksia vanhasta Suomesta. Viipuri 1913.
85a. Salenius J. M., Itä-Suomen oloista ja tapauksista muinaiseen aikaan. Viipuri 1915.
86. Salenius J. M., Äyräpään vanhasta kihlakunnasta. Helsinki 1872.
87. Salonius Johan, Nagu sockens beskrifning. Arch. NM.
88. Snellman Johan, Låchteå sokn 1800. Arch. NM.
89. Starck David, Elimäki 1762. Arch. NM.
90. Starck David, Lovisa pastorat med dess annexer 1761. Leinberg, Bidrag I, 1.
91. Stråhlman Joh., Walkjärvi socken 1825. Arch. NM.
92. Beskrifning öfver Töfsala socken i Åbo län. Åbo Tidn. 1793, Nr. 41, 44, 46.
93. Törne M. V. von, Beskrifning öfver Loppis sockn 1800. Arch. FHG.
94. Wallenius J. Fr., Paroecia Mändyharju. Aboae 1812.
95. Warelius Antero, Kertomus Tyrvään pitäjästä 1853. Suomi 1854.
96. Warén Aksel, Keuruun pitäjän historia. Helsinki 1890.
97. Wegelius Henric, Lillkyrö socken. Arch. NM.
98. Wegelius Henric, Wöro socken 1825. Arch. NM.
99. Korta anmärkningar om Vesilax socken. Åbo Tidn. 1797, Nr. 28, 30.
100. Wetterhoff O. Fr., Militärisk beskrifning öfver Svenska Carelen. Leinberg, Bidrag III.
101. Widenius H., Mouhijärvi sokn. Åbo Tidn. 1775, 1776.
102. Forselius Lars, Ruovesi 1753. Arch. UB (Abt. Fennica).
103. Indrenius Abr., Keuru 1753. Arch. UB (Abt. Fennica).
104. Salovius Andr., Beskrifning öfver Orihvesi församling 1753. Arch. UB (Abt. Fennica).
105. Hartman Gabr., Relation om Karislojo Församling 1753. Arch. UB (Abt. Fennica).
106. Utdrag af ett bref från Mag. S. Liljeblad till Prof. och Rid. Hr C. P. Tennberg. Dat. Torneå d. 22. Juni 1788. Arch. UB (Abt. Fennica).
107. Lemin pitäjä. Sanan Saattaja Wiipurista 1841, Nr. 41—46.
108. Carpelan Joh. Fr., Kort beskrifning öfver Uleåborgs stad. Arch. UB (Abt. Fennica).
109. Foenander J. M., Janackala 1753. Arch. UB (Abt. Fennica).
110. Stråhlman Johan, Utkast till Luumäki församlings och dess presters historia 1828. Arch. UB (Abt. Fennica).
111. Knaapila, Kertomus Iitin pitäjästä. Arch. UB (Abt. Fennica).
112. Deutsch H., Norra Delen af Uleåborgs län. Arch. NM.
113. En Savolaksbild från slutet af 1700-talet. SLS. Förh. o. upps. 17.
114. Knorring F. P. von, Gamla Finland. Åbo 1833.
115. Rühs Fr., Finnland u. seine Bewohner. Leipzig 1809. Schwedisch: Finland och dess invånare. Stockholm 1827.
116. Kalm Pehr (Carl Bergman), Beskrifning öfver Sjöstaden Ekenäs. Åbo 1760.
117. Roos Elias, Kort beskrifning öfver Kisko sockn. 1753.
118. Fagerlund L. W., Anteckningar om Korpo och Houtskär socknar. Bidr. t. känned. af Finlands nat. o. folk 28.
119. Aspelin J. R., Kertomus Maalahden pitäjästä. Suomi 1866.
120. Hedeen Nills, Om Laetala Moder Kyrcke 1749. Arch. UB (Abt. Fennica).

5. Eßwarenbereitung.

1. Grotenfelt Gösta, Vanhanaik. suomal. maitotalous. Helsinki 1916.
2. Hellenius C. N. (Fr. Wallenius), Om finska allmogens nödbröd. Åbo 1782.
3. Itkonen T. I., Lappalaisten ruokatalous. MSFou. LI.

4. Kalm Pehr, Caffé o. deinhemska växter, som plägar brukas i dess ställe. Åbo 1755.
5. Keyland N., Om renslakten o. beredningen af renhudar hos Frostvikens lappar. JSFOu. XXX.
6. Manninen Ilmari, Kalaruuan mädättäminen. SM 1918.
7. Manninen Ilmari, Kivillä keittäminen. SM 1917.
8. Mennander C. Fr., Stampe-, bark- o. missebröd. SVAH 1742.
9. = Landw. 17.
10. Hellenius C. N. (R. W. Stiernwald), Anmärkningar öfver Finska Allmogens Bryggningssätt. Åbo 1780.

6. Ethnologie und Kulturgeschichte.

1. Bielenstein A., Die Holzbauten und Holzgeräte der Letten I, II. St. Petersburg 1907. 1918.
2. Gondatti N. L., Слѣды языческихъ вѣрованій у маньзовъ. Извѣст. Общ. Люб. Ест., Антроп. и Этн. XI.
3. Gondatti N. L., Предвар. отчетъ о поѣздкѣ въ Сѣверозап. Сибирь. Годичн. засѣд. комитета для устройства въ Москвѣ музея прикл. знаній. Москва 1888.
4. Häyhä Johannes, Kuvaelmia itäsuomalaisten vanhoista tavoista: Joulun vietto, 1893; Maahanpaniaiset, 1894; Talvitoimet, 1897; Kesäaskareet, 1898; Naimistavat, 1899. Helsinki.
5. Kotikoski J. W., Hämäläisiä joulutapoja ja leikkejä. Helsinki 1912.
6. Laitinen H., Muistoonpanoja. Arch. NM.
7. Laitinen H., Kansan tavoista ja taijoista Savossa ja Karjalassa. Arch. NM.
8. Laitinen H., Karhun pyynnistä ja sen juhlamenoista. Arch. NM.
9. Laitinen H., Naimatapa Savossa. Arch. NM.
10. Laitinen H., Suomalaisten vanhoja taikuus- ja kansallistapoja. Arch. NM.
11. Lemmetty Johan, Itä-Suomen yhteis. kansan elämäntavoista, vaatteenparsista ja niitten muutoksista. 1867. Arch. NM.
12. Lukkarinen J., Inkeriläisten praasnikoista. Kansanrunoussemin. julkaisuja II. Helsinki 1912.
13. Olaus Magnus, Historia de gentium septentrionalium variis conditionibus. Basiliae 1567.
14. Nikander Gabriel, Plägseder av rättslig betydelse vid själfångst i Österbotten. Acta Academiae Aboensis, Humaniora III.
15. Nikander Gabriel, Byar och gårdar i Helsinge från 1750 till 1865. Borgå 1916.
16. Ruuth J. W., Työväen päiväpalkoista Suomessa 1500-luvulla. Suom. Tiedeakat. Esitelmät 1915.
17. Saariluoma W., Kansat. kertomussarja kansan elämän tavoista Muurlassa. 1916. Arch. NM.
18. Salminen Väinö, Inkerin kansan häärunoelma. Helsinki 1916.
19. Schulz Alw., Deutsches Leben im XIV. u. XV. Jahrhundert. Wien 1892.
20. Schurtz Heinrich, Urgeschichte der Kultur. Leipzig u. Wien 1900.
21. Suomen suku I. Helsinki 1926.
22. Sjögren Joh. A., Historisch-ethnograph. Abhandlungen über den finnisch-russischen Norden. St. Petersburg 1861.
23. Sjögren Joh. A., Die finnische Bevölkerung des St. Peterburgischen Gouvernements. St. Petersburg 1833.
24. Hermans E. P., Tjärlaks bysamhälle i Närpes sockn. Meddel. från statens agrik.-etnogr. samlingar II.
25. Warelius A., Bidrag till Finlands kännedom i ethnograf. afseende. Suomi 1847.
26. Weule Karl, Ergebn. meiner ethnogr. Forschungsreise in den Südosten Deutsch-Ostafrikas. Mitteil. a. d. deutsch. Schutzgebieten. Berlin 1908.
27. Virtanen E. A., Eräiden itämerensuomal. kansain kyläpaimenista. Kalevalaseuran vuosik. 3.
28. Virtanen E. A., Taloustöiden riippuvaisuus kuunvaiheista ja vuotuisista juhlapäivista Suomessa. 1920. Arch. NM.
29. Voionmaa Väinö, Karjal. heimon historia. Helsinki 1915.
30. Marttini I., Kontion kunnioitus Vienan Karjalassa Kivijärvellä. 1912. Arch. NM.
31. Holmberg Uno, Über die Jagdriten der nördlichen Völker Asiens und Europas. JSFou. XLI.
32. Führer durch das Bayerische Nationalmuseum in München 1908.
33. Hallström G., Kolalapparnas hotade existens. Ymer 1911.
34. Ganander Chr., Mythologia Fennica. Åbo 1789.
35. Kannisto Artt., Über die wogulische Schauspielkunst. FUF VI.
36. Krohn Kaarle, Suomal. runojen uskonto. Suomen suvun uskonnot I. Helsinki 1915.

37. Frobenius L., Der Ursprung der afrik. Kultur. Berlin 1898.
38. Sirelius U. T., Über die Art und Zeit der Zähmung des Renntiers. JSFou. XXXIII.
39. Ratzel Fr., Völkerkunde, Leipzig 1894, 1895.
40. Kleinpaul R., Das Mittelalter I, II. Leipzig 1894—95.
41. Karjalan kirja I, II. Porvoo 1910.
42. Das Veränderte Rußland. Erster Theil. Frankfurt u. Leipzig 1744.
43. Sirelius U. T., Kivikautta meidän päivinämme. SM 1912.
44. Patkanov S., Зкономическій бытъ инородцевъ Тобольск. округа. Ч. III. Матер. для изученія зкон. быта гос. крестьянъ и инородцевъ зап. Сибири. В. XIX.
45. Fischerström Johan, Om södra Halland. SVAH 1761.
46. Fritsch G., Die Eingeborenen Süd-Afrikas. Breslau 1872.
47. Fülleborn F., Das deutsche Nyassa- u. Rowuma-Gebiet. „Deutsch-Ostafrika" Bd. IX. Berlin 1906.
48. Hahn Theoph., Die Buschmänner. Globus XVIII.
49. Kaufman A., Schilderungen aus Central-Afrika. Brixen 1862.
50. Merker M., Die Masai. Berlin 1910.
51. Passarge S., Mambukuschu. Globus LXXXVII.
52. Weiß Max, Die Völkerstämme im Norden Deutsch-Ostafrikas. Berlin 1910.
53. Nigmann E., Die Wahehe. Berlin 1908.
54. Juvelius J. W., Karhun synty. Suomal. Kansanrunoussemin. julkaisuja II.
55. Ostrowskij, Über die Musik-Instrumente der Katschingen. Zeitschr. f. Ethnol. 27.
56. Skizzen aus Süd-Rußland. Globus XXXIV.
57. Norlind T., Svenska allmogens lif i folksed, folktro och folkdiktning. Stockholm 1912.
58. Världskulturen. Stockholm 1906.
59. Nikander, Lyxförbud och folkdräkter i Åbo-trakten på 1790-talet. Hälsning till sydvästra Finlands svenska allmoge 1914.
60. Snorri Sturlusons Heimskringla I, II. Kristiania 1894.
61. Gentz, Einige Beiträge zur Kenntnis der südwestafrikan. Völkerschaften. Globus LXXXIII.
62. Weule Karl, Die Kultur der Kulturlosen. Stuttgart 1910.
63. Kort afhandling om några hos allmogen och menige man i Finland inrotade missbruk. Arch. UB.
64. Egils Saga eller Fortaelling om Egil Skallagrimsson. Efter det islandske Grundskrift ved N. M. Petersen. København 1901.
65. Porthan H. G., De poësi Fennica. Opera selecta III. Helsingfors 1867.
66. Hassel Henr. (Dan. Penzin), De festo Julio hyperboreorum antiqvo. Åbo 1748.
67. Sartori Paul, Sitte u. Brauch I—III. Leipzig 1910—1914.
68. Tarkiainen V., Ritvalan helka. Porvoo 1922. Kalevalaseuran julkaisuja I.
69. Hämäläinen Alb., Mordvalaisten, tšeremissien ja votjakkien kosinta- ja häätavoista. JSFou XXIX.
70. Sirelius U. T., Begravningsceremonier i Olonets. Finlands allm. kalender 1922, S. 87.
71. Reinholm H. A., Aufzeichnungen. Arch. NM.
72. Schvindt Th., Katalog öfver Finska Studentavdelningarnas Etnogr. samlingar I—IV. Helsingfors 1883—1893.
73. Giftermåls och bröllops seder hos allmogen i Savolax öfre del. Tidn. utgifn. af et sällskap i Åbo 1772, Nr. 1—4.
74. Schroeder L. von, Hochzeitsbräuche der Esten u. einiger anderer finn.-ugr. Völkerschaften. Verhandl. der Gelehrt. Estn. Gesellsch. XIII.
75. Frazer J. G., The golden bough. I—III. London 1900.
76. Crawley E., The mystic rose. A study of primit. marriage. London 1902.
77. Bröllops Seder i wästra delen af Nyland och de Finska Socknarne derstedes. Tidn. utg. af et Sällskap i Åbo 1778.
78. Zelenin Dmitrij, Russische (Ostslavische) Volkskunde. Berlin, Leipzig 1927.
79. Tallqvist Knut, Babylonialaisten maailmankuvan piirteitä. Valvoja 1907.
80. Wichmann Yrjö, Kurzer bericht über eine studienreise zu den syrjänen 1901 bis 1902. JSFou. XXI.
81. Матеріалы по этнографіи Россіи. Т. I, II. С. Петербургъ 1910, 1914.
82. Reinholm H. A., Aufzeichnungen über kulturgeschichtliche Verhältnisse in Finnland. Arch. NM.
83. Gottlund C. A., Otava 1. suomalaisia huvituksia I, II. Tukholma 1831, 1832.

84. Forsblom Walter, Sydösterbottn. plog- och budkavlar samt vindflaggor. SLS. Folkl. o. etn. studier II.
85. Killinen Kust., Puumerkeistä ja muista omistusmerkeistä. SM 1896.
86. Aspelin J. R., Pirkka. JSFou III.
87. Ohls P. E., Om bomärken. SLS. Förhandl. och upps. 16.
88. Gmür Max, Schweizerische Bauernmarken u. Holzurkunden. Bern 1917.
89. Hernberg Alar., Budkavlen såsom rättsurkund. Tavastehus 1921.
90. Manninen Ilmari, Tietoja pykäläpuista ja kapuloista Karjalassa ennen ja nyt. SM 1920—1921.
91. Mitteil. aus d. Verein der Sammlung f. deutsch. Volkskunde, Bd. III u. IV.
92. Gottlund C. A., Läsning för finnar. Helsingfors 1864.
93. Kuznetsov N. I., Природа и жители вост. склона сѣвернаго Урала. Изв. И.Р.Г.О. XXII. С. Петербургъ 1887.
94. Marttini J., Kansantiet. muistiinpanoja Wienan Karjalassa. 1913. Arch. FLG.
95. Marttini J., Kansantapoja Wienan Karjalassa Wuokkiniemen seuduilla. 1912. Arch. FLG.
96. Suomen kartasto — Atlas of Finland — Atlas över Finland 1925. Helsinki 1925—28. Teksti-Text. 1929.
97. Skansens utveckling. Meddel. från Nord. Museet 1899.
98. Hazelius Artur, Afbildningar af föremål i Nordiska Museet I. Småland. Stockholm 1888.

7. Gebäude und Hausrat.

1. Blomstedt Yrjö, Sucksdorff Victor, Karelische Gebäude u. Ornamentsmotive. Helsingfors 1902.
2. Sirelius U. T., Über die primitiven wohnungen bei den finnischen und ob-ugrischen völkern. FUF VI—IX, XI.
3. Heikel Axel O., Die Gebäude der Čeremissen, Mordwinen, Esten u. Finnen. JSFou. IV.
4. Ailio Julius, Lopen asunnot eri kehitysasteissaan. Kansatiet kertom. V. Helsinki.
5. Kotikoski J. W., Jämsän ja Korpilahden vanhoista rakennuksista. 1910. Arch. NM.
6. Itkonen Ilm., Inarin lappalaisten vanhemmista rakennuksista. 1913. Arch. NM.
7. Itkonen T., Koltan lappalaisten rakennuksista. Arch. NM.
8. Paulaharju Samuli, Kuolan lappalaisten rakennuksista. 1914. I Asuinsuojat. II Ulkosuojat. Arch. NM.
9. Paulaharju Samuli, Inarin lappalaisten rakennuksista. 1915. Arch. NM.
10. Stephani K. G., Der älteste deutsche Wohnbau und seine Einrichtung. Leipzig 1902.
11. Rhamm K., Urzeitliche Bauernhöfe im germanisch-slavischen Waldgebiet. Braunschweig 1908.
12. Melander K.R., Muutama tieto „metsäriihistä". SM 1909.
13. Paulaharju Samuli, Aufzeichnungen und Abbildungen der Gebäude in Ingermanland. Arch. FUG.
14. Charuzin Al., Славянское жилище въ сѣверо-западномъ краѣ. Вильна 1907.
15. Paulaharju Samuli, Pohjois- ja Itä-Karjalan rakennuksista. Arch. FLG.
16. = 5.
17. Berichte über Bauernhäuser in Finnland. Arch. FLG.
18. Nicolaysen N., Kunst og Haandverk fra Norges fortid. Kristiania 1881—1891.
19. Förvärv. Meddelanden från Nordiska museet 1902.
20. Granfelt A., Asunnot ja kansan elämä Suomessa. Kansanval. seur. toim. XLII.
21. Zeichnungen von Bauernhäusern von Veikko Kyander. Arch. NM.
22. Kallio V. J., Kansanomaisista asuinrakennuksista Varsinais-Suomessa. Lännetär, Helsinki 1914.
23. Salenius J. W., Savon savupirteistä. SM 1909.
24. J(ohnsson) A. M., Rakennustavasta etel. Savossa. Virittäjä I. Porvoo 1883.
25. Koskinen Yrjö, Suomalaisten vanhemmasta rakennustavasta. Kansanval. seur. kalenteri 1882.
26. Forsblom W. Valter, Sydösterbottniska allmogebyggnader. SLS. Folklor. o. etnogr. studier I. Helsingfors 1915.
27. Ax (= Ailio) J. E., Ulkohuonerakennuksista Lopella. Kansat. kertom. IV.
28. Kuznetsova A. A., Жилища, одежда и пища минус. и ачинск. инородцевъ. Минус. и ачинск. инородцы. Издан. Енис. губ. статист. комитета. Красноярскъ 1898.
29. Wallin Väinö, Liiviläisten rakennukset. SKS. Vähäisiä kirjelmiä 18. Helsinki 1893.

30. Charuzin N., Исторія развитія жилища у кочевыхъ и полукочевыхъ тюркскихъ и монгольск. народностей Россіи. Москва 1896.
31. Nilsson Axel, Aril, spis och ugn. Ymer 1905, h. 2.
32. Lagus F. H. B., Kertomus asuinrakennuksista Sumiaisissa. Kansat. kertom. I. Helsinki 1893.
33. Paulaharju Samuli, Asuinrakennuksista Uudellakirkolla Viip. l. Kansat. kertom. VI. Helsinki 1906.
34. Finne Jalmari, Länsisuomalaisten sotilasvirkatalojen rakennuksista 1600-luvulla I. SM 1917.
35. Sirelius U. T., Ampialan aitta Keuruulla. SM 1911.
36. Hellant Anders, Huruvida byggningssättet hos det fattiga folket i Torne stad och kringligg. landsbygd kan bidraga til rötfeber och andra siukdomar. SVAH 1774.
37. Gadd Pehr, Almanack eli Ajan Tieto 1765.
38. Nilsson Axel, Skansens kulturhist. afdelning. Stockholm 1907.
39. Salervo Toivo, Aufzeichnungen über die Stubeneinrichtungen in Pohjanmaa. Arch. NM.
40. Itkonen T., Eteläpohjalaisen talon kalustoa 1700-luvulla. SM 1925.
41. Heikel A. O., Två byggnader å Ivarshemman i Närpes. FM 1917.
42. Charuzin N., Очеркъ исторіи развитія жилища у финновъ. Этногр. Обозр. XXIV, 1895.
43. Kongl. May:tz Husesyns Ordning ... Gifwen i Stockholm den 18 Julii 1681: „Jaga och nödige huus i mangården".
44. Erixon Sigurd, Skansens kulturhist. avdelning. Stockholm 1925.
45. Nordenberg A. J., Rön om kakelugnar. SVAH 1739.
46. Blomstedt Yrjö, Kaksi kolisentarautaa. SM 1896.
47. Ambrosiani Sune, Bondkyrkans bod. Upplands Fornminn. fören. Tidskr. 25, 1908.
48. Kallio V. J., Varsinais-Suomen kansanom. salpa- ja lukkolaitteet. SM 1919.
49. Mejborg R., Gamle danske Hjem. København 1888.
50. Fett Harry, Gamle norske hjem og bohave. Kristiania 1906.
51. Upmark G., Möbler i afdelningen för de högre stånden. Nordiska museet. Stockholm 1913.
25. Salenius J. M., Om rummens innanrede på våra äldre slott under 1500-talet. FM 1910.
53. Erixon Sigurd, Möbler och heminredning i svenska bygder I, II. Stockholm 1925, 1926.
54. Grotenfelt Gösta, Om pärtbloss, pärthållare och dyl. Meddel. från statens agr.-etnogr. försöksanst. Bd. II.
55. Witte Fritz, Die liturg. Geräte. Berlin 1913.
56. Söderholm F. A., Sätt att upptända eld och underhålla belysning på landsbygden i Finland på 1840-talet. Arch. NM.
57. Bredt F. W., Windmühlen. Mitteil. des Rheinischen Vereins f. Denkmalpflege u. Heimatschutz VI, 1912 (Literaturverzeichnis).
58. Schvindt Th., (Finnisch) Rezension über: Yrjö Blomstedt u. Victor Sucksdorff, Karelische Gebäude und Ornaments-Motive. Helsinki 1901. Valvoja 1902, IV.

8. Historisches.

1. Aspelin J. R., Mordvalaisten historiall. vaiheet. Kirjall. kuukauslehti 1875, Nr. 6—8.
2. Bonsdorff C. v., Åbo stads historia under sjuttonde seklet I—II. Helsingfors 1894—1904.
3. Forsström O. A., Suomen keskiajan historia. Jyväskylä 1898.
4. Hildebrand Hans, Sveriges medeltid I—III. Stockholm 1879—1900.
5. Koskinen Yrjö, Millä aloilla Suomenmaata ovat lappalaiset histor. tutkimusten mukaan asuneet. Suomi II, 15, S. 345—351.
6. Mellenius Sven (Johan Bilmark), Om sjöstaden Raumo. Åbo 1770—1772.
7. Nordman P., Bidrag till Helsingfors stads historia I—V. Helsingfors 1905—08.
8. Porthan H. G., Opera Selecta, I—V. Helsingfors 1859—1873.
9. Salenius J. M., Hist. tietoja Äyräpään vanhasta kihlakunnasta. Helsinki 1872.
10. Setälä E. N., Suomensuk. kansojen esihistoria. Maailman historia II. Porvoo 1915.
11. Snorri Sturlusons Heimskringla I, II. Kristiania 1894.

12. Suolahti Gunnar, Suomen pappilat. Porvoo 1912.
13. Voionmaa Väinö, Suomal. keskiajan tutkimuksia. Porvoo 1912.
14. Nordmann P., Schybergson M. G., Finlands kulturhistoria. Medeltiden. Helsingfors 1908.
15. Några anmärkningar til K. Magni Erikssons historia. Åbo Tidn. 1785.
16. Jalkanen K. J., Pohjois-Hämeen erämaat, asutus ja olot vuoteen 1620. Hämeenlinna 1892.
17. Utdrag af ett bref ifrån Leppävirta 6 Febr. 1762. Arch. UB (Abt. Fennica).
18. Melander K. R., Muutama tieto „metsäriihistä". SM 1909.
19. Salenius J. M., Maamme linnoista 1500-luvulla. SM 1917.
20. Voionmaa Vainö, Katsaus Suomen teollisuuteen uskonpuhdistuksen aikakautena. SM 1911.
21. Europaeus A. J., Karjalan ajantiedot Täysinän rauhaan asti. Kuopio 1859.
22. Hausen Reinh., Åbo domkyrkas svartbok. Helsingfors 1890.
23. Arvidsson A. J., Handlingar till upplysning af Finlands häfder. Stockholm 1848fg.
24. Utdrag af et bref från Anianpeldo 1761. Arch. UB (Abt. Fennica).
25. Utdrag af ett Bref ifrån Swenska Carelen, dat. den 27 April 1762. Arch. UB (Abt. Fennica).
26. En Savolaksbild från slutet af 1700-talet. SLS. Förh. o. upps. 17.
27. Chvoljson D. A., Извѣстія о хозарахъ, буртасахъ, болгарахъ, мадьярахъ и руссахъ Абу-Али Ахмеда Бенъ Омаръ Ибнъ-Даста / по рукописи Британскаго музея /. С. Петербургъ 1869.
28. Simolin J. A., Drag ur prästgårdsliv i Finland under 16:de och 17:de seklen. Finska kyrkoh. samf. protok. 7.
29. Simolin J. A., Wiborgs stifts historia. Helsingfors 1909.
30. Salenius J. M., Tietoja Kuopion tienoista vuodesta 1827 alkain. Kuopio 1883.
31. Leinberg K. G., Handlingar rörande finska kyrkan och prestersk. 1892—1907.
32. Snellman A. H. (Virkkunen), Oulun kaupungin historia. Oulu 1905—1919.
33. Meinander K., Suomalaisista sotalipuista. SM 1912.
34. Jalkanen K. J., Rautalammin vanhan hallintopitäjän historia. SKS:n pitäjänkertomuksia VI.
35. Akiander M., Utdrag ur Ryska annaler. Suomi 1848.
36. Wirkkunen A. H., Länsisuomalaisten kansain sivistysoloista pakanuuden ajan lopulla. Oma maa I.

9. Jagd und Fischerei.

1. Adler Br., Die Bogen Nordasiens. Intern. Arch. für Ethnographie. Bd. XV.
2. Aitinger J. C., Kurzer u. einfält. Bericht vom Fogelstellen. Cassel 1653.
3. Allardt Anders, Säljakt i Pellinge. Budkavlen 1923.
4. Arsenev F. A., Зыряне и ихъ охотничьи промыслы. Москва 1873.
5. Baker S., Jagdzüge am Atbara u. Setit. Globus XVII.
6. Baklaschev M., Очеркъ охоты и пром. на звѣрей и птицъ въ Овручкомъ уѣздѣ. Журн. охоты 1877 № 2.
7. Beldytskij P., Промысловая охота на соболя въ Чердынскомъ Уралѣ. Природа и охота. 1880.
8. Boeheim W., Handbuch der Waffenkunde. Leipzig 1890.
9. Borne Max, v. dem, Handbuch der Fischzucht u. Fischerei. Berlin 1886.
10. Broman P. C., Handbok för Skandinaviens jägare. Stockholm 1863.
11. Bulanda Edm., Bogen u. Pfeil bei den Völkern des Altertums. Abh. des arch.-epigr. Seminars der Universität Wien XV. Wien u. Leipzig 1913.
12. Cederström Rud., Lifrustkammaren och därmed förenade samlingar. Uppsala 1917.
13. Changalov M. N., Зэгэтэ-аба. Извѣст. восточн.-сиб. отд. И.Р.Г.О. XIX, 1888.
14. Cneiff J. D., Berättelse om Skälfänget i Österbotten. SVAH 1757.
15. Daubrée L. et de Drouin de Bouville Raoul, Pêche fluviale en France. Principaux engins et modes de pêche. Paris 1900.
16. Demandt E., Die Fischerei der Samoaner. Hamburg 1913.
17. Duhamel Du Monceau, Abhandlung von den Fischereyen und Geschichte der Fische. Schauplatz der Künste u. Handwerke XI—XIII. Leipzig u. Königsberg 1772—1775.
18. Döbel H. W., Jäger-Practica. Leipzig 1746.
19. Eduard Otto, Malaiisches Fallenstellen in Nordost-Sumatra. Globus LXVII.

20. Ekman Sven, Norrlands jakt och fiske. Norrl. handbibliotek IV. Uppsala-Stockh. 1910.
21. Ekström C. U., Räf-Jagt. Tidskr. f. jäg. o. naturf. 1834.
22. Europaeus Aarne, Alkeellinen nuotta. SM 1913.
23. Fritsch Gustav, Die Eingeborenen Süd-Afrikas. Breslau 1872.
24. Gadd Pehr (G. Jac. Gummerus), Sjöfogels vård o. ans i Finska skärgården. Åbo 1769.
25. Gartman Eric, Huru Räfsaxar skola utläggas och skötas. SVAH 1747.
26. Gisler Nils, Om Perle-Musslors bästa öppningssätt samt om Perlefiskeriernes beskaffenhet i Ångermanland, Medelpad och Jemtland. SVAH 1762.
27. Gisler Nils, Rön o. berättelse om bäfverns natur, hushållning o. fångande. SVAH 1756.
28. Gisler Nils, Rön om Laxens natur och fiskande i de Norrländska Älfvarne. SVAH 1751, 1752.
29. Koch-Grünberg Th., Jagd u. Waffen bei den Indianern Nordwestbrasiliens. Globus XCIII.
30. Gyllenborg I. G., Kort afhandl. om Insjöfisket i Svea Riket. Stockholm 1770.
31. Handbok för jägare o. jagtvänner. Stockholm 1865.
32. Hellenius C. N. (G. G. Bonsdorff), Om de allmännaste djurfängen i Tavastland. Åbo 1782.
33. Herman Ottó, A magyar halaszat könyve. Budapest 1887.
34. Herman Ottó, Die Forschungsreisen des Grafen Eugen Zichy in Asien. Budapest 1900.
35. Hillerström A., Westmanlands biorn- och vargfänge. Uppsala 1750.
36. Hollsten J., Anmärkn. om järfven. SVAH 1773.
37. Iproclis, Om Pärlefiskeriet i Sastmola Sokn och Biörneborgs Län. SVAH 1742.
38. Iproclis, Om Pärlefiskeri i Österbotn. SVAH 1742.
39. Itkonen T., Suomenlahden saarelaisten hylkeenpyynti. SM 1923.
40. Itkonen Ilmari, Metsästyskertomus Lapista. Arch. NM.
41. Изслѣдованія о состояніи рыболовства въ Россіи. Изданы министерствомъ госуд. имущества I—IX. С. Петерб. 1860—1875.
42. Jankó Johann, Herkunft der magyarischen Fischerei. Budapest-Leipzig 1900.
43. Jähns Max, Handb. einer Geschichte des Kriegswesens. Leipzig 1880.
44. Jester F. E., Die kleine Jagd. Vierte Auflage. Herausgeg. von Berg. Leipzig 1859.
45. Kajaani J. Fr., Jousesta. Mehiläinen 1840.
46. Keyland Nils, Lappska fångst- o. fiskeredskap. Fataburen 1910.
47. Klemenz, D. A. u. Changalov M. N., Общ. охоты у сѣвер. бурятъ. Мат. по этн. Россіи. Т. I.
48. Konev F. I., Охота въ Оренбург. краѣ. Газета лѣсоводства и ох. 1858.
49. Kotikoski J. W., Metsästystietoja Korpilahden ja Punkalaitumen pitäjistä. 1912. Arch. NM.
50. Krol M., Охотничье право и звѣрин. промыселъ у бурятъ. Изв. вост.-сиб. отд. И.Р.Г.О. Т. XXV. № 4 и 5.
51. Kulikovskij, Изъ быта охотниковъ Олонецкаго края. Сѣверн. вѣстникъ 1891, III. Областн. отдѣлъ.
52. Lehtisalo T. V., Zur Jagd bei den juraksamojeden. JSFou. XXX.
53. Levinets-Pavlovskij, Внутреннія извѣстія москвитянина 1885, 4, № 13.
54. Lloyd L., Anteckningar under ett tjuguårigt vistande i Skandinavien. Stockholm 1855.
55. Ловля соболей въ Сибири и продажа ихъ шкуръ. Бирж. вѣд. 1863, № 37.
56. Luschan Felix v., Über einen zusammengesetzten Bogen aus der Zeit Rhamses II. Zeitschrift für Ethnologie XXV, 1893.
57. Malmer Olof, Om pärlmusslor och Pärlefiskerier. SVAH 1742.
58. Marttini I., „Honka“, „rakovalkea“. Arch. NM.
59. Marttini I., Hylkeenpyntitavoista Laatokalla. 1916. Arch. NM.
60. Marttini I., Metsästyksestä Vienan Karjalassa. Arch. NM.
61. Meißner Bruno, Assyrische Jagden. Der alte Orient. 13. Jahrg. Leipzig 1911.
62. Menzbir, Бѣлка. Природа и охота 1878.
63. Metsästyskertomukset (Jagdberichte). Arch. FLG.
64. Nordqvist Osc., Muistiinpanoja matkalta Suomen Lapissa kesällä 1899. Suomen Kalastuslehti. Helsinki 1900.

65. **Nordqvist Osc.**, Torne elfs laxfiske. Fiskeritidskr. för Finland 1898, 1899.
66. **Neckelmann**, Om Fiskeriet i Randers Fjord. Randers 1833.
67. **Nikander Gabr.**, Plägseder av rättslig betydelse vid själfångst i Österbotten. Acta Academiae Aboensis, Humaniora III.
68. **Nordholm A.**, Jämtlands Djur-Fänge. Diss. Uppsala 1749.
69. **Nummelin P. A.**, **Hellevaara Einar**, Silakkanuottakalastuksesta Turun saaristopitäjissä. Suomen kalatalous III. Helsinki 1915.
70. **Ödman S.**, Anmärkningar om Skäl-Slägtet i Öster-Sjön. SVAH 1784.
71. **Ödman S.**, Sjöfogelfänge med nät. Tidskrift f. jäg. o. naturf. III. 1834 (s. auch Hushållningsjournal 1786).
72. Объ охотѣ и звѣрин. промыслахъ въ Россіи. Газета лѣсовъ и охот. 1855.
73. Охота на рябцевъ, тетеревей и куропат. въ Олонецкой губ. Журналъ охоты 1875. Т. II. № 3.
74. Охота. Календарь Вятск. губ. 1880.
75. Onomatologia forestalis-piscatoria-venatoria. Frankfurt u. Leipzig 1773.
76. Осенніе промыслы Оятчанъ. Олон. губ. вѣд. 1868.
77. Очеркъ Астрах. охоты. Прир. и ох. 1887, 12.
78. **Pälsi Sakari**, Über steinzeitliche Hakenfischereigeräte in Finnland. SMYA XXVI.
79. **Paulaharju Samuli**, Inarin lappalaisten metsästyksestä ja kalastuksesta. 1915. Arch. NM.
80. **Paulaharju Samuli**, Kalastuksesta ja metsästyksestä Kuollan Lapissa. 1916. Arch. NM.
81. Промыслы охоты на звѣрей и птицъ въ Олонец. губ. Журналъ охоты V, 1876.
82. **Puschkarev N. N.**, Рыболовство на онежскомъ озерѣ. Отчетъ мин. землед. и госуд. имуществъ. С. Петербургъ 1900.
83. Пушной пром. въ Пріамурск. краѣ. Восточн. обозр. 1886. № 36, 37.
84. **Radde G.**, Крымскіе татары. Зап. И.Р.Г.О. 1857. Ч. XIX.
85. **Räsänen M.**, Tainio. Virittäjä 1913.
86. **Rau Charles**, Prehistoric fishing in Europe and North America. Smithsonian contributions to knowledge XXV. Washington 1884.
87. **Razevitsch V.**, Охота и дичь въ Корчевскомъ уѣздѣ (Тверск. губ.). Журналъ охоты 1887.
88. **Regener Emil**, Jagdmethoden u. Fanggeheimnisse. Potsdam 1861.
89. **Ridinger J. E.**, Vorstellungen, wie alles Hoch und Niedere Wild gefangen wird. Augsburg 1750.
90. Рисунки къ изслѣдованию рыболовства въ сѣверозападныхъ озерахъ. С. Петерб. 1876.
91. **Roth H. Ling**, Jagd und Fischfang bei den See-Dajaks. Globus LXIII.
92. **Sabaneev A. P.**, Пролетъ гусей. Журналъ охоты 1874.
93. **Sabaneev A. P.**, Рябчикъ. Природа 1876 кн. 4.
94. **Sabaneev A. P.**, Тетеревъ косачъ. Журналъ охоты 1875, 1876.
95. **Sabaneev A. P.**, Звѣрин. промыселъ въ Уральскихъ горахъ. Бесѣда 1872.
96. Sammandrag af zoologiska uppsatser om Jerven. Tidskr. f. jäg. o. naturf. 1832.
97. **Schostakovitsch B.**, Промыслы нарымск. края. Записки зап.-сиб. отд. И.Р.Г.О. 1882, кн. IV.
98. **Schvedov I.**, Породы осѣдлой и прилетной дичи окрестностей Иркутска. Журналъ охоты 1887, № 3.
99. **Schvedov I.**, Краткій очеркъ пром. охоты въ Иркутск. округѣ. Журн. охоты 1876, Т. IV, № 4.
100. **Schvindt Th.**, Atlas ethnographique de Finlande. Helsinki 1905.
101. **Schvindt Th.**, Metsästyskertomukset. Arch. NM.
102. **Semenov**, Историч. свѣдѣнія объ охотн. искуствѣ. Лѣсн. журн. 1835, кн. I.
103. **Sennikov D.**, Черемисская ловля. Эконом. записки 1861.
104. **Seyffert Carl**, Die Ausrüstung eines Elefantenjägers. Zeitschr. f. Ethnologie 43.
105. **Silantjev A. A.**, Обзоръ промысл. охотъ въ Россіи. С. Петербургъ 1898.
106. **Sirelius U. T.**, Det finska armborstet. FM 1913.
107. **Sirelius U. T.**, Die Sperrfischerei bei den finn.-ugr. Völkern. Travaux ethnographiques III. Helsingfors 1906.
108. **Sirelius U. T.**, Kappale suomensuk. kansain kalastushistoriaa. JSFou. XXIII.
109. **Sirelius U. T.**, Pari vanhaa pyydystä. Virittäjä 1914.

110. Sirelius U. T., Suomalaisten kalastus I—III. Helsinki 1906, 1908.
111. Sirelius U. T., Über das jagdrecht bei einigen finn.-ugr. völkern. MSFou. XXXV.
112. Sirelius U. T., Über die Art u. Zeit der Zähmung des Renntiers. JSFou. XXXIII.
113a. S. H. (Sjöberg), Säljakten i Vasa skärgård. Fiskeritidskrift 1895, Nr. 9, 10, 11.
113b. Sjöberg H. R. A., Livet bland kvarkens söner och döttrar I—II. Vaasa 1926.
114. Söderhielm C. U., Beskrifning öfver ett sätt att fånga Orr-Fågel. Tidskr. f. jägare o. naturf. 1832.
115. Smolenskij M., Очеркъ ловли. Тоб. губ. вѣд. 1858.
116. Storch P. A., Промышленность крестьянъ Арх. губерн. Труды Имп. вольн. экон. общ. 1850. Т. 4.
117. Ström Erik, Ångermanland. Hernösand 1905.
118. Schtschukin N. S., Ловля крупныхъ звѣрей въ вост. Сибири. Труды Имп. вольн. экон. общ. 1866. Т. I.
119. Schtschukin N. S., Звѣр. промыселъ въ вост. Сибири. Журн. мин. внутр. дѣлъ 1897.
120. Svederus G., Skandinaviens jagt, djurfänge och vildafvel. Stockholm 1832.
121. Свѣдѣнія объ охотѣ въ Арханг. губерніи. Лѣсн. журналъ 1835, кн. 4.
122. Tervo W. M., Metsästystietoja Kajaanin kihlakunnasta ja etenkin Sotkamon pitäjästä. Helsinki 1893.
123. Tiselius Daniel, Beskrifning öfver den stora Svea och Giötha Siön Wätter. Upsala 1723.
124. Törnebladh Carl, u. a., Jagten i Dalarne. Tidskr. f. jäg. o. naturf. 1834.
125. Tschetschulin E., О промыслѣ, лѣсной дичи въ Архан. губ. Журн. охоты, коннозав. и пр. 1871.
126. Уды для ловли звѣрей. Оренб. губ. вѣд. 1845.
127. Vambotsyrenov I., Аба-Хайдакъ. Облава у хоринскихъ бурять. Извѣст. восточн.-сиб. отд. И.Р.Г.О. XXI, 1890.
128. Weilin Ebba, Säljakten på Bergö o. Moikipää af Korsnäs socken. Arch. NM.
129. Voionmaa Väinö, Pikkutietoja metsästyshaukkaln kesyttämisestä Suomessa keskiajalla. SM 1913.
130. Wright W. v., Anteckningar i Zoologi och jagt. Tidskr. f. jägare o. naturf. 1832.
131. Wright W. v., Orrjagten i Finland. Tidskr. för jägare o. naturf. 1834.
132. Вят. губ. вѣдомости 1874.
133. Zagrjaschkij G. S., Бытъ кочевого населенія долинъ Чу и Сыръ-Дарьи. Туркест. вѣд. 1874, № 32.
134. Замѣтки объ охотѣ у древн. грековъ. Природа и охота 1880 Февр.
135. Ylänne Yrjö, Kaksi merkill. kalastustapaa Sammatissa: röysy- ja vaviokalastus. SM 1914.
136. Om bågskutning. Åbo Tidn. 1803, Nr. 72.

10. Kunstgewerbe.

1. Cederblom Gerda, Något om Sveriges äldsta glastillverkning. Fataburen 1910.
2. Bobrinskij, Народныя русск. деревянн. издѣлія. Москва 1910, 1911.
3. Peasant art in Sweden, Lapland and Iceland. The Studio Ltd. London, Paris, New York 1910.
4. Peasant art in Italy. The Studio Ltd. London, Paris, New York 1913.
5. Sirelius U. T. Ornamente auf Birkenrinde u. Fell bei den Ostjaken und Wogulen. (JSFOu. XXII). Helsinki 1904.
6. Schvindt Th., Finnische Ornamente und Muster. I Stickornamente. Helsinki 1895. II Bandornamente. Helsinki 1903.
7. Brinckmann Justus, Führer durch das Hamburgische Museum für Kunst und Gewerbe. Hamburg 1894.
8. Sirelius U. T., Kafvelbräden i Åbo stads historiska museum. "Åbo stads hist. museum". Helsingfors 1906.
9. Fett Harry, Yngre norsk folkeornamentik paa mangletraer. Foren. til norske fortidsmindesm. bevaring, Aarsberetning 1905.
10. Från Nordiska museets samlingar. Bilder och studier tillägnade Gustaf Upmark. Stockholm 1925.
11. Kendrick A. F., Catalogue of textiles from Burying-Grounds in Egypt I, II. London 1920, 1921.
12. Wulff O. u. Volbach W. F., Spätantike u. koptische Stoffe aus ägypt. Grabfunden. Berlin 1926.
13. Appelgren-Kivalo Hj., Romansk ornamentik. FM 1910.
14. Schetelig Haakon, Karveskur paa Vestlandet. Bergens Museums Aarbok 1913, Nr. 9.
15. Lexov Einar, Gammel vestlandsk

vaevkunst. Bergens Museums Aarbok 1914, Nr. 2.
16. Sirelius U. T., Hakaristi suomalaisugrilaisten kansain kankaissa. Kalevalas. vuosik. 5.
17. Hoernes M., Urgeschichte der bildenden Kunst. 2. Aufl.
18. Manninen I., Hannunvaakuna. Kalevalaseuran vuosik. 7.
19. Salin B., Die altgermanische Tierornamentik. Stockholm 1904.
20. Sirelius U. T., The ryijy-rugs of Finland. Helsinki 1926.
21. Wistrand P. G., Utställning af svenska allmogemålningar juni 1911. Stockholm 1911.
22. Meyer Johan, Fortids kunst i Norges Bygder. Kristiania 1915.
23. Falke, Jakob, Geschichtlicher Gang der Stickerei bis zu ihrem Verfall im Anfange des 16. Jahrhunderts. Zeitschrift für bild. Kunst III.
24. Tikkanen J., Finsk ornamentik. Finsk tidskr. XLIX, L.
25. Heikel A. O., Trachten und Muster der Mordvinen. Travaux ethnogr. I. Helsinki 1898—1900.
26. Heikel A. O., Die Stickmuster der Tscheremissen. Travaux ethnogr. VI. Helsinki 1910—1915.
27. Ostjakische Stickereien. Ethn. Samml. des Ung. Nationalmuseum IV.
28. Sirelius U. T., Die Vogel- u. Pferdemotive der karel. u. ingermanländ. Broderien. Helsinki, Studia orientalia I.
29. Schütte M., Alte Spitzen. Berlin 1914.
30. Collin Maria, "Den äldsta kända flätningen". Fataburen 1922.
31. Dedekam Hans, Norske folkbroderier. Hvitsøm fra Nordmør. Trondhjem 1914.
32. Walterstorff Emelie von, Textilt bildverk. Stockholm 1925.
33. Thorman Elisabeth, Äkta spetsar. Stockholm 1913.
34. Petrelli Ingeborg, Spetsutställningen i Stockholm 1904. Meddel. från svenska slöjdföreningen II, 1904.
35. Sirelius U. T., Kansanomaiset käsityöt ja koristukset. Oma maa I.
36. Sirelius U. T., Allmogekonst (in: L. Wennervirta, Finlands konst). Helsingfors 1926.

11. Landwirtschaft.

1. Bennet Stephan, Kort underrättelse om det savolaksiska svedjebruket på torra marker. Ny journal till hushållningen, för januari o. februari 1792. Stockholm.
2. Bring Ebbe Samuel, Om de fordna skandinavers näringsfång och hushållning. Lund 1833.
3. Gadd P. A. (J. H. Hallenborg), Finska ängsskötselns hinder o. hjälp. Åbo 1757.
4. Gadd P. A. (A. Agricola), Om jordens svedande och kyttande i Finland. Åbo 1753.
5. Gadd P. A., System. inledning i svenska landtskötseln I—III. Stockholm 1773—1777.
6. Grotenfelt Gösta, Den finländska linboken. Helsingfors 1920.
7. Grotenfelt Gösta, Det primit. jordbrukets metoder i Finland. Helsingfors 1899.
8. Grotenfelt Gösta, Gaffelplogen i de norske og svenske finskoger. Kristiania 1914.
9. Grotenfelt Gösta, Järvi- ja suokasvien korjuu karjanrehuksi ja kuivikkeiksi. Karjantuote 1918.
10. Grotenfelt Gösta, Om pärtbloss, pärthållare och dyl. Om gärdesgårdar och andra hägnader i Finland. Meddel. från statens agrik.-etnogr. samlingar II.
11. Grotenfelt Gösta, Smärre agrikulturetnogr. notiser I. Meddel. från statens agrik.-etnogr. saml. I.
12. Grotenfelt Gösta, Svedjekrattan. Meddel. från statens agrik.-etnogr. saml. I
13. Grotenfelt Gösta, Vanhanaik. suomal. maitotalous. Helsinki 1916.
14. Grotenfelt Gösta, I Finland använda redskap för stallgödselns transport. Meddel. från statens agrik.-etnogr. saml. I.
15. Itkonen T. I., Enontekiön lappalaisten poronhoidosta. 1916. Arch. NM.
16. Juvelius Eric, Om hushållningen i Finland. Stockholm 1773.
17. (Lencqvist E.,) Jämförelse imellan Landthushållningen i Carislojo o. Orihvesi. Åbo tidn. 1776.
18. Kallio V. J., Maanviljelyksestä itäisessä Varsinais-Suomessa. Varsinais-Suomi I. 1917.
19. Kalm Pehr, Gröna linets plantering o. skötsel i Orivesi sokn. Åbo 1757.
20. Kraftman J. (J. Lagus), Om hushållningens upphjälpande i Karelen. Åbo 1756.
21. Melander K. R., Suonviljelyksen aikaisemmista vaiheista maassamme. Juh.

lajulkaisu E. G. Palménin 70. vuotispäiväksi. S. auch Histor. tidskrift 1922.
22. Ollilainen P., Kuvaus maanviljelyksestä Nurmeksen pit. 1895. Arch. FLG.
23. Hämäläinen A., Tšeremissien mehiläisviljelyksestä. JSFou. XXVI.
24. Zelenin Dm., Русская соха, ея исторія и виды. Изданіе Вятскаго губ. статист. комитета. Вятка 1908.
25. Porthan H. G., Tankar om Finlands uppodling. Åbo Tidn. 1797, Nr. 11.
26. Gadd P. A., Om ursprunget, beskaffenheten och nyttan af kärr, mossar och moraser. SVAH 1776.
27. Hassel H. (Johan Velin), Välmenta tankar om landthushållningens förbättrande i Finland. Åbo 1751.
28. Braungart Rich., Die Urheimat der Landwirtschaft aller indogerm. Völker. Heidelberg 1912.
29. Cneiff D., Huru en tillbörlig landhushållning skyndsammast synes kunna upphjälpas i Österbotten. Lindköping 1757.
30. Saelan Th. u. E. L., Flora fennica. Helsinki 1860.
31. Komiteanmietintö koskeva pellavanviljelyksen ja pellavanjalostuksen parantamista Suomessa. Toinen painos. Helsinki 1911. Schwedisch: Kommittébetänkande angående linodlingens och linförädlingens förbättrande i Finland. Helsingfors 1910.
32. Gadd, Lin- och hampeväxterna. Åbo 1786.
33. Suomela Elina, Kertom. pellavan ja villan valmistuksesta Pernajan kihlak. pitäjissä. Arch. NM.
34. Aufzeichnungen über Flachsbau in Finnland, von Vahter Tyyni. Arch. NM.
35. Katalog öfver finska studentafdelningarnas etnograf. samlingar III. Helsingfors 1889.
36. Kouvo, Kertomus Lemin pitäjän maanviljelyksestä. Arch. FLG.

12. Monographien.

1. Ahlqvist Aug., Unter Wogulen und Ostjaken. Helsingfors 1883.
2. Buch Max, Die Wotjäken. Helsingfors 1882.
3. Drake Sigrid, Västerbottenslapparna. Lapparna o. deras land VII. Uppsala 1918.
4. Düben G. von, Lappland o. lapparne. Stockholm 1873.
5. Ervast J. B., Descriptio Lapponiae Kiemiensis (Fellman, Handl. o. upps. I).
6. Evsevev T., Ethnol. Berichte über die Tscheremissen (in russisch. Sprache). Arch. FUG.
7. Fellman Isak, Handlingar o. uppsatser I—IV. Helsingfors 1910—1915.
8. Fellman Jacob, Anteckn. under min vistelse i Lappmarken I—IV. Helsingfors 1906.
9. Gluschkov J. N., Чердынскіе вогулы. Этнограф. обозр. кн. XLV.
10. Graan O., Relation l. en fulkomblig beskrifning om Lapparnas ursprung. Nyare bidrag t. känned. om de svenska landsmålen o. sv. folklif XVII, 2.
11. Grape E. J., Enontekis socken. SVAH 1803, 1804.
12. Krivoschapkin M., Енисейск. округъ. С. Петербургъ 1865.
13. Leem Knud, Finmarkens Lapper. København 1767.
14. Lukkarinen J., Vienan Karjalassa. Hämeenlinna 1918.
15. Lundius Nic., Descriptio Lapponiae. Nyare bidr. t. känn. om de svensk. landsmål. o. sv. folklif XVII, 5.
16. Manninen Ilmari, Kansatiet. kertomuksia Pohjois-Aunuksesta. Porvoo 1919.
17. Martin F. R., Sibirische Sammlung. Stockholm 1895.
18. Niurenius Ol., Lappland. Nyare bidr. t. känn. om de svensk. landsmål. o. sv. folklif XVII, 4.
19. Patkanov S., Die Irtysch-Ostjaken. St. Petersburg 1897.
20. Patkanov S., Типъ остяцкаго богатыря. Живая старина III и IV.
21. Richter D., Bemerkungen über die tverischen Karelier (mit einer Karte). JSFou. XXII.
22. Rosberg J. E., Lappi. Suomen maakunnat 5. Helsinki 1911.
23. Smirnov I. N., Мордва, Истор.-этногр. очеркъ. Извѣст. общ. арх., ист. и этн. Т. X.
24. Smirnov I. N., Черемисы. Ист.-этногр. очеркъ. Казань. 1889.
25. Smirnov I. N., Вотяки. Ист.-этногр. очеркъ. Извѣст. общ. арх., ист. и етн. Т. VIII.
26. Smirnov I. N., Пермяки. Казань 1891.
27. Tornaeus Joh., Lapmarckerna o. deras tillstånd. Nyare bidr. t. känned. om de svensk. landsmål. o. sv. folklif XVII, 3.

28. Tuderus Gabr., Österbothniske lappar. Nyare bidrag t. känned. om de svensk. landsmålen o. sv. folklif XVII, 6.
29. Wichmann Julie, Beiträge zur ethnologie der tscheremissen. Travaux ethnogr. V.
30. = Ethn. 96.
31. Itkonen T., Kirjoitelmia lappalaisten elintavoista I, II. Arch. NM.
32. Blomsted Yrjö, Sucksdorff Vict., Karelische Gebäude und Ornaments-Motive. Helsingfors 1901.
33. Rheen Samuel. Kort Relation om Lapparnas Lefwarne och Sedher. Nyare bidrag till känned. om de svensk. landsmålen o. sv. folklif XVII, 1.
34. Abramov N. A., Описанiе Березовскаго края. Зап. И.Р.Г.О. кн. XII.
35. Argentov A., Описанiе Николаевскаго Чаунскаго прихода. Записки зап.-сиб. отд. И.Р.Г.О. 1857, III.
36. Nadorov I. Сѣверо-Уссурiйскiй край. Записки И.Р.Г.О. XVII, № I.
37. О Нарымск. краѣ. Томск. губ. вѣд. 1859, № 21, 22, 25—27.
38. Scheffer J., Lapponia i. e. Regionis Lapponum et gentis descriptio nova et verissima. Frankfurt 1673.
38a. Uppland i Nordiska museet och Upplandsmuseet. Stockholm 1926.
39. Kruse Fr., Necrolivonica o. Alterthümer Liv-, Esth- und Curlands. Dorpat 1842.
40. Hylten-Cavallius G. O., Wärend och Wirdarne I, II. Stockholm 1864, 1868.
41. Wichmann Yrjö, Syrjäänit. Tietosanakirja. Helsinki.
42. Rußwurm Carl, Eibofolke oder die Schweden auf den Küsten Ehstlands und auf Runö I, II. Reval 1855.
43. Hiärne Thomas, Ehst-, Lyf- und Lettlaendische Geschichte. Monumenta Livoniae antiquae I, Riga 1835.
44. Krohn Julius, Suomen suku. Kansanval. seuran toimit. LIX. Helsinki 1887.

13. Musik und Spiel.

1. Hämäläinen Alb., Tšeremissien tuohitorvet ja niiden käyttö. Kalevalaseuran vuosikirja 5.
2. Privalov N. I., Музыкальные духовые инструменты русскаго народа въ связи съ соотвѣтствующими инструментами другихъ странъ. Зап. отд. русск. и слав. археол. И. Р. Г. О. Т. VII и VIII.
3. Väisänen A. O., Suomalaisen paimensoiton tyyssijoilta. Säveletär 1918.
4. Väisänen A. O., Kannel. Suomen Kuvalehti 1917 Nr. 8.
5. Väisänen A. O., Jouhikannel ja sen viimeiset soittajat. Säveletär 1918.
6. Väisänen A. O., Jouhikanteleen alkuperä. Helsinki 1923.
7. Andersson Otto, Stråkharpan. Helsingfors 1923.
8. Ranta J., "Paimenten soitanto" Ilmajoella 30—40 vuotta sitten. Kotiseutu 1912.
9. En finsk säckpipsblåsare på 1400-talet. Verldslig bild bland kalkmålningarne i Töfsala kyrka. FM 1900.
10. Ankermann, Die afrikanischen Musikinstrumente. Ethnol. Notizblatt III, 1. Berlin 1901.
11. Sirelius U. T., Lasten leikkikalut. Uutta kylvöä 1921.
12. Lukkarinen J., Suomalaisia kansanomaisia leikkikaluja. Otava, Kuvall. Kuukausilehti 1914.

14. Reiseberichte.

1. Acerbi Joseph, Voyage au Cap-Nord, par la Suède, la Finlande et la Laponie. Paris 1804.
2. Berch C. R., Resa genom Finland 1735. SLS. Förh. o. upps. 3.
3. Castrén M. A., Nordiska resor o. forskningar I—II. Helsingfors 1852, 1855.
4. Finsch O., Reise nach West-Sibirien im Jahre 1876. Berlin 1879.
5. Gondatti N. L., Предвар. отчетъ о поѣздкѣ въ сѣверо-зап. Сибирь. Годичн. засѣд. комитета для устройства въ Москвѣ музея прикл. знаний. Москва 1888.
6. Hülphers A., Dagbok och samlingen uppå en resa om sommaren 1760. Leinberg, Bidrag II.
7. Inha I. K., Kalevalan laulumailta. Toinen painos. Helsinki 1921.
8. Karjalainen K. F., Ostjakkeja oppimassa I—III. JSFou. XVII.
9. Krause Fritz, In den Wildnissen Brasiliens. Leipzig 1911.
10. Laestadius P., Fortsättning af Journalen öfver missionsresor i Lappmarken 1828—1832. Stockholm 1833.
11. Laestadius P., Journal för första året af hans tjenstgöring såsom missionär i Lappmarken. Stockholm 1831.

12. Clausen J., En dansk rejsendes skildring af Finland i det 18 århundrede. SLS. Förh. o. upps. 6.
13. Lepechin I., Tagebuch der Reise durch die verschiedenen Provinzen des Russischen Reichs in den Jahren 1768 u. 1769. Altenburg 1774.
14. Linné Carol., Iter dalecarlium. Ungdomsskrifter II. Stockholm 1889.
15. Linné Carol., Iter lapponicum. Ungdomsskrifter II. Stockholm 1889.
16. Maksimov S. W., Годъ на сѣверѣ. Москва 1890.
17. Middendorff A. v., Reise in den äußersten Norden und Osten Sibiriens während der Jahre 1843 u. 1844, I—IV. St. Petersburg 1856—75. Band IV: Übersicht der Natur Nord- u. Ost-Sibiriens. Theil 2: Die Eingeborenen Sibiriens.
18. Pallas P. S., Reise durch verschiedene Provinzen des Russischen Reiches. St. Petersburg 1773.
19. Pälsi Sakari, Mongolian matkalta. Helsinki 1911.
20. Pälsi Sakari, Suomenlahden jäiltä. Helsinki 1924.
21. Ramsay Carl Gustav, Anteckningar från en sommarfärd år 1807. Finsk militärtidskrift 1900.
22. Rudenschöld Ulr., Berättelse om ekonom. o. a. förhållanden i Finland 1738—1741. Todistuskappal. Suomen historiaan VI. Helsinki 1899.
23. Schrenk Alex., Reise nach dem Nordosten des europ. Rußlands I. Dorpat 1848.
24. Schrenck L. v., Reisen und Forschungen im Amur-Lande. Bd. III. Petersburg 1881—1895.
25. Suomal. tutkimusretkestä Sodankylään ja Kultalaan v. 1882—83, 1883—84. Helsinki 1885.
26. Gmelin Joh., Reise durch Sibirien. Göttingen 1752.
27. Steller G. W., Beschreibung von dem Lande Kamtschatka. Frankfurt 1774.
28. = Ber. 75.
29. Matkustuksia Suomessa. Kanava 1846.
30. Mannerheim C. G. E., A visit to the Sarö and Lhera Yögurs. JSFou. XXVII.
31. Sarytschev G., Путешествіе флота капитана Сарычева съ 1785 по 1793, I, II. С. Петербургъ 1802.
32. Genetz Arv., Matkamuistelmia Lapista. Suomen kuvalehti 1878.
33. Zakrževskij R. M., Краткій очеркъ Барлыкской горной страны. Записки зап.-сиб. отд. И.Р.Г.О. кн. X.
34. Fischer V., Озеро Балхашъ и теченіе р. Или отъ выселка Илійскаго до ея устьевъ. Записки зап.-сиб. отд. И.Р. Г.О. кн. VI.
35. Linné Carl v., Skånska resan. Boksaml. utg. af de skånsk. landsk. hist. o. arkeol. förening I. Lund 1874.
36. Karjalainen K. F., Muistelmia Tverin Karjalasta. Koitar 5.
37. Broocman N. R., Utdrag ur Nils Reinh. Broocmans dagbok under en resa genom Finland, Lifland etc. Leinberg. Bidrag IV.
38. Fredenheim C. F., Dagboksanteckningar. SLS. Förh. o. uppsats. 15.
39. Warelius A., Matkasanomia. Suometar 1847.
40. Ehrensvärd Augustin, Anteckningar under en resa i Finland 1747. Helsingfors 1882.
41. Smedberg V. E., Bericht über eine Reise in die Kirchspiele Uusikirkko und Kuolemajärvi. Arch. FLG.
42. Sorokin N., Путешествіе къ вогуламъ. Казань 1873. Труды общ. естествоисп. при Имп. Казанск. унив. Т. III.
43. Gmelin S. M., Reise durch Rußland, I—IV. St. Petersburg 1774—1784.

15. Sprachliches.

1. Itkonen T., Lappalaisperäisiä paikannimiä suomenkielen alueella. Virittäjä XXIV.
2. Itkonen T., Lisiä Keski- ja Etelä-Suomen lappalaisperäiseen paikannimistöön. Virittäjä XXX.
3. Bibliogr. verzeichnis der in der literatur behandelten älteren german. bestandteile in den ostseefinn. sprachen. FUF XIII.
4. Mikkola Joos. J., Berührungen zwischen den westfinn. u. slavisch. sprachen. MSFou. VIII.
5. Mikkola J. J., Altfi. *uiskoi* 'fährboot'. FUF XIII.
6. Ojansuu Heikki, Altes u. Neues zu den germ.-finn. Berührungen. Neuphil. Mitteil. 20, 22.
7. Ojansuu Heikki, Kotieläintemme suomenkiel. nimistö. Helsinki 1912.
8. Paasonen H., Beiträge zur finn.-ugr.-samoj. Lautgeschichte. Keleti Szemle XIV, 1914.

9. Paasonen H., Fi. *pellava* 'lein'. JSFou. XXX, 22.
10. Paasonen H., Zur frage von der urverwandtschaft der finn.-ugr. u. indoeurop. sprachen. FUF VII.
11. Porkka Fr. V., Über den ingrischen Dialekt mit Berücksichtigung der übrigen finnisch-ingermanländischen Dialekte. Helsingfors 1885.
12. Rapola Martti, Heinäsuovan suomal. nimitysten leviämissuhteista. Virittäjä 1924.
13. Saxén Ralf, Etymologisches. FUF IV.
14. Saxén Ralf, Finländsk svenska. Finsk tidskrift 1904.
15. Saxén Ralf, Finska lånord i östsvenska dialekter. Stockholm 1897.
16. Saxén Ralf, Språkliga bidrag till den svenska bosättningens historia i Finland I. Helsingfors 1905.
17. Setälä E. N., Aus dem Gebiet der lehnbeziehungen. FUF XII.
18. Setälä E. N., Einige namen von fischereigeräten in den finn.-ugr. sprachen FUF V.
19. Setälä E. N., I. N. Smirnov's untersuchungen über die Ostfinnen. JSFou. XVII.
20. Setälä E. N., Anzeige von: Jos. Szinnyei, Hogy hangzott a magyar nyelv az Árpádok korában? Arch. f. Slav. Philol. XVIII.
21. Setälä E. N., Urfi. *rn*. FUF IV.
22. Setälä E. N., Zur finn.-ugr. lautlehre. FUF II.
23. Setälä Emil, A finn.-ugor δ és δ'. Nyelvtudományi közlemények XXVI.
24. Setälä E. N., Verwandtsch. d. finnisch. u. samoj. Sprachen. JSFou. XXX.
25. Thomsen Vilh., Den gotiske sprogklasses indflyd. på den finske. København 1869.
26. Thomsen Vilh., Beröringer mellem de finske og de baltiske Sprog. København 1890.
27. Toivonen Y. H., Etymolog. huomioita. Virittäjä 1917 ff.
28. Toivonen Y. H., Huomioita lainasanatutkimuksemme alalta. JSFou. XXXIV, 2b.
29. Toivonen Y. H., Miszellen aus dem Gebiet der germ.-finnisch. Lehnwortstudien. Neuphil. Mitteil. 1920.
30. Toivonen Y. H., Muutamista kuljetus- ja ajoneuvojen nimityksistä. SM 1920, 1921.
31. Toivonen Y. H., Uralte kulturwörter. MSFou. LII.
32. Toivonen Y. H., Wortgeschichtl. streifzüge. FUF XV, XVI, XVII.
33. Tunkelo E. A., Vanhaa ja uutta eräiden juuri- ja mukulakasvien suomenkiel. nimistä. Kaikuja Hämeestä VIII.
34. Tunkelo E. A., Etymologisches. JSFou. XXIII, 31.
35. Wichmann Yrjö, Eräs vanha suksen nimi. SM 1920—21.
36. Wichmann Yrjö, Etymol. aus den permisch. sprachen. FUF XII.
37. Wichmann Yrjö, Rita. SM 1912.
38. Wichmann Yrjö, Riihi-sanasta. SM 1895.
39. Wichmann Yrjö, Pieni lisä riihi-sanan etymologiaan. SM 1898.
40. Wichmann Yrjö, Die tschuwassischen lehnwörter in den permischen sprachen. MSFou. XXI.
41. Wichmann Yrjö, Syrjäänit ja karjalaiset. Valvoja 1920.
42. Wiklund K. R., Entwurf einer urlappischen Lautlehre. MSFou. X.
43. Kalima Jalo, Syrjänisches Lehngut im Russischen. FUF XVIII.
44. Wichmann Yrjö, Zur geschichte der finn.-ugr. anlaut. affrikaten. FUF XI.
45. Magyar Nyelv 1908 (Wichmann Yrjö).
46. Setälä E. N., Kullervo-Hamlet. FUF X.
47. Öfversigt af Finska Vetensk.-Societetens förhandlingar 1878—1879.
48. Donner O., Über den Einfluß des Litauischen auf die finnischen Sprachen. Techmers Internation. Zeitschrift für allgem. Sprachwissenschaft I, 1884.
49. Zeitschrift f. vergl. Literaturgesch. und Renaissancelit., NF. I, 1887—1888. S. auch Bezzenberger A., Die Kurische Nehrung u. ihre Bewohner (Forsch. z. deut. Landes- u. Volkskunde III, 4).
50. Dahlgren F. A., Glossarium öfver föråldrade eller ovanliga ord och talesätt i svenska språket från och med 1500-talets andra årtionde. Lund 1914—16.

16. Technik und Werkzeuge.

1. S(irelius) U. T. und L(ukkarinen) J., Kitkavalkean teosta. SM 1911.
2. Appelgren Hj., Suomen kirveet pakanuuden aikana. SM 1897.
3. Sirelius U. T., Die Handarbeiten der Ostjaken u. Wogulen. JSFou. XXII.

4. Mustonen O. A. F., Raudanvalmistus kotiteollisuutena. SM 1894.
5. Gadolin Joh. (G. J. Bergroth), Säkylä Qvarnstens-brott. Åbo 1801.
6. Paulaharju Samuli, Käsitöistä ja vaatteista. Kuolan Lappi 1916. Arch. NM.
7. Paulaharju Samuli, Inarin lappalaisten käsitöistä. 1915. Arch. NM.
8. Weilin Ebba, Tervanpoltto ynnä tervan kuljetus Ouluun. 1903. Arch. NM.
9. Mennander Car. Fr. (G. E. Juvelius), Arte picem destillandi in O.-Bothnia. Schwedisch: Tiärtilwärckningen i Österbotn. Åbo 1747.
10. Itkonen T., Eräs lappalainen tervanvalmistustapa. SM 1920—1921.
11. Gadd Pehr (G. Joh. Agander), Om myr-järnets tillverkning. Åbo 1781.
12. Melander K. R., Muutamia tietoja kangasteollisuudesta Turun tienoilla Juhana herttuan aikana. Hist. Ark. XXIV, I, 5.
13. Cederblom Gerda, Några af våra äldsta spånredskap och deras ättlingar. Fataburen 1909.
14. Heierli Jakob, Urgeschichte der Schweiz. Zürich 1901.
15. Ephraim Hugo, Über die Entwicklung der Webetechnik und ihre Verbreitung außerh. Europas. Mitteil. aus d. Städtisch. Museum f. Völkerk. zu Leipzig I, 1.
16. Blümner, Technolog. u. Terminol. d. Gewerbe und Künste bei Griechen und Römern. Leipzig 1875.
17. = Landw. 31.
18. Schinnerer Luise, Antike Handarbeiten. Wien 1895.
19. Collin Maria, Gammalskånska band. Fataburen 1915.
20. Lindelöf Anna, Aufzeichnungen über die Bandweberei. Arch. NM.
21. Braulik Aug., Altägyptische Gewebe. Stuttgart 1900.
22. Linnaeus Carl, Förteckning på de färggräs som brukas på Gottland och Öland. SVAH 1742.
23. Kalm Pehr, Förteckning på några inhemska färgväxter. SVAH 1745.
24. Beskrifning öfver Mouhijärvi Socken. Åbo Tidn. 1776.
25. Vistrand Per G., Gnidstenar i Nordiska museet. Meddel. från Nord. museet 1899.
26. S(alenius) J. M., Itä-Suomen kansan entisestä värjäystaidosta. SM 1914.
27. Branting Agnes, Knytning, knyppling och språngning. Fataburen 1907.
28. Soldan A. F., Om Finlands tjärindustri och dess möjliga förbättring. Helsingfors 1861.
29. Hultin Tekla, Historiska upplysningar om Bergshandteringen i Finland under svenska tiden. Helsingfors 1896.
30. Erixon Sigurd, Bergshanderingen och kulturhistorien. Några synpunkter och önskemål. Teknisk tidskrift, Stockholm 1919.

17. Trachten.

1. Heikel A. O., Die Volkstrachten in den Ostseeprovinzen und in Setukesien. Travaux etnograph. IV.
2. Wistrand P. G., Svenska folkdräkter. Stockholm 1907.
3. Sirelius U. T., Suomen kansanpukujen historia. JSFou. XXXI.
4. Olson Hilda, Aufzeichnungen über die Volkstrachten. Arch. UB (Abt. Fennica).
5. Hottenroth Fr., Handbuch der deutschen Tracht. Stuttgart 1896.
6. Paulaharju Samuli, Hevaan inkeroispuku. SM 1912.
7. Hottenroth Fr., Trachten der Völker I, II. Stuttgart 1884, 1891.
8. Sirelius U. T., Hämäläisten kansanpuvut 1700-luvun keskivaiheilla. Kalevalaseuran vuosikirja II.
9. Schvindt Th., Suomen kansanpukuja I. Karjala.
10. Tilke Max, Orientalische Kostüme in Schnitt und Farbe. Berlin 1923.
11. Rohrbach K., Die Trachten der Völker. Leipzig 1906.
12. Naisien waateh-parresta Jääskessä. Helsinki 1852.
13. Protokolle von den Zusammenkünften zwecks Bekämpfung der Üppigkeit in der Tracht (um 1790 in allen Kirchspielen Finnlands abgehalten).
14. Hatt Gudmund, Arktiske skinddragter i Eurasien og Amerika. Københ. 1914.
15. Ekman R. W., Finska folkdrägter I. Tavastland. Helsingfors 1867.
16. Tallgren A. M., Esihistoriallinen puku Viron Pärnumaalta. SM 1923.

18. Verkehrsmittel.

1. Appelgren-Kivalo Hj., Muinaisajan suksista. SM 1911.

2. Braungart R., Urgeschichtlich-ethnograph. Beziehungen an alten Anspanngeräten. Arch. f. Anthrop. Bd. 26.
3. Fagerlund L. W., Huru länge användes vadmalssegel o. råsegel. FM 1914.
4. Donner Kai, Quelques traineaux primitifs. FUF XV.
5. Hammarstedt N. E., En lapsk båt. Fataburen 1908.
6. Kjellberg Sven T., Sv. selkrokar. Fataburen 1926.
7. Hatt Gud., Lappiske slaedeformer. Geogr. tidskr. 22, 1913.
8. Heikel A. O., Kirkkoveneistä. SM 1911.
9. Herman Otto, Knochenschlittschuh. Mitteil. d. Anthr. Gesellsch. in Wien. III. Folge, Bd. II.
10. Itkonen T., Suomen tasapohjaiset ruuhimuodot. SM 1924.
11. Manninen Ilm., Veneiden ompelusta pohj. Aunuksen Karjalassa. SM 1916.
12. Mason O. T., Primit. travel a. transport. Smithson. Inst. Rep. 1894.
13. Melander K. R., Vetohärkäin käyttäminen maassamme. Kotiseutu 1917, Nr. 47.
14. Mestorf J., Vorgesch. Altertümer aus Schleswig-Holstein. Hamburg 1885.
15. Müller Sophus, Ordning af Danmarks Oldsager II. Kobenhavn 1895.
16. Paulaharju S., Entisajan hiihtoneuvoista Perä-Pohjolassa. SM 1914.
17. Sirelius U. T., Primit. konstruktionsteile an prähist. schiffen. FUF XIII.
18. Sirelius U. T., Über einige Traggeräte. SMYA XXVI, 3.
19. Sirelius U. T., Über einige prototype des schlittens. JSFou. XXX.
20. Skerfe Erik, Skidsamlingen. Nordiska museet.
21. Wallin Wäinö, Suomen maantiet Ruotsin vallan aikana. Kuopio 1893.
22. Wiklund K. B., Ur skidans och snöskons historia. "På Skidor" 1928.
23. Wiklund K. B., Några tankar om snöskors och skidors upprinnelse. Etn. studier tillägn. Nils Edvard Hammarstedt 3. 3. 1921.
24. Ylänne Yrjö, Vetohärkien käyttämisestä Karjalohjalla ja lähiseuduilla. Karjalohja I.
25. Wilkuna K., Kappale suomal. hevosen historiaa, erikoisesti sen koko 1700- ja 1800-luvuilla. Arch. NM.

19. Zeitrechnung.

1. Vistrand P. G., Tvänne runstafvar i Nordiska museet. Samf. f. Nord. mus. främj. 1889.
2. Tietoja kansan merkkipäivistä. Kansanval. seur. kalenteri 1880.
3. Sreznevskij V., Сѣверн. рѣзной календарь. Санктпетербург 1874.
4. Korhonen Arvi, Suomalaisten vanhasta ajanlaskusta. Suomi IV, 14.
5. Donner Anders, Almanakasta ja ajanlaskusta. Oma maa I.
6. Aspelin J. R., Suomen tähtitarha. Uusi Suometar 1890.
7. Gottlund C. A., Vanhain suomalaisten ajanluvusta. Otava II.
8. Grotenfelt, Suomalaisten kuukausista. SM 1904.
9. Underwisning huru man skal förstå och bruka runstafven. Upsala 1748.
10. Savvaitov P. I., О зырянскихъ деревянныхъ календаряхъ и Пермской азбукѣ, изобрѣтенной Св. Стефаномъ. Перв. арх. съѣздъ. Труды съѣзда II.
11. = 2.
12. Pežemskij P., Сельск. деревянный календарь. Москвитянинъ 1852, I, Nr. 2.
13. Lithberg Nils, Runstavens uppkomst. Fataburen 1921.
14. Lithberg Nils, Runstavar med rättade gyllental före år 1600. Fataburen 1920.
15. Ideler L., Über das Alter der Runen-Kalender. Abh. der K. Akademie der Wissenschaften zu Berlin 1829. Hist.-phil. Klasse.

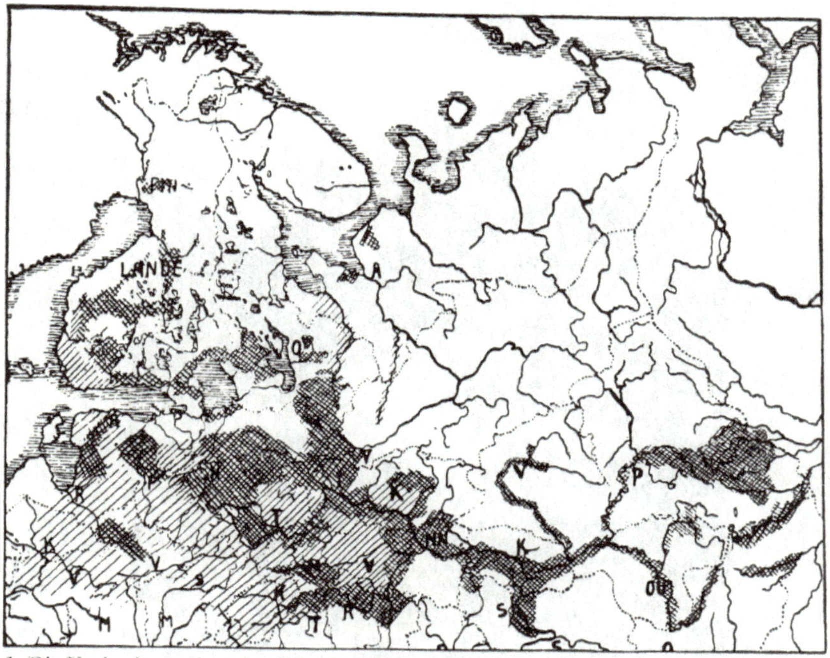

Abb. 1. Die Verbreitung d. steinzeitl. Siedlungen in Nord- und Binnenrußland und in Finnland. Nach A. M. Tallgren.

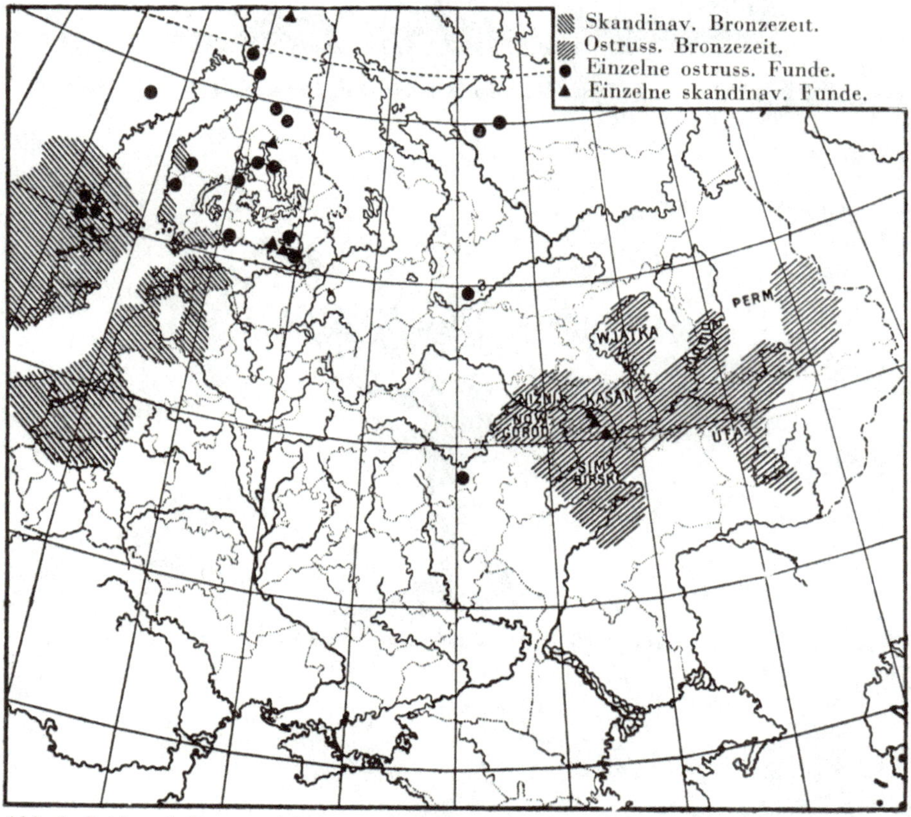

Abb. 2. Gebiete d. Bronzezeitkulturen d. Ostseeländer u. Ostrußlands. Nach A. M. Tallgren.

Abb. 3. *katiska* oder *kaha*. Kankaanpää. Photo Verf.

Abb. 4. Skiläufer. Pudasjärvi. Photo Verf.

Abb. 5. Gestell zum Aufbewahren v. Vögeln am Flusse Pieninkäjoki in Olonetz. Photo I. Manninen.

Abb. 6. Waldbadestube u. Gestell zum Aufbewahren v. Vögeln in Russisch-Karelien. Photo H. Hintze.

Abb. 7. Karelischer Jäger.
Nach Yrjö Blomstedt.

Abb. 8. Spaltfeuer. Nach Photo d. Verfassers.

Abb. 10. Lappische Fleischgrube.
Lovoserski.
Nach G. Hallström.

Abb. 9. Spaltfeuer. Paavola. Photo S. Paulaharju.

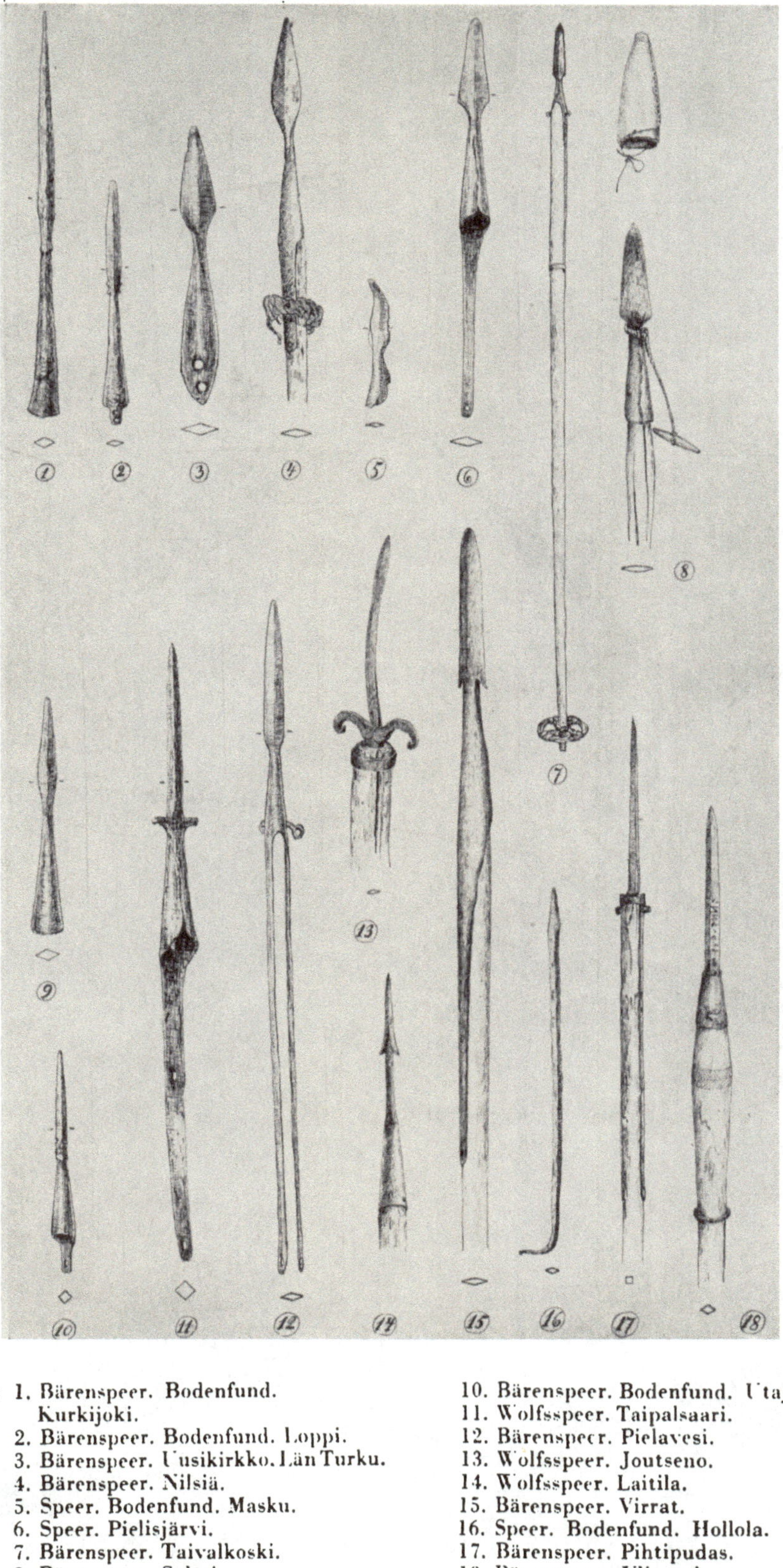

Abb. 11:
1. Bärenspeer. Bodenfund. Kurkijoki.
2. Bärenspeer. Bodenfund. Loppi.
3. Bärenspeer. Uusikirkko. Län Turku.
4. Bärenspeer. Nilsiä.
5. Speer. Bodenfund. Masku.
6. Speer. Pielisjärvi.
7. Bärenspeer. Taivalkoski.
8. Bärenspeer. Salmi.
9. Bärenspeer. Pälkäne.
10. Bärenspeer. Bodenfund. Utajärvi.
11. Wolfsspeer. Taipalsaari.
12. Bärenspeer. Pielavesi.
13. Wolfsspeer. Joutseno.
14. Wolfsspeer. Laitila.
15. Bärenspeer. Virrat.
16. Speer. Bodenfund. Hollola.
17. Bärenspeer. Pihtipudas.
18. Bärenspeer. Ylitornio.

Abb. 12. Ostjakischer Bogenschütze.
Photo Verf.

Abb. 13. Der Hl. Simeon.
Gemälde in d. Kirche zu
Taivassalo.

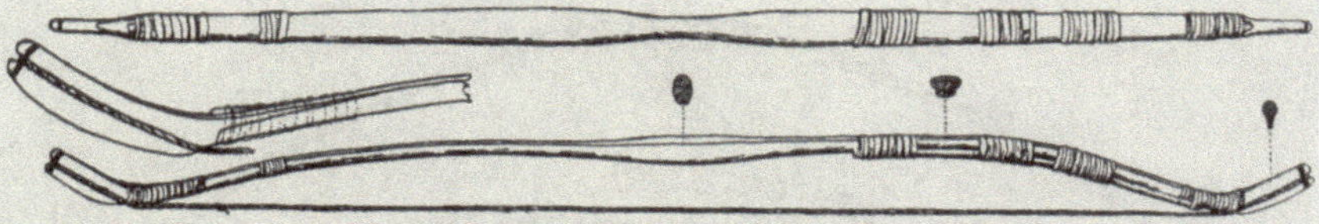

Abb. 14. Juraksamojedischer Bogen.

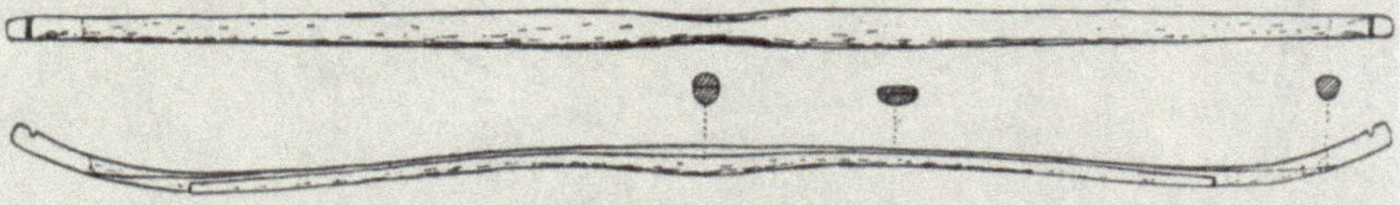

Abb. 15. Tscheremissischer Bogen.

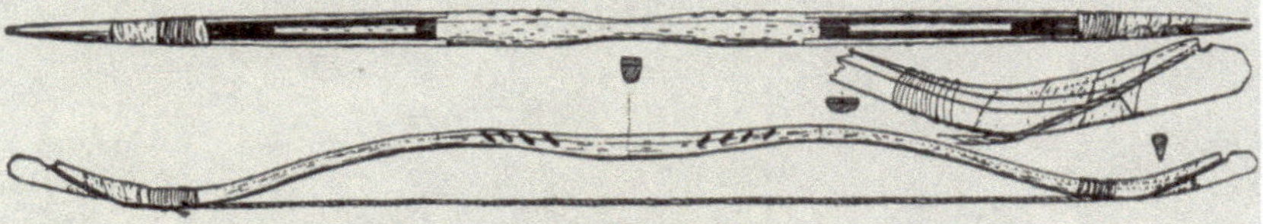

Abb. 16. Ostjakischer Bogen. Was-jugan.

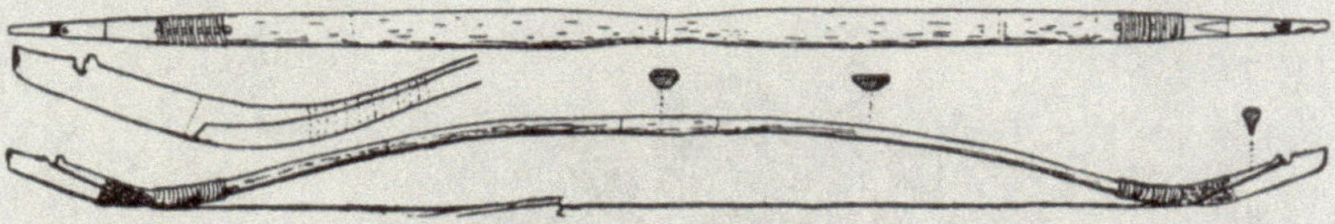

Abb. 17. Wogulischer Bogen. Soswa.

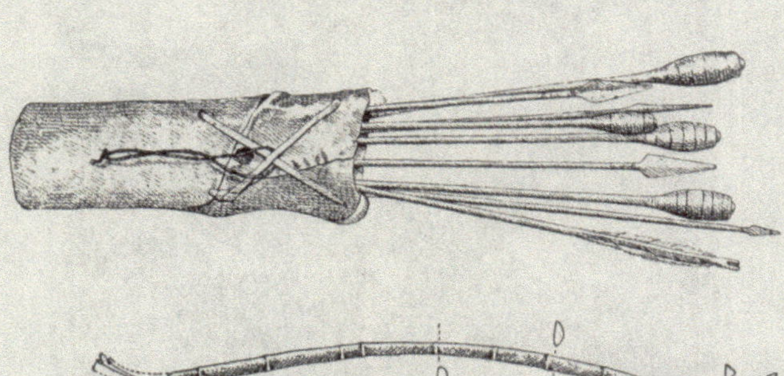

Abb. 18. Mordwinischer Bogen mit Köcher, Klumppfeilen u. Pfeilen.

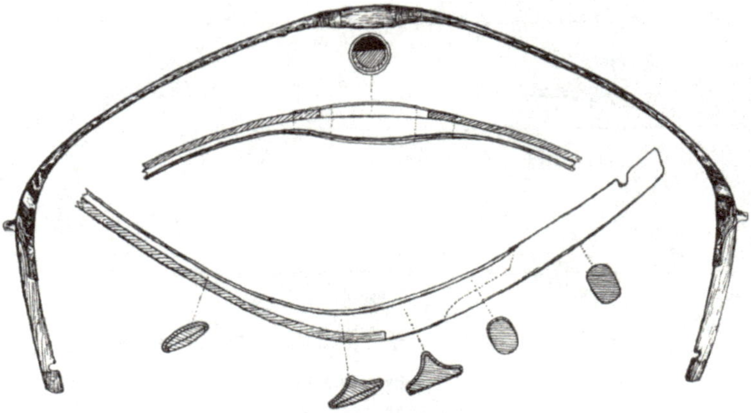

Abb. 19. Baschkirischer Bogen.

Abb. 20. Armbrustschützen: der eine spannend, der andere schießend.

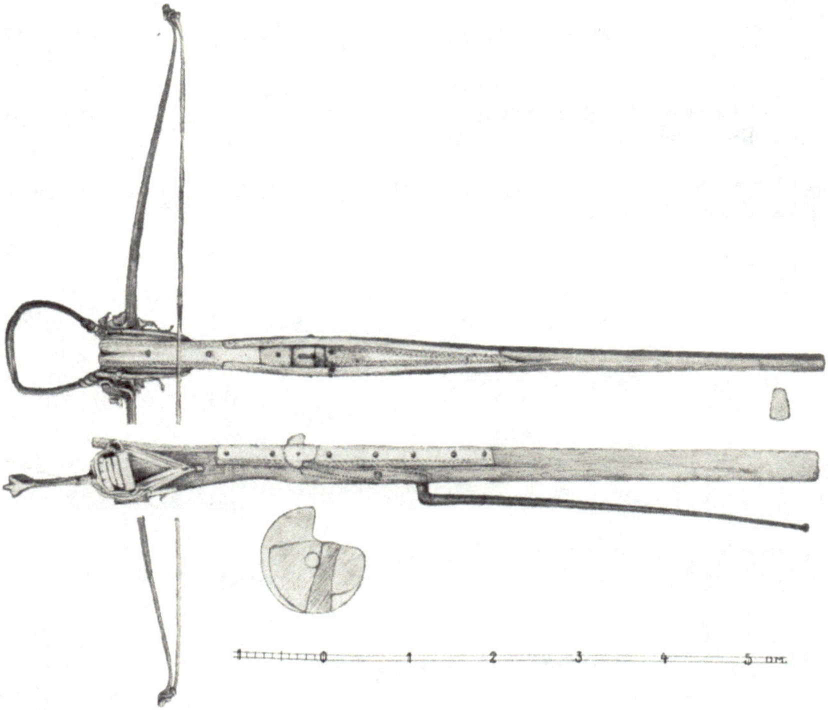

Abb. 21. Armbrust. Pielavesi.

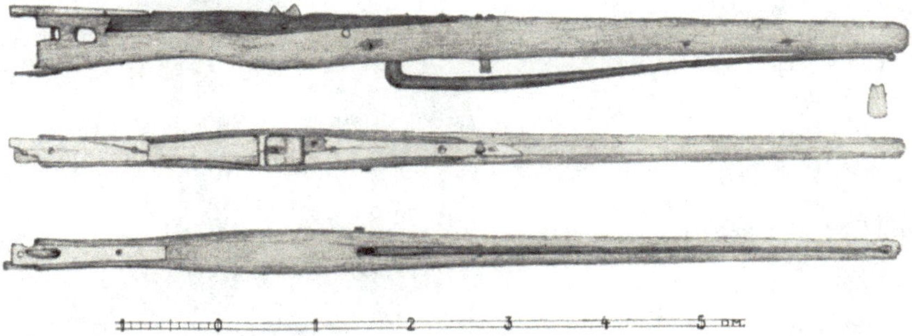

Abb. 22. Armbrustschaft. Parkano.

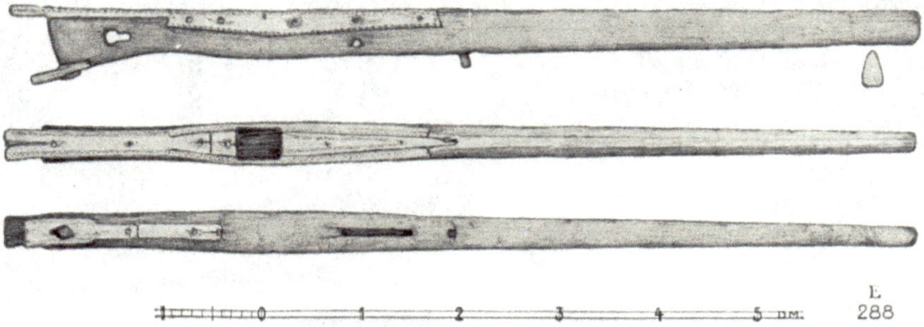

Abb. 23. Armbrustschaft. Juva.

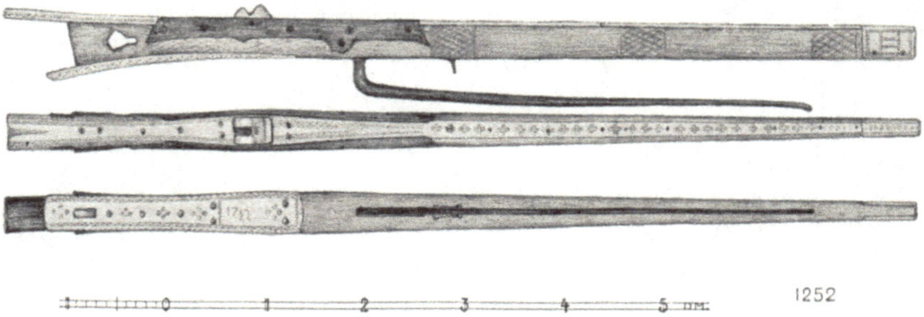

Abb. 24. Armbrustschaft. Ii. Von 1722.

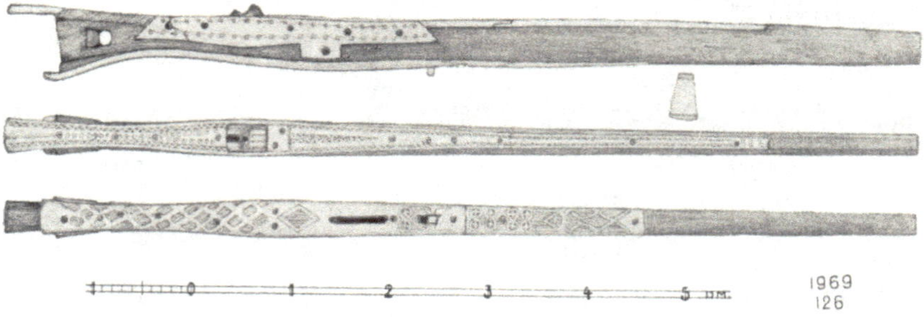

Abb. 25. Armbrustschaft. Rovaniemi.

Abb. 26. Bogen- u. Armbrustschützen d. 14. Jahrh. Nach einer Kopie von C. A. C. Lewenhaupt.

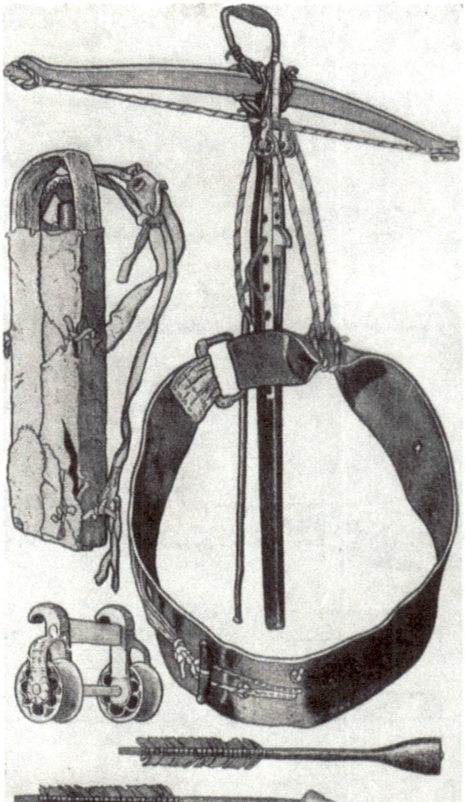

Abb. 27. Armbrust, Spanngürtel, Köcher, Rollhaken u. Pfeile.

Abb. 28. Nordrussischer Jäger. Pinega. Nach Photo d. Verfassers.

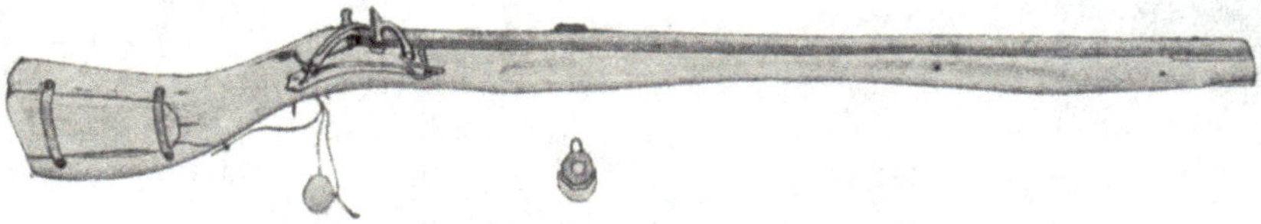

Abb. 29. Seehundflinte. Schären v. Loviisa.

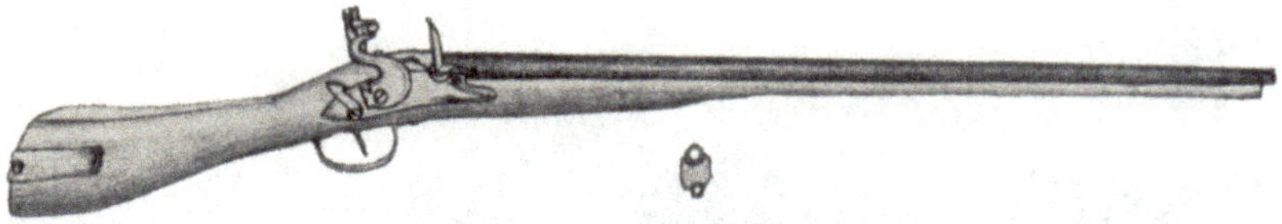

Abb. 30. Schrotbüchse. Laitila.

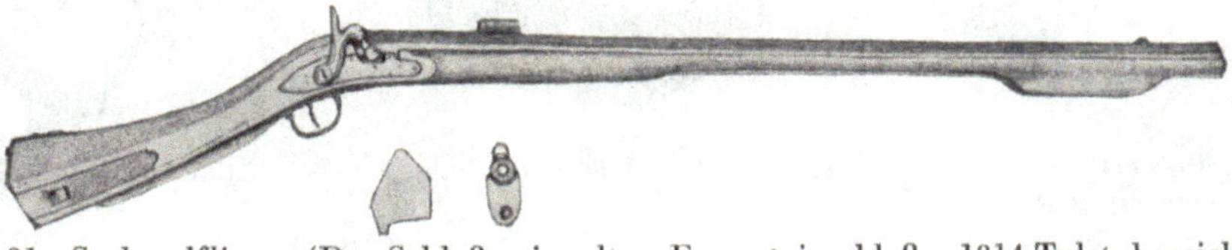

Abb. 31. Seehundflinte. (Das Schloß, ein altes Feuersteinschloß, ‚1814 Tula‘ bezeichnet.) Kirkkonummi.

Abb. 32. Flintenfutteral. Kirchspiel Kuopio.

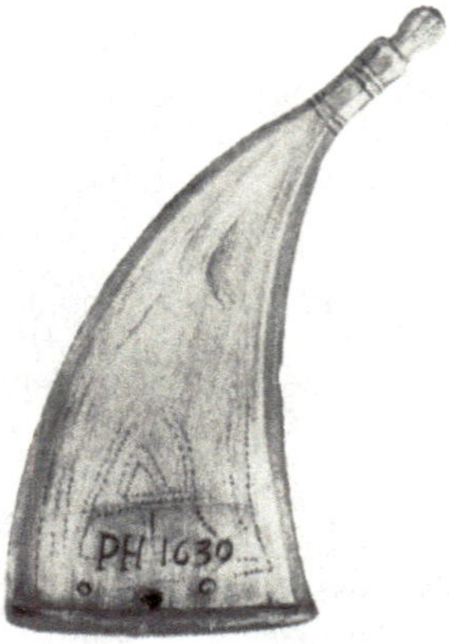

Abb. 33. Pulverhorn v. 1639. Pielavesi.

Abb. 35. Jagdtasche. Südkarelien.

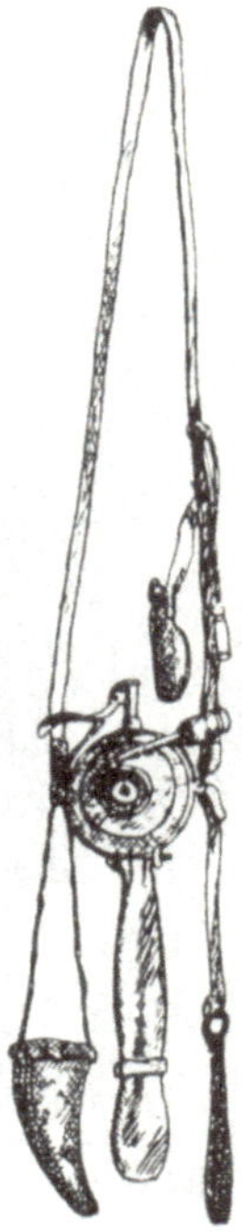

Abb. 34. Utensilien d. Jägers. Ilomantsi.

36. Pulverflasche. Bodenfund. Esbo.

Abb. 37. Pulverflasche. Närpiö.

Abb. 38. Pulverflasche. Kitee.

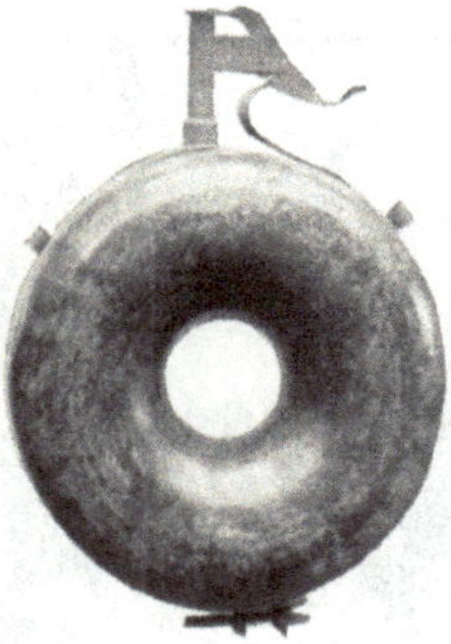

Abb. 39. Pulverflasche v. 1764.
Hankasalmi.

Abb. 40. Pulverfäßchen v. 1829.
Korsnäs.

Abb. 41. Birkhuhnfang bei Fackellicht. Gemälde v. Arborelius.

Abb. 42. Nach d. Wurf des Lassos. Photo A. H. Sandström.

Abb. 43. Anschleichender Samojede. Photo Verf.

Abb. 44. Bärenausguck. Gegend v. Kajaani. Photo S. Paulaharju.

Abb. 45. Ostjakisches Entennetz. Nach Photo d. Verf.

Abb. 46. Fang mit dem Jagdfalken.
Alter permischer Fund.
Nach J. R. Aspelin.

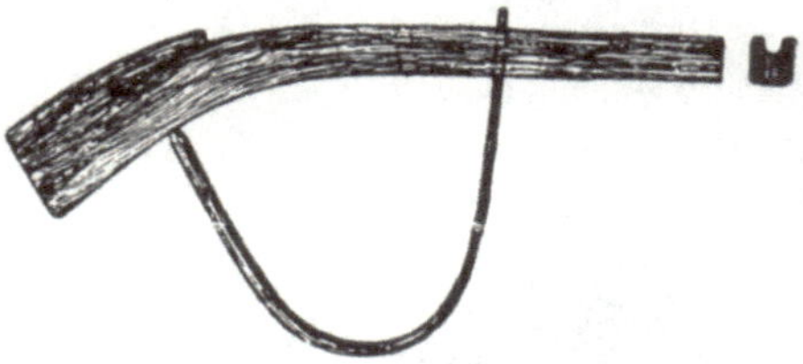

Abb. 47. Kindergewehr. Kirvu.

Abb. 48. Zum Fang eingespannter Speer. Aus einer Handschrift d. 15. Jahrh. nach Rud. Kleinpaul.

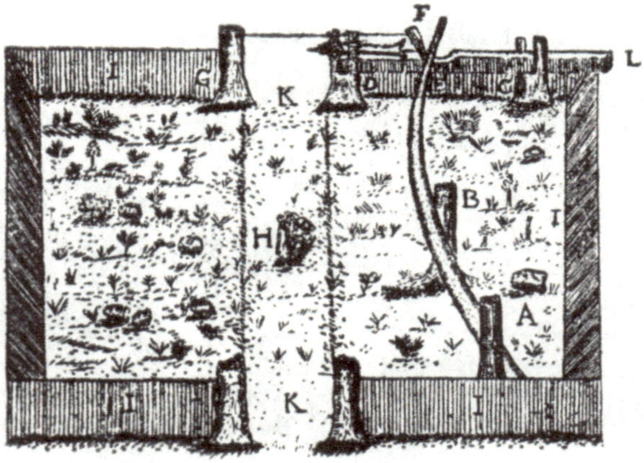

Abb. 49. Verzäunung mit eingespanntem Speer.
1750. Nach Hillerström.

Abb. 50. Stellbogen f. Elche.
Ostjaken. Nach Photo d.
Verfassers.

Abb. 51. Spannen d. Büchsen. Archangelsk-Karelien. Photo I. K. Inha.

Abb. 52. Gespannte Büchsen. Archangelsk-Karelien. Photo I. K. Inha.

Abb. 53. Bogenfalle f. Eichhörnchen. Ostjaken. Nach Photo d. Verfassers.

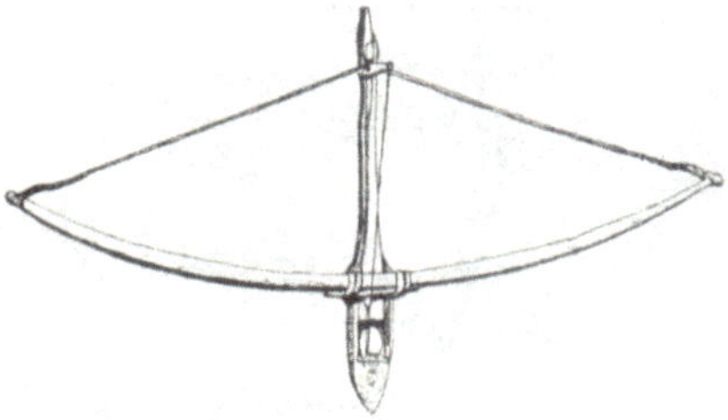

Abb. 54. Bogenfalle f. Hermeline. Wogulen.

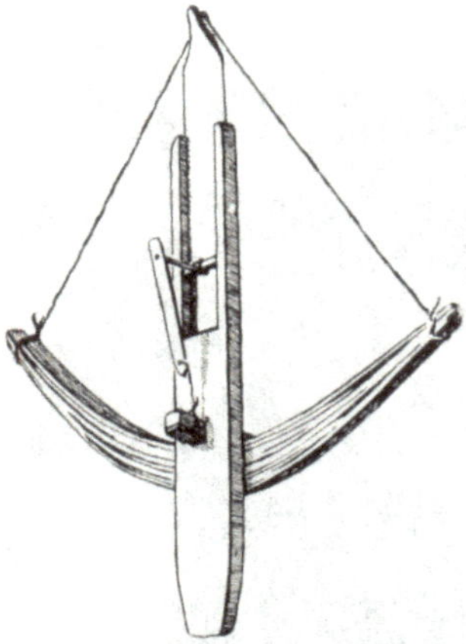

Abb. 55. Bogenfalle f. Vögel. Mittelfinnland.

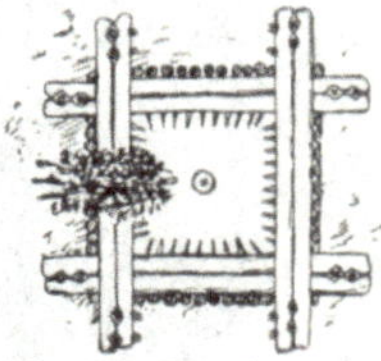

Abb. 57. Wolfsgrube. Korpilahti. Nach J. V. Kotikoski.

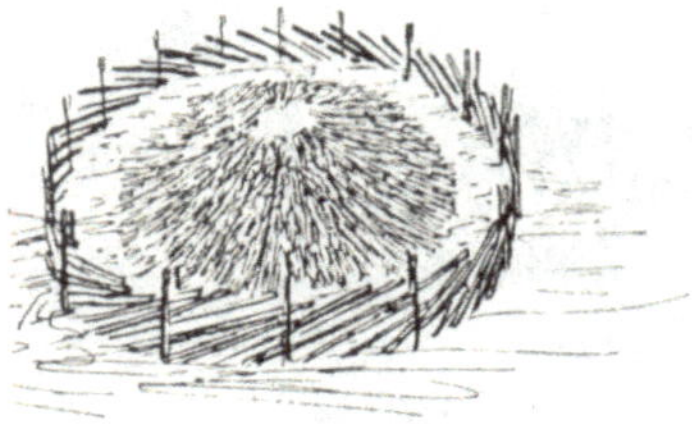

Abb. 56. Fuchsgrube. Ikaalinen. Nach Schvindt.

Abb. 58. Wolfsgrube. Siikainen. Nach Schvindt.

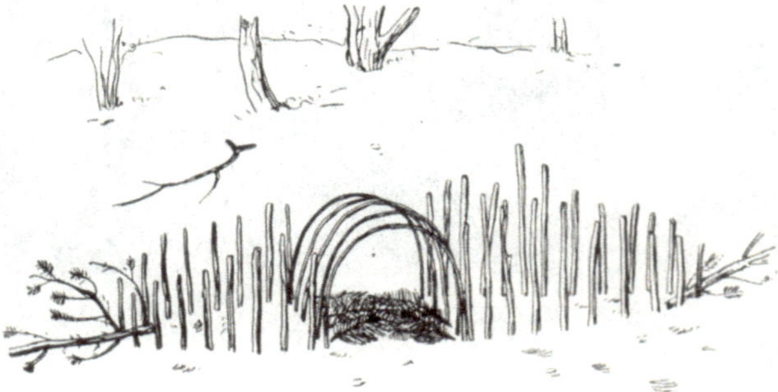

Abb. 59. Birkhuhngrube. Ostjaken. Nach Photo d. Verfassers.

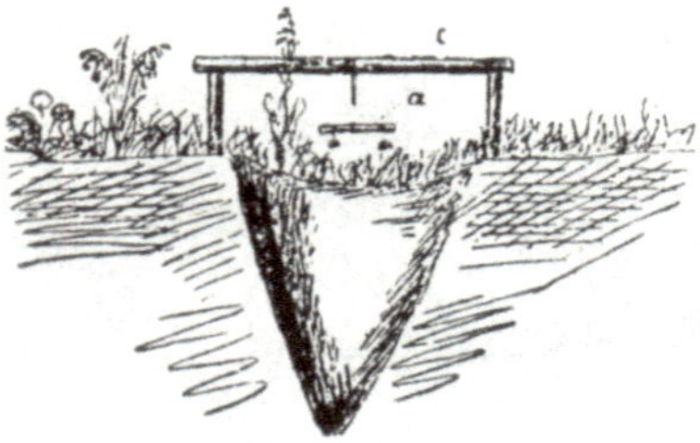

Abb. 60. Birkhuhngrube. Olonetz. Nach Silantjev.

Abb. 61. Fangkiste. Archangelsk-Karelien. Verfasser.

Abb. 62. Fangtrichter, *koppi*. Nakkila. Zeichnung d. Verfassers.

Abb. 63. Fangtrichter, *kirnu*. Kuortane. Nach Photo d. Verfassers.

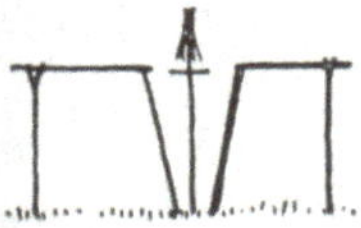

Abb. 64. Hollola.

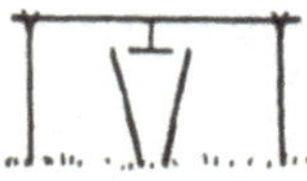

Abb. 65. Joroinen.

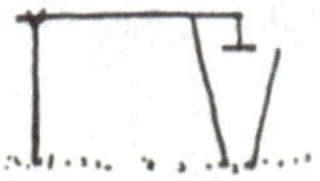

Abb. 66 Luvia.

Fangtrichter.

Abb. 67. Fangtrichter. Jalasjärvi. Nach Zeichnung d. Verfassers.

Abb. 68. Gestützte Schlinge, *linnunrihma*. Taivalkoski. Photo Verf.

Abb. 69. Schlinge mit *karjanorsi*. Jalasjärvi. Von einer Reise d. Verfassers.

Abb. 70. Mit Schlingen umstellter Wurzelstock. Kurikka. S. Paulaharju.

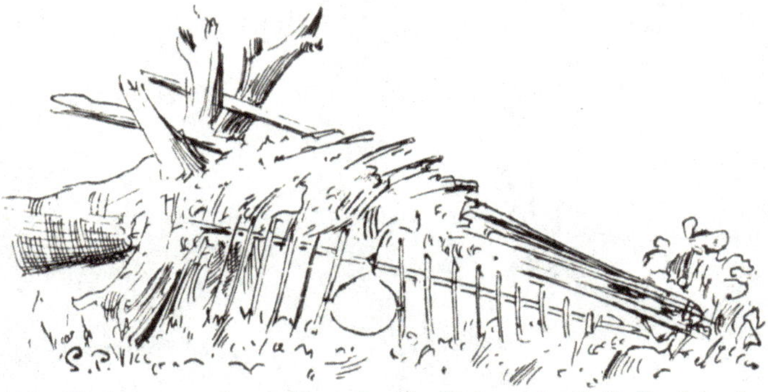

Abb. 71. *kotus* an einem Wurzelstock. Kuhmoniemi. S. Paulaharju.

Abb. 72. Zweigschlinge f. Haselhühner. Nurmes.

Abb. 73. Zweigschlinge, *lahtopermi*. Korpilahti. Nach J. V. Kotikoski.

Abb. 74. Schlingen f. Wasservögel. Ostjaken. Zeichnung d. Verfassers.

Abb. 76. Schlinge f. Schneehühner. Taivalkoski. Zeichnung d. Verfassers.

Abb. 75. Zweigschlingen. Längelmäki.

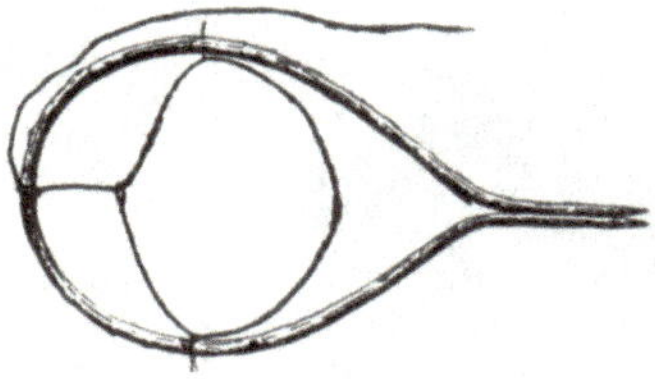

Abb. 77. Schlinge f. Schneehühner. Ostjaken.

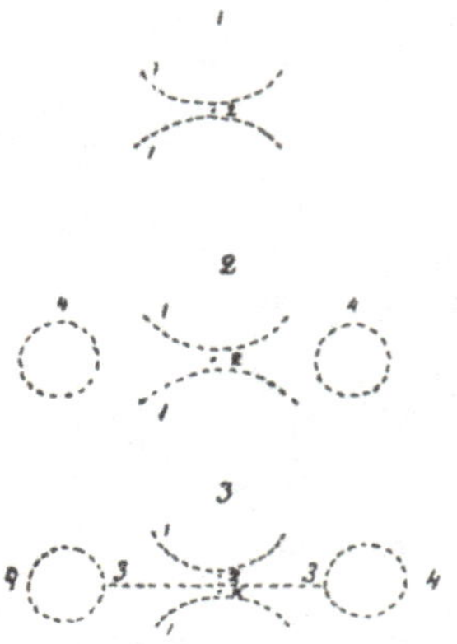

Abb. 78. Stellung d. Schneehuhnschlingen: 1, 3 Stange; 2 Schlinge; 4 Gebüsch. Juva.

Abb. 79. *hankosin.* Korpilahti. Nach J. V. Kotikoski.

Abb. 80. Hasenschlinge. Korpilahti. Nach J. V. Kotikoski.

Abb. 81. Hasenschlinge. Korpilahti. Nach J. V. Kotikoski.

Abb. 82. Schlingenfloß. Tornio-Lappland. Nach Wright.

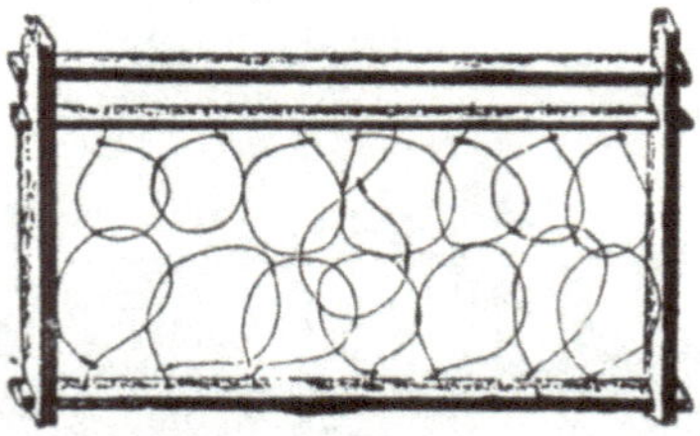

Abb. 83. Hermelinschlingen. Syrjänen. Nach A. Silantjev.

Abb. 84. Brett mit Haarschlingen. Kurikka. Nach S. Paulaharju.

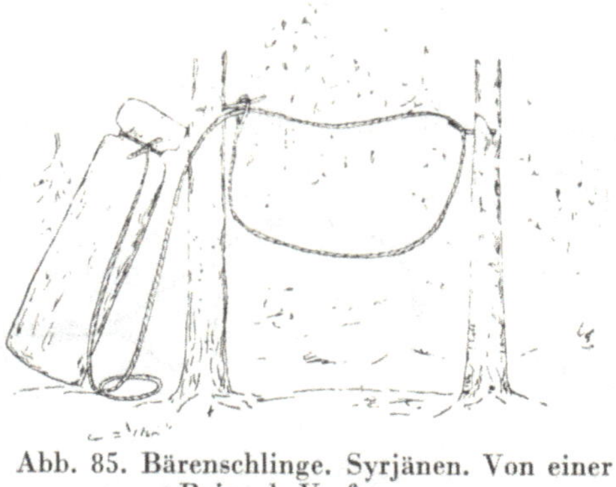

Abb. 85. Bärenschlinge. Syrjänen. Von einer Reise d. Verfassers.

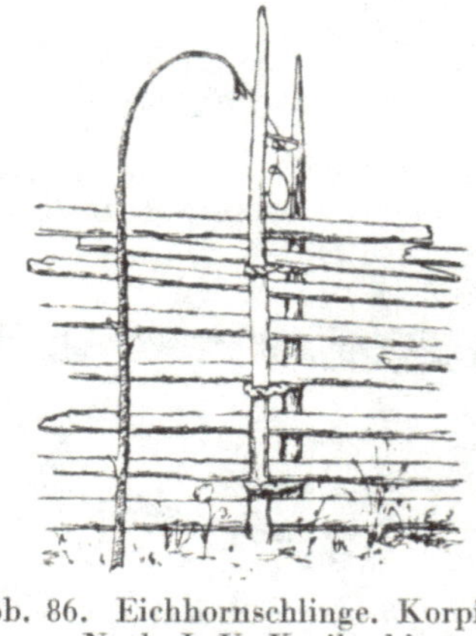

Abb. 86. Eichhornschlinge. Korpilahti. Nach J. V. Kotikoski.

Abb. 87. Bärenschlinge. Syrjänen. Von einer Reise d. Verfassers.

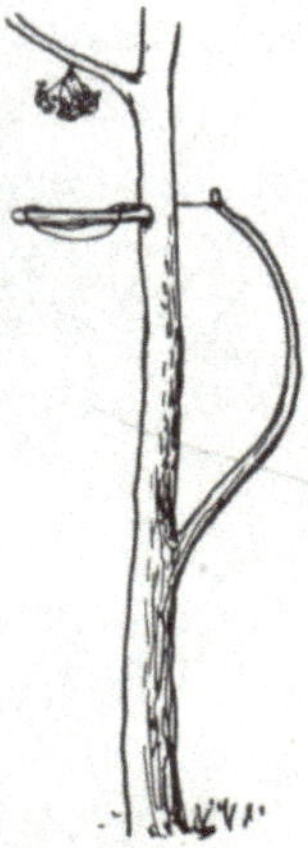

Abb. 88. Hebelschlinge. Johannes.

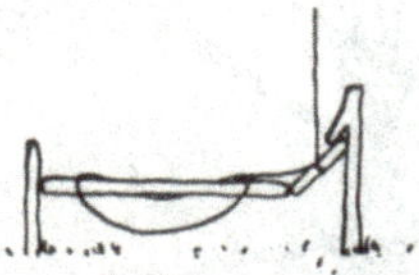

Abb. 89. Schlinge. Tammela.

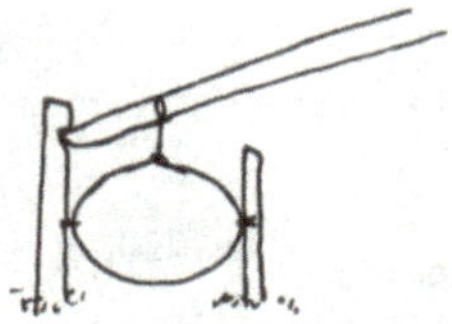

Abb. 90. Schlinge. Muhos.

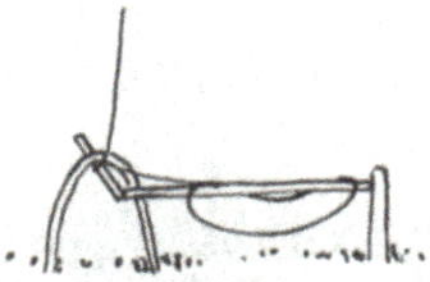

Abb. 91. Schlinge. Juva.

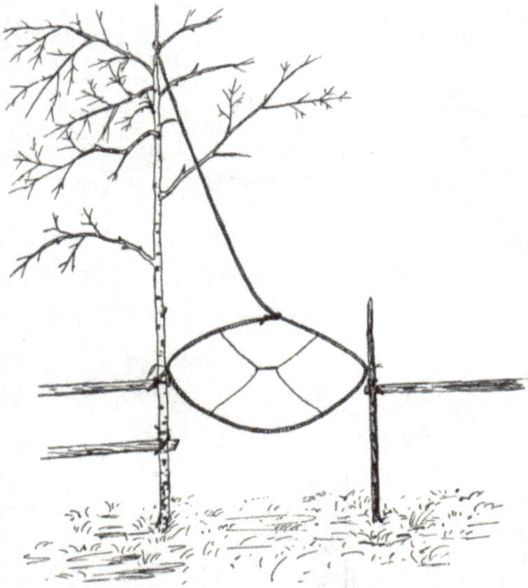

Abb. 92. Zaunschlinge. Lappland. Nach I. Itkonen.

Abb. 93. Bärenschlinge. Sotkamo. Nach Schvindt.

Abb. 94. Hebelschlinge, *vipu*. Korpilahti. Nach J. V. Kotikoski.

Abb. 95. Wippschlinge, *vipurihma*. Iisalmi.

Abb. 96. Wippschlinge f. Wolf, Luchs und Fuchs. Heinola.

Abb. 97. Syrjänische Wippschlinge. Nach Photo d. Verfassers.

Abb. 98. Hasenfalle. Juva.

Abb. 101. Samojedische Hasenfalle. Fluß Tym. Von einer Reise d. Verfassers.

Abb. 99. Bärenfalle. Kuusamo.

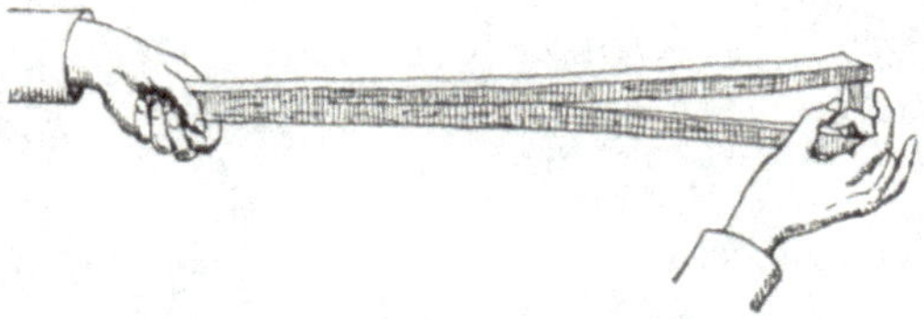

Abb. 100. Kinderbüchse.

Abb. 102. Bärenfalle. Parkano.

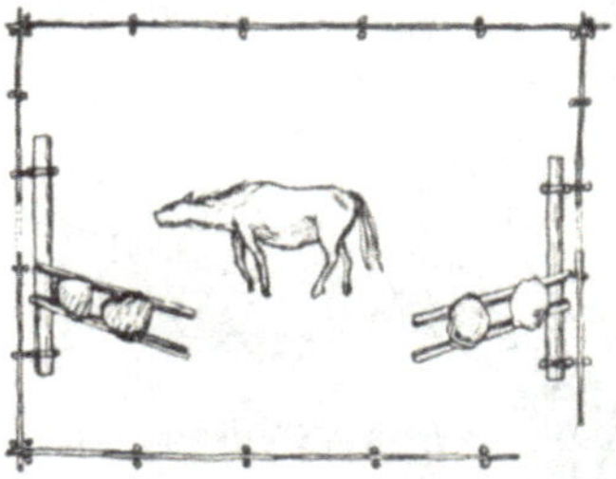

Abb. 103. Wolfsfalle, *sudenkinturi*. Askola.

Abb. 104. Samojedische Eichhornfalle. Fluss Tym. Von einer Reise d. Verfassers.

Abb. 105. Mordwinische Falle. Zeichnung v. A. O. Heikel.

Abb. 106. Marderfalle. Tammela.

Abb. 107. Wogulische Vielfraßfalle. Von einer Reise d. Verfassers.

Abb. 108. Hasenfalle. Korpilahti.

Abb. 109. Vielfraßfalle. Finnisch-Lappland.
Photo Kyösti Haataja.

Abb. 110. Auerhuhnfalle. Olonetz.
Nach A. Silantjev.

Abb. 111. Pfeilerdeckelfalle. Finnland.

Abb. 113. Bärendeckelfalle. Gegend v. Kajaani. Photo S. Paulaharju.

Abb. 114. Otterfalle. Juuka.

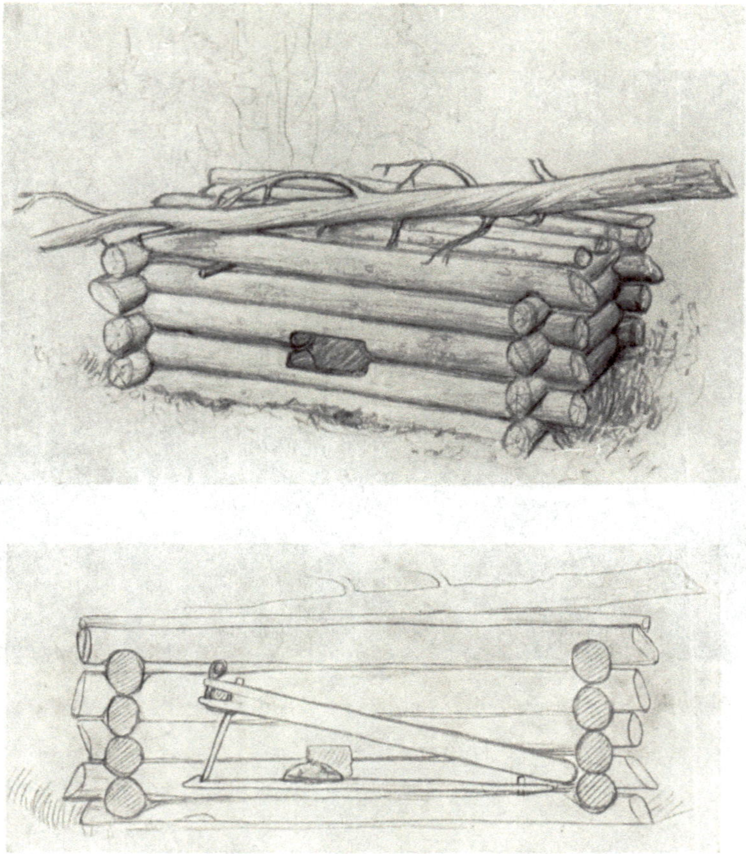

Abb. 115. Vielfraßdeckelfalle. Ruva, Archangelsk-Karelien. Von einer Reise d. Verfassers.

Abb. 116.
Fuchsfalle, *ketunrita*. Kuru.
Von einer Reise d. Verfassers.

Abb. 117a. Abb. 117b.
Bärenfalle. Nordkarelien. Aufgenommen im Freiluftmuseum Seurasaari.

Abb. 118. Wotjakische Marderfalle. Photo Verf.

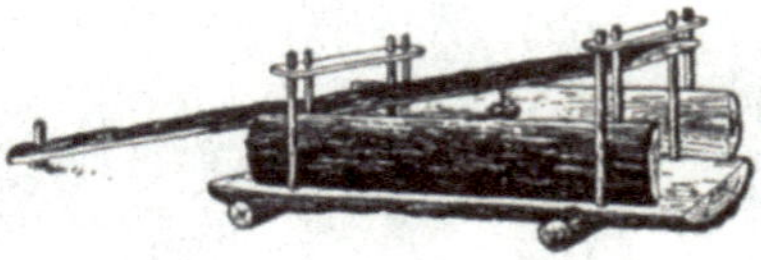

Abb. 119. Ostjakische Vielfraßfalle.
Von einer Reise d. Verfassers.

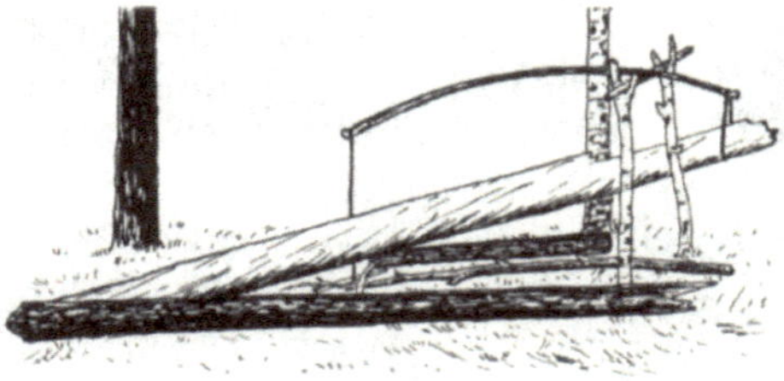

Abb. 121. Tscheremissische Auerhuhnfalle.
Nach T. Jevsevjev.

Abb. 120. Hasen- u. Eichhornfalle.
Korpilahti. Nach J. V. Kotikoski.

Abb. 122. Syrjän. Vielfraßfalle.
Von einer Reise d. Verfassers.

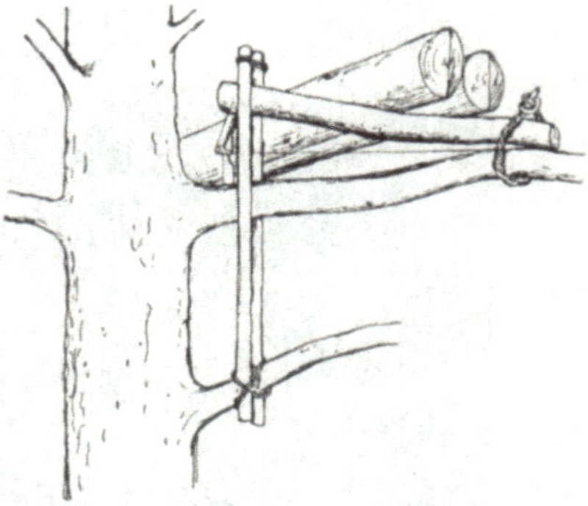

Abb. 123. Marderfalle. Punkalaidun.
Nach J. V. Kotikoski.

Abb. 124. Vielfraßfalle. Iisalmi.

Abb. 125.
Bärendeckelfalle. Sotkamo.

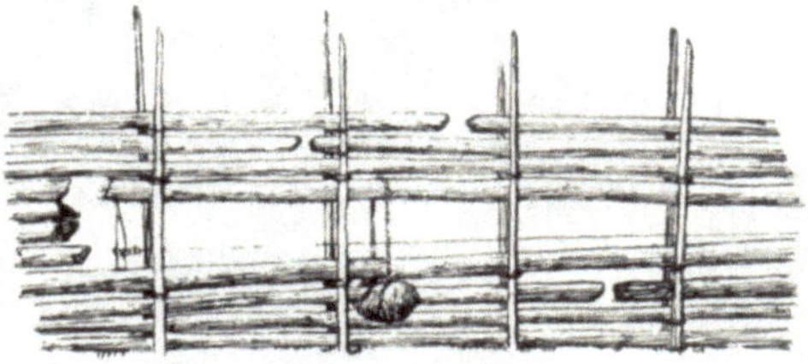

Abb. 126.
Hasenfalle. Pyhäjärvi, Län Turku.

Abb. 127. Fuchsfalle. Punkalaidun. Nach J. V. Kotikoski.

Abb. 128. Dachsfalle. Punkalaidun. Nach J. V. Kotikoski.

Abb. 129. Vogelfalle, *linnunloukas*. Nakkila. Photo Verf.

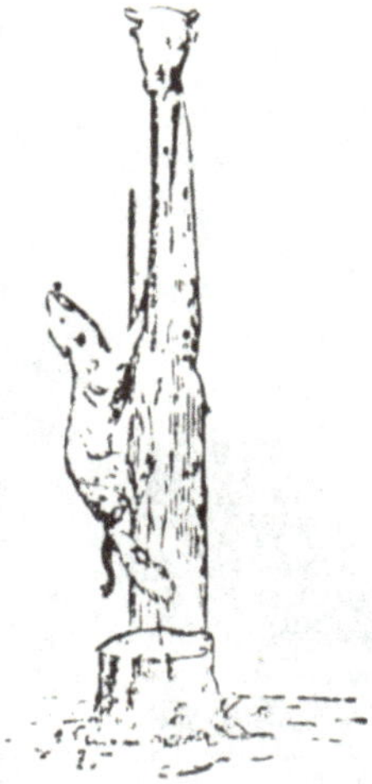

Abb. 130. Pfotenbrett. Nordschweden. Nach Lloyd.

Abb. 131. Torsionsfalle, *nakki*. Valkeala.

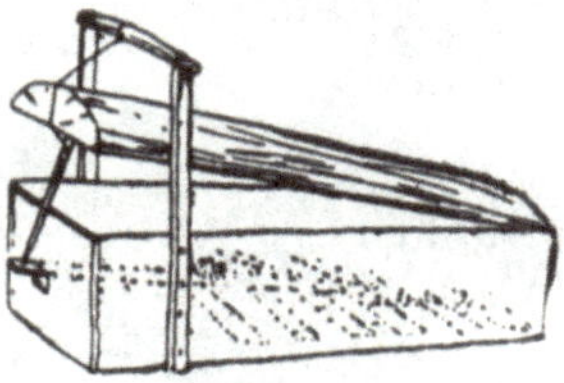

Abb. 132. *nakki*. Korpilahti.

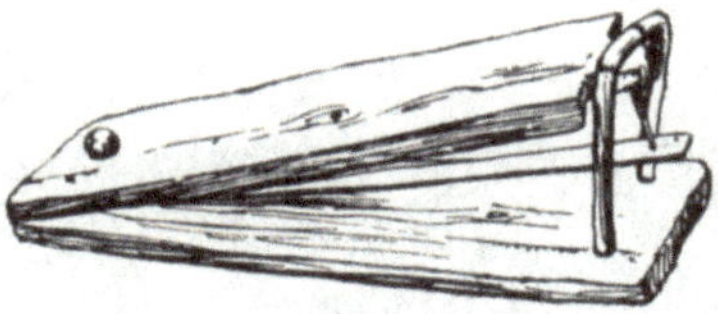

Abb. 133. Hermelinfalle. Kuhmoinen.

Abb. 134. Wolfseisen. Artjärvi.

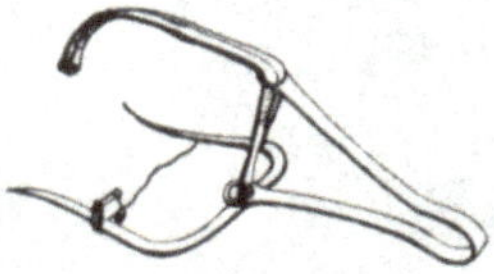

Abb. 135. *räpsyt*. Juuka.

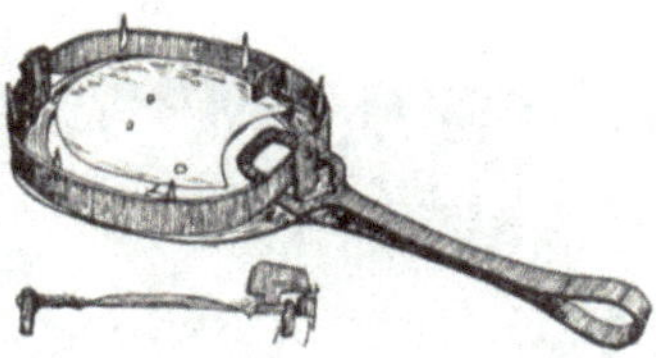

Abb. 136. Mardereisen. Kirchsp. Helsinki.

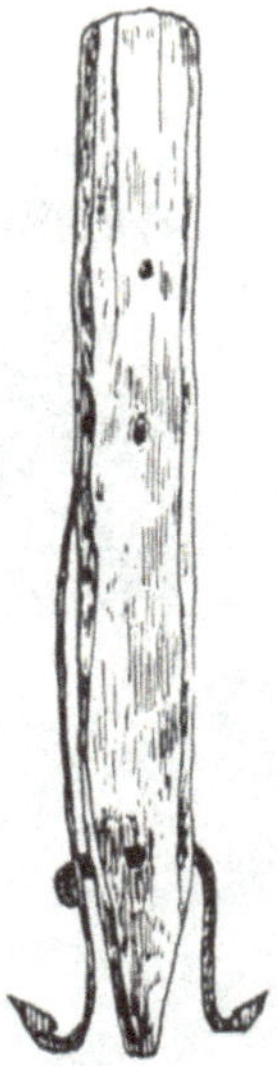

Abb. 139. Fuchsangel. Jaakkima.

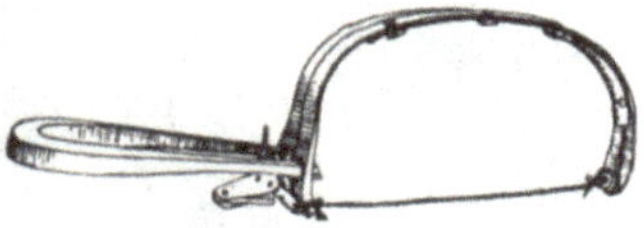

Abb. 137. Zahneisen. Nilsiä.

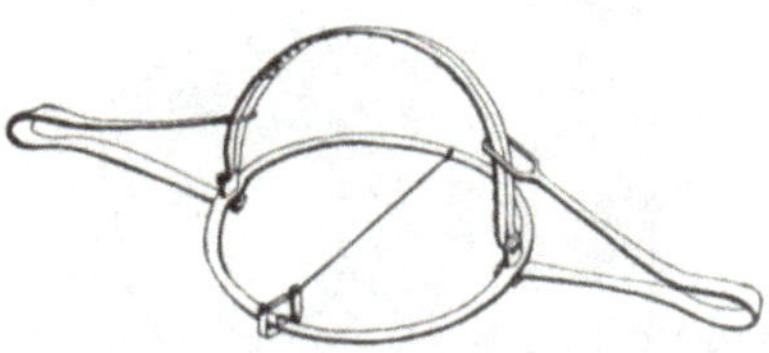

Abb. 138. Haseneisen. Savitaipale.

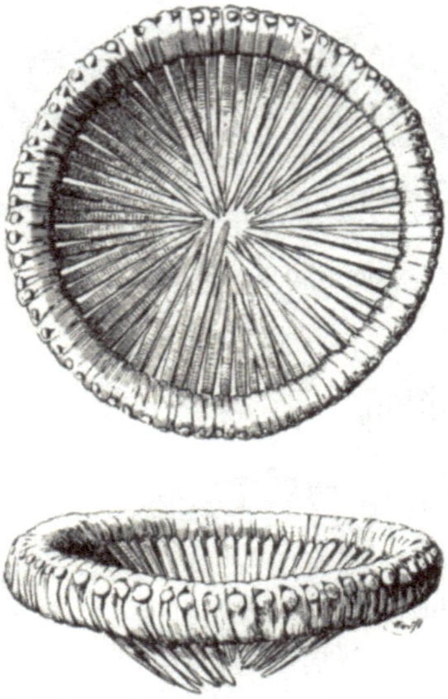

Abb. 140. Stachelring. Afrika, Togo. Mus. f. Völkerkunde, Berlin.

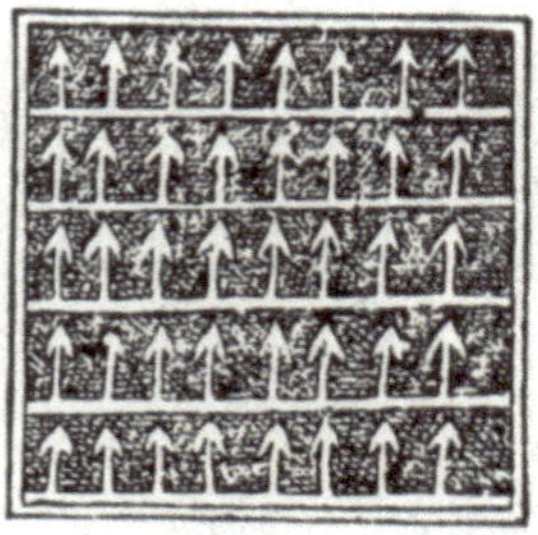

Abb. 141. Stachelbrett. Nordsatakunta. Nach F. A. Gadd.

Abb. 142. Biberwehr. Kuusamo. Nach Elias Lagus.

Abb. 143. Biberwehr. Kuusamo. Nach Elias Lagus.

Abb. 144. Wolfszaun.

Abb. 145. Wolfszaun.

Abb. 146. Wolfszaun.

Abb. 147. Transport d. großen Bootes. Schären v. Vaasa.
Photo I. K. Inha.

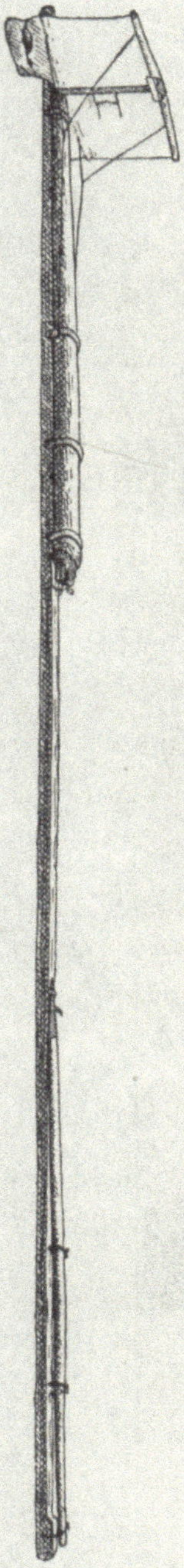

Abb. 148.
Gleitschiene.
Finnischer
Meerbusen.

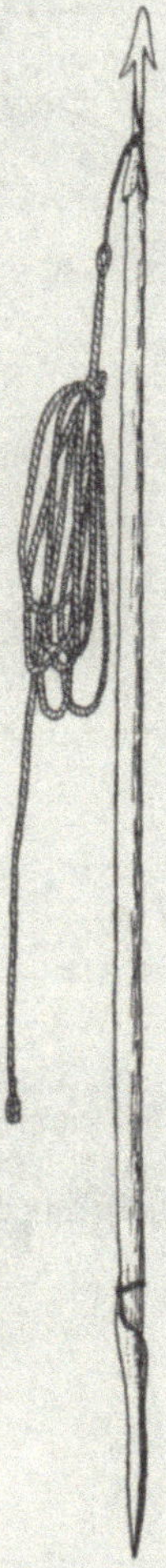

Abb. 149.
Seehunds-
harpune.
Seiskari.

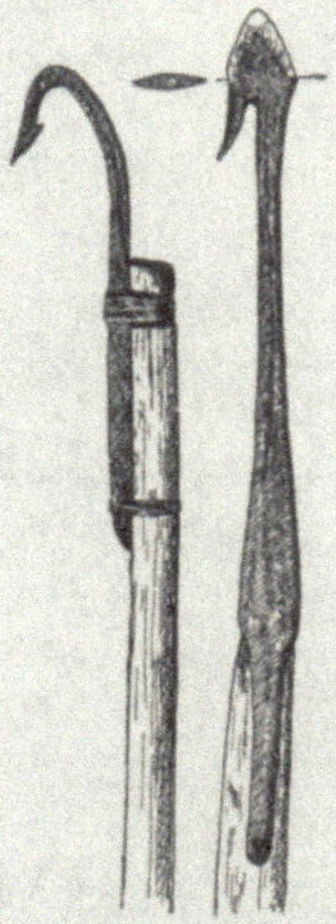

Abb. 150 u. 151.
Robbenhacke u.
Robbenspieß.
Schärenarchipel
Sortavala.

Abb. 152. Robben-
angel. Seiskari.

Abb. 153. Aus Schüsseln zusammengesetzte Büchse.
Schärenarchipel von Vaasa.

Abb. 154. Ausspähen nach Seehunden am Lagerplatz. Photo I. K. Inha.

Abb. 155. Hogländer beim Aufbruch zum Seehundsfang.

Abb. 156. Seehundschütze, auf seiner Gleitschiene zielend.
Photo I. K. Inha.

Abb. 157. Angler im Einbaum auf einem Waldteich. Photo V. Kyander.

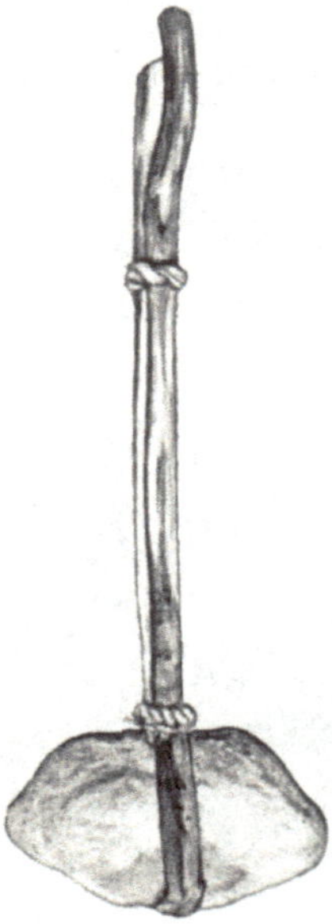

Abb. 158. Fischerkeule, *ki'uri*.
Archangelsk-Karelien.

Abb. 159. Wogulischer Stechfischer. Photo Verf.

160

161

162

Fischgabeln

Abb. 160. Jämtland, nach Keyland.
Abb. 161. Grönland. Abb. 162. Grönland.

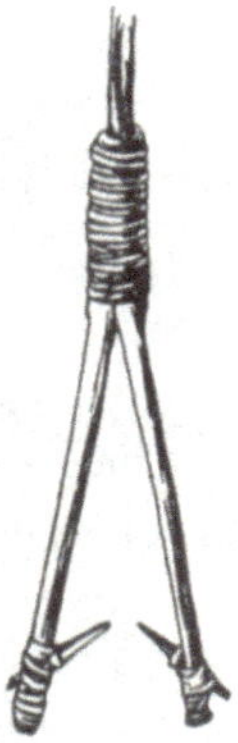

Abb. 163. Fischgabel. Nordwestamerika.

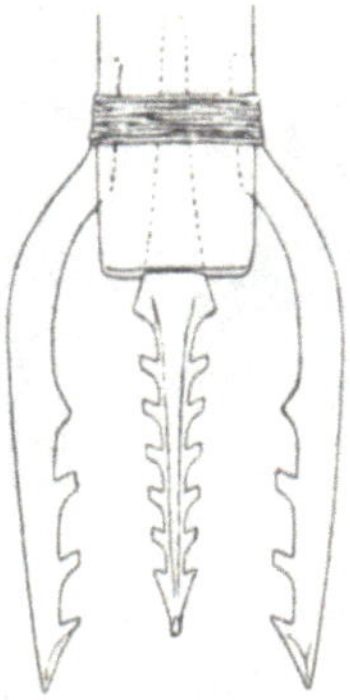

Abb. 164. Fischgabel. Finmarken. Nach O. Solberg.

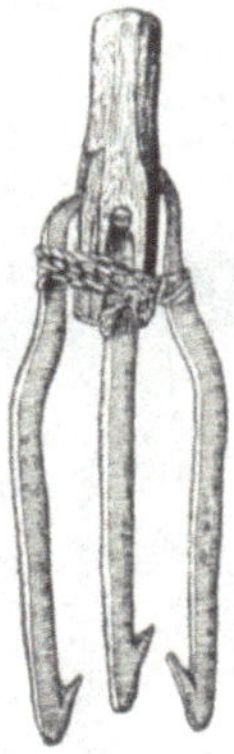

Abb. 165. Fischgabel. Ostjaken.

Abb. 166.
inke einer
ischgabel.
iurinlinna.

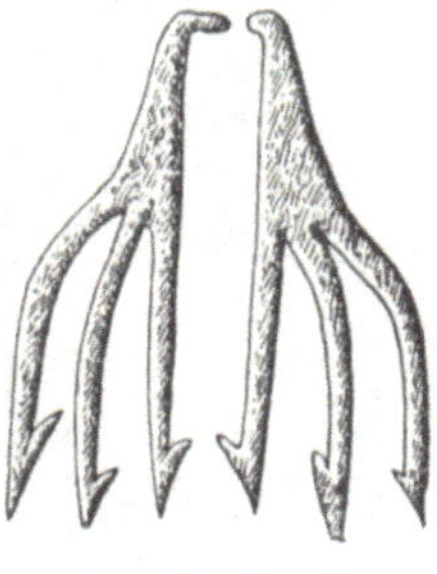

Abb. 167. Fischgabel.

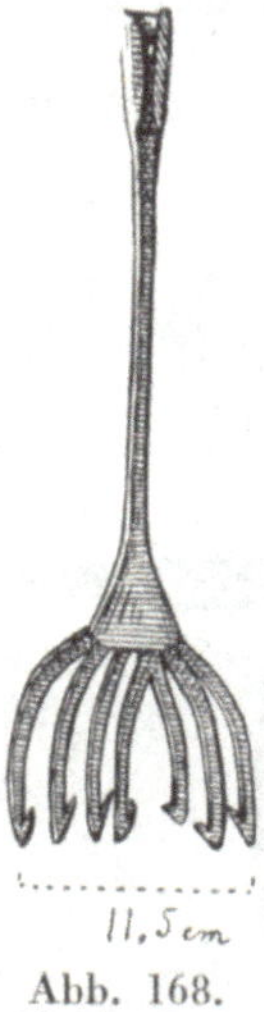

Abb. 168. Fischgabel. Sysmä.

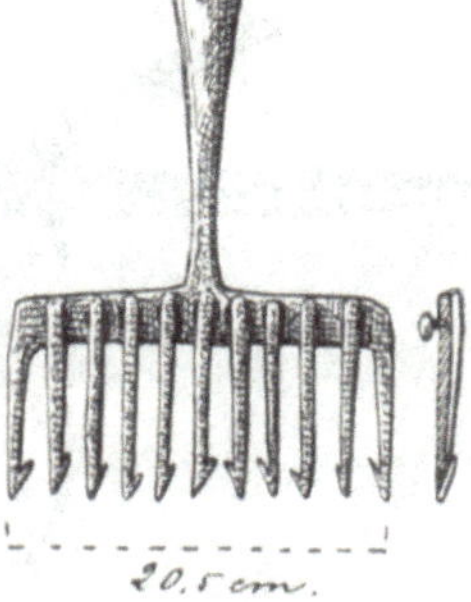

Abb. 169. Fischgabel. Finnby.

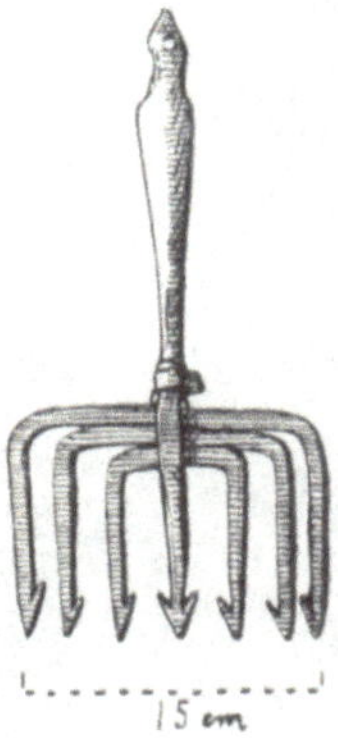

Abb. 170. Fischgabel. Westfinnland.

Abb. 171. Hechtpfeil. Ostjaken.

Abb. 172. Stabangel, *launi*. Kangasniemi.

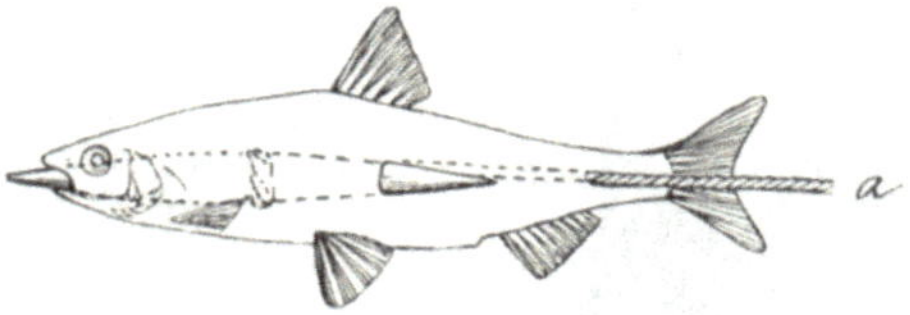

Abb. 173. Stabangel mit Köder.

Abb. 176.
Angel aus Knochen
(Schlüsselbeine eines
Vogels).

Abb. 174. Stechfischer. Jaakkima. (Am Tage aufgenommen)
Photo Verf.

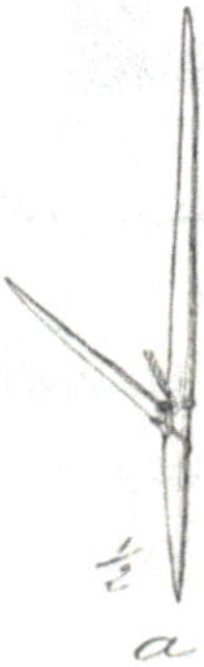

Abb. 177.
Angel aus Holz.
Alaveteli.

Abb. 175. Angel aus Holz. Russisch-Karelien.

Abb. 178.
Angel aus Holz.
Viitasaari.

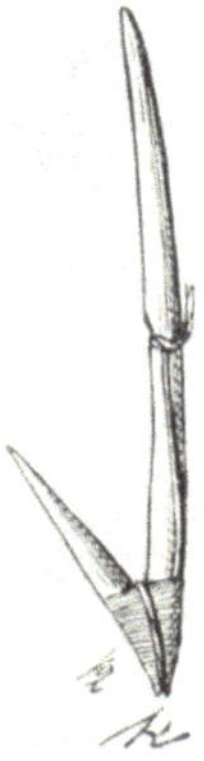

Abb. 179.
Angel aus Holz.
Kivijärvi.

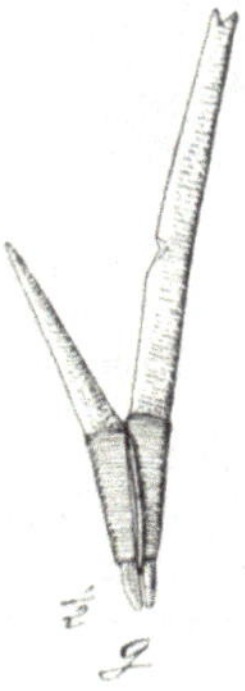

Abb. 180. Angel
aus Knochen.
Jämsä.

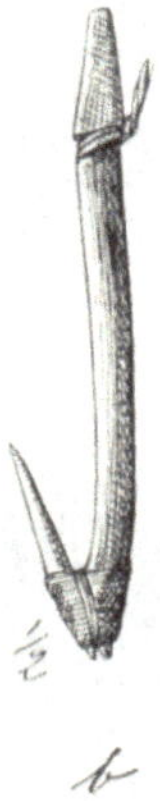

Abb. 181.
Angel aus Holz.
Viitasaari.

Abb. 182.
Angel aus Eisen.
Kirchspiel Viipuri.

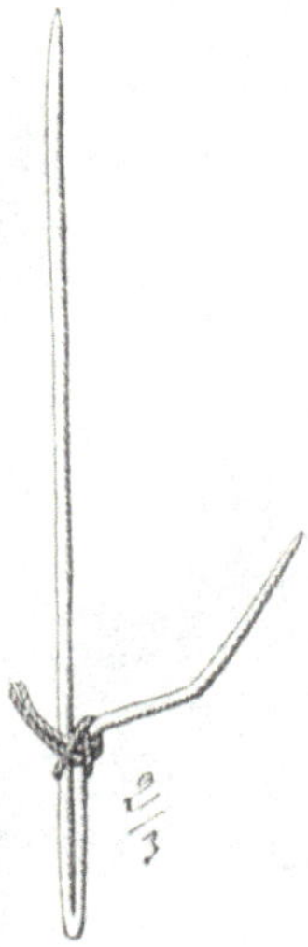

Abb. 183.
Angel aus Eisen.
Kangasniemi.

Abb. 184.
Angel aus Eisen.
Lemu.

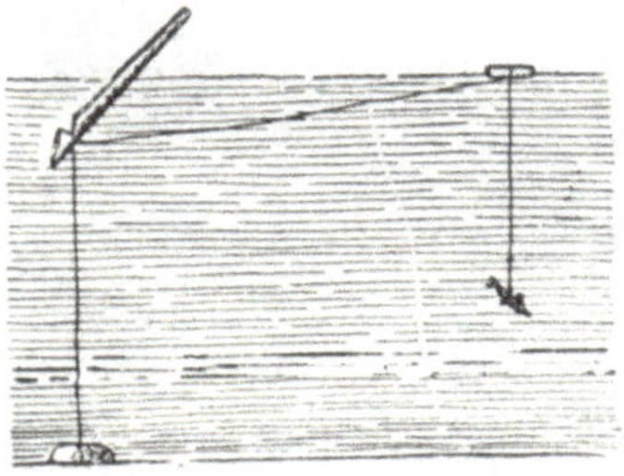

Abb. 186.
Setzangel, *polo*. Gegend v. Uusikaupunki.

Abb. 185. Ostjakische Angel aus Holz mit Schnur
und Schwimmer.

Abb. 187. Fischhaken. Sygwa. Wogulen.

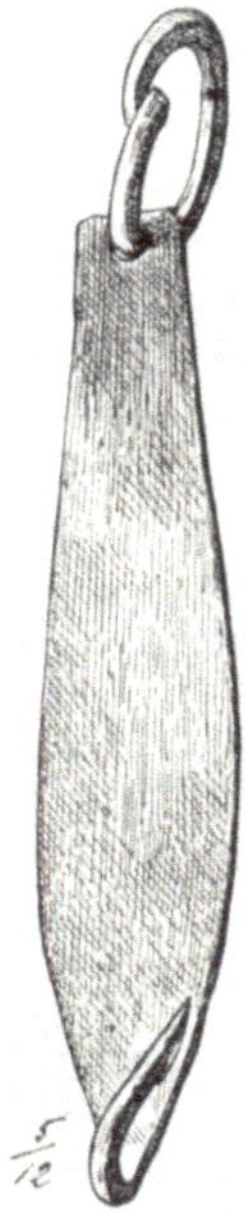

Abb. 188.
Schleppangel.
Rautalampi.

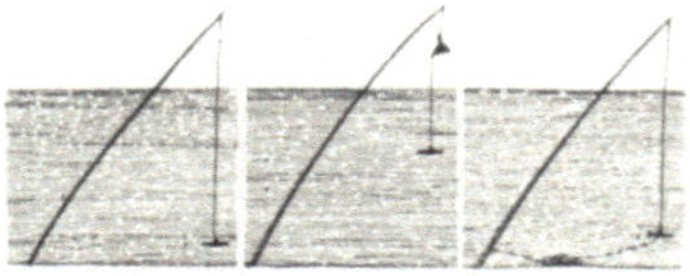

Abb. 189. Rutenreihe.

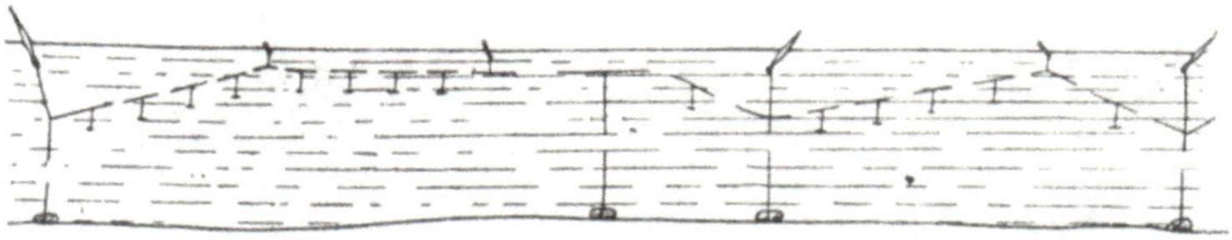

Abb. 190. Grundleine f. Lachse. Jaakkima.

Abb. 191. Fang des Schnäpels mit Hamen. Tornionjoki. Nach Photo d. Verfassers.

Abb. 192. Hamen. Pyhäjärvi, Län Viipuri.

Abb. 193. Ostjakischer Hamen.

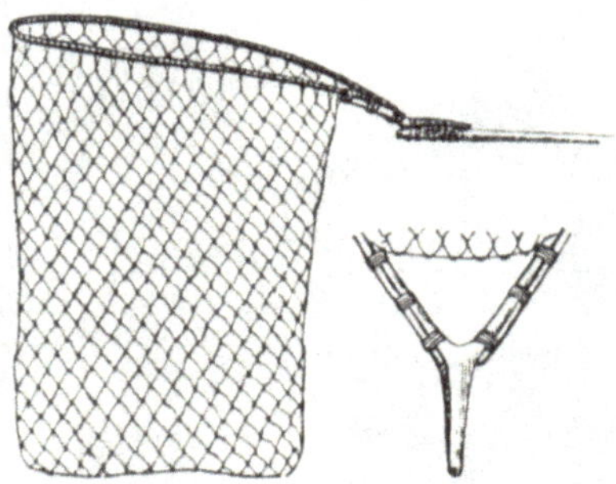

Abb. 194. Schnäpelhamen. Tornionjoki.

Abb. 196. Hängehamen, *selkäliippi*. Kangasniemi.

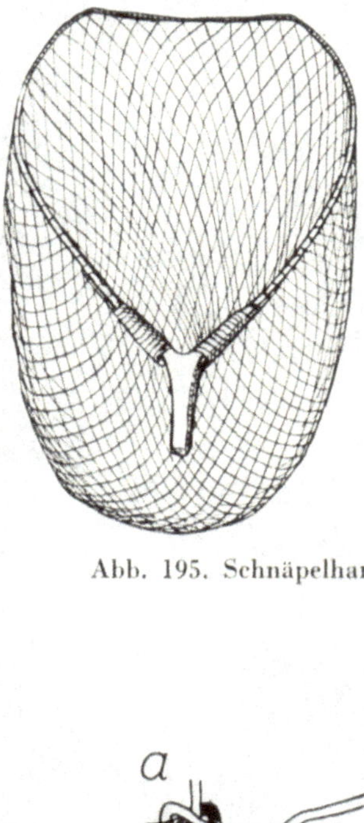
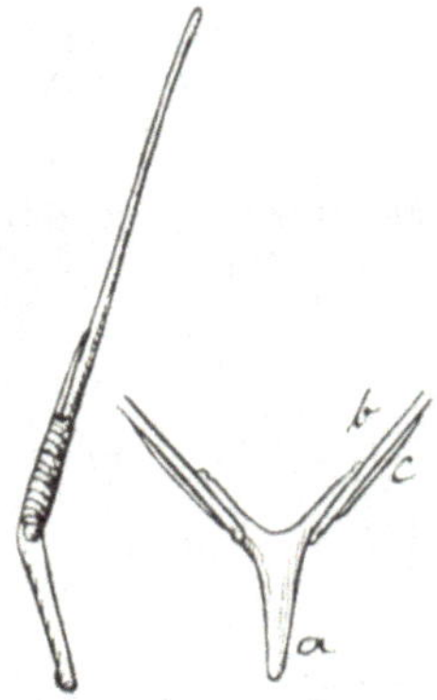

Abb. 195. Schnäpelhamen. Kokemäenjoki.

Abb. 197. Uferhamen. Kangasniemi.

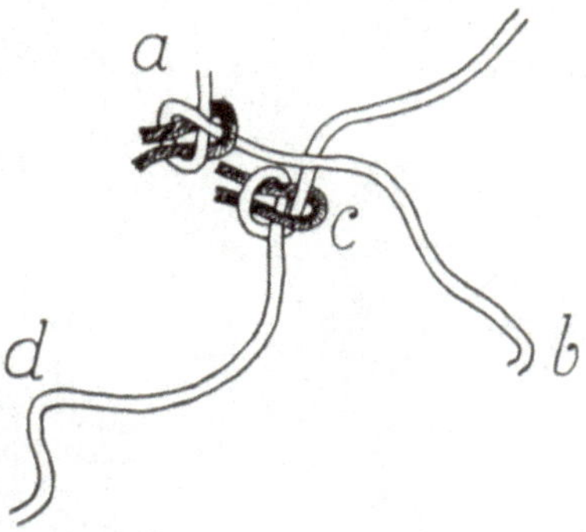

Abb. 198. Steinzeitl. Netzknoten.

Abb. 199. Helmknoten.

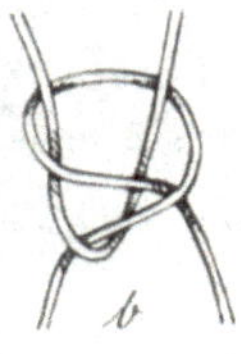

Abb. 200. Tauknoten.

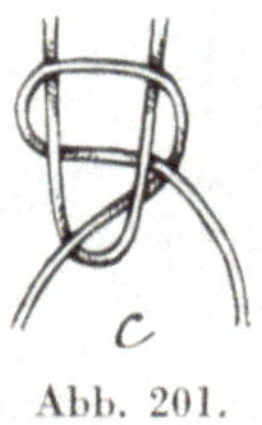

Abb. 201. Russenknoten.

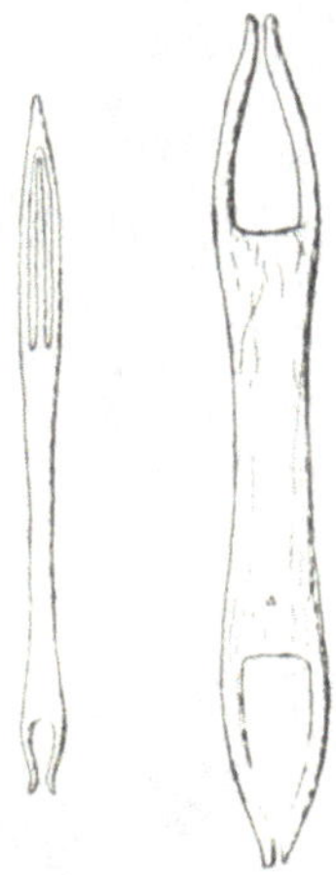

Abb. 202 u. 203. Netznadeln. Lappen. Ostjaken.

Abb. 204. Ziehen der Wate. Mordwinen. Kargasino. Nach A. O. Heikel.

Abb. 205. Ziehen des Kufenzugnetzes. Jääski.

Abb. 206. Wurzelstrick. Nach G. Retzius.

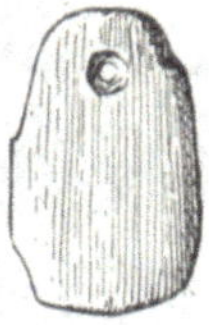

Abb. 207. Westfinnland.

Abb. 208. Tornionjoki.

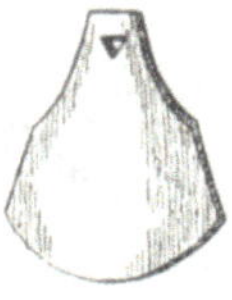

Abb. 209. Oulujoki.

Abb. 210. Westfinnland.

Abb. 211. Lieksa.

Abb. 207—216. Plattenflotten.

Abb. 212. Rautjärvi.

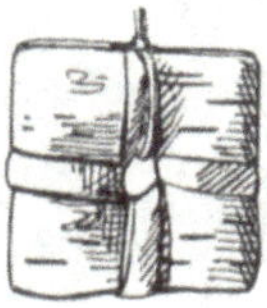

Abb. 213. Salmi.

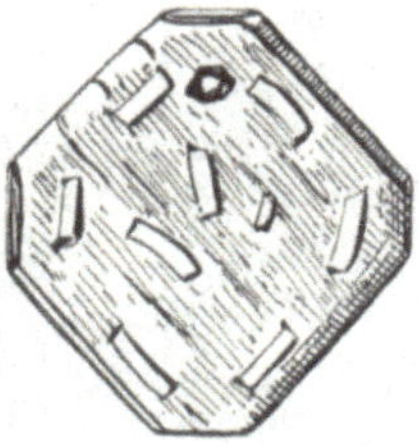

Abb. 214. Iisalmi.

Abb. 215. Karttula.

Abb. 216. Suistamo.

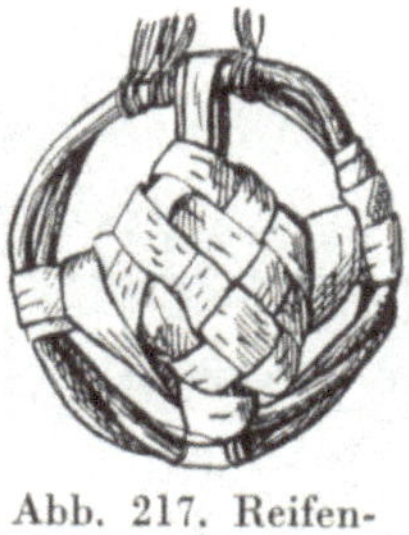

Abb. 217. Reifengewicht, *sompa*. Räisälä.

Abb. 218. Hängesenker, *riippakives*. Kangasniemi.

Abb. 219. Hülsensenker. *koppikives*. Karttula.

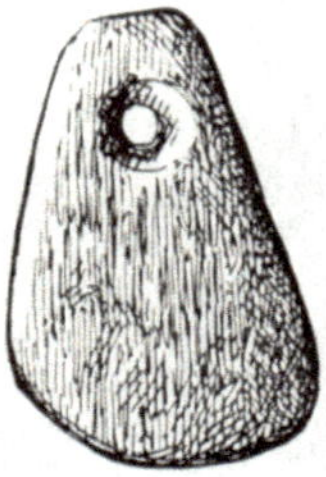

Abb. 220.
Durchlochter Senker,
reikäkives. Oripää.

221 222 223

Kugelsenker.
Abb. 221 u. 222. Suistamo.
Abb. 223. Luopioinen.

Abb. 224.
Kugelflotte, *kollerokoho*.
Luopioinen.

Abb. 225.
Netzrolle, *käpry*.

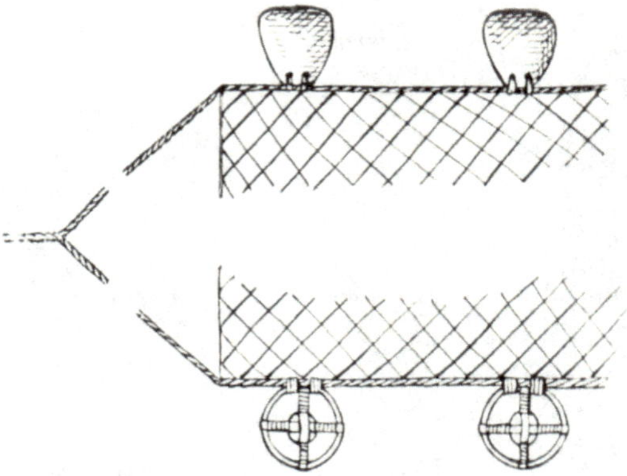

Abb. 226. *kulle*-Netz. Oulujoki.

Abb. 227.
Flotte. Oulujoki.

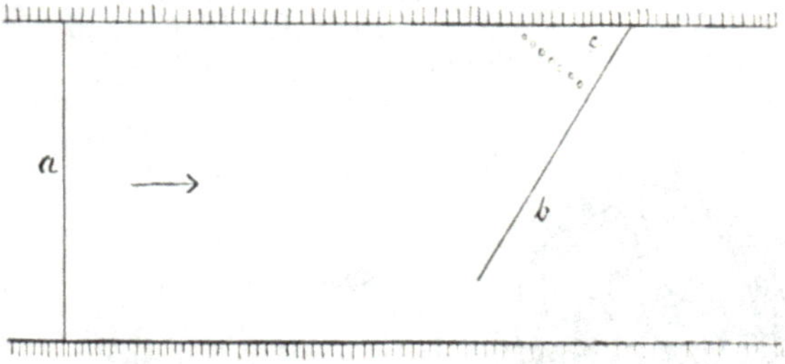

Abb. 228. *kulle*-Wehr, Tenojoki. Nach Nordqvist.

Abb. 229. Ziehen des Stillwasser*kulle*. Oulujoki. Photo I. K. Inha.

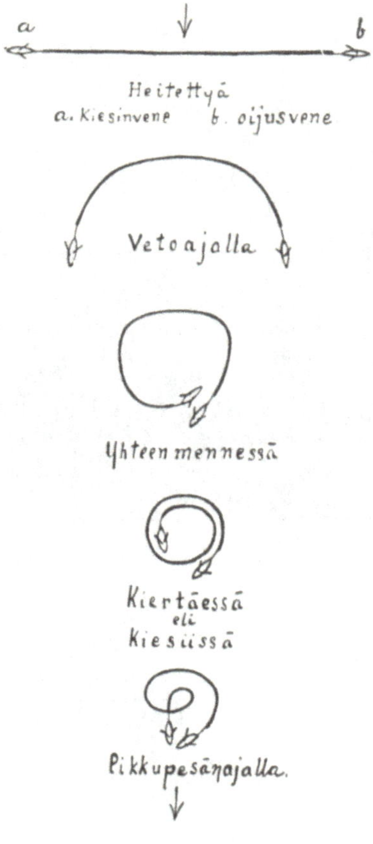

Abb. 231. Ziehen des Spiralzugnetzes am Ladogasee. Jaakkima.

Abb. 232. Treibnetz. Petschora. Nach Schulz.

Abb. 233. Fang mit dem *pojezdok* auf der Pinega. Photo Verf.

Abb. 234. Schleppbeutelnetz. Kola-Lappland, Ponoi. Nach Schulz.

Abb. 235. Netzgestelle. Archangelsk-Karelien, Oulanka. Photo Verf.

Abb. 236. Heben des Zugnetzes. Luonnonmaa. Photo T. H. Järvi.

Abb. 237. Zugnetzboot. Gegend v. Kajaani. Photo S. Paulaharju.

Abb. 238. Zugnetzboot v. Luonnonmaa. Photo T. H. Järvi.

Abb. 239.
Die Zugnetzstange wird unter das Eis geschoben.
Gegend v. Viipuri.

Abb. 240. Netzhütte. Pielisjärvi, Ufer des Koliberges. Photo J. Lukkarinen.

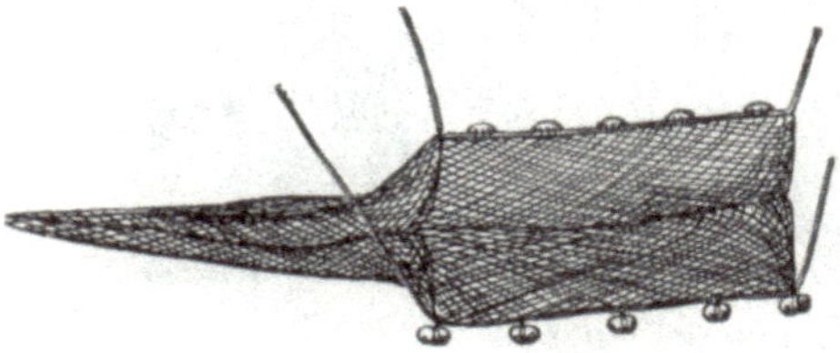

Abb. 241. *suuria*. Kymi.

Abb. 242. Senker des *suuria*.

Abb. 243. Ziehgurt, *jukko.* Joutseno.

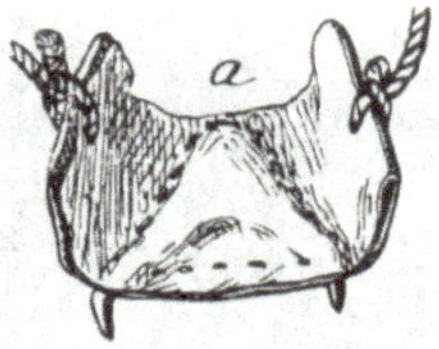

Abb. 244a. Ruokolahti.

Abb. 244c. Loppi.

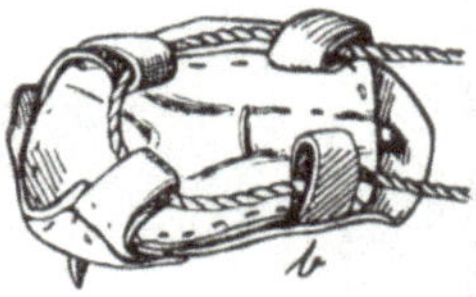

Abb. 244b. Jääski.

Abb. 245. Keilförmiges Wehr. Ungarn. Nach Herman.

Abb. 247. Trompetenreuse. Frankreich. Nach Daubrée.

Abb. 246. Keilförmiges Wehr. Frankreich. Nach Daubrée.

Abb. 248.
Trompetenreuse. Hiitola. Photo Verf.

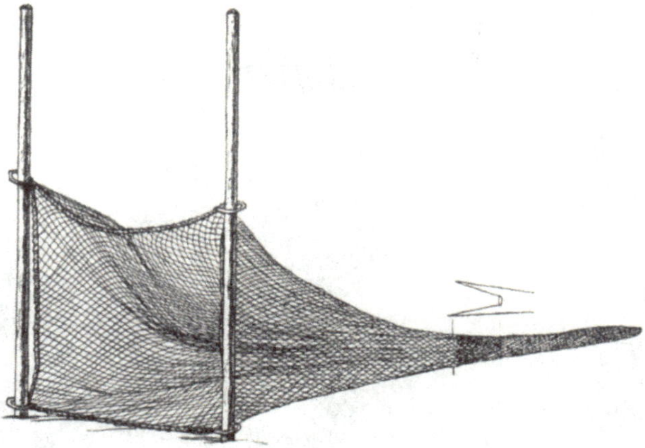

Abb. 249. Garnschlauch. Räisälä.

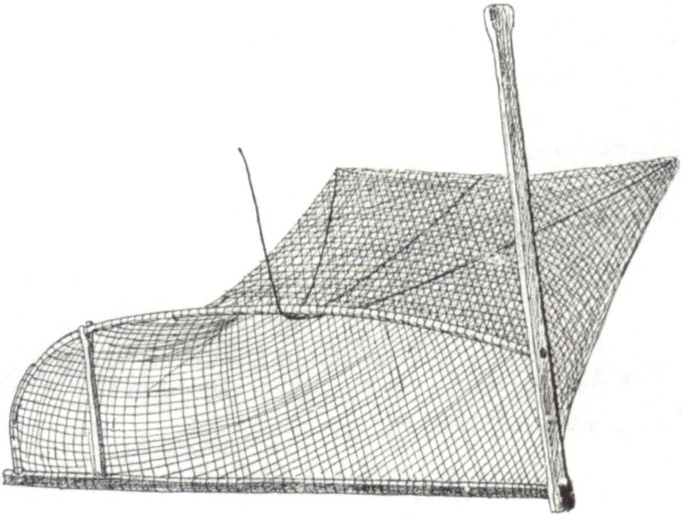

Abb. 250. Garnschlauch. Kalajoki.

Abb. 251. Ostjakisches *vōšym*-Wehr. Photo Verf.

Abb. 252. Ostjakisches Wehr. Photo Verf.

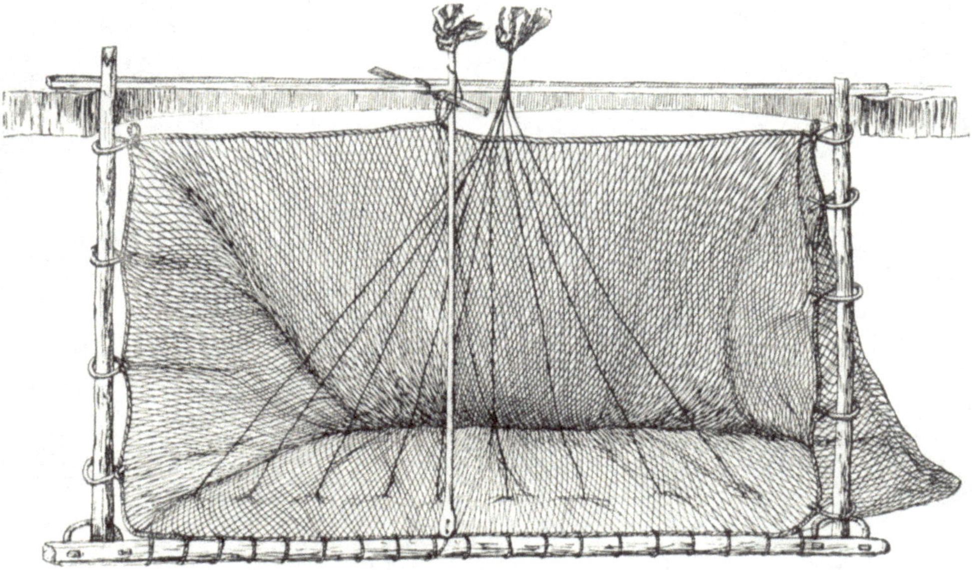

Abb. 253. Wogulisches *vōšym*.

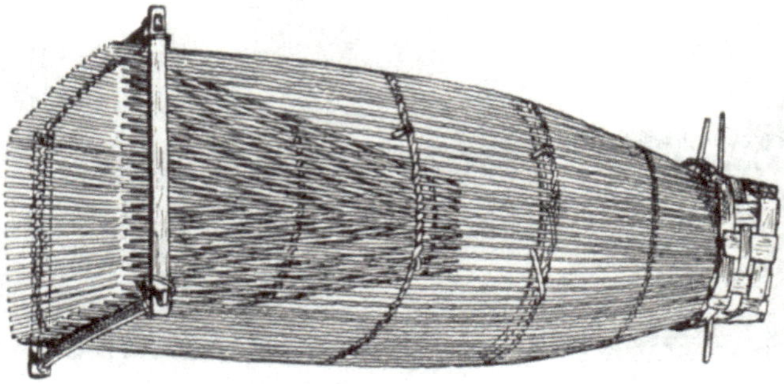

Abb. 254. Reuse. Russisch-Karelien.

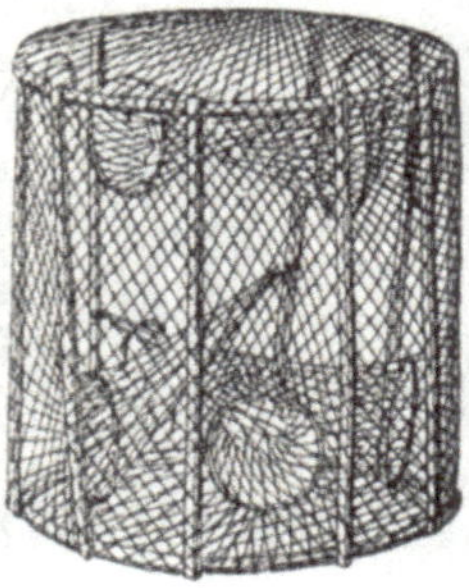

Abb. 255.
Garnreuse. Ruokolahti.

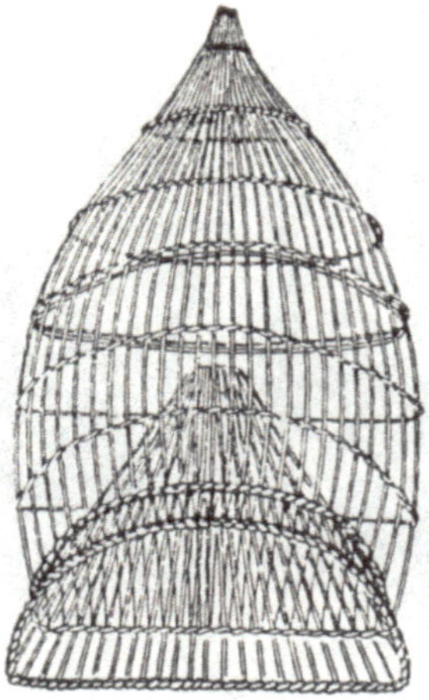

Abb. 256. Rutenreuse. Kirvu.

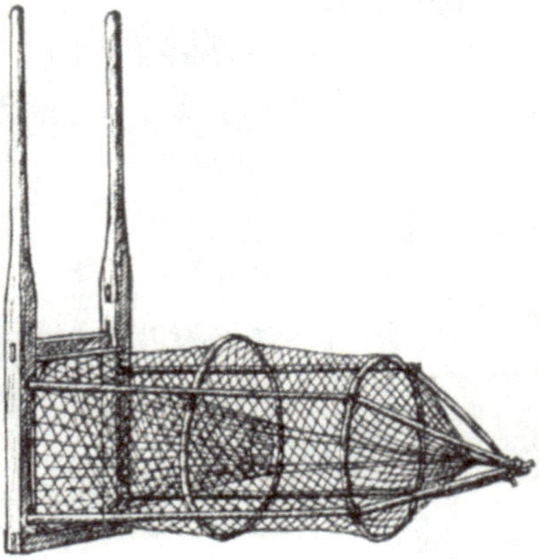

Abb. 257. Hebstangenreuse. Kymi.

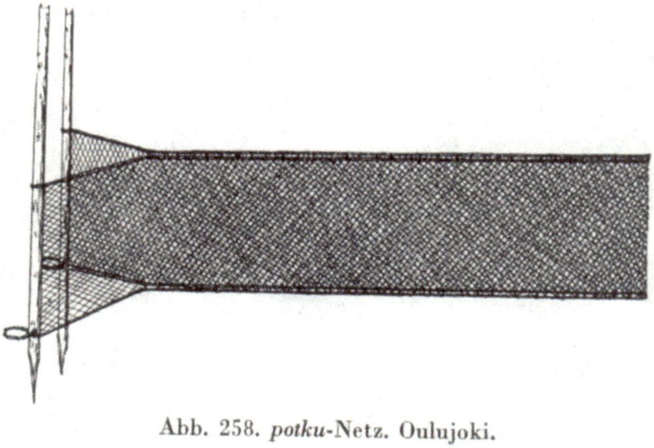

Abb. 258. *potku*-Netz. Oulujoki.

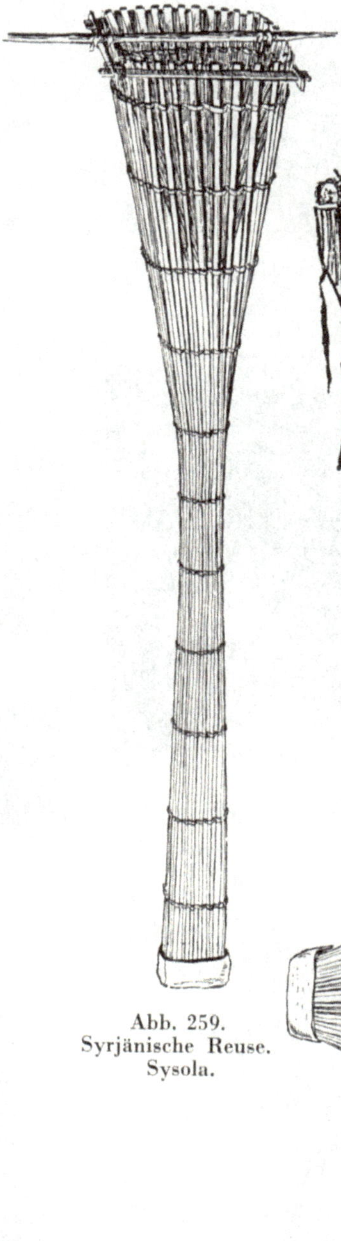

Abb. 259.
Syrjänische Reuse.
Sysola.

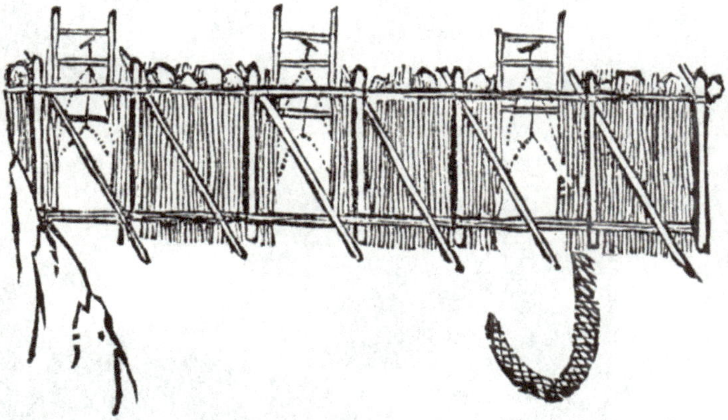

Abb. 260. Lachswehr mit Garnschläuchen und *potku*-Netzen.
1730. Kemi- u. Iijoki. Nach D. Bonge.

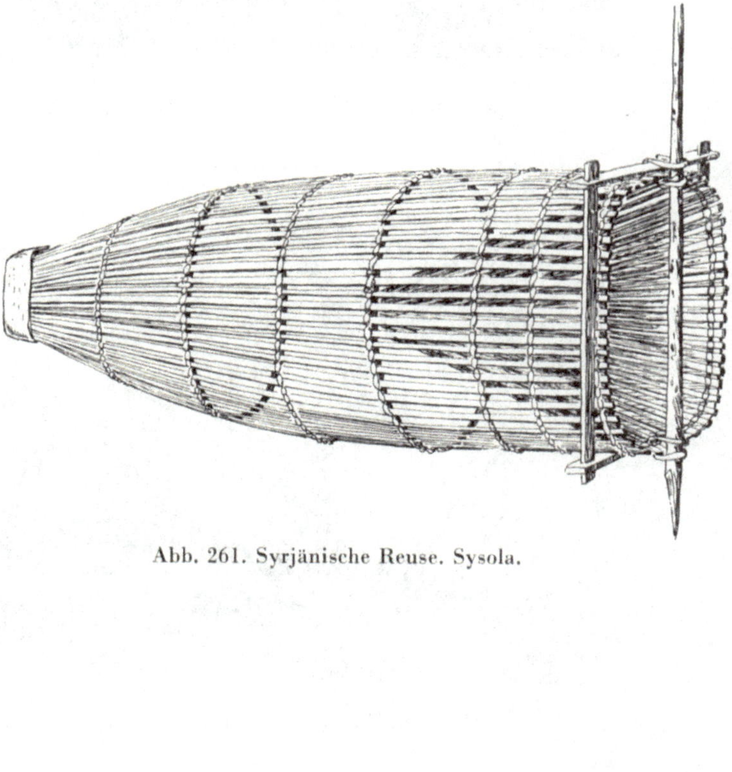

Abb. 261. Syrjänische Reuse. Sysola.

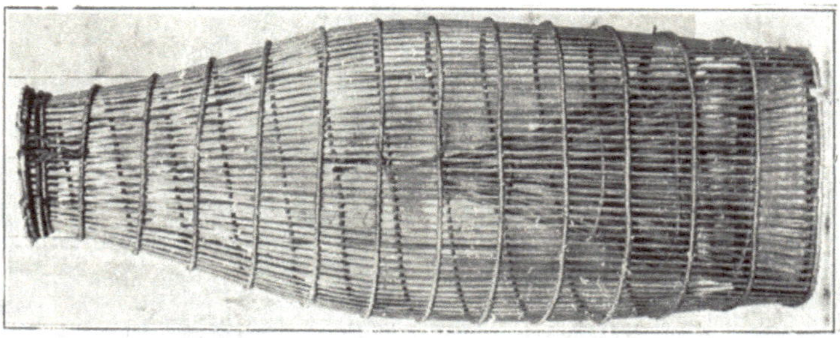

Abb. 262. Ostjakische Reuse.

Abb. 263. Ostjakisches Hofwehr. Was-jugan. Photo Verf.

Abb. 264. Rücken des Wehres. Oulujoki, Merikoski.

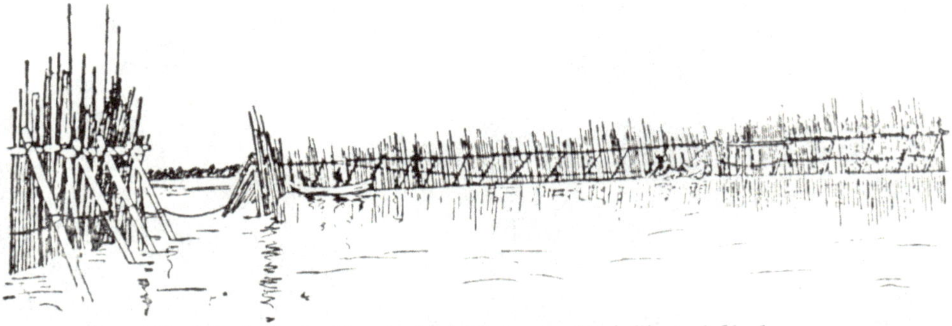

Abb. 265. Hofwehr. Tornionjoki, Kiviranta. Nach Photo d. Verfassers.

Abb. 266. *tajnik*. Ponoi, Kolahalbinsel.

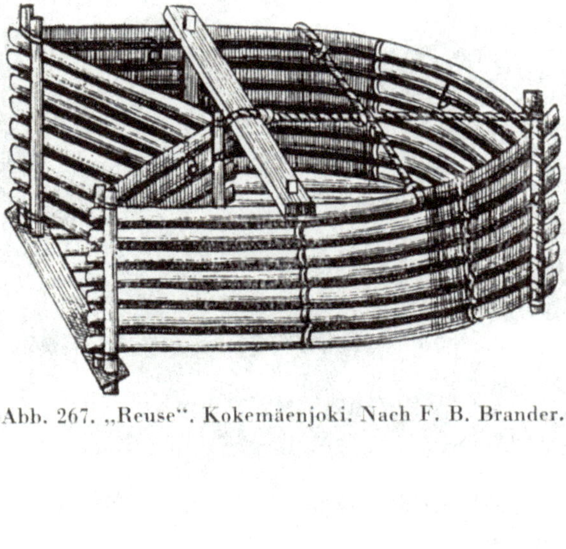

Abb. 267. „Reuse". Kokemäenjoki. Nach F. B. Brander.

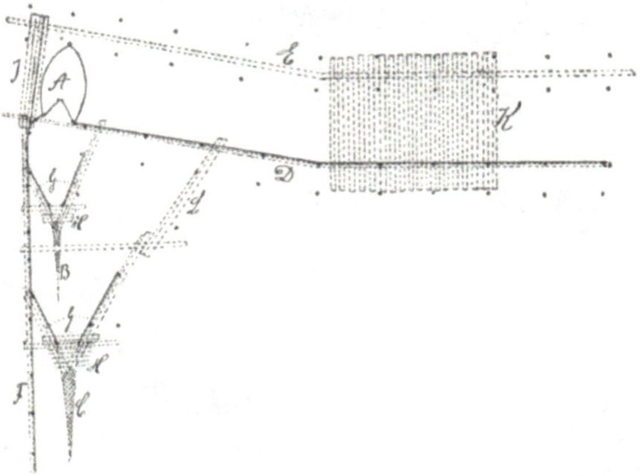

Abb. 268.
Lachs- u. Schnäpelwehr. Kokemäenjoki.

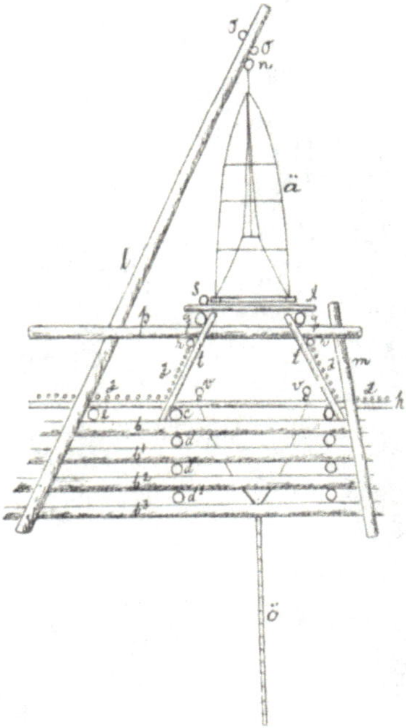

Abb. 269. Reuse (*lana*) u. *potku*-Netz. Oulujoki, Merikoski.

Abb. 270. Wehr Lammasten pato. Kokemäenjoki. Photo I. K. Inha.

Abb. 271. Wehr Tannilan pato. Stromschnelle Ylä-Kaltimonkoski. Photo T. M. Järvi.

Abb. 272. Kastenwehr. Kymijoki. Photo A. Sandman.

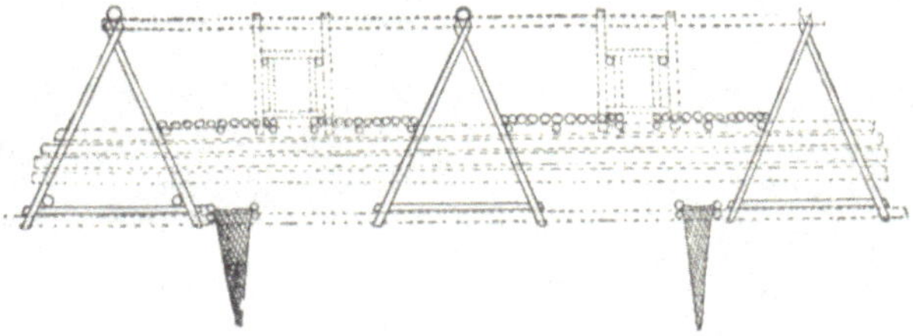

Abb. 273. Kastenwehr. Stromschnelle Ahvenkoski, Kymijoki.

Abb. 274. Stillwasserwehr. Kymijoki, Kokonkoski. Nach Photo d. Verfassers.

Abb. 275. Natürliches Stillwasserwehr. Kymijoki, Siikasaarenkoski. Photo Verf.

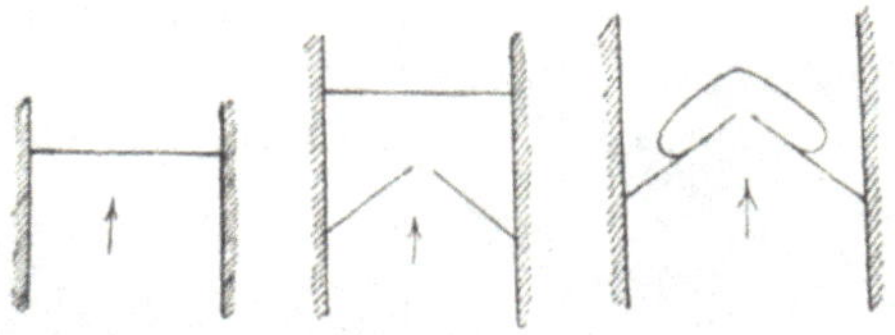

276 277 278

Abb. 276—278.
Ostjakische u. wogulische Wehre.

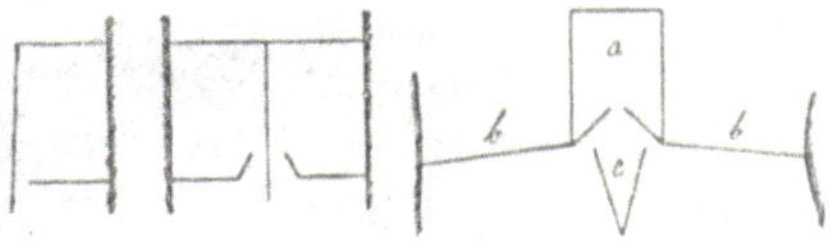

279 280 281

Abb. 279—281.
Nordösterbottnische Hofwehre.

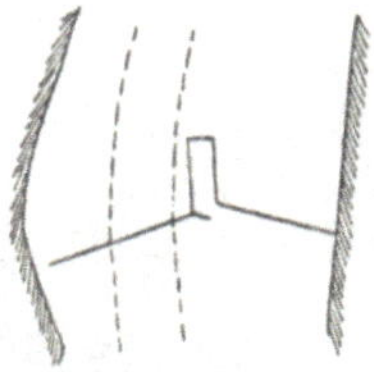

Abb. 282.
Hofwehr. Ounasjoki.

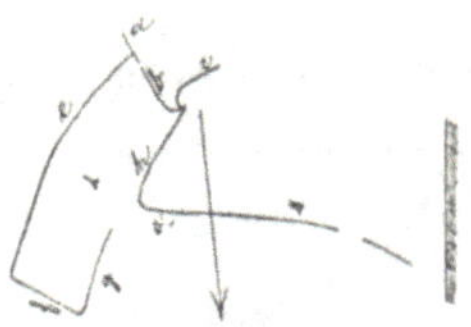

Abb. 283. Hofwehr.
Kiviranta, Tornionjoki.

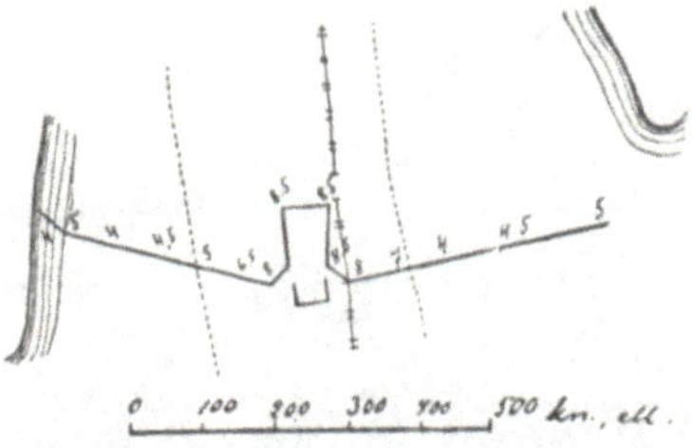

Abb. 284.
Hofwehr. Tornionjoki.

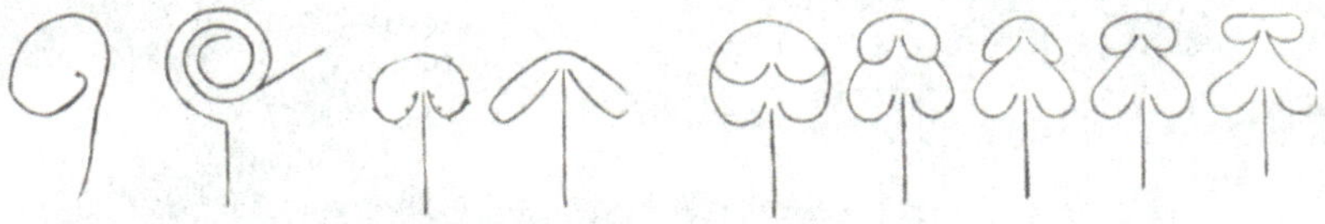

285 286 287 288 289 290 291 292 293

Abb. 285—298. Fischzäune.

294 295 296 297 298

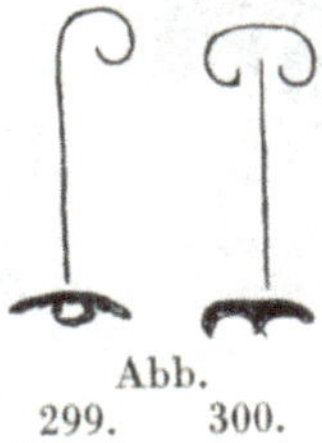

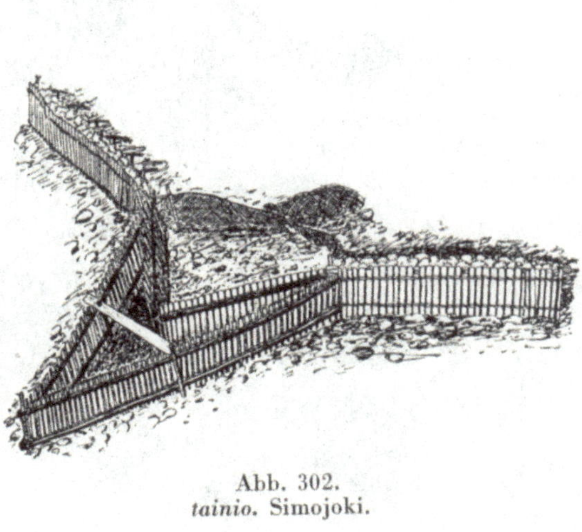

Abb.
299. 300.
Netzkammern.

Abb. 301.
Lachs-
*potku*netz.

Abb. 302.
tainio. Simojoki.

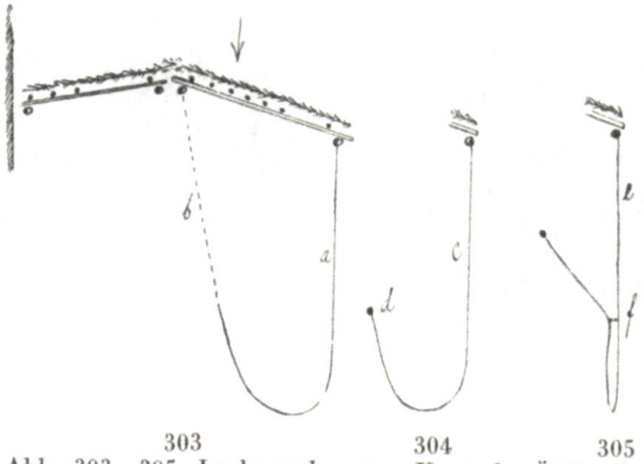

Abb. 303—305. Lachs-*potku*netze. Karttula, Äöskoski.

Abb. 306. Fischerhütten in d. Schären d. Ladogasees bei Jaakkima. Photo Verf.

Abb. 307. Perlenfischer auf seinem Floß, Schalen öffnend. Photo I. K. Inha.

Abb. 308.
Perlenfischer auf seinem Floß, Schalen hochhebend. Photo I. K. Inha.

Abb. 309.
summarauta.
Hyrynsalmi.

Abb. 310.
kahtomarauta oder *simpsa.*
Hyrynsalmi.

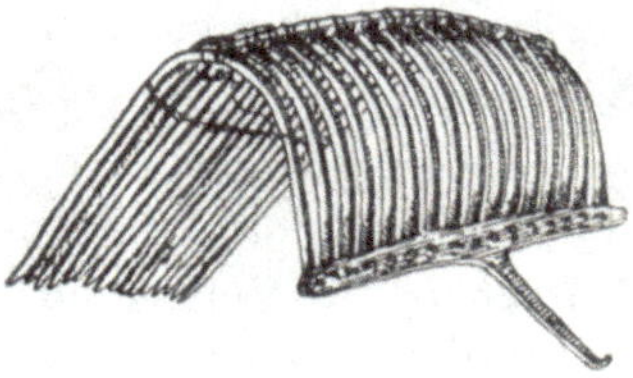

Abb. 311. *kourakko.* Hyrynsalmi.

FSC
www.fsc.org
MIX
Papier | Fördert
gute Waldnutzung
FSC® C083411

Kolibri 360 GmbH
Ferdinand-Jühlke-Straße 7
99095 Erfurt, Deutschland
produktsicherheit@kolibri360.de